THE MYSTERY OF PROVIDENCE

섭리의 신비

KB192085

존 플라벨

세계
기독교
고전

52

THE MYSTERY OF PROVIDENCE

섭리의 신비

존 플라벨 | 박문재 옮김

CH북스
크리스천
다이제스트

세계 기독교 고전을 발행하면서

한국에 기독교가 전해진 지 벌써 100년이 넘었습니다. 그동안 수많은 기독교 서적들이 간행되어 한국의 교회와 성도들에게 많은 공헌을 해 왔습니다. 그러나 기독교 역사 100년을 넘어선 우리의 교회와 성도들에게 더 큰 영적 성숙과 진정한 신앙을 심어 주기 위해서는 가치 있는 기독교 서적들이 많이 나와야 한다고 생각합니다. 그리하여 영혼의 양식이 될 수 있는 훌륭한 기독교 서적들이 모든 성도들의 가정뿐만 아니라 믿지 아니하는 가정에도 흘러넘쳐야만 합니다.

믿는 성도들은 신앙의 성장과 영적 유익을 위해서 끊임없이 좋은 신앙 서적들을 읽고 명상해야 하며, 친구와 이웃 사람들의 구원을 위하여 신앙 서적 선물하기를 즐기고 읽도록 권해야 합니다. 이것은 하나님의 백성으로서 살기 원하는 사람의 의무입니다.

존 웨슬리는 "성도들이 책을 읽지 않는다면 은총의 사업은 한 세대도 못 가서 사라져 버릴 것이다. 책을 읽는 그리스도인만이 진리를 아는 그리스도인이다."라고 말했습니다. 우리는 이제 한국에서 최초로 세계의 기독교 고전들을 총망라하여 한국의 교회와 성도들에게 소개하고자 합니다. 전세계의 기독교 고전은 모든 기독교인들에게 영원한 보물이며, 신앙의 성숙과 영혼의 구원을 위하여 이보다 더 귀한 것은 없을 것입니다.

이러한 취지로 어언 2천여 년의 세월이 지나는 동안 세계 각국에서 저술된 가장 뛰어난 신앙의 글과 영속적 가치가 있는 위대한 신앙의 글만을 모아서 세계 기독교 고전 전집으로 편찬하고자 합니다.

우리는 이 세계 기독교 고전 전집을 알차고, 품위 있게 제작하여 오늘날 한국의 교회와 성도들에게 제공하고 후손들에게도 물려줄 기획을 하고 있습니다. 우리는 다시 한번 다니엘 웹스터가 한 말을 깊이 생각해 보아야 할 것입니다.

"만약 신앙 서적들이 우리 나라 대중들에게 광범위하게 유포되지 않고, 사람들이 신앙적으로 되지 않는다면, 우리 나라가 어떤 나라가 될지 걱정스럽다 … 만약 진리가 확산되지 않는다면, 오류가 지배할 것이요, 하나님과 그의 말씀이 전파되고 인정받지 못한다면, 마귀와 그의 궤계가 우세할 것이요, 복음의 서적들이 모든 집에 들어가지 못한다면, 타락하고 음란한 서적들이 거기에 있을 것이요, 우리나라에서 복음의 능력이 나타나지 못한다면, 혼란과 무질서와 부패와 어둠이 끝없이 지배할 것이다."

독자들의 성원과 지도 편달을 바라마지 않습니다.

CH북스
발행인 박명곤

차 례

제1부 섭리의 증거

제2부 하나님의 섭리를 묵상함

제3부 섭리에 대한 가르침의 적용

헌사

베스퍼드(Bedford)의 공작이시자 손하우(Thornehaugh)의 러셀 경이시며 가터 훈작기사단의 기사이신 윌리엄 각하께.

각하, 어떤 경건한 펜이 전에 각하가 하신 말씀을 인용해서, 각하께서는 하나님의 사역자들과 백성들의 기도를 자신의 집을 보호해 줄 최고의 담장으로 여겼다고 썼는데, 각하의 그 말씀은 무게 있고 향기로운 것이었습니다. 그런 생각을 지닌 사람은 기도가 가져다주는 섭리를 염두에 둔 것이고(사 45:11), 그렇게 해서 베풀어지는 섭리는 가장 확실한 "울타리"가 되어 준다는 것은 의심의 여지가 없습니다(욥 1:10, "주께서 그와 그의 집과 그의 모든 소유물을 울타리로 두르심 때문이 아니니이까 주께서 그의 손으로 하는 바를 복되게 하사 그의 소유물이 땅에 넘치게 하셨음이니이다").

큰 자들은 대체로 자신의 거처를 높은 담으로 둘러싸고, 자신의 재물을 "높은 성벽 같이" 여기지만(잠 18:11), 사람들 중에서 가장 지혜로운 자들은 그들의 그러한 높은 담과 성벽이 원한을 갚아 달라고 부르짖는 "죄" 위에 세워져 있는 것임을 압니다(합 2:12, "피로 성읍을 건설하며 불의로 성을 건축하는 자에게 화 있을진저"). 우리는 그런 높은 담들과 성벽들에 대해서, 옛적에 신탁이 포카스(Phocas, 주후 602-610년까지 동로마제국의 황제였던 인물)에게 말했듯이, "성을 하늘 높이 쌓는다고 하여도, 그것이 죄를 토대로 하고 있다면, 모든 것이 다 결국에는 무너져 내리게 될 것"이라고 말할 수 있습니다. 그들은 섭리를 인정하지도 않지만, 설령 섭리가 그들에게 유리하게 전개되지 않아도, 자신들은 얼마든지 운명을 조종할 수 있고 운명의 공격들을 막아낼 수 있다고 생각하기를 좋아합니다. 하지만 그것은 허망한 생각일 뿐입니다.

각하, 어떤 사람과 그 사람의 집을 파멸로부터 보호해 주는 것은 막대한 재산도 아니고, 이 세상에서 가장 견고한 성벽도 아니고, 오직 늘 깨어서 돌보아 주시는 하나님의 섭리입니다. 모든 성별되고 지속적인 형통의 튼튼하고 확고한 토대가 되어 주는 것은 우리 안에 있는 하나님을 경외하는 마음이고, 우리를 둘러싸고 있는 하나님의 섭리입니다. 하나님의 형상을 지닌 자들을 영원한 팔로 늘 안아 주고 계시는 하나님의 섭리가 존재한다는 것은 논란의 여지가 없습니다. 각하에게 각인되어 있는 저 하나님의 형상과 각하를 품어 주고 있는 저 섭리의 팔이 각하의 고귀한 혈통이나 막대한 재산보다 더 각하를 높여 주고 더 안전하게 지켜줄 것입니다.

각하, 섭리가 가장 좋은 진흙으로 각하를 조성하여, 명문가의 자손이자 머리로 태어나게 하였고, 비옥하고 아름다운 땅에 각하를 심어서, 많은 고귀한 후손들이 각하로부터 생겨나게 하였으며, 각하의 수명을 노년에까지 이르게 하여, 이 세상의 즐거움들과 명예들을 누리게 해 주었습니다. 행복을 가져다줄 것처럼 보였던 그런 온갖 것들을 다 누려 보신 지금에 와서, 각하께서는 이제까지 각하에게 끊임없이 구애해 온 그 모든 회칠한 아름다운 것들과 거짓된 빛으로 광채를 발하는 좋은 것들 속에서 무엇을 발견하셨습니까? 각하께서는 그 모든 것들 중에서 어느 것을 각하에게 가장 좋은 것이었다고 자신 있게 말씀하실 수 있으시고, 어느 것이 "내가 사랑하는 것"이라고 말씀하실 수 있으십니까? 육신으로 하여금 탐닉하게 만들고, 감각들을 만족시켜 주고, 망상을 부추겨 왔던 것들은 무엇입니까? 각하께서는 산해진미들과 웅장한 저택들과 화려한 정원들, 금은보화들과 명예와 사람들의 칭송 속에서 각하의 고귀한 영혼이 진정으로 원하는 것을 발견하셨습니까? 분명히 각하께서는 더 나은 것을 아는 자로서 그 모든 것들을 멸시하는 것이 우리 시대에 수많은 사람들처럼 그러한 관능적인 즐거움들에 완전히 빠져서 우리의 영혼이 죽어가는 것보다 훨씬 더 고귀한 일이라는 것을 아셨을 것입니다!

사람들은 시대의 쓰레기들에 빠져 있습니다. 그들은 관능적인 쾌락에 빠져서 도처에서 무신론으로 달려갑니다. "섭리가 부를 가져다주었지만, 딸인 부가 어머니인 섭리를 삼켜 버렸습니다"(providentia peperit divitias, sed filia devoravit matrem). 거대한 섭리가 사람들의 마음의 눈을 멀게 하여 완전히 우둔하게 만들어 버려서, 플루타르코스(Plutarch)가 에피쿠로스학파에 속한 철학자였던 콜로테스(Colotes)에게 대답하였듯이, 그들은 섭리나 하나님의 존재를 인정하지 않습니다. 하지만 영국의 귀족들과 평민들 중에는 아직 그러한 괴질에 걸리지 않은 진실한 사람들이 있습니다. 나는 그렇게 하신 하나님을 송축하며, 그들이 앞으로도 그런 괴질에 걸리지 않게 되기만을 바랄 뿐입니다.

각하, 섭리를 전적이고 헌신적으로 섬기는 종이 되신 것은 각하의 영광이고 복입니다. 전에 신앙이 좋은 어떤 사람은 "내 손이 내게 하듯이, 내가 하나님께 그렇게 할 수 있기만을 소원할 뿐입니다"(optarem id me esse Deo, quod est mihi manus mea)라고 말한 적이 있습니다. 인간이 생각할 수 있는 가장 고귀하고 신령한 삶은 이 세상에서 영원한 계획에 의지해서 살아가고 행하는 것, 우리 자신과 우리가 가진 모든 것을 하나님께 드려야 할 것들로 여기는 것, 섭리는 섭리에 대해서 아무것도 모르는 사람들조차 섬기고 있다는 점에서, 섭리가 우리를 섬기는 데 만족하지 않고, 어떻게 하면 우리가 섭리를 섬길 수 있고, 섭리의 손에 붙들린 도구가 되어 많은 사람들의 유익을 위하여 행할 수 있는지를 고민하는 것입니다. 우리가 그렇게 산다면, 그것은 참으로 존귀한 삶이 될 것입니다. "누구든지 하나님을 향하여 살아가려고 하면 할수록, 그 사람은 점점 더 고귀하고 존귀하며 신령한 자가 되어 갑니다"(quo magis quis Deo vivit, eo evadit nobilior clarior, divinior).

이 점에서 하나님께서 각하를 어느 정도나 존귀하게 하셨는가 하는 것은 각하께서 조상들에게로 돌아가고 티끌 가운데서 잠들게 되실 때, 세상이 더 잘 알게 될 것입니다. 그때가 되면, 칭송하는 자는 아부하는 것이라는 의심을 받을 이유가 없게 되고, 칭송받는 사람은 허영심으로 들뜰 수 없습니다. 하지만 죽기 이전이든 이후이든 사람들 가운데서 지극히 영광스러운 이름을 얻는 것보다도, 하나님의 인정을 받는 것이 무한히 더 좋은 것임은 두말할 필요가 없습니다.

섭리 가운데서 하나님의 길들을 주목하는 것은 지극히 존귀한 일일 뿐만 아니라, 지극히 큰 위로를 가져다주는 일이기도 하다는 것을 각하께서는 발견하게 되실 것입니다. 왜냐하면, 우리가 지나온 인생의 모든 단계들에서 우리에게 베풀어진 섭리의 역사들을 생각하고, 그 심오한 지혜의 결과들과 그 자애로운 돌봄과 그 차고 넘치는 특별한 은혜들로 인한 놀라운 열매들을 주목하며, 섭리들이 지금까지 우리의 삶 속에서 늘 하나님의 약속들과 함께 동행해 왔고, 앞으로 우리가 영원한 안식에 이르게 될 때까지 그렇게 할 것이라는 것을 알았을 때, 우리는 한없는 위로와 평안을 얻게 되기 때문입니다. 섭리들에 대한 그러한 묵상은 이루 말할 수 없는 유쾌함과 황홀한 기쁨을 우리에게 안겨 줍니다!

각하, 이 시대의 무신론에 맞서서 섭리의 존재와 효력을 천명하고, 진정으로 하나님의 백성인 자들과 관련된 모든 일에서 하나님의 섭리의 지혜와 돌보심을 드러내는 것이 이 글의 목적입니다. 황송하게도 각하께서 이 보잘것없는 글을 읽어 보아 주신다면, 이 글은 각하의 경건한 마음을 조금은 시원하게 해 드릴 수 있을지도 모릅니다. 이 글은 엄격하고 정확한 체계를 잡아서 씌어진 글도 아니고, 문체가 우아하지도 않아서, 호기심으로 읽는 사람들의 마음을 끌지는 못하겠지만, 진정으로 은혜를 받은 사람들에게는 어느 정도 기쁨과 유익을 줄 수 있을 것입니다.

내가 이 자리에서 섭리가 역사하는 방법들을 겸손하고 주의 깊게 주목해 보았을 때에 얻게 되는 즐거움들과 유익들을 열거한다면, 이 헌사는 한 권의 책 속에 들어 있는 서신이 아니라, 하나의 서신 속에 들어 있는 책이 되고 말 것입니다. 각하께서는 가장 우아한 펜이 섭리에 대하여 제시할 수 있는 온갖 정확한 설명들과 최고의 찬사들보다도 단 한 번 영적인 지각으로 섭리를 경험하는 것으로부터 더 큰 만족을 얻으실 것입니다.

각하, 어떤 사람들이 다른 많은 사람들보다 세속적인 관점에서 더 높은 지위에 있다고 해서, 그 높은 지위가 그들로 하여금 다른 사람들보다 더 섭리의 신비들을 꿰뚫어 보고 그 달콤함을 맛볼 수 있게 해 주는 것이 아닙니다. 왜냐하면, 하루 일해서 하루 먹고 사는 많은 사람들은 모든 것이 풍족해서 외적인 것들을 마음껏 누리고 즐길 수 있는 사람들보다 더 섭리를 가까이에서 경험하게 되기 때문입니다. 그리스도인의 삶 가운데서 최고의 즐거움인 이것, 즉 섭리의 신비를 알고 그 달콤함을 맛보는 것을 가장 잘 경험할 수 있는 사람들은 자신들을 향한 하나님의 모든 경륜들 속에서 하나님과 동행하고 대화하는 삶을 살아서 은혜와 경험이 풍부한 사람들입니다. 이러한 복이 각하와 각하의 가문에 날마다 흘러넘치는 것이야말로 각하의 지극히 비천한 종이 진심으로 원하는 것입니다.

1677년 8월 10일
다트머스의 서재에서
존 플라벨

독자들에게 보내는 서신

순수한 독자들, 특히 섭리의 길들을 주의 깊게 주목해 보는 독자들에게.

독자들이여, 하나님께서 사람들에게 자신을 나타내시는 방법에는 두 가지 있는데, 하나는 하나님의 말씀이고, 다른 하나는 하나님의 역사들입니다. 기록된 말씀에 대해서 우리는 이렇게 말할 수 있습니다: "(어떤 사람이 말한 것처럼) 창세 이래로 존재해 온 모든 말씀들 중에서, 우리의 심령에 뿌리를 내리고 생명을 얻을 수 있는 것은 오직 하나님의 기록된 말씀뿐입니다. 씨앗이 땅에 뿌리를 내리고 생명을 얻어 사는 것처럼, 우리의 심령에 심겨진 하나님의 말씀도 마찬가지입니다. 하나님의 기록된 말씀은 우리의 심령과 본성적으로 너무나 잘 결합되기 때문에 아주 자연스럽게 접붙여집니다(약 1:21, "너희 영혼을 능히 구원할 바 마음에 심어진 말씀을 온유함으로 받으라")." 하나님의 기록된 말씀은 하나님 자신을 계시하심에 있어서 지극히 초월적이고 영광스러운 매개체입니다: "주께서 주의 말씀을 주의 모든 이름보다 높게 하셨음이라"(시 138:2).

하지만 하나님께서 자신의 역사들, 즉 "창조" 또는 "섭리"를 통해서 자기 자신을 계시하시는 것도 나름대로의 가치와 영광을 지니고 있습니다. 하지만 섭리에 의한 하나님의 역사들의 주된 영광과 위대성은 그것들이 바로 하나님의 기록된 말씀을 실제로 성취하고 이룬다는 데 있습니다. 우리는 이것을 지혜롭고 주의 깊게 살펴봄으로써, 즉 섭리의 역사들을 그 원래의 원인들인 기록된 말씀의 결과들로 바라봄으로써, 놀랍게도 섭리의 역사들의 신비를 꿰뚫어 보는 법(어떤 이들이 이것을 "건축술"[scientia architectonica]이라고 부른 것은 부적절한 것이 아닙니다)을 알 수 있습니다. 사람들이 무신론에 맞서서 쓸 수 있는 가장 귀한 글들 중의 하나는, 섭리들의 역사들은 하나님의 말씀이 참되다는 이 중요한 결론을 아주 분명하게 확증해 준다는 것을 보여 줄 뿐만 아니라, 섭리들은 종종 섭리를 대담하게 부정해 온 자들의 입에서 하나님의 존재와 하나님의 말씀의 참됨에 대한 고백을 이끌어 내기도 한다는 것을 보여 주는 글이라는 것은 의심의 여지가 없습니다.

페르시아인 아이스킬로스(Aeschylos)는 그들의 군대가 헬라 군대에 의해서 대패당한 것에 대하여 말할 때에 다음과 같은 주목할 만한 얘기를 들려줍니다: "헬라 군대가 우리를 맹렬하게 추격해 왔을 때, 우리는 스트리몬(Strymon)이라는 큰 강을 건너는 모험을 감행해야 했는데, 그 강은 그때까지만 해도 얼어 있었는데, 우리가 그 강을 건너기 시작할 때에 녹기 시작해서, 우리는 백 명 중에서 겨우 한 명 꼴로 살아남고 거의 전멸하다시피 하였다. 그때에 나는 전에는 그토록 담대하게 하나님은 없다고 주장해 왔던 수많은 용사들이 모두 무릎을 꿇고 눈과 손을 하늘로 향하여 들고서, 자신들이 그 강을 다 건널 때까지 제발 얼음이 녹지 않게 해 달라고 하나님의 도우심과 자비를 구하는 기도를 간절히 드리는 모습을 내 눈으로 똑똑히 보았다."

섭리는 하나님의 원수들조차도 하나님의 참되심을 증언할 수 있는 수많은 증인들로 만들어 왔고, 이것은 하나님의 참되심에 대한 우리의 믿음을 더욱 확고하게 해 줍니다. 그러나 섭리는 특히 하나님의 말씀과 섭리들이 서로를 조명해 준다는 것을 보여 주고, 섭리에 의해서 때를 따라 베풀어지는 온갖 크고 작은 일들이 다 성경에 담겨 있는 것임을 보여 주며, 말씀 속에 있는 약속들은 여러 가지 곤경과 환난에 처하게 된 교회에게만이 아니라, 그 각각의 지체들에게도 그대로 성취되고 있다는 것을 보여 줍니다. 섭리는 그러한 목적을 위해서 그들 모두에게 수많은 경험들을 하게 해 줍니다. 그러한 섭리들을 주목해서 살펴보는 것은 얼마나 유익한 일이겠습니까!

섭리들을 주목해서 살펴보게 되면, 우리는 지극히 큰 유익을 얻을 뿐만 아니라, 지극히 큰 즐거움과 기쁨도 얻게 됩니다. 우리가 나중에 천국에 가서, 우리를 거기로 이끌고 간 섭리의 계획들과 방법들을 자세히 살펴보는 것은 우리의 즐거움들 중의 하나일 것이고, 그것이 우리에게 황홀한 기쁨을 가져다줄 것이라는 것은 의심의 여지가 없습니다. 그리고 하늘에서 우리의 복된 즐거움의 일부가 될 일을 우리가 이 땅에서 아직 살아가는 동안에 행할 수 있다면, 그것은 이 땅에서 천국의 기쁨을 맛보는 중요한 부분이 되리라는 것도 분명합니다. 섭리를 제대로 주목하고 살펴볼 때의 즐거움은 바다에서 물을 얻었을 때의 즐거움과 같습니다. 섭리의 소임은 궁극적으로 여러분을 천국으로 데려다 주는 것이기는 하지만, 천국에 가는 도중에서 여러분의 영혼으로 하여금 섭리의 역사들을 주목하여 살펴봄으로써 천국을 가능한 한 많이 맛볼 수 있게 해 주는 것도 그 소임의 일부입니다.

온 세상이 하나님과는 정반대의 목적과 계획을 가지고서 바쁘게 돛을 돌리고 노를 젓고 있는데도, 지극히 지혜로우신 하나님께서 섭리를 통해서 모든 배들을 조종하셔서 하나님 자신의 영광과 찬송, 그리고 하나님의 백성의 행복이 있는 항구로 몰아가시는 것을 우리가 보는 것은 얼마나 큰 즐거움입니까? 세상으로 하여금 하나님의 계획에 반대하게 하심으로써 도리어 그 계획을 이루어 가시고, 세상으로 하여금 하나님의 뜻을 대적하게 하심으로써 도리어 그 뜻을 이루시며, 교회를 흩고자 하는 세상의 계획을 이용해서 도리어 더 번성하게 하시고, 이 세상에서 성도들의 영혼을 쉴 수 없게 하심으로써 그들의 안식을 더욱 달콤하게 하시는 것을 우리가 보는 것은 이루 말할 수 없는 즐거움입니다. 이런 것들은 보는 것만으로도 큰 즐거움이지만, 그런 것들을 좀 더 구체적으로 주목해서 살피고 기록함으로써, 섭리가 얼마나 심오한 지혜와 무한한 자애로움과 끊임없는 돌보심을 통해서 우리와 관련된 모든 일들을 처음부터 끝까지 다 우리의 유익이 되도록 주관하고 안배해 왔다는 것을 더욱 분명하게 알게 된다면, 그것은 이루 말할 수 없이 황홀한 기쁨이 될 수밖에 없습니다.

우리는 마음이 감격으로 녹아내리는 가운데 우리를 오늘까지 이끌어 온 섭리의 발자취들을 추적하고, 특히 우리 인생의 여러 단계들에서 우리에게 임하였던 좀 더 두드러진 섭리의 역사들을 주목해서, 섭리로 말미암아 우리가 경험해 온 것들에 관한 역사를 써내려 갈 수 있습니다.

여기에서는 섭리가 우리에게 다가오는 위험을 미리 막아 주었고, 저기에서는 섭리가 우리를 위험에서 건져내 주었습니다. 여기에서는 섭리가 우리를 지도해 주었고, 저기에서는 섭리가 우리를 바로잡아 주었습니다. 여기에서는 섭리가 근심하였고, 저기에서는 섭리가 안도하였습니다. 여기에서는 독이 있었고, 저기에서는 해독제가 주어졌습니다. 이 섭리는 암울한 먹구름을 드리웠고, 저 섭리는 그 먹구름을 다시 몰아내 주었습니다. 이 섭리는 우리를 궁지로 몰아넣었고, 저 섭리는 우리의 길을 넓혀 주었습니다. 여기에서는 궁핍이 있었고, 저기에서는 공급해 주는 역사가 있었습니다. 이 관계는 시들었고, 그 대신에 저 관계가 새롭게 생겨났습니다. 은혜 받은 심령이 섭리의 이러한 역사들 속에서 발견할 수 있는 지극한 즐거움들과 만족들은 말로 다 표현할 수 없습니다.

섭리 속에서는 온갖 희귀한 것들이 무수히 발견됩니다! 눈멀고 부주의한 세상은 그것들 중의 단 하나도 알아차리지 못합니다. 은혜 받은 영혼은 거기에서 진수성찬과 산해진미를 발견하지만, 세상 사람들은 거기에서 아주 작은 한 조각의 달콤함조차 발견할 수 없습니다.

플루타르코스(Plutarch)는 어떻게 해서 티몰레온(Timoleon, 주전 411-337년, 헬라의 장군)이 두 명의 자객의 음모로부터 기적적으로 목숨을 건질 수 있었는지를 아주 정확하게 들려줍니다. 이 두 자객은 자신을 죽이고자 하는 음모가 진행되는 줄은 꿈에도 알지 못하고 있던 티몰레온에게 치명적인 일격을 가하려던 바로 그 순간에, 자기 아버지를 죽인 원수에게 복수하고자 한 어떤 사람의 공격을 받아서 그들 중 한 명이 죽임을 당하였고, 티몰레온은 위기를 벗어날 수 있었습니다.

여러분은 이 이야기를 우리에게 전해 준 플루타르코스가 섭리의 이 놀라운 역사를 보고서 어떤 말을 했을 것이라고 생각하십니까? 그는 이교의 현자들 중에서 가장 박식하고 대단한 재능을 지닌 자들 중의 한 사람이었지만, 그가 이 일에 대하여 한 논평은 이런 것이었습니다: "이 일을 지켜본 사람들은 운명의 여신이 사용하는 수단과 모략에 크게 놀라워하였다." 이것이 그가 이 일 속에서 볼 수 있었던 모든 것이었습니다. 만일 신령하고 지혜로운 그리스도인이 이 섭리의 역사를 해부하고 분석하였더라면, 이 일로 인해서 하나님께서는 얼마나 큰 영광을 받으셨을 것이며, 그 그리스도인의 영혼은 얼마나 큰 위로와 힘을 얻었겠습니까! 소는 풀과 꽃들이 지천으로 널려 있는 초장 전체에서 한 끼니의 식사를 만들어 내지만, 꿀벌은 단 하나의 꽃으로부터 그것보다 더 달콤한 한 끼니의 식사를 만들어 냅니다.

독자들이여! 여러분의 마음이 신령하고 섭리에 의한 경험들로 가득 차 있다면, 시간을 내어서, 여러분에게 임하였던 섭리의 역사들을 묵상해서 기록해 보십시오. 그렇게만 한다면, 여러분의 삶은 즐거움과 기쁨이 넘치는 삶이 될 것이고, 여러분은 이 땅에서 천국을 경험하며 살아가게 될 것입니다! 나는 내가 그렇게 함으로써 어떤 경험을 하게 되었는지를 여기에서 말하지 않을 것입니다. 내가 그런 말을 하면, 자칫하면 허풍처럼 들릴 수도 있을 것이기 때문입니다. "모든 것이 다 분명하게 드러나 있다면, 그것은 신앙이 아니다"(non est religio ubi omnia patent). 그리스도인이 자신의 삶 속에서 누리는 것들 가운데는 공개됨이 없이 닫혀져 있고, 닫혀져 있어야 하는 것들이 있습니다. 그러므로 여러분이 스스로 그것들을 시도해서 맛보고 깨달으십시오. 그러면, 여러분에게는 그 어떤 다른 유인이 필요하지 않게 될 것입니다. 여러분 자신의 경험이야말로 여러분이 섭리를 부지런히 살피고 상고하도록 만드는 가장 강력한 웅변이 될 것입니다.

사람들은 일반적으로 역사 이야기들을 읽는 것을 좋아하고, 일단 그 이야기들에 빠지면, 너무나 즐거워서 거기에서 헤어 나올 줄을 모르게 됩니다. 만일 우리가 우리에게 임하였던 섭리의 다양한 역사들을 자세하게 살펴서 우리 자신의 삶의 역사에 관한 이야기를 썼는데도, 그것이 우리가 지금까지 읽은 그 어떤 역사 이야기들보다도 더 즐겁고 놀라운 것이 되지 않았다면, 나는 여러분을 크게 오도한 것이 될 것입니다.

내가 이 글을 쓴 목적은 여러분이 자신의 인생의 여러 단계들에서 베풀어진 섭리의 역사들을 주목해서 찾아내어 묵상할 수 있도록 돕기 위한 것입니다. 독자들이여, 여러분이 자신의 인생의 여러 단계들에서 경험한 섭리의 역사들을 간직하고 있는 "기억"은 오직 여러분의 수중에 있습니다. 따라서 여러분과 관련된 섭리에 관한 역사 이야기는 오직 여러분 자신만이 쓸 수 있습니다. 하지만 여기에서 여러분은 그 중요하고 어려운 작업을 할 때에 여러분에게 지침이 되어 줄 어떤 모범과 일반적인 법칙들을 발견할 수 있고, 그것이 바로 내가 이 글을 쓴 목적입니다.

나는 이 글이 대중적으로 많이 읽힐 것을 예상해서 아름다운 옷과 장식으로 꾸며야 한다고 생각하지 않았기 때문에, 도리어 누구나 읽을 수 있도록 소박하게 썼습니다. 왜냐하면, 나는 믿음이 강한 자들과 약한 자들, 지혜로운 자들과 어리석은 자들 모두에게 빚진 자이기 때문입니다. 내가 지금까지 아무리 자세하게 관찰하고 살펴보았어도, 나는 하나님께서 이 세상에서 사람들로 하여금 신앙을 잘 받아들이게 하고 신앙에서 더 진보하게 하기 위하여, 아름답고 우아한 미사여구들을 많이 사용하신 것을 발견하지 못했습니다. 도리어, 나는 신앙이 좋다고 하는 사람들이 어떤 주제들에 대하여 책을 쓸 때에 지나치게 현학적인 말들을 사용하였을 때, 섭리는 그런 책들이 사람들 사이에서 잘 읽히지 않게 하는 수모를 당하게 하는 방식으로 그들을 책망하는 것을 보아 왔습니다. 하물며 섭리 자체를 주제로 삼아서 쓴 글이라면, 더욱더 그렇지 않겠습니까!

독자들이여, 여러분의 취향이 아주 고상하고 고급스러워서, 우아하고 풍미 있는 문체들로 씌어진 글이 아니면 마음이 전혀 끌리지 않는다면, 이 세상에는 여러분의 그러한 취향을 만족시켜 줄 수 있는 글들이 널려 있습니다. 하지만 사람들 중에는 여러분이 멸시하는 것을 소중히 여기고서 그것으로 인하여 하나님을 송축하며, 여러분이 거들떠보려고도 하지 않는 것을 진수성찬으로 여기고서 너무나 맛있어 하며 먹는 사람들이 있습니다.

이제 나는 섭리가 이 글이 합당한 사람들의 손에 합당한 때에 들어가게 하여서, 이 글을 복주고 형통하게 함으로써, 하나님께서 영광을 받으시고,

여러분이 유익을 얻으며, 이 글을 쓴 나도 위로를 받을 수 있게 해 주시기만을 진심으로 기도할 뿐입니다.

섭리의 손 안에서
여러분과 교회의 종인
존 플라벨

서론

"내가 지존하신 하나님께 부르짖음이여 곧 나를 위하여 모든 것을 이루시는 하나님께로다"(시 57:2).

하나님의 위대하심은 영광스러우면서도 헤아릴 수 없는 신비입니다. "지존하신 여호와는 두려우시고 온 땅에 큰 왕이 되심이로다"(시 47:2). 지존자이신 하나님이 자신을 낮추시고 사람이 되신 것도 심오한 신비입니다. "여호와께서는 높이 계셔도 낮은 자를 굽어살피시며"(시 138:6). 하지만 이두 가지가 함께 만날 때, 그것들은 비할 바 없는 신비를 만들어 내는데, 위에서 인용한 성경 말씀은 그 신비를 증언하고 있습니다. 거기에서 우리는 지존자이신 하나님이 곤경에 처해 있는 가련한 피조물을 위하여 "모든 것"을 행하시는 것을 발견합니다.

성도들이 이 땅에서 온갖 환난들을 겪는 가운데서도 큰 의지와 위로가 되는 것은 지혜로우신 성령이 이 수레바퀴의 모든 움직임들 속에 앉아 계셔서 너무나 비정상적인 피조물들과 그들의 지극히 위험천만한 계획들을 주관하셔서서 복되고 행복한 결과들을 만들어 내신다는 것입니다. 사실 만일 하나님도 없고 섭리도 없다면, 이 세상에서 사는 것은 전혀 가치 없는 일이 되고 말 것입니다.

이 문제가 우리와 얼마나 깊이 연관되어 있는지는 시편 57편이 우리에게 보여 주는 저 중요한 사례에서 분명하게 드러납니다. 표제가 말해 주듯이, 이 시편은 다윗이 사울을 피해서 동굴에 숨어 있던 때에 지었습니다. 이 시편에는 두 개의 표제가 붙어 있습니다: "알다스헷, 다윗의 믹담"(개역개정에는, "다윗의 믹담 시, 인도자를 따라 알다스헷에 맞춘 노래"). "알다스헷"은 이 시편에서 다루고 있는 내용의 "요지"를 나타내고, "믹담"은 그 "존귀함"을 나타냅니다.

전자는 "멸하지 말라" 또는 "죽이는 것이 없게 하라"를 의미하는데, 이것은 다윗이 자신의 종들에게 사울을 멸하지 말라고 당부한 것을 가리키는 것일 수도 있지만, 다윗이 자신의 너무나 절박한 상황 속에서 자신의 영혼을 다 하나님께 쏟아 부어서 "알다스헷," 즉 자기를 "멸하지 말아 주시라"고 기도한 것을 가리키는 것일 가능성이 큽니다.

두 번째 표제인 "믹담"은 "황금 장식품"을 의미합니다. 이 시편의 내용은 황금률(Golden Verses)이라 불리는 피타고라스(Pythagoras)의 시들보다 훨씬 더 훌륭하고 탁월하기 때문에, 이런 표제를 이 시편에 붙인 것은 너무나 합당한 일입니다.

이 시편의 전반부에서 우리가 주목할 것은 세 가지입니다: (1) 다윗이 처해 있던 극단적인 위험 상황; (2) 그러한 극단적인 상황 속에서 다윗이 하나님께 드린 간절한 기도; (3) 다윗이 그러한 기도를 드리면서 하나님께 제시한 근거들.

(1) 다윗이 처해 있던 극단적으로 위험한 상황은 이 시편의 표제와 본문 둘 모두에 표현되어 있습니다. 표제는 이 시편이 다윗이 사울을 피해서 "동굴"에 숨어 있을 때에 지은 것임을 우리에게 말해 줍니다. 이 동굴은 부서진 바위들이 널려 있고 들염소들이 살고 있던 엔게디 광야에 있는 외지고 황량한 "굴"이었지만, 사울의 시기는 심지어 거기에까지 다윗을 추적해 왔습니다(삼상 24:1-2). 사울에 의해서 오랫동안 산에 있는 자고새처럼 사냥을 당해 왔던 다윗은 이제 꼼짝없이 그물에 걸려 잡힐 수밖에 없는 처지에 놓인 것처럼 보였습니다. 다윗의 원수들은 동굴 밖에 있었고, 동굴에서 빠져나갈 수 있는 다른 출구는 없었습니다. 그 때에 사울이 직접 이 동굴 입구로 들어왔고, 다윗과 그의 수하들은 동굴 벽면들과 움푹 파인 곳들에 숨어 있었기 때문에, 사울의 모습을 똑똑히 볼 수 있었습니다. 당시에 다윗이 얼마나 긴박하고 절체절명의 위기 상황에 처하게 되었는지를 한 번 생각해 보십시오. 그가 이 상황을 "내 영혼이 사자들 가운데에서 살며 내가 불사르는 자들 중에 누웠으니"(4절)라고 표현한 것은 당연한 것이었습니다. 이제 그에게 어떤 소망이 남아 있었습니까? 이제 멸망을 당하는 것 외에 다른 무엇을 그가 기대할 수 있었겠습니까?

(2) 하지만 다윗에게는 "믿음"과 "의무"가 있었기 때문에, 그러한 위기 상황 속에서 겁을 집어먹고 두려워한 것이 아니라, 사망이 입을 벌리고 있는 와중에서도 하나님께 자기에게 은혜를 베풀어 주시라고 간절히 기도합니다: "하나님이여 내게 은혜를 베푸소서 내게 은혜를 베푸소서"(1절). 이 탁월한 시편은 이 세상에서 가장 위대한 사람조차도 "혼란스럽고 당혹스럽게 만들 수 있었던"(discompose) 그런 때에 다윗에 의해서 "지어졌습니다"(compose). 이제 은혜, 오직 은혜, 이루 말할 수 없이 큰 은혜만이 다윗을

멸망에서 건져낼 수 있습니다.

(3) 다윗이 그러한 곤경 속에서 하나님의 은혜를 호소하면서 제시한 근거들은 주목할 만합니다.

(a) 다윗은 자기가 하나님을 믿고 의지하고 있다는 사실을 하나님께 은혜를 구하는 근거로 제시합니다. "하나님이여 내게 은혜를 베푸소서 내게 은혜를 베푸소서 내 영혼이 주께로 피하되(직역하면, "왜냐하면, 내 영혼이 주를 신뢰하기 때문입니다") 주의 날개 그늘 아래에서 이 재앙들이 지나기까지 피하리이다"(1절). 그가 하나님을 믿고 의지하고 있다는 것은 그 "행위" 자체가 어떤 공로인 것이 아니기 때문에 하나님이 은혜를 베풀어 주셔야 할 근거가 되는 것이 아니지만, 이 기도의 "대상"이 되고 있는 하나님의 본성, 즉 자신의 날개 아래 피하는 자들을 누구든지 불쌍히 여기셔서 내치지 않으시고 보호해 주시는 하나님이시라는 측면에서, 그리고 하나님이 자신을 피난처로 여기고서 자기에게 피하는 자들을 반드시 보호해 주시겠다고 약속하셨다는 점에서는 충분한 근거가 됩니다: "주께서 심지가 견고한 자를 평강하고 평강하도록 지키시리니 이는 그가 주를 신뢰함이니이다"(사 26:3). 이렇게 다윗은 자기가 신뢰하는 하나님이 어떤 분이신가를 생각함으로써 힘을 얻습니다.

(b) 다윗은 자기가 이전에 곤경에 처할 때마다 하나님으로부터 도우심을 받은 경험들을 자신이 현재의 곤경 속에서 소망을 가지고 힘을 낼 수 있는 근거로 제시합니다: "내가 지존하신 하나님께 부르짖음이여 곧 나를 위하여 모든 것을 이루시는 하나님께로다"(2절).

나는 이 말씀 속에서 두 가지를 살펴보고자 하는데, 하나는 의무를 다하기로 결심한 것이고, 다른 하나는 그러한 결심을 하게 만든 동기들입니다.

(1) 의무를 다하기로 결심함: "내가 하나님께 부르짖음이여." 하나님을 향하여 "부르짖는다"는 표현은 단지 기도하는 것이 아니라 "온 힘을 다하여 간절하게" 기도하는 것을 의미합니다. "부르짖는" 것은 거룩한 뜨거움과 간절함으로 기도하는 것이고, 그러한 기도는 통상적으로 속히 응답을 받습니다(시 18:6; 히 5:7).

(2) 그러한 결심을 하게 만든 동기들은 두 가지입니다: (a) 객관적인 동기는 하나님의 "절대주권"이고, (b) 주관적인 동기인 하나님의 "섭리"에 대한 다윗의 과거의 경험들입니다.

(a) 하나님의 절대주권: "내가 지존하신 하나님께 부르짖음이여." 다윗은 극한의 위험 속에서 하나님의 절대주권을 생각하고서 자신의 믿음을 발휘합니다. 사울 왕은 높은 자이지만, 하나님은 가장 높으신 분인 "지존자"이시기 때문에, 다윗은 하나님의 허락 없이는 사울이 자기를 건드릴 수 없다고 확신합니다. 지금 다윗을 도울 수 있는 자는 아무도 없었습니다. 그리고 다윗은 설령 자기를 도울 수 있는 자가 있다고 할지라도, 그를 돕고자 하는 자들을 하나님이 먼저 돕지 않으시면, 그들이 아무리 그를 돕고 싶어도 도울 수 없다는 것을 잘 알고 있었습니다. 다윗에게는 지금 사울을 막아내거나 피할 수 있는 그 어떤 수단도 없었지만, 지존자이신 하나님은 "수단"에 구애받지 않으시는 분이십니다. 이것은 믿음의 든든한 지지대입니다(시 59:9).

(b) 하나님의 섭리에 대한 다윗의 이전의 경험: "나를 위하여 모든 것을 이루시는 하나님께로다." 여기에서 "이루다"로 번역된 단어는 "완성하다"라는 의미와 "그만두다" 또는 "쉬다"라는 의미를 나타내는 어근으로부터 파생된 동사입니다. 왜냐하면, 어떤 일을 이루거나 완성했을 때에는, 그 일을

그만두고 쉬게 되기 때문입니다. 하나님께서 이전에 온갖 의심스럽고 힘든 일들이 다윗에게 일어나게 하신 것은 바로 그러한 행복한 결과를 완성해 내시기 위한 것이었습니다. 이러한 경험들은 다윗에게 하나님이 지금 이 상황 속에서도 여전히 은혜를 베푸셔서 자신이 뜻하신 일을 완성하시고 복된 결과를 만들어 내실 것이라는 확신을 주었는데, 그가 다른 경우에 다음과 같이 기도한 것이 그것을 잘 보여 줍니다: "여호와께서 나에 관한 일을 완성하실 것이다"(시 138:8, 개역개정에는, "여호와께서 나를 위하여 보상해 주시리이다").

칠십인역에서는 시편 57:2을 이렇게 번역하고 있습니다: "나를 이롭게 하시는(또는, "내게 유익을 주시는") 하나님." 하나님의 섭리에 의한 모든 결과들이 성도들에게 유익하고 이롭다는 것은 확실한 진리입니다. 그러나 영역본에서 보충해 넣은 어구는 이 본문의 의미를 더 잘 전달해 줍니다: "모든 것을 이루시는 하나님." 그리고 그러한 번역은 가장 엄밀하고 합당한 섭리 개념을 보여 줍니다. 왜냐하면, 섭리라는 것은 하나님이 자기 백성에게 주신 은혜의 계획들과 약속들을 행해 나가시는 것 이외의 다른 것이 아니기 때문입니다. 그러므로 바타불루스(Vatabulus)와 무이스(Muis)는 히브리어 본문이 간결한 표현을 위하여 남겨 둔 여백을 "그가 약속하신"이라는 어구로 보충하고 채워 넣어서 이렇게 번역합니다: "내가 지존하신 하나님께 부르짖으리니, 곧 그가 약속하신 것들을 이루시는 하나님께로다." 왜냐하면, "이룬다"는 것은 약속들을 실행한다는 의미이기 때문입니다. 은혜는 약속을 만들고, 섭리는 그 약속을 이룹니다.

피스카토르(Piscator)는 그 여백을 이렇게 채워 넣습니다: "자신의 인자하심과 은혜를 이루시는 하나님." 하지만 이러한 번역도 여전히 하나님이 이루시는 은혜가 약속 가운데 담겨 있다는 것을 전제합니다. 약속에 들어 있는 은혜도 달콤하지만, 하나님이 섭리에 의해서 그 약속을 이루실 때에 그 은혜는 우리에게 더욱더 달콤합니다.

카스틸리오(Castalio)가 이 본문에 채워 넣은 어구는 우리의 번역에 더 가깝습니다: "내가 지존하신 하나님께 부르짖으리니, 곧 나의 일들을 해결해 주시는 하나님께로다." 그러나 "모든 것"이라는 표현을 사용하고 있는 우리의 영어 번역은 본문의 취지에 가장 부합합니다. 왜냐하면, 하나님이 다윗을 위하여 "모든 것"을 해결해 주시거나 이루어 주셨다고 했을 때에만, 그것은 그에게 가장 큰 힘이 될 수 있었을 것이기 때문입니다. 다윗의 생애는 수많은 곤경들의 연속이었는데, 그렇게 그가 곤경에 처할 때마다 단 한 번도 빼놓지 않고 하나님의 섭리가 작용하여 곤경에서 벗어날 수 있었다면, 당연히 그는 지금 비할 바 없는 절체절명의 위기 속에 있다고 할지라도, 섭리가 이번에도 그를 실망시키지 않으리라는 소망을 지닐 수 있었을 것입니다.

따라서 우리가 이제 이 성경 본문을 좀 더 면밀하게 살펴보게 되면, 아름답고 사랑스러운 "섭리"의 여러 모습이 드러나게 될 것인데, 우리는 섭리가 성도들의 일들과 관심사들에 대하여 미치는 영향과 결과를 네 가지로 나누어서 살펴보고자 합니다: (1) 보편성. (2)실제성. (3) 유익. (4) 힘과 위로.

(1) 이 본문은 섭리가 성도들의 모든 관심사들과 이해관계들에 "보편적인" 영향과 결과를 만들어 낸다는 것을 보여 줍니다. 섭리는 단지 성도들의 이런저런 일들에만 연관되어 있지 않고, 성도들과 관련된 "모든 것"과 연관되어 있습니다. 섭리는 성도들의 삶 전체와 관련하여 처음부터 끝까지 모든 것을 주목합니다. 우리의 삶 속에서 크고 중요한 일들만이 아니라 지극히 사소하고 평범한 일들도 섭리에 의해서 움직여지고 관리되며 해결됩니

다. 섭리는 우리와 직접적으로 연관된 것이든 간접적으로 희미하게 관련된 것이든 우리와 관련된 모든 것들을 다룹니다.

(2) 본문은 섭리에 의한 영향과 결과가 실제로 생겨난다는 것을 보여 줍니다. 섭리는 단지 우리와 관련된 일들을 다루기만 하는 것이 아니라 실제적인 결과를 이루어 냅니다. 섭리는 자신이 계획한 것들을 관철해 내고, 자기가 시작한 일을 완성해 냅니다. 그 어떤 난관도 섭리를 가로막을 수 없고, 그 어떤 우연한 일이 생겨서 섭리가 가는 길이 차단되어 계획했던 것이 이루어지지 못하는 일도 있을 수 없습니다. 섭리의 운행에 저항하거나 통제하는 것은 불가능합니다. 하나님께서는 우리를 위하여 섭리를 행하시고 이루십니다.

(3) 섭리가 이루어 내는 모든 결과들은 성도들에게 이루 말할 수 없이 "유익하고," 이것을 생각하는 것은 성도들에게 아주 달콤한 일입니다. 섭리는 성도들을 위하여 모든 것을 이루어 냅니다. 우리는 섭리가 하는 일들을 성급하게 판단해서 그 계획들을 부당하게 비난하는 경우가 종종 있기 때문에, 곤경이나 어려움에 처했을 때에 "이 모든 일들이 나를 해롭게 하고 있구나"라고 생각하기 쉽습니다(창 42:36). 섭리가 하는 일들은 하나님이 작정하신 일들을 집행하는 것이고 하나님의 말씀을 성취하는 것이 아니고 무엇이겠습니까? 섭리 속에는 그런 것 외에 다른 것은 있을 수 없습니다. 그리고 하나님의 "계획들"과 "약속들" 속에는 "성도들"에게 "유익하지" 않은 것은 조금도 들어 있지 않습니다. 그러므로 성도들에 대하여 섭리가 무슨 일을 행하든지, 그것은 하나님이 "그들을 위하여 모든 것을 이루시는" 것임에 틀림없기 때문에, 본문도 그렇게 말하는 것입니다.

(4) 그렇다면, 환난과 곤경에 처했을 때에 이러한 것들을 묵상하는 것은 얼마나 "기분 좋고 든든하며 힘이 되는" 일이겠습니까! 우리의 마음이 무거

운 짐에 눌려 있을 때, 그러한 묵상은 우리의 마음과 기도에 얼마나 많은 생명과 소망을 불어넣어 주겠습니까! 이 시편 기자와 죽음 사이에는 머리카락 하나의 간격만이 있었기 때문에, 그의 상황은 감각과 이성의 눈으로 보았을 때에는 일말의 소망조차도 있을 수 없는 절망적인 것이었지만, 그가 이러한 것들을 묵상했을 때, 그의 마음은 힘과 위로를 얻을 수 있었습니다.

아주 강력한 불구대천의 원수가 분노가 치솟아서 다윗을 바위 구멍 속으로 몰아넣은 후에 그 구멍 속에 있던 그에게 다가왔습니다. 그런 와중에서 다윗은 지금 사자들에 둘러싸인 채로 바위 동굴의 틈새에 누워서 시시각각 엄습해 오는 죽음을 기다리며, 처음부터 그 순간까지 오로지 지존자가 베푸실 은혜를 묵상하는 것으로써 자신의 영혼을 지탱하면서 기도에 소망과 생명을 불어넣고 있었습니다: "내가 지존하신 하나님께 부르짖음이여 곧 나를 위하여 모든 것을 이루시는 하나님께로다."

우리가 일생 동안 수많은 일들을 겪으면서 내리게 되는 결론은 다음과 같은 가르침입니다: "특히 곤경에 처해 있을 때에 성도들이 마땅히 행해야 할 의무는 자신들의 삶의 모든 단계들과 형편 속에서 그들을 위하여 섭리가 행한 일들을 기억하는 것이다."

교회는 온갖 은혜의 역사들 속에서 하나님의 손길을 봅니다: "여호와여 주께서 우리의 모든 일도 우리를 위하여 이루심이니이다"(사 26:12). 때를 따라 자신들에게 주어진 주목할 만한 섭리들을 보배들로 여기고서 기억해 두는 것은 모든 세대의 성도들이 변함없이 행해 온 경건한 일이었습니다. "여러분이 진정으로 그리스도인이라면, 나는 여러분이 무수히 많은 보배로운 은혜들을 책에 기록해 두지는 않았을지라도 적어도 여러분의 마음속에 기록해 두었으리라는 것을 압니다. 그러한 은혜들을 기억해 두었다가 회상하는 것도 달콤한데, 실제로 그런 은혜를 누렸던 그 순간에는 얼마나 더 달콤했겠습니까?" 모세는 기도의 열매이자 결과로 아말렉과의 전쟁에서 승리를 거둔 후에, 거기에 "여호와 닛시"(여호와는 나의 군기)라는 글귀가 새겨진 제단을 세우고, 하나님의 지시로 그 승리에 대한 기억을 기록하였습니다(출 17:14-15). 모르드개와 에스더는 하만의 음모로부터 건짐을 받은 저 놀라운 사건을 영원히 기념하는 일에 심혈을 기울여서, 그 날을 "부림절"로 정하고, "각 지방, 각 읍, 각 집에서 대대로 이 두 날을 기념하여 지키되 이 부림일을 유다인 중에서 폐하지 않게 하고 그들의 후손들이 계속해서 기념하게" 하였습니다(에 9:28). 우리는 시편에서도 그런 취지의 표제를 발견합니다: "기념하기 위하여"(시 70편의 표제). 또한, 이스라엘인 부모들은 자녀들을 볼 때마다 하나님이 자신들에게 베풀어 주신 은혜를 잊지 않고 기억하기 위해서 자녀들에게 그 은혜에 합당한 이름들을 붙여 주었습니다(삼상 1:20). 그들이 하나님의 주목할 만한 섭리들이 일어난 장소들의 이름을 새롭게 개명한 것도 다름 아니라 거기에서 그들에게 큰 유익을 끼쳐 주었던 저 달콤한 섭리들을 영원히 기념하기 위한 것이었습니다. 그렇게 해서 "벧엘"이라는 이름이 새롭게 탄생했습니다(창 28:19). 그리고 하갈이 갈증으로 거의 죽게 되었을 때에 천사가 나타나서 알려준 저 우물은 "브엘라해로이"(나에게 나타나신 살아계신 이의 우물)라 불리게 되었습니다(창 16:14). 사실 성도들이 하나님에게 새로운 명칭들을 만들어서 붙여서 하나님이 새로운 이름들을 갖게 된 것도 그런 이유 때문이었습니다. 그런 이유로 아브라함은 자기에게 나타나신 하나님을 "여호와 이레"(여호와께서 준비해 주심)라고 불렀고(창 22:13-14), 기드온은 "여호와 샬롬"(여호와는 평강이시다)이라는 이름을 하나님께 돌렸습니다(삿 6:24). 그리고 종종 우리는 하나님이 스스로를 어떤 명칭으로 지칭하시는 경우들도 발견하게 됩니다. 즉, 하나님은 창세기 15:7에서는 "갈대아인의 우르에서 이끌어 낸 여호와"이고, 사사기 6:8에서는 "애굽에서 인도하여 낸 여호와 하나님"이며, 예레미야서 31:8에서는 "북쪽 땅에서 인도하며 땅 끝에서부터 모은 여호와"입니다. 이 모든 것들은 그들에게 그 모든 장소들에서 하나님이 그들을 위해 역사하셨던 은혜의 섭리들을 상기시켜 줍니다.

하나님의 "섭리 역사들"은 두 가지로 고찰될 수 있습니다:

(1) 첫 번째는 섭리를 그 복합적이고 온전한 체계 속에서 전체적으로 온전하게 살펴보는 것입니다. 이러한 복된 고찰은 우리가 장차 온전하게 되었을 때에만 가능합니다. 우리는 장차 저 "하나님의 산"에 올랐을 때, 우리가 지금까지 걸어 왔던 길인 저 "광야"와 곧 들어가게 될 영광스러운 나라인 "가나안"을 둘 다 보게 될 것입니다. 거기에서 성도들은 섭리 전체의 황홀한 모습을 보게 될 것이고, 섭리의 모든 부분들을 하나하나 다 구분해 내서, 각각의 부분들이 어떤 역할을 했고, 서로 어떻게 연결되어 있는지, 그리고 그것들이 얼마나 질서정연하고 효과적으로 하나님의 약속에 따라 그들의 구원에 관한 저 복된 계획을 이루어낼 수 있었는지를 분명하게 알게 될 것입니다: "우리가 알거니와 하나님을 사랑하는 자 곧 그의 뜻대로 부르심을 입은 자들에게는 모든 것이 합력하여 선을 이루느니라"(롬 8:28). 왜냐하면, 바다 위에 떠 있는 배들이 그들에게 방향을 알려 주는 나침반을 따라 정확하게 자신들의 항로를 따라 항해해 나가지만, 섭리가 자신의 길잡이이자 북극성인 하나님의 약속을 따라 정확하게 방향을 잡아서 나아가는 것에는 한참이나 못 미칠 것임은 분명하기 때문입니다.

(2) 두 번째는 우리가 영광을 향하여 나아가는 길에서 섭리를 부분적이고 불완전한 모습으로 보는 것입니다. 우리는 이 길을 가는 동안에는 오직 섭리의 단편적인 모습들만을 볼 수 있고, 기껏해야 좀 더 눈에 띄는 일련의

역사들 속에서 섭리의 가지들을 볼 수 있을 뿐입니다.

이 둘 간의 차이는 여기저기 흩어져 있는 분해된 시계의 톱니바퀴들과 핀들을 보는 것과 그 모든 부품들이 하나로 결합되어서 질서 있게 가는 완성된 시계를 보는 것 간의 차이라고 할 수도 있고, 해부된 몸에서 좀 더 눈에 띄는 장기들이나 관절들만을 단편적으로 보는 문외한들과 몸의 모든 동맥과 정맥들과 실핏줄들이 어떻게 서로 연결되어서 여러 장기들에 자양분을 공급하고, 각각의 장기들이 어느 곳에서 어떤 역할을 하는지를 속속들이 다 알고 있는 해부학자들 간의 차이라고 할 수 있습니다.

우리가 이 세상에서는 이해할 수 없는 섭리의 전체적인 모습과 각각의 섭리 역사들의 고유한 위치와 용도를 한 눈에 볼 수 있다면, 그것은 얼마나 황홀하고 기쁜 일이겠습니까! 그리스도께서 어떤 일에 대하여 베드로에게 하신 다음과 같은 말씀은 지금 우리와 관련되어 있는 몇몇 섭리들에도 그대로 적용될 수 있습니다: "내가 하는 것을 네가 지금은 알지 못하나 이 후에는 알리라"(요 13:7). 우리는 지금은 섭리에 의한 역사들이 하나님의 약속과도 맞지 않는 것 같고 그 자체에도 일관성이 없는 것 같아서 우리의 행복을 가로막는 것이라고 여겨서 부당하게 비난하고 비통해하며 탄식하기도 하지만, 이렇게 우리에게 종종 걸림돌이 되기도 하고 어떤 때에는 경이롭게 여겨지기도 하는 온갖 모호하고 복잡하며 뭐가 뭔지 모르겠는 섭리들이 마치 하나님이 이스라엘로 하여금 그들이 "거주할 성읍에 이르게" 하시기 위하여 광야라는 어려운 길을 통과할 수 있도록 "바른 길로" 인도하셨듯이 (시 107:7) 우리를 그렇게 인도하신 길이었음을, 그 때가 되면 우리는 분명히 알게 될 것입니다.

섭리에 대하여 우리가 지금 보는 것들과 생각하는 것들은 장차 하늘에서 보고 알게 될 것들에 비하면 너무나 협소하고 불완전한 것이라고 할지라도, 현재의 그러한 온갖 불리한 환경들 아래에서 보는 섭리조차도, 그 안에는 너무나 대단한 탁월함과 달콤함이 있어서, 나는 그 섭리를 작은 천국이라고 부르거나, 야곱이 벧엘을 그렇게 불렀듯이 "하늘의 문"이라고 부르고 싶습니다(창 28:16-19). 그것은 분명히 이 세상에서 하나님과 동행하는 대로입니다. 그리고 우리의 영혼은 하나님의 모든 규례들에서와 마찬가지로 섭리들에서도 하나님과의 달콤한 친교를 누릴 수 있습니다. 섭리를 본 심령들은 섭리가 만들어 낸 지혜롭고 예기치 않은 결과들을 바라보고서는 그 마음이 녹아서 기쁨의 눈물을 흘리곤 하는 일이 얼마나 비일비재하였는지 모릅니다! 그들은 자신들의 일생에서 일어난 온갖 일들을 되돌아볼 때마다, 만일 하나님이 그들로 하여금 그들 자신의 계획과 생각을 따라 살게 하셨더라면, 그들은 그들 자신을 고문하는 자들이 되고 그들 자신을 처형하는 자들이 되고 말았을 것임을 얼마나 자주 거듭거듭 확신하게 되었는지 모릅니다! 만일 섭리가 그들처럼 멀리 내다보지 못하고 단견적으로 행하였더라면, 그들은 얼마나 크고 많은 치명적인 재앙들을 스스로 자초하였을지 모릅니다! 그래서 그들은 자신들이 구한 것보다도 하나님이 자신들에게 더 많이 은혜를 베풀어 주셔서, 그들로 하여금 자신들이 원한 것들을 따라가다가 멸망당하지 않게 해 주신 것에 대하여 진심으로 감사를 드리곤 합니다.

우리가 나중에 적당한 곳에서 살펴보겠지만, 섭리의 역사들에 주의를 기울일 때에 얻는 유익들은 이루 말할 수 없이 많습니다. 하지만 나는 이 강론을 뒤엉키지 않게 하기 위하여 그것을 이런 식으로 설명해 나가고자 합니다: 첫 번째로는, 이 세상에서 성도들과 관련된 일들은 특별한 섭리의 지혜와 돌보심에 의해서 이루어지는 것이 분명하다는 것을 증명할 것입니다. 두 번째로는, 그러한 섭리적인 돌보심이 구체적으로 성도들과 관련된 어떤 일들에서 분명하게 드러나는지를 설명할 것입니다. 세 번째로는, 성도들과 관련된 모든 일들에서 그들을 위한 그러한 섭리의 역사들을 주목하고 주시하는 것은 성도들의 의무라는 것을 보여 줄 것입니다. 네 번째로는, 성도들이 자신들의 그러한 의무를 어떤 식으로 행하여야 하는지를 보여 줄 것입니다. 다섯 번째로는, 성도들이 그런 식으로 섭리의 역사들을 주목할 때에 얻게 되는 특별한 유익들이 무엇인지를 보여 줄 것입니다.

제1부
섭리의 증거

제1장

성도들을 위한 섭리의 역사

첫 번째로 나는 이 세상에서 성도들과 관련된 일들은 특별한 섭리의 지혜와 돌보심에 의해서 이루어지는 것이 분명하다는 위대한 진리를 증명하고 논증할 것입니다. 그렇게 함에 있어서 나는 본문이 말하고 있듯이 내 일생 동안 "나를 위하여 모든 것을 이루신" 저 섭리를 할 수 있는 한 나의 온 힘을 다해서 섬기고 싶다는 말을 기쁜 마음으로 하고자 합니다.

섭리가 베풀어지는 대상과 방식은 두 종류가 있기 때문에, 우리는 섭리도 두 가지로 고찰할 수 있습니다. 하나는 이성을 지녔든 지니지 않았든 살아 있는 것이든 살아 있지 않은 것이든 모든 피조물에 대하여 일반적으로 베풀어지는 섭리이고, 다른 하나는 특별하고 유일무이한 섭리입니다. 그리스도께서는 만물에 대한 보편적인 통치권을 가지고 계시고(엡 1:22), 온 세계를 다스리신다는 의미에서 만물의 머리이시지만, 교회와 하나가 되어서 특별한 영향력을 미치신다는 의미에서 교회의 머리이십니다(요 17:2). 그리스도는 "모든 사람 특히 믿는 자들의 구주"이십니다(딤전 4:10). 교회는 그리스도의 특별한 돌보심과 책임 아래 있습니다. 머리가 몸이 잘되게 하기 위하여 일하듯이, 그리스도께서는 세계를 잘되게 하시기 위하여 다스리십니다.

이교도들은 일반적으로 섭리를 부정해 왔는데, 그들이 하나님을 부정해 왔다는 사실을 생각하면, 그것은 전혀 이상한 일이 아닙니다. 왜냐하면, 하나님의 존재를 증명해 주는 바로 그 동일한 근거들이 섭리의 존재도 증명해 주기 때문입니다. 이교 철학자들의 제왕이라고 할 수 있는 아리스토텔레스(Aristotle)는 자신의 이성을 가지고서 온 힘을 다하여 연구하였는데도 세계가 어떻게 기원하였는지를 발견해낼 수 없었기 때문에, 세계가 영원 전부터 존재하였다고 결론을 내렸습니다. 에피쿠로스학파에 속한 철학자들은 어떤 의미에서는 신의 존재를 인정하였다고 말할 수 있지만, 섭리를 부정하고서, 이 세상의 일들은 신의 지극히 복되고 고요한 상태와 부합하지 않기 때문에, 신이 그런 세상을 다스리는 데 신경을 쓰느라고 골치를 썩는 것은 이치에 맞지 않는다는 이유로, 세상사들에 신이 관심을 보이거나 개입한다고 보는 것은 말이 되지 않는다고 여겨서, 세상사들에서 신을 철저하게 배제하였습니다. 그러한 생각은 너무나 이성이나 이치에 맞지 않는 것인데도, 그들이 자신들의 그러한 생각이 터무니없는 것이라고 여겨서 얼굴을 붉히지 않았다는 것은 정말 이상한 일입니다.

하지만 나는 그 이유를 추측해 볼 수 있는데, 그들 중의 한 사람이었던 키케로(Cicero)는 그 이유를 개략적으로 이렇게 말합니다: "만일 신이 세상에 간여한다면, 그것은 신이 우리의 영원한 주인이 되어서 우리에게 멍에를 메게 하여 밤낮으로 두려워하게 하는 것이 될 뿐이다. 왜냐하면, 신이 세상사의 모든 일들에 대하여 관심을 가지고 그 모든 것들을 다 계획하고 그 계획을 실행에 옮기고서는 시시콜콜 개입해서 감시하고 참견한다면, 겁을 집어먹고 두려워하지 않을 자가 아무도 없을 것이기 때문이다."

그들은 만일 자신들이 섭리의 존재를 인정하는 순간, 그들의 목에는 영원한 멍에가 부과되어서, 그들이 행한 모든 일에 대하여 하늘의 법정에서 책임을 져야 한다는 것을 미리 내다보았던 것입니다. 그렇게 되면, 이 세상에서 그들이 행한 모든 생각들과 말들과 행실들은 장차 모든 것을 보시고 아시는 의로우신 하나님 앞에서 심판을 받기 위하여 낱낱이 다 기록될 것이기 때문에, 그들은 "나그네로 있을 때를 두려움으로 지낼" 수밖에 없게 될 것이었습니다(벧전 1:17, "각 사람의 행위대로 심판하시는 이를 너희가 아버지라 부른즉 너희가 나그네로 있을 때를 두려움으로 지내라"). 그러므로 그들은 자신들이 신경써야 할 존재는 존재하지 않는다고 그들 자신을 설득하려고 애를 썼습니다. 그러나 그들의 그러한 무신론적이고 어리석은 속임수들은 하나님이 존재하시고 섭리가 존재한다는 너무나 크고 분명한 진리를 보여 주는 부정할 수 없는 증거 앞에서 여지없이 무너져 내릴 수밖에 없습니다.

이제 내가 여기에서 하고자 하는 것은, 하나님의 존재를 부정하기로 작정하고서 하나님이 자기 백성을 위하여 베푸신 크고 놀라운 일들을 보여 주는 성경의 모든 증거들을 조롱하는 공공연한 무신론자를 상대하는 것이 아니라, 하나님과 섭리의 존재를 보여 주는 이 모든 것을 공식적으로 인정하면서도 직접 경험을 하지 못해서, 우리가 특별한 섭리라고 부르는 것들은 단지 자연적으로 또는 우연히 일어난 일들이라고 보는 자들에게 확신을 주는 것입니다. 그런 자들은 하나님과 섭리의 존재를 인정한다고 공언하면서도(이러한 공언은 단지 교육의 효과일 뿐입니다), 마치 하나님과 섭리가 존재하지 않는 것처럼 무신론자들처럼 살아가는데, 사실 나는 이 세대의 대다수의 사람들이 그런 경우에 해당되지는 않는가 하는 우려를 가지고 있습니다.

그러나 세상사 일반(그리고 좀 더 특별하게는 성도들과 관련된 일들)이 하나님의 섭리에 의해서 이루어지는 것이 아니라, 그들이 주장하는 대로 자연적인 원인들의 불변의 과정에 의해서 이루어지는 것이어서, 우리가 어떤 사건이 일어나는 것을 보았을 때, 그 사건은 단지 우연적인 일이거나 자연에 숨겨져 있는 은밀한 원인에 의한 것이라는 것을 믿고자 하는 자들은 다음과 같은 질문들에 대하여 합리적인 대답을 내놓아야 할 것입니다:

"하나님의 백성들이 자연의 힘이나 과정 또는 원인을 뛰어넘어서 자연적인 과정이 분명하게 중단되는 가운데 놀라운 은혜들과 구원들을 지금까지 그토록 무수히 받아 온 것은 어떻게 된 일입니까?"

자연에 의해서 이루어지는 일들 중에서 자연적인 원인에 의한 힘을 초월해서 이루어지는 일이 없다는 것은 너무나 분명합니다. 그 어떤 것도 자기 자신이 가지고 있는 것 이상의 것을 다른 존재에게 줄 수 없고, 자연에 의해서 일어나는 일들은 필연적으로 일어나는 일들이라는 것도 마찬가지로 분명하기 때문입니다. 불은 자신의 힘이 다할 때까지 타오르고, 물은 할 수 있는 한 차고 넘쳐서 모든 것을 엄몰시켜 버립니다. 사자들을 비롯해서 사나운 야수들은 특히 굶주려 있을 때에는 자신의 먹잇감을 찢고 삼킵니다. 그리고 합리적으로 행하는 존재이든 제멋대로 행하는 존재이든 모든 주체들은 자신의 본성에 따른 원리와 법에 따라 행합니다. 악인은 그 마음과 의지가 어떤 악한 생각으로 가득 차게 되면 반드시 그 생각을 행동으로 분출하게 되어 있어서, 자기 손에 힘이 있고 자신이 품은 악을 집행할 기회가 주어지기만 하면, 어김없이 자신의 마음의 악한 계획을 실행에 옮깁니다. 악인은 일단 어떤 "재앙"을 배게 되면 자연의 법칙에 따라서 "산고를 겪은" 후에 "죄악을 낳습니다"(시 7:14). 하지만 무생물이나 야수나 이성을 지닌 존재가 그 어떤 자연적인 장애나 방해도 없어서 출산할 때가 임박하여 자기가 계획한 것을 막 실행에 옮기려고 하는데, 그들의 힘이 저지당해서, 그들에게는 실제로 악을 행하고자 하는 의지가 분명히 존재하는데도 악을 행할 수 없게 된다면, 여러분은 그 원인을 무엇에 돌리겠습니까?

하지만 어떤 일이 위험하고 악한 것이고, 그 일에 하나님의 직접적인 이해관계가 걸려 있는 경우에는, 우리는 일이 그런 식으로 돌아가는 것을 자주 보아 왔습니다. 애굽 군대에게 쫓기던 하나님의 백성 이스라엘 앞에서 멀쩡히 잘 흐르던 바다가 둘로 갈라져서 양쪽으로 벽을 이룬 덕분에, 그들은 바다를 무사히 건널 수 있었습니다. 그리고 이 일은 바다가 잔잔할 때가 아니라 포효하며 파도가 심하게 칠 때에 일어났습니다(사 51:15). 풀무질을 최대로 하여 뜨겁게 달구어져서 맹렬하게 타올랐던 불은 하나님의 충성스러운 증인들의 머리카락 하나도 태울 힘이 없었지만, 그 증인들을 풀무불에 던져 넣으려고 멀리 서 있던 사형집행관들을 순식간에 다 태워버릴 힘은 있었습니다(단 3:22). 실제로 우리는 그런 불이 종종 사람의 몸을 태우는 데에는 충분했을지 모르지만 그 몸을 괴롭게 하지는 못한 경우를 봅니다. 저 복된 베이넘(Bainham)의 유명한 예가 그것을 잘 보여 주는데, 그는 자신의 원수들에게 "저 불길이 내게는 장미꽃 화단처럼 보이는구나"라고 말했답니다. 다니엘이 사자굴에 사자들의 먹잇감으로 던져졌을 때, 그 사자들은 굶주렸는데도, 그들의 자연적이고 본성적인 사나움은 온 데 간 데 없이 사라져 버리고 온순하게 되어 다니엘에게 아무런 해도 끼치지 않았습니다(단 6:22). 폴리카르포스(Polycarp, 주후 69-155년, 서머나 감독)나 아레오바고 사람 디오니시오스(Dionysius the Areopagite, 주후 1세기 사도 바울의 제자)와 관련해서도 이것과 비슷한 일화들이 전해져 오고 있는데, 불길이 그들을 건드리지 못하고 바람이 가득 채워진 돛처럼 그들 앞에서 멈춰 섰다고 합니다.

과연 이런 일들이 자연의 과정과 법칙에 따른 것입니까? 이런 일들이 자연의 그 어떤 은밀한 원인에 의해서 일어난 일들이라고 말할 수 있겠습니까? 마찬가지로, 우리는 세상에서 가장 포악하고 잔인한 악인들이 어떤 보이지 않는 손에 의해서 제지당해서 하나님의 백성을 해칠 수 없었던 일도 발견합니다. 여로보암의 손이 하나님의 사람을 해치려고 손을 뻗는 바로 순간에, 그 어떤 자연의 은밀한 원인이 작용해서 그 손을 마르게 하여 다시 거두어들이지 못하게 할 수 있었겠습니까(왕상 13:4)? 섭리가 악인들을 제지하지 않는다면, 그들은 그 어떤 야수들보다도 더 악착같이 달려들어서 기어코 하나님의 사람들을 찢어서 삼켜 버리고 말 것입니다. 그래서 시편 기자는 우리가 앞에서 인용한 본문 속에서 자신의 처지를 이렇게 표현합니다: "내 영혼이 사자들 가운데에서 살며 내가 불사르는 자들 중에 누웠으니." 주님은 제자들을 보내시면서, "내가 너희를 보냄이 양을 이리 가운데로 보냄과 같도다"(마 10:16)라고 말씀하셨습니다.

여기에서 이러한 이적적인 일들은 단지 성경의 증언일 뿐이고, 무신론자들은 성경을 믿지 않는다고 반론을 제기해 보아야 아무 소용이 없습니다. 왜냐하면, 성경의 그러한 증언들이 참된 것임을 보여 주는 온갖 증거들이 존재할 뿐만 아니라(그것을 인정하는 사람들에게는 그 증거들을 일일이 제시할 필요는 없겠지만), 그런 일들은 오늘날에도 모든 사람이 눈으로 직접 보고 있는 일들이기 때문입니다. 우리는 한 줌밖에 안 되는 힘없고 약한 사람들이 그들을 멸하고자 하는 분노에 가득찬 극악무도하고 강력한 원수들 가운데서 기이하게도 멸망당하지 않고 보존되고 있는데, 그 원수들이 분명히 그 사람들을 멸하고자 하지만 멸할 수 없는 것을 그 어떤 자연적인 장애에 의한 것이라고는 도저히 설명할 수 없는 것을 두 눈으로 똑똑히 보고 있지 않습니까?

이것을 보고서 우리가 뭐가 뭔지 모르겠다고 혼란스럽다고 말한다면, 하나님의 택하신 자들을 멸망시키려고 의도적으로 고용된 바로 그 손들과 수단들에 의해서 도리어 이 세상에서 그들에게 유익이 되고 복이 되는 상황이 만들어지고 있는 것에 대해서는 우리가 무엇이라고 말해야 합니까? 상황이 이렇게 돌아가는 것은 그들의 원수들이 의도하거나 기대한 것을 한참이나 벗어나 있는 일입니다. 하지만 이런 일들은 이 세상에서는 그리 드물게 일어나는 일들이 아닙니다. 요셉의 형들의 시기, 하만의 흉계, 고관들의 시기에 의해서 다니엘에게 내려진 형벌을 비롯해서 그 동일한 종류의 무수한 일들은 하나 같이 다 섭리의 은밀하고 기이한 손길에 의해서 도리어 요셉과 에스더와 다니엘에게 큰 유익과 복이 되는 쪽으로 바뀌지 않았습니까? 결과적으로, 그들의 원수들은 그들을 해치기는커녕 도리어 그들로 하여금 최고의 존귀를 받게 해 주는 꼴이 되지 않았습니까?

"만일 성도들과 관련된 일들이 하나님의 특별한 섭리에 의해서 이루어지는 것이 아니라면, 자연의 원인들이 모두 힘을 합해서 그토록 기이한 방식을 사용해서 그들을 위험에서 건져내고 그들에게 유익과 복을 가져다주었다고 해야 하는데, 과연 이것이 합당한 설명이겠습니까?"

섭리에 의해서 기이하게도 많은 일들이 동시에 일어나고 서로 합력해서 하나님의 택하신 자들에게 선을 이룬다는 것은 부인할 수 없이 분명합니다. 교회의 선을 위한 어떤 일이 세상의 무대에서 이루어질 때마다, 여러 곳에서 비슷한 일들이 동시다발적으로 생겨납니다. 최고의 은혜이신 메시야가 성전에 오셨을 때, 그것을 증언하기 위한 증인들로 "시므온"과 "안나"도 섭리에 의해서 거기로 불려 나옵니다(눅 2:25-38). 종교개혁 시기에 네덜란드에서 성상들이 파괴되었을 때, 한 동일한 열심의 영이 모든 도시와 성읍에 있는 사람들을 사로잡아서, 그 일은 하룻밤 사이에 이루어졌습니다.

요셉이 애굽의 총리에 오르게 된 이야기를 주의 깊게 읽어 본 사람들은 그 이야기 속에서 그가 그러한 존귀하고 권세 있는 자리에 오르게 될 때까지 섭리에 의해서 행해진 열두 단계에 걸쳐서 주목할 만한 역사들이 있었다는 것을 알게 됩니다. 만일 그 역사들 중에서 어느 하나라도 실패하였다면, 요셉이 애굽의 총리가 되는 것은 불가능했을 것입니다. 그러나 열두 단계에 걸친 각각의 역사는 정확히 그 역사가 일어나야 할 때와 장소를 따라서 순서대로 일어났습니다.

　　교회가 하만의 음모로부터 건짐을 받게 된 때에도, 우리는 기이하게도 섭리에 의한 일곱 단계의 역사가 동시다발적으로 일어나서 그 일을 이루어 내는 것을 발견합니다. 우리는 그 모든 일들이 원수들을 함정에 빠뜨리기 위하여 서로 약속이라도 한 듯이 손발을 맞춰서 적절한 때에 적절하게 일어나서 그 일을 이루어내는 것을 보기 때문에, 이 모든 것들을 주의 깊게 살펴본 사람들은 누구나 이것은 우연의 결과일 수 없고 놀라운 지혜가 계획한 것의 결과물일 수밖에 없다는 결론을 내릴 수밖에 없게 됩니다.

　　사람의 몸의 정밀한 구조만 보아도, 여러 기관들과 장기들의 모양과 위치와 상호관계들은 그것이 하나님의 지혜와 능력에 의한 작품이라는 확신을 어떤 사람들에게 주어 왔고, 실제로 모든 사람으로 하여금 그러한 확신을 갖게 만들기에 충분합니다. 마찬가지로, 하나님의 백성에게 은혜를 베풀기 위하여 사용된 수단들과 도구들이 놀랍도록 서로 손발이 착착 맞아서 돌아간 것을 주의 깊게 살펴본다면, 섭리의 상점에는 온갖 종류의 도구들이 마련되어 있는 것은 물론이고, 그 도구들을 사용하는 지극히 솜씨 좋은 손길이 있다는 것을 인정하지 않을 자가 누가 있겠습니까? 왜냐하면, 도끼나 톱이나 끌이 솜씨 좋은 장인의 손길 없이 거친 통나무를 깎거나 조각해서 아름다운 모양을 만들어 낼 수 없듯이, 아무리 좋은 도구들이 무수히 많이 있다고 할지라도, 도구들 자체가 그러한 일들을 만들어 낼 수는 없기 때문입니다.

이 많은 예들은 교회의 유익을 위한 어떤 일이나 계획을 이루어내기 위하여 사람들과 사물들을 미리 사전에 적절하게 결합하고 안배해서 그 사람들과 사물들이 전혀 생각하지 않았던 일들을 만들어내는 손길이 존재한다는 것을 분명하게 보여 줍니다. 그 사람들과 사물들은 서로 만나서 회의를 갖지도 않고, 자신들의 계획을 서로 나누지도 않으며, 서로 아무런 상관도 없이 따로따로 일하지만, 마치 함께 만나서 손발을 맞춰 일하는 것처럼 그렇게 일을 합니다. 그것은 사전에 그들 사이에 아무런 약속이나 합의가 없었는데도, 열 사람이 마치 사전에 그런 약속이라도 한 듯이 한 자리에 함께 모여서 모두가 다 동일한 일을 하는 것처럼 보입니다. 사정이 이런데도, 어떤 일의 수단과 도구들이 된 존재들이 그렇게 함께 모여서 일하게 된 것이 어떤 눈에 보이지 않는 지혜로운 관리자에 의한 은밀한 주관 하에서 그렇게 된 것이 아닌가 하고 생각하지 않을 사람이 어디 있겠습니까?

"만일 하나님의 백성과 관련된 일들이 특별한 섭리의 지배를 받지 않는다면, 그들을 멸하기 위해서 동원되는 가장 적절하고 강력한 수단들이 무력화되는 반면에, 그들을 보호하고 위로하기 위하여 사용되는 약하고 보잘것없는 수단들은 성공을 거두는 이유는 무엇입니까?"

자연의 과정에 의해서 전적으로 지배된다면, 그런 일은 일어날 수 없습니다. 자연의 과정이라는 잣대로 판단해 보면, 우리는 가장 적절하고 강력한 수단들이 당연히 성공을 거두어야 하고 그 뜻을 이루어야 하며, 부적절하고 약하며 보잘것없는 수단들을 지닌 하나님의 백성들은 성공을 기대할 수 없다는 결론을 내리는 것이 마땅합니다. 이렇게 우리의 이성은 자연의 법칙에 따라 그것을 판단합니다. 그러나 섭리는 자연의 손길을 가로막습니다. 그래서 야곱이 요셉의 아들들을 축복할 때, 요셉은 야곱으로 하여금 그 오른손을 장자인 므낫세의 머리 위에 얹고 축복하게 하기 위하여 야곱의 오른편에 앉게 하였지만, 섭리는 야곱으로 하여금 "팔을 엇바꾸어 얹게" 하였습니다(창 48:14).

애굽 왕 바로는 하나님의 백성 이스라엘을 멸하기 위해서 강력한 힘과 치밀한 계략을 세웠기 때문에, 이성의 눈에는, 마치 온 숲을 삼키는 불길 속에서 잘 타는 가시덤불이 타지 않고 남아 있는 것이 불가능하듯이, 이스라엘 백성이 거기에서 살아남는 것은 불가능해 보였습니다. 하지만 이스라엘은 기적적으로 살아남았고, 그들이 어떻게 살아남을 수 있었는지는 다음과 같은 말씀이 상징적으로 잘 보여 줍니다: "여호와의 사자가 떨기나무 가운데로부터 나오는 불꽃 안에서 그에게 나타나시니라 그가 보니 떨기나무에 불이 붙었으나 그 떨기나무가 사라지지 아니하는지라"(출 3:2).

이성의 생각과는 반대로, 교회의 선을 위하여 사용된 약하고 보잘것없는 수단들이 이겼고 성공을 거두었습니다! 이렇게 기독교가 세상에 처음으로 뿌리를 내린 것은 도저히 성공을 거둘 것 같지 않았던 약한 도구들에 의해서 이루어졌습니다!

그리스도께서는 왕들과 황제들의 궁정에 있는 말 잘하는 자들이나 권세 있는 자들이 아니라, 열두 명의 가난한 장인들과 어부들을 선택했습니다. 그리고 그들은 한 무리를 이루어서 파송된 것도 아니었고, 어떤 이는 이 곳을 정복하도록, 어떤 이는 저 곳을 정복하도록 보내졌습니다. 하지만 그들에 의해서 복음은 아주 짧은 시간에 널리 전파되었고, 세상의 여러 나라들에 교회들이 세워졌습니다! 시편 기자는 예언의 영을 통해서 그것을 미리 내다 보고서는 이렇게 말했습니다: "어린 아이들과 젖먹이들의 입으로 권능을 세우심이여 이는 원수들과 보복자들을 잠잠하게 하려 하심이니이다"(시 8:2).

여리고는 양각 나팔 소리에 의해서 이스라엘의 수중으로 넘어왔습니다(수 6:20). 미디안의 대군은 항아리와 횃불을 든 삼백 명의 이스라엘 군사에 의해 대패하였습니다(삿 7:19).

프랑스의 베지에(Beziers)에서 포위된 개신교도들은 술에 취한 한 북 치는 병사에 의해서 건짐을 받았습니다. 그 병사는 한밤중에 진영으로 가다가 무심결에 그 도시의 비상벨을 울렸는데, 마침 그 때가 그들의 원수들이 기습공격을 벌이고 있던 때였던 것이었습니다.

도저히 통할 것 같지 않은 약한 수단들은 교회 전체에 성공과 복을 가져다주었을 뿐만 아니라, 그 개별 지체들을 지켜 주는 데 쓰임 받기도 하였습니다. 저 피비린내 나는 파리 대학살 때에 그리스도의 종 뒤 물랭(Du Moulin, 주후 1568-1658, 위그노파의 목회자)은 원수들을 피해서 화덕 속으로 숨었는데, 거미가 화덕 입구에 거미줄을 치는 바람에 살아남을 수 있었습니다. 또한, 어떤 사람은 목숨을 건지기 위해 숨어든 곳에 암탉이 매일 알을 낳았기 때문에, 계란으로 연명하면서 많은 날들을 살아남을 수 있었습니다.

이런 예들은 아주 쉽게 무수히 열거할 수 있지만, 이런 일들은 모든 시대의 사람들이 너무나 분명하게 보아 왔기 때문에, 굳이 그럴 필요가 없을 것입니다. 교회를 멸하기 위해서 사용된 가장 적절하고 강력한 수단들은 실패하고, 교회의 유익을 위해 사용된 너무나 보잘것없고 하찮은 수단들은 성공을 거둔 일들이 이렇게 자주 일어난 것을 보았을 때, 우리는 하나님의 특별한 섭리가 그 일들을 지배하고 있었다는 것을 인정할 수밖에 없지 않겠습니까?

"모든 것이 자연의 과정과 자연적인 원인들의 힘에 의해서 지배된다면, 사람들이 멸망의 길로 전속력으로 내달리다가, 생각하지도 못했던 어떤 일로 인해서 그 멸망의 길에서 벗어나게 되는 일이 일어나는 것은 어떻게 설명해야 하겠습니까?"

선한 자들은 그들 자신을 멸망시킬 길로 내내 달려가고 있는데도, 그 사실을 알지 못합니다. 그러나 섭리는 그 멸망의 길에서 그들을 만나서, 기이하게도 그 길로 갈 수 없게 만드는 "피할 길"을 내어서 그들로 하여금 그 길로 달려가지 못하게 만들어서 그들을 보호합니다. 그런데도 그들은 그 일들이 자신들에게 왜 일어났는지를 그 의미가 분명하게 드러나기 전까지는 깨닫지조차 못합니다. 바울이 가이사랴에서 체포되었을 때, 유대인 대제사장과 지도자들은 로마 총독 베스도에게 바울을 예루살렘으로 압송해 줄 것을 요구했는데, 이것은 도중에 사람들을 매복시켜 놓고서 바울을 죽이게 하기 위한 것이었습니다. 그러나 베스도는 그러한 음모를 전혀 알지 못하고 있었는데도 단호하게 그들의 요구를 거부하고, 그들과 함께 가이사랴로 가서 거기에서 바울을 재판하는 쪽을 선택합니다. 이런 식으로 "피할 길"이 열려서, 바울을 죽이려고 유대인 지도자들이 세워 놓았던 음모는 좌절됩니다 (행 25:3-4).

포시도니우스(Possidonius)는 아우구스티누스의 삶에 대하여 쓴 전기에서, 그가 어떤 성읍의 사람들에게 가르치러 가기 위해서 자신의 길잡이가 되어 줄 사람을 데리고 그 성읍으로 향했는데, 그 길잡이가 늘 다니던 길로 가지 않고 무심코 다른 샛길로 그를 안내해 준 덕분에, 그의 계획을 알고서 그를 죽이기 위하여 길에 매복해 있던 도나투스파(the Donatists) 사람들에 의해서 죽을 뻔한 위기를 넘겼다는 것을 우리에게 말해 줍니다.

악인들이 마음속으로 계획하고 품고 있던 악을 행하고자 하는 길에서 만나게 되는 이런저런 장애들은 전혀 생각하지 못한 것들이고 너무나 기이합니다. 라반과 에서는 야곱을 해치기 위한 목적으로 그에게 다가오지만, 그를 만나자마자 그들의 손에는 족쇄가 채워져서, 자신들이 계획한 대로 그를 해칠 수 없게 되고 맙니다(창 31:29; 33:4). 발람은 상이 탐나서 이스라엘을 저주하기로 하지만, 처음부터 예기치 않은 장애를 만나게 됩니다. 그런데도 그는 멈추지 않고 어떻게 해서든지 이스라엘을 저주하려고 애를 썼지만, 어떤 방법을 동원해도 자신을 묶고 있는 족쇄를 떨쳐내 버릴 수 없다는 것을 발견합니다(민 22:25, 38). 대제사장의 사냥개가 되어 교회를 박해하는 일에 혈안이 되어 있던 사울은 그리스도의 가련한 양 떼를 잡아서 죽이라는 명을 받고서 다메섹으로 내려가지만, 다메섹에 거의 다다랐을 무렵에 길에서 예기치 않은 일을 겪었는데, 이 일로 인해서 그리스도인들은 화를 피할 수 있었을 뿐만 아니라, 사울 자신도 그리스도께로 회심하게 되었습니다(행 9:1-4). 이러한 일들 속에서 하나님의 손가락을 보지 못할 사람이 누가 있겠습니까?

"만일 하나님의 백성의 선을 위하여 모든 일들을 주관하고 안배하는 섭리가 존재하지 않는다면, 이 세상에서 살아가는 사람들에게 행해진 선과 악을 행하는 데 도구가 된 사람들의 심령이 거기에 합당한 보응을 받게 되는 일이 어떻게 일어날 수 있겠습니까?"

어떤 사람이 하나님의 백성에게 선하고 유익한 일들을 행하였을 때에는, 그의 심령이 차고 넘치는 상을 받게 된다는 것은 모든 사람이 너무나 분명하게 보아 온 일입니다! 애굽의 산파들은 애굽 왕 바로의 비인간적인 명령에 복종하기를 거절하고, 이스라엘의 남자 아이들의 목숨을 구했습니다. 그러자 하나님께서는 그들을 선대하셔서, "그들의 집안을 흥왕하게" 하셨습니다(출 1:21). 수넴 여인이 엘리사를 환대하고 보살펴 주었을 때, 하나님께서는 그녀의 소원대로 아들을 낳게 해 주시는 것으로 상을 주셨습니다(왕하 4:9, 17). 라합은 이스라엘의 정탐꾼들을 숨겨 주었기 때문에 여리고가 멸망할 때에 목숨을 건질 수 있었습니다(히 11:31). 멜리데 섬의 추장이었던 보블리오는 파선된 후에 그 섬에 머물게 된 바울을 정중하게 영접하고 대접하였습니다. 하나님께서는 열병과 이질에 걸려 병들어 누워 있던 그의 부친을 고쳐 주심으로써, 바울에게 베푼 그의 친절에 대하여 신속하게 상을 베풀어 주셨습니다(행 28:7-8).

또한, 우리는 하나님의 백성들에게 가해진 해악들은 그 원수들에 대한 의로운 응보를 통해서 되갚아져 왔다는 것을 발견합니다. 애굽 왕 바로와 애굽인들은 하나님의 백성 이스라엘에게 잔인한 원수들이어서, 그들의 가련하고 무죄한 어린 아기들을 죽이고자 하였습니다. 하나님께서는 애굽의 모든 장자들을 하룻밤 사이에 다 죽이심으로써 그들에게 보응하셨습니다(출 12:29). 하만은 의인 모르드개를 죽이기 위해서 오십 규빗이나 되는 단두대를 세웠지만, 하나님께서는 하만과 그의 열 아들이 그 단두대에 달려 죽게 하셨습니다. 그것은 그 자신이 심은 나무의 열매를 먹은 것이기 때문에 지극히 합당한 것이었습니다(에 7:10). 아히도벨은 다윗을 죽이려는 음모를 꾸미고, 다윗을 몰락시킬 수 있는 계략을 냈는데, 그것은 마치 하나님이 내신 계략처럼 지혜로운 것이었습니다. 하지만 그러한 계략은 마치 지나치게 장전된 총처럼 그 자신에게 되돌아와서 그를 파멸시켰습니다. 그의 계략은 도덕적으로는 선하지 않았지만 계략 자체만을 놓고 볼 때에는 대단히 치밀하고 완벽한 것이었는데, 그는 자신의 그러한 계략이 실패한 것을 보고서 자신의 운명을 쉽게 짐작할 수 있었기 때문에 스스로 목매어 죽는 쪽을 택하였습니다(삼하 17:23).

대단히 잔인한 왕이었던 샤를 9세(Charles the 9th)는 파리의 수로들에 개신교도들의 피가 흐르게 하였는데, 그가 비참하게 죽자마자 그의 몸의 모든 곳에서 피가 흘러나왔습니다. 하나님이 사랑하시는 수많은 종들을 화형시켜서 잿더미로 만들어 버린 스티븐 가디너(Stephen Gardiner)는 그 자신이 지독한 화염에 그을려서, 그의 혀가 까맣게 되어 입 밖으로 나와 걸린 채로, 자신의 비참한 생애를 무시무시한 고통 속에서 마감했습니다. 기독교를 완전히 박멸하라는 자신의 포고를 청동에 새긴 저 잔인무도한 황제 막시미누스(Maximinus)는 신속하게 무시무시한 심판을 받아서, 헤롯처럼 벌레들이 그의 내장을 파먹는 병에 걸렸는데, 그 냄새가 너무나 지독해서, 의사들이 그에게 접근해서 치료하기를 거부하다가 죽임을 당할 정도였습니다(행 12:21-23). 하나님의 백성들에게 해악을 가한 자들이 그 보응을 받는다는 진리를 확증해 주는 이러한 예들은 무수히 많습니다. 이런 일들을 보면서도, "진실로 땅에서 심판하시는 하나님이 계시다"(시 58:11)는 것을 보지 못하는 사람이 과연 있겠습니까!

실제로 교회의 원수들에 대한 섭리의 보응들은 너무나 정확하게 이루어져서, 하나님의 진노는 단지 교회에 해악을 끼친 도구들이 되었던 바로 그 동일한 사람에게만이 아니라, 그 사람 중에서도 해악을 행하는 데 사용된 지체에 임하였습니다.

여로보암이 선지자를 치려고 손을 내밀자, 하나님께서는 바로 그 손을 치셨습니다(왕상 13:1-4). 로마 황제 아우렐리아누스(Aurelian, 주후 270-275년)가 그리스도인들을 박해하는 칙령에 서명을 하려고 했을 때, 그 손의 관절들이 갑자기 경련을 일으키고 마비가 되어서 서명을 할 수 없었습니다. 그런

힐(Greenhill)은 에스겔서 11:13에 대한 자신의 강해에서 자신의 청중들에게 이런 얘기를 들려줍니다. 당시에 그의 회중 가운데에는 어떤 여자가 순결함과 거룩함 가운데서 행하는 다른 여자를 비웃고 조롱하는 것을 목격한 사람이 있었는데, 그렇게 다른 여자를 조롱한 여자의 혀가 갑자기 마비되었고, 이틀 후에 죽었다고 합니다.

프랑스의 앙리 2세(Henry the 2nd)는 자신의 고문이었던 한 개신교도에게 격노하여 그 사람을 자신의 신하들 중 한 사람의 손에 넘겨서 감옥에 가두고서는, "그가 불에 타 죽은 것을 내 눈으로 직접 보아야 하겠다"고 말했습니다. 그러나 하나님의 의로우신 섭리를 보십시오. 며칠 후에 바로 그 신하는 마상 창시합을 하다가 왕이 그의 손에 쥐어 준 창으로 왕의 한 쪽 눈을 찔렀고, 이 일로 인해서 왕은 죽었답니다.

또한, 섭리는 범죄한 바로 그 장소를 형벌의 장소로 삼기도 합니다. 하나님은 엘리야에게 아합 왕에게 가서, "개들이 나봇의 피를 핥은 곳에서 개들이 네 피 곧 네 몸의 피도 핥으리라"(왕상 21:19)고 자기가 말하였다고 전하라고 하셨는데, 그 말씀은 그대로 이루어졌습니다(왕하 9:26). 도벳은 원래 이스라엘 사람들이 자신의 아들들을 몰록에게 제물로 바치던 곳이었는데, 하나님께서는 그 곳을 이스라엘 사람들의 매장지가 되게 하셔서, 더 이상 매장할 곳이 없을 정도로 많은 사람들이 묻히게 하셨습니다(렘 7:31-32). 존 폭스(John Foxe, 순교사가)가 들려준 나이팅게일에 관한 이야기는 잘 알려져 있는데, 그는 성경을 비방하다가 강단에서 떨어져 목이 부러져 죽었습니다(요일 1:10).

이렇게 섭리는 성경 말씀들이 참되다는 것을 증거합니다. "함정을 파는 자는 그것에 빠질 것이요 돌을 굴리는 자는 도리어 그것에 치이리라"(잠 26:27). "너희가 헤아리는 그 헤아림으로 너희가 헤아림을 받을 것이니라"(마

7:2).

그런데도 여전히 이러한 일들이 우연히 일어날 수 있다거나, 교회의 원수들 중에서 다수는 평안히 죽었다거나, 그들의 종말은 여느 사람들과 다름이 없었다고 말하는 사람이 있다면, 우리는 아우구스티누스가 했던 말로 대답하고자 합니다: "만일 이 땅에서 그 어떤 죄도 처벌을 받지 않는다면, 사람들은 섭리를 믿지 않을 것이다. 만일 이 땅에서 모든 죄가 다 처벌을 받는다면, 사람들은 심판이 있을 것이라고 생각하지 않을 것이다." 그러나 이러한 일들이 단지 우연히 일어났거나 자연적인 원인들에 의해서 일어났다고 생각하는 사람이 아무도 없게 하기 위해서, 우리는 계속해서 섭리의 문제를 탐구해 나갈 것입니다.

"만일 이러한 일들이 단지 우연에 의한 것이라면, 그 일들이 모든 세세한 부분까지도 너무나 정확하게 성경의 말씀들과 부합하는 것은 어떻게 설명을 해야 하겠습니까?"

성경은 "두 사람이 뜻이 같지 않은데 어찌 동행하겠으며"(암 3:3)라고 말합니다. 두 사람이 함께 같은 길을 걸어가고 있다면, 그들은 같은 곳으로 가기로 뜻을 모은 것입니다. 섭리들과 성경의 말씀들은 내내 동행합니다. 이 둘이 어떤 때에 다른 길을 가거나 정반대의 길을 가는 것처럼 보이더라도, 이 둘은 그 여정의 끝에서는 결국 반드시 만나게 되어 있습니다. 이 둘 사이에는 그렇게 하기로 한 합의가 존재합니다.

하나님께서 이적의 섭리를 통해서 자연적인 원인들의 힘을 중단시키는 것은 결코 우연한 일이 아닙니다. 그것은 성경에 나오는 하나님의 말씀과 일치합니다: "네가 물 가운데로 지날 때에 내가 너와 함께 할 것이라 강을 건널 때에 물이 너를 침몰하지 못할 것이며 네가 불 가운데로 지날 때에 타지도 아니할 것이요 불꽃이 너를 사르지도 못하리니"(사 43:2).

자연적인 원인들이 하나님의 백성의 선을 위하여 합력하는 것은 어떻습니까? 그것도 하나님이 성경에서 약속한 것들 속에 포함되어 있는 것이고, 바로 그 성경 말씀을 성취하는 것입니다: "만물이 … 다 너희의 것이요 너희는 그리스도의 것이요"(고전 3:21-23). 즉, 모든 피조물의 용도와 유익과 섬김은 하나님의 백성들을 위한 것이고, 그들의 필요에 따라 그들에게 주어진다는 것입니다.

하나님의 백성을 멸망시키기 위해서 동원되는 가장 적절하고 강력한 수단들이 좌절되는 것은 왜입니까? 그러한 섭리들을 통해서 성경이 성취되고 있다는 것을 보지 못하는 자가 누구입니까? 이사야서 8:8-10; 이사야서 54:15-17; 열왕기하 18:17 등을 보십시오.

여러분은 섭리가 사람들의 달려가는 길을 바꾸어 놓아서 선한 자들로 하여금 악에 빠지지 않게 하거나, 악인들로 하여금 악을 범하지 못하게 하는 것을 봅니까? 그러한 섭리들은 성경에 나오는 "사람의 길이 자신에게 있지 아니하니 걸음을 지도함이 걷는 자에게 있지 아니하니이다"(렘 10:23)라는 말씀과 "사람이 마음으로 자기의 길을 계획할지라도 그의 걸음을 인도하시는 이는 여호와시니라"(잠 16:9)는 말씀이 참되고 확실하다는 것을 아주 큰 소리로 선포하는 것이 아니고 무엇이겠습니까!

여러분은 하나님의 백성에게 해악을 끼치고 선을 베푸는 자들에게 합당한 보응들이 행해지는 것을 봅니까? 여러분이 성도들에게 베푼 온갖 선한 것과 사랑이 여러분의 심령에 유익으로 돌아오는 것을 본다면, 그러한 섭리들은 다음과 같은 성경 말씀들을 성취하는 것임을 보지 못하는 것이 어떻게 가능하겠습니까? "존귀한 자는 존귀한 일을 계획하나니 그는 항상 존귀한 일에 (의해서) 서리라"(사 32:8); "이것이 곧 적게 심는 자는 적게 거두고 많이 심는 자는 많이 거둔다 하는 말이로다"(고후 9:6).

사람들이 하나님의 백성에게 가하고자 한 해악들이 그들 자신에게로 되돌아가는 것을 여러분이 볼 때, 그러한 섭리들은 시편 7:14-16; 시편 9:16; 시편 140:11-12 같은 성경 말씀들과 부합하는 것임을 보지 못한다면, 여러분은 완전히 눈먼 사람일 것입니다.

섭리들과 성경 말씀들은 너무나 정확하게 일치합니다! 하지만 사람들은 그러한 사실을 잘 알아차리지 못합니다. 바벨론 왕 고레스가 자기 나라의 모든 국법의 규정에도 불구하고 포로로 잡혀 있던 하나님의 백성들을 아무런 조건 없이 고국으로 돌려보낸 것이 성경의 말씀(사 45:13)을 성취하기 위한 섭리의 역사가 아니라면 무엇이겠습니까? 어떤 사람이 "하나님께서는 자연계 위에 '궁창'을 펼쳐 놓으셨듯이, 이성의 세계 위에는 '말씀'을 펼쳐 놓으셨다"고 말한 것은 아주 잘 본 것입니다. 땅에 있는 피조물들이 천체에 의해서 영향을 받는 것과 마찬가지로, 세계에 있는 모든 피조물들은 하나님의 말씀에 의해서 영향을 받고, 아무리 그 말씀을 무너뜨리려고 해도 결국에는 한 치의 오차도 없이 그 말씀을 성취하게 됩니다.

"만일 이러한 일들이 우연에 의한 것이라면, 그 일들이 기가 막히게 아주 정확한 때에 일어난다는 것은 너무나 분명해서 그 일들을 지켜 본 모든 사람들이 그 사실을 인정할 수밖에 없게 되는 것은 어떻게 설명해야 하겠습니까?"

우리는 무수한 섭리들이 일분일초까지 아주 정확하게 제때에 일어나는 것을 발견하는데, 만일 그 일들이 조금이라도 빨리 또는 늦게 일어났다면,

그 일들은 지금처럼 그런 효과를 절대로 내지 못했을 것임을 깨닫게 됩니다. 이렇게 너무나 정확히 때를 맞추는 것은 우연일 수 없고 계획적인 것임에 틀림없습니다. 우연이라는 것은 그 어떤 법칙도 지키지 않습니다.

사울이 자신의 먹잇감인 다윗을 막 잡으려고 했고, 그랬을 때에 다윗은 꼼짝없이 잡힐 수밖에 없었던 바로 그 순간에, 전령이 사울에게 와서 "급히 오소서 블레셋 사람들이 땅을 침노하나이다"(삼상 23:27)라는 소식을 전한 것을 보십시요. 얼마나 기가 막히게 때를 잘 맞추고 있습니까!

칼을 든 아브라함의 손이 제단 위에 묶여 있던 독자 이삭을 내리치려고 하는 그 순간에, 천사가 아브라함을 불러서, 하나님이 친히 준비하신 제물을 보여 줍니다(창 22:10-11). 하갈이 자기 자식이 갈증으로 죽는 것을 차마 보지 못하겠다고 생각해서 관목덤불 아래에 두고 떠나려고 하는 그 순간에, 하나님이 하갈의 눈을 밝히셔서 샘물을 보여 주십니다(창 21:16, 19).

랍사게는 이제 막 예루살렘을 공격하려고 했을 때에 섭리에 의해서 청천벽력 같은 소식을 접하고서, 예루살렘을 치려던 계획을 포기합니다(사 37:7-8). 유대인들을 몰살시키고자 한 하만의 음모가 무르익어서, 학살을 위한 모든 것이 다 준비되어 있었던 바로 "그 날 밤에 왕이 잠이 오지" 않아서(에 6:1), 역대 왕의 행적을 기록한 사서를 읽다가 유대인 모르드개가 세운 공로를 알게 됩니다. 뿔들이 유다를 찌를 준비가 다 되어서 움직이려고 할 그 때에, 하나님께서는 즉시 그 뿔들을 잘라 버릴 대장장이들을 준비시키십니다(슥 1:18-21).

라로셸(La Rochelle)에서 농성하고 있던 개신교도들이 이제 굶주림으로 인해 다 죽게 되었을 때에 마침 그 항구로 물고기 떼들이 몰려들어서 살 수 있었던 일은 전무후무한 너무나 놀랍고 기이한 일이었습니다! 도드(Dod) 목사는 어느 날 밤 시간도 늦어서 여건이 좋지 않은데도 이웃집 신사를 방문하고 싶은 강한 충동에 사로잡혀서 잠을 자러 갈 수 없어서 나갔다가, 자신의 호주머니에 밧줄을 넣고서 목을 매기 위하여 집을 나서는 그 신사를 만나게 됩니다.

테이트(Tate) 목사와 그의 사모는 아일랜드 반란(주후 1641년) 때에 다 죽어가는 젖먹이를 데리고 숲속으로 피신하였습니다. 어머니가 그 아기를 바위에 누이려고 하다가, 따뜻한 우유가 들어 있는 젖병이 만져지는 것을 느꼈는데, 바로 그 따뜻한 젖병이 그 아이를 살린 것이었습니다.

어떤 신실한 여자는 먹을 것이 모두 떨어지는 극도의 빈곤에 내몰려서 먹고 살기가 너무나 막막해서 불신과 의심과 두려움 속으로 빠져들어가고 있었는데, 마침 물건들을 넣어 둔 어떤 궤짝을 뒤지다가 예기치 않게 금 한 조각을 발견해서, 하나님이 또 다른 문을 열어 주실 때까지 그 금으로 연명할 수 있었다는 얘기를 내게 해 주기도 하였습니다.

만일 이런 일들이 우연히 일어난 것이라면, 어떻게 그렇게 너무나 정확히 때를 맞추어 일어날 수 있었겠습니까? 하지만 성경은 그렇게 정확하게 때를 맞추어 일어나는 일들이 섭리에 의한 것임을 알았기 때문에, 그것은 "여호와의 산에서 준비되리라"(창 22:14)는 속담이 될 정도였습니다.

"끝으로, 이런 일들이 우연에 의해서 일어나는 것이라면, 성도들이 기도한 대로 정확히 그리고 즉시 그런 일들이 일어났기 때문에, 섭리에 의한 많은 일들이 성도들의 기도에 대한 아주 분명한 응답이라는 것과 그 일들을 통해서 하나님이 우리의 간구를 들으신다는 것을 알 수 있다는 사실은 어떻게 설명할 수 있겠습니까(요일 5:15)**?"**

홍해가 갈라진 것은 이스라엘 백성들이 하나님께 부르짖을 바로 그 때였고(출 14:10), 유다 왕 아사의 군대가 대승을 거둔 것은 아사 왕이 하나님을 향하여 "우리 하나님 여호와여 우리를 도우소서"라고 간절히 부르짖을 바로 그 때였습니다(대하 14:11-12). 압살롬을 도와 반란을 일으킨 모사 아히도벨이 스스로 목을 매어 죽은 것은 다윗이 곤고한 중에 "아히도벨의 모략을 어리석게 하옵소서"라고 기도한 바로 그 때였고(삼하 15:31), 하만의 음모가 들통이 나서 실패하게 된 것은 모르드개와 에스더가 금식하며 기도한 바로 그 때였습니다(에 4:16).

존 스피드(John Speed)는 자신이 쓴 영국 역사에 관한 책에서 우리에게 이런 얘기를 들려 줍니다. 리처드 1세(Richard the 1st)가 자신의 군대를 이끌고 어느 성을 포위하였는데, 그들은 자신들의 목숨을 살려 주기만 한다면 항복하겠다고 제안을 해 왔지만, 왕은 그 제안을 거절하고 그들 모두를 교수형에 처하겠다고 위협하였습니다. 그러자 성벽에 있던 궁수는 먼저 하나님께, 무죄한 자들을 압제자로부터 건져내기 위하여 활을 쏘고자 하니 이 화살이 가는 길을 인도해 주시라고 기도한 후에 자신의 쇠뇌에 화살을 장전해 쏘았고, 리처드 1세는 그 화살에 맞아 죽음으로써, 그 성의 백성들은 무사할 수 있었습니다.

아브라함의 종은 자신의 주인의 아들의 신붓감을 구하기 위하여 메소보다미아의 나홀의 성으로 가서 이 일이 잘되게 해 달라고 하나님께 기도하였는데, 그가 어떠한 응답을 받았는지를 보십시오: "내가 마음속으로 말하기를 마치기도 전에 리브가가 물동이를 어깨에 메고 나와서 우물로 내려와 긷기로"(창 24:45).

베드로가 감옥에 갇히자, 온 교회가 그를 위하여 기도하였는데, 그 결과 어떻게 되었는지를 보십시오: "이에 베드로는 옥에 갇혔고 교회는 그를 위하여 간절히 하나님께 기도하더라 헤롯이 잡아 내려고 하는 그 전날 밤에 베드로가 두 군인 틈에서 두 쇠사슬에 매여 누워 자는데 파수꾼들이 문 밖에서 옥을 지키더니 홀연히 주의 사자가 나타나매 옥중에 광채가 빛나며 또 베드로의 옆구리를 쳐 깨워 이르되 급히 일어나라 하니 쇠사슬이 그 손에서 벗어지더라 … 이에 베드로가 정신이 들어 이르되 내가 이제야 참으로 주께서 그의 천사를 보내어 나를 헤롯의 손과 유대 백성의 모든 기대에서 벗어나게 하신 줄 알겠노라 하여 깨닫고 마가라 하는 요한의 어머니 마리아의 집에 가니 여러 사람이 거기에 모여 기도하고 있더라"(행 12:5-7, 11-12).

우리는 이러한 놀라운 기도 응답의 사례들을 루터(Luther)와 윈터(Winter, 주후 1655년경 아일랜드의 독립교회 목사)를 비롯한 수많은 신앙의 인물들의 경우에서도 쉽게 찾아 볼 수 있습니다. 하지만 대부분의 그리스도인들이 이미 자신만의 그러한 경험들을 가지고 있고, 그들에게 일어난 많은 섭리들이 그들의 기도에 대한 응답 이외의 다른 것일 수 없다는 것을 확신하고 있기 때문에, 나는 굳이 더 이상 그런 사례들을 들 필요가 없다고 생각합니다.

이런 일들을 지혜롭게 잘 숙고하고 살핀 사람이라면, 그러한 결론이 불만스럽다고 말할 사람이 누가 있겠습니까? 우리는 하나님께서는 "그의 눈을 의인에게서 떼지 아니하시고"(욥 36:7), "여호와의 눈은 온 땅을 두루 감찰하사 전심으로 자기에게 향하는 자들을 위하여 능력을 베푸신다"(대하 16:9)고 결론을 내리는 것은 마땅하지 않겠습니까? 하나님의 섭리들은 하나님은 기도를 들으시는 신이시라고 선포합니다.

제2장

우리의 출생과 양육

이 세상에서 성도들의 일들은 분명히 특별한 섭리의 지혜와 돌봄에 의해서 이루어지고 있다는 것을 증명하였기 때문에, 이제 내가 다음으로 해야 할 일은 성도들과 관련된 어떤 일들에서 하나님의 섭리가 더 특별히 나타나는가, 또는 이 세상에서 성도들을 위한 가장 두드러진 섭리의 역사들은 어떤 분야들에서 나타나는가를 보여 주는 것입니다.

여기에서 나는 시편 57편의 본문의 직접적인 인도함을 받아서, 하나님의 백성들의 영혼과 직접적으로 관련된 가장 내밀하고 영적인 섭리의 역사들에 대해서가 아니라, 그들을 위한 좀 더 가시적이고 외적인 섭리의 역사들 ― 물론, 이것들도 모두 결국에는 간접적으로 그들의 영혼과 관련된 것들이기는 하지만 ― 에 대해서 말하고자 합니다. 그러한 섭리의 역사들은 모래알보다도 더 많기 때문에, 내가 그 모든 것들을 다 다룰 것이라고 생각하지는 마십시오. 내가 말하고자 하는 것들은 좀 더 특별하고 눈에 띄는 몇몇 섭리의 역사들입니다. 그리고 우리는 처음부터 시작하겠습니다.

첫째, 우리는 섭리가 우리를 위해 행한 최초의 일, 즉 "우리를 모태에서 형성하고 보호하는 일"을 얼마나 잘 수행하였는지를 생각해 보고자 합니다. 분명히 이것은 지극히 영광스럽고 경탄할 만한 역사입니다. 그래서 시편 기자는 "내가 은밀한 데서 지음을 받고 땅의 깊은 곳에서 기이하게 지음을 받은 때에 나의 형체가 주의 앞에 숨겨지지 못하였나이다"(시 139:15). 모태가 이렇게 "땅의 깊은 곳"이라 불리는 이유는 숙련된 장인들이 흙으로 최고의 작품을 만들어 내어서 스스로 완벽하게 만족스러울 때에만 그 작품을 모든 사람들이 볼 수 있도록 세상에 내놓는 것 같이, 모태도 그렇게 하기 때문입니다. 모태에서 우리를 위한 이러한 섭리의 역사 속에서 경탄할 만한 것은 두 가지입니다.

(1) 우리 몸의 희귀한 구조와 탁월한 구성. "나를 지으심이 심히 기묘하심이라"(시 139:14). 15절에 나오는 '룩캄티'("기이하게 지음을 받은")는 아주 풍부한 의미를 담고 있는 단어입니다. 불가타(라틴어) 역본에서는 이 단어를 "바늘로 수를 놓은"으로 번역합니다. 즉, 섭리가 우리의 몸에 수많은 신경들과 혈관들로 풍부하게 수를 놓았다는 의미입니다.

우리의 눈 하나만을 보아도 얼마나 기가 막히게 만들어졌습니까! 눈은 자기 앞에 놓여 있는 어떤 형체를 아주 세세한 부분까지 다 그대로 재현해 내는 놀라운 능력을 지니고 있어서, 어떤 사람들은 눈 하나만을 자세히 살펴보는 것만으로도 하나님의 존재를 인정하지 않을 수 없었습니다. "나의 모든 지체들이 주의 책에 다 기록이 되었나이다"(16절, 개역개정에는 "나의 모든 지체들"이 번역되지 않음).

여러분은 흠 없고 온전하며 훌륭한 지체들을 지니고 있습니까? 그것은 하나님이 그 모든 것들을 자신의 책에 기록해 놓았기 때문이거나, 여러분이 존재하기 전에 자신의 은혜로우신 계획 속에서 여러분에 대하여 그려 놓으신 것을 그대로 정확히 본떠서 여러분의 몸을 만들고 수놓았기 때문입니다. 만일 하나님이 자신의 책에 미리 적어 놓은 것에 눈이나 귀나 손이나 발이 빠져 있었다면, 여러분은 지금 자신의 불구의 모습을 보고 슬퍼하고 있을 것입니다. 만일 여러분에게 그러한 지체들이 없었다면, 이 세상은 여러분에게 감옥 같이 여겨졌을 것이고, 여러분은 그런 불구로 태어난 많은 사람들처럼 남들의 동정의 대상이 되어서 살아갈 수밖에 없었을 것입니다. 이러한 은혜가 여러분에게 하찮은 것으로 생각된다면, 눈먼 자들이나 귀 먹은 자들이나 다리를 저는 자들이나 말 못하는 자들에게 그러한 은혜들의 가치와 소중함을 물어보십시오. 그러면 그들은 여러분에게 그 가치를 잘 말해 줄 것입니다. 여러분의 몸에 쏟아 부은 가치는 이루 말할 수 없을 정도로 엄청납니다.

여러분은 다른 형체를 부여받아서 벌레나 두꺼비로 태어났었을 수도 있습니다. 나는 루터가 우리에게 들려 준 이야기를 기억하고 있습니다. 두 명의 추기경이 콘스탄스 공의회에 참석하기 위해서 화려하게 행차를 하다가, 도중에 밭에서 어떤 사람이 통곡하며 애곡하는 소리를 들었습니다. 그들이 가 보았더니, 그 사람은 추악한 몰골을 한 두꺼비를 뚫어져라 하고 보고 있었는데, 왜 그렇게 통곡하고 있느냐고 물어보자, 하나님이 자기를 저런 혐오스럽고 역겨운 동물로 태어나게 하지 않으신 것을 생각하니 가슴이 메어져서 통곡이 나온 것이라고 대답하더랍니다. 그러자 이 말을 들은 추기경들 중에서 한 사람이, 어떤 교부가 "배우지 못한 자들이 일어나서 하늘을 차지하게 될 것이고, 우리 같이 배운 자들은 모두 지옥에 던져지게 될 것이다"라고 말한 것이 정말 맞는 말이었다면서 소리를 내어 울었다고 합니다.

사람의 몸은 아무리 평범해 보여도 그 어느 한 부분도 아름답고 탁월하지 않은 곳이 없습니다. 헬라의 유명한 외과의사이자 해부학자였던 갈레노스(Galen, 주후 129-217년)는 에피쿠로스(Epicurus)가 인간의 몸 중에서 어느 한 지체라도 좀 더 편하거나 아름답거나 탁월한 것으로 바꿀 수 있는지를 백 년을 생각해 보아도 생각해 내지 못할 것이라고 말했지만, 에피쿠로스가 아니라 모든 천사들이 다 동원되어서 오늘날까지 그 문제를 연구했다고 할지라도, 그들은 인간의 몸을 더 잘 만들어 낼 수 없었을 것입니다.

(2) 하지만 이 모든 것은 희귀한 보석이 들어 있는 함을 아름답게 칠하고 광을 낸 것에 지나지 않습니다. 섭리는 인간의 몸이라는 집을 지었을 뿐만 아니라, 그 집을 차지하고 살 거주자인 "영혼"도 거기에 데려다 놓았습니다. 영혼은 "만물 안에서 만물을 충만하게 하시는 이"(엡 1:23)이신 하나님의 형상을 지니고 있는 영광스러운 존재입니다. 영혼의 기능들과 정서들은 얼마나 고상하고 고귀합니까! 영혼의 움직임들은 얼마나 영리하고 다양하며 지칠 줄 모릅니까! 영혼의 역량은 얼마나 광활합니까! 영혼은 천사들과 동류입니다. 아니, 영혼은 그리스도의 배우자가 될 수 있고, 하나님과 영원한 친교를 나눌 수 있는 존재입니다. 영혼은 땅의 경이로움이고 지옥의 시기의 대상입니다.

섭리가 여러분의 영혼이 그 기능들 중에서 한두 가지가 손상되거나 결함이 있는 채로 여러분의 몸 속으로 들어오게 하였다고 가정해 보십시오. 여러분은 이런 일들을 이 세상에서 비일비재하게 보고 있는데, 그렇게 가정하지 못할 이유가 어디 있겠습니까? 예컨대, 여러분의 영혼이 지닌 지각에 문제가 있다고 가정해 보십시오. 여러분은 예배를 드릴 수도 없고 위로를 받을 수도 없어서, 이 세상에서 얼마나 비참한 삶을 살고 있겠습니까. 실제로 섭리의 역사들로 인해서 이 세상의 모든 지역과 시기에 그러한 불쌍한 광경들이 벌어져 왔습니다. 어떤 사람들은 이성을 박탈당해서 모양만 사람이었지 짐승과 별 다를 바가 없습니다. 어떤 사람들은 지각은 멀쩡하지만 몸이 기형이거나 불구여서 그 흉측한 모습으로 인해서 남들로부터 혐오스러운 존재로 여김을 받고 비참한 삶을 살아갑니다.

나는 그러한 모습들을 보거나 생각할 때마다, 섭리가 그렇게 하는 목적이 하나님의 절대주권을 보여 주는 것 외에 다른 것이 아님을 알게 됩니다. 영혼이나 몸이 불구이거나 기형인 사람들이 태어나는 것은 그렇지 않은 사람들의 귀하고 놀랍고 아름다운 모습을 드러내고 부각시키기 위한 것이고, 여러분으로 하여금 그런 사람들을 보고서 하나님이 여러분에게 베풀어 주신 은혜를 상기하고서, 그 때마다 여러분의 마음이 녹아져서 여러분이 받은 놀라운 은혜를 하나님께 감사하게 하기 위한 것입니다.

그러므로 여러분의 밖과 안을 보십시오. 그리고 우쭐해하지 마시고 겸손한 마음으로 섭리가 여러분을 위해서 무슨 일을 했는지를 보시고, 섭리가 이 세상에서 여러분을 위하여 첫 번째로 행한 일을 얼마나 기가 막히게 잘해 냈는지를 생각하며 하나님께 감사하십시오. 하지만 이것이 섭리가 여러분을 위하여 행한 전부가 아니었습니다. 섭리는 모태에서 여러분을 형성하였을 뿐만 아니라, 여러분이 이 세상을 보기 전에 여러분을 계속해서 지켜 주었습니다. 만일 그렇지 않았다면, 여러분은 욥이 "낙태되어 땅에 묻힌 아이처럼 나는 존재하지 않았겠고 빛을 보지 못한 아이들 같았을 것이라"(욥 3:16)고 말했던 것처럼 되었을 것입니다. 낙태된 아이들은 이 세상의 빛을 보지 못하고, 모태에서 형성된 태아들 중에는 그런 경우가 많습니다. 어떤 태아들은 이성을 지닌 영혼이 그들 속에서 숨을 쉬기도 전에 단지 몸의 개략적인 형태만이 형성되어 있는 채로 죽기 때문에, 사람으로 여겨지지 않고, 짐승들처럼 사라져 버립니다. 어떤 아기들은 영혼을 부여받은 상태로 모태 안에서 죽거나 태어난 직후에 죽습니다. 그런 아기들은 아주 짧은 동안 생명을 부여받은 것이지만, 바로 그 순간이 그들에게 영원을 선사합니다. 만일 이것이 다른 수많은 아기들의 경우처럼 여러분에게 일어난 일이었다면, 여러분은 이 세상에서 하나님을 섬길 수 있는 기회를 완전히 박탈당했을 것이고, 구원은 꿈도 꾸지 못했을 것이며, 이 세상에서 여러분에게 더 잘해 줄 사람도 없었을 것이고, 여러분이 더 잘해 줄 사람도 없었을 것입니다. 여러분은 일생 동안 다른 사람들에게 베풀었거나 다른 사람들로부터 받은 온갖 선한 일을 전혀 할 수 없었을 것입니다.

우리가 모태에서 산 삶이 눈에 띄지도 않고 불명료한 삶이었다는 것을 생각할 때, 만일 섭리가 우리를 보호하고 지켜주지 않았다면, 얼마나 작은 사고로도 우리는 알에서 깨어나지 못한 새처럼 목숨을 잃을 수 있었겠습니까? 그러므로 우리는 우리에 대한 섭리의 자애로운 돌봄을 찬양하지 않을 수 없고, 시편 기자처럼 "주께서 내 내장을 지으시며 나의 모태에서 나를 만드셨나이다"(시 139:13)라고 고백할 뿐만 아니라, "오직 주께서 나를 모태에서 나오게 하시고"(시 22:9)라고 고백할 수밖에 없습니다. 하나님께서는 모태에서 때가 다 차기까지 여러분을 지켜 주셨고, 모태에서 나올 때가 되었을 때에는 수많은 위험들을 뚫고 안전하게 나오게 하셔서, 영원 전부터 여러분을 위하여 예비하신 이 세상의 한 자리에 있게 하셨습니다.

하나님을 위한 섭리의 위대한 두 번째 역사는 "그들의 출생의 장소와 때"에 관한 것입니다. 대다수의 사람들은 잘 인식하지 못하지만, 사실 그것은 우리 각자에게 결코 작은 문제가 아니고, 우리의 복이나 화에 대단히 중요한 역할을 합니다. 나는 이 섭리의 역사를 충분히 깊이 꿰뚫어 보는 그리스도인들은 별로 없고, 그들을 위한 이 은혜로우신 섭리의 역사 속에 싸여 있는 차고 넘치는 깊고 풍부하며 다양한 은혜를 단지 너무나 가볍고 피상적으로만 생각할 뿐이라는 것을 확신합니다.

아, 교우들이여! 자연의 모태가 여러분을 세상의 아무 곳에나 던져 놓는다고 하여도, 여러분은 그것이 별로 중요하지 않은 일이라고 생각할 수 있겠습니까? 여러분이 이 세상의 어느 시기에 이 피조세계의 어느 곳에 태어나든, 그런 것이 여러분의 운명에 아무런 영향을 미치지 않을 것이라고 생각하십니까? 이 문제에 대해서 여러분은 심각하게 생각해 오지 않았을 수 있습니다. 그리고 이 문제는 지금까지 별로 다루어지지 않았기 때문에, 나는 좀 더 분명하고 구체적으로 이 문제 속으로 들어가 보고자 합니다. 나는 여러분을 위한 이 섭리의 역사 덕분에 여러분이 누릴 수 있게 된 수많은 풍성한 은택들을 설명함으로써 여러분의 가슴을 뜨겁게 해 보려고 합니다.

우리는 이 세상에서 여러분이 현재 누리고 있는 위로와 내세에 있을 여러분의 영원한 행복이라는 이중적인 관점에서 이 문제를 생각해 보고자 합니다.

여러분을 위한 이 섭리의 역사는 이 세상에서 여러분이 현재 누리고 있는 위로와 아주 밀접하게 연관되어 있습니다. 세상이라는 큰 집에 있는 모든 방들이 다 똑같은 것도 아니고, 모두 다 그 거주자들을 유쾌하고 편안하게 해 주는 것도 아닙니다. 시편 기자는 "땅의 어두운 곳에 포악한 자의 처소가 가득하나이다"(시 74:20)라고 말합니다. 그러한 절망적인 곳들이 사람이 사는 이 땅에는 많이 있습니다. 지구상의 아주 많은 부분은 사람이 살지 못하는 황무지들입니다!

여러분의 어머니가 여러분을 아메리카 대륙에서 낳았다고 가정해 보십시오. 거기는 야만적인 인디언들이 들짐승들처럼 함께 모여 떼를 이루어 살면서 열기에 시달리고 추위에 굶주리며 벌거벗은 채로 자신들을 방어할 수단도 없이 궁핍 가운데서 살아가는 곳입니다. 이 세상의 무수히 많은 거민들이 이 땅이 주는 위로와 편의들을 누리지 못하고 얼마나 가난하고 비참하게 살아가고 있습니까! 여러분은 여러분이 살고 있는 곳의 쾌적함과 비옥함과 온화한 기온과 예의 바른 이웃들과 관련해서 얼마나 큰 은혜를 누리고 있습니까? 여러분이 살고 있는 곳은 황무지 속의 동산이 아니고 무엇이겠습니까? 나는 하나님께서 이 세상에서조차도 여러분에게 이 세상이라는 아주 큰 집에서 모든 면에서 설비가 가장 훌륭하게 잘 되어 있고 가장 쾌적하며 가장 건강하게 살아 갈 수 있는 방을 배정해 주셨다고 말할 수 있는데, 이것은 결코 편견 섞인 말도 아니고 허언도 아닙니다. 우리나라의 역사가인 존 스피드가 한 말을 직접 들어 보십시오: "이 곳은 행운의 섬이고 즐거운 낙원이며 하나님의 동산이다. 그 골짜기들은 에덴 같고, 그 산들은 레바논 같으며, 그 샘들은 비스가 같고, 그 강들은 요단 같으며, 대양이 그 담벼락이고, 주 여호와가 그 요새이다."

이 곳은 여러분의 몸이 필요로 하고 편안해하는 온갖 것들을 여러분에게 공급해 주어 왔는데, 이런 것들은 세상의 많은 부분에서는 알지도 못하는 것들입니다. 우리 중에서 가장 가난한 자들조차도 사정이 그리 나쁜 것이 아닙니다. 가난한 러시아인들은 그 궁핍함이 너무나 극심해서 도저히 살 수가 없어서, 사람들이 사는 집들의 문을 두드리면서, "내게 먹을 것을 주든지, 아니면 내 목을 베시오! 내게 먹을 것을 주든지, 아니면 나를 죽여 주시오!"라고 소리친답니다.

야만적인 나라들이 금광과 은광을 소유하고 있다고 해서, 그것이 그들의 삶의 다른 온갖 열악한 것들을 보상해 주기에 충분한 것이라고 생각해서, 그들이 여러분보다 더 낫다고 생각하지 마십시오. 사실 그런 나라의 사람들은 가련한 자들입니다! 차라리 그들의 땅이 금이나 은이나 보석 대신에 엉겅퀴와 가시나무를 내었더라면, 그것은 그들에게 더 좋은 일이 되었을 것입니다. 왜냐하면, 그들이 금은보화를 소유하게 된 것이, 그렇지 않았다면 그들이 이 세상에서 누릴 수 있었을 다른 온갖 위로들을 빼앗기게 되는 빌미가 되었기 때문입니다. 그들의 땅은 금은보화가 있었기 때문에 잔인하고 탐욕스러운 원수들의 침략을 받게 되었고, 그들은 그 원수들의 가차없는 압제와 폭력 아래에서 신음하며 참혹한 종살이를 하다가 비참하게 죽어 가고 있습니다. 그들은 자신들의 그러한 처지 속에서 삶보다는 죽음을 선택해 왔습니다. 그렇다면, 왜 여러분은 그런 곳에 태어나지 않고 지금 여러분이 있는 이 곳에 태어나게 된 것입니까? 그들도 여러분과 마찬가지로 동일한 흙으로 지음을 받았고 동일한 본성을 부여받은 사람들이 아닙니까? 그것은 자연이 그렇게 만든 것이 아니라, 하나님의 은혜가 그런 차이를 만들어 낸 것입니다! 감사할 줄 모르는 사람아, 여러분이 더러운 공기 속에서 매일 같이 사람들이 죽어 나가는 그런 곳이나, 그 거주민들이 짐승이나 다름없는 삶을 살아가는 그런 곳에 태어났다고 생각해 보십시오. 하나님께서는 여러분에게는 말할 것도 없고 우리 중에서 가장 가난한 사람들에게도, 그런 곳들에서 살아가는 자들 중에서 가장 형편이 좋은 사람들의 처지보다 훨씬 더 좋은 생활환경을 마련해 주셨습니다. 섭리가 여러분을 위해 무슨 일을 해 주었는지를 잘 보십시오!

하지만 내가 지금까지 말한 모든 것들은 여러분의 영혼이 여기에서 누리고 있는 "영적인 은혜들"과 유익들에 비하면 시시한 것들일 뿐입니다. 오, 이것은 섭리가 여러분의 유익을 위하여 행한 일로서, 여러분이 영원토록 감사하여야 마땅한 일입니다. 왜냐하면, 우리는 여기에서 단지 이 일과 관련된 몇 가지 가정을 통해서 우리 영혼이 누리게 된 은혜와 유익에 대해서 말할 수 있을 뿐이지만, 섭리의 영광은 태양빛처럼 여러분의 얼굴에서 충만히 빛을 발할 것이기 때문입니다.

(1) 오늘날 이교도들이 저 광대한 대륙들을 차지하고서 나무 기둥에 절하고 일월성신을 숭배하고 있는데, 여러분이 그러한 곳들 중의 하나에 태어났다고 가정해 보십시오. 그런 곳에 태어나서 살아가고 있는 사람들은 부지기수로 많습니다. 철저한 학자인 비어우드(Berewood)가 조사한 바에 의하면, 우상 숭배자들인 이교도들은 유럽에서 구백 마일의 면적을 차지하고 있을 뿐만 아니라, 아프리카의 거의 절반과 아시아의 절반 이상, 그리고 아메리카 대륙의 거의 전체를 차지하고 있다고 합니다.

만일 여러분이 우상 숭배자인 이교도의 여자에게서 태어나서 우상 숭배가 섞인 어머니의 젖을 먹고 자랐다면, 여러분의 처지는 얼마나 통탄스러웠겠습니까! 그랬다면, 여러분은 오늘날까지도 귀신들을 섬기고 있었을 것이고, 멸망으로 직통하는 길을 전속력으로 달려가고 있었을 것입니다. 왜냐하면, 그들은 하나님의 진노의 자녀들이기 때문입니다: "주를 알지 못하는 이방 사람들과 주의 이름으로 기도하지 아니하는 족속들에게 주의 분노를 부으소서"(렘 10:25). 그들과 그들의 모든 소유에 임해 있는 저주는 얼마나 무시무시합니까! "조각한 신상을 섬기며 허무한 것으로 자랑하는 자는 다 수치를 당할 것이라"(시 97:7).

(2) 여러분이 이교도들 다음으로 지구상에서 가장 넓은 지역에 퍼져서 살아가고 있는 회교도들 가운데서 태어났다고 가정해 보십시오. 아라비아가 저 부정한 새를 키웠지만, 그 새장은 그 새를 오랫동안 담고 있을 수 없었고, 결국에는 아랍인들만이 아니라 페르시아인들과 터키인들과 타타르인들까지 저 메시야를 참칭한 사기꾼에게 굴복하였습니다. 이 독은 아시아

의 동맥을 통해서 퍼져나가서, 아프리카의 상당 부분, 즉 칠천 마일이나 되는 면적에 스며들었는데, 그렇게 하고서도 멈추지 않고서 유럽의 상당 부분도 물들였습니다.

만일 여러분이 그런 곳에서 태어났더라면, 여러분이 태어난 고향 땅이 자연환경에 있어서는 아무리 쾌적하고 아름다운 곳이었다고 할지라도, 여러분은 정말 불행한 사람이었을 것입니다. 그랬다면, 여러분은 저 메시야를 참칭한 사기꾼에게 경배하며 살아가다가, 자기가 속은 줄도 모르고 자신만의 낙원 속에서 죽어 갔을 것입니다. 여러분은 오늘날의 회교도들처럼, 하나님의 생명의 말씀을 먹고 사는 대신에, 저 광기어린 허황된 몽상 속에서 속아 살다가 영원한 멸망을 자초하게 되었을 것입니다. 회교를 아는 사람들은 누구나 회교의 창시자들이 건전한 논증이나 답변보다는 위협과 족쇄를 훨씬 더 많이 필요로 하였다는 것을 알 것입니다.

(3) 여러분이 그런 곳들에 태어난 것이 아니라면, 자연의 모태가 여러분을 명목상으로만 기독교화된 이 땅의 작은 지역에 태어나게 했다고 가정해 보십시오. 그 곳은 입으로는 그리스도를 믿는다고 하지만, 대부분 교황을 섬기는 우상 숭배와 반기독교적인 거짓된 망상들로 유린당하고 있는 곳입니다. 만일 여러분이 교황주의자인 어머니의 젖을 먹고 살았다면, 여러분은 얼마나 불행한 사람이었겠습니까! 왜냐하면, 교황의 백성들은 장차 하나님이 자신의 진노의 대접들을 연속적으로 쏟아 부으실 자들이기 때문입니다(계 16장). 성경에서는 그들의 운명이 어떻게 될 것인지를 우리에게 아주 분명하게 말해 줍니다: "이러므로 하나님이 미혹의 역사를 그들에게 보내사 거짓 것을 믿게 하심은 진리를 믿지 않고 불의를 좋아하는 모든 자들로 하여금 심판을 받게 하려 하심이라"(살후 2:11-12).

여러분은 지금 여러분이 살고 있는 바로 이 땅에 태어나기는 했지만, 만일 사람들의 연대를 정하시고 거주의 경계를 한정하신 하나님이 여러분에게 은혜를 베풀어 주지 않으셨다면(행 17:26), 구원을 얻는 유익을 누리지는 못했을 것입니다.

(4) 여러분이 이 땅에 태어나기는 했지만, 이 영국 땅이 수백 년 동안 악한 우상 숭배자들에 의해서 점령당하고 있던 시기에 태어났다고 가정해 보십시오. 그 때에는 다른 나라들처럼 이 섬의 백성들 위에도 짙은 암운이 드리워져 있어서, 사람들은 마귀의 거짓 신탁들을 믿고 마귀를 열심으로 섬겼습니다. 도도나(Dodona)라는 고대 도시에 있는 유피테르의 상수리나무 꼭대기가 흔들리는 것, 유피테르 상의 손에 들린 막대기가 가마솥을 치는 것, 다프네(Daphne)의 월계수와 샘 같은 것들이 우상 숭배에 속한 가련하고 비참한 자들이 바라고 기다리던 것들이었습니다. 이렇게 이 나라에서도 그들은 우상들을 숭배하였습니다. 우리 조상들은 해와 달을 비롯해서 수많은 가증스러운 우상들을 신으로 섬겼고, 그 우상들에 대한 기억은 오늘날까지도 우리 가운데서 완전히 지워지지 않고 있습니다.

(5) 우리가 메리 여왕이 수백 명의 사람들을 불병거에 태워서 하늘로 보내었던 최근의 저 참담한 시절에 태어났다고 가정해 보십시오. 그 때는 교황이 보낸 심문관들이 그리스도의 가련한 양들을 찾아내어 죽이고 박해하기 위해서 이 나라의 온 도시들과 성읍들과 촌락들을 피에 굶주린 사냥개들처럼 샅샅이 뒤지는 시절이었고, 가련한 개신교도들은 그들을 피하여 목숨을 부지하기 위해서 산의 동굴들과 숲으로 숨어들어야 했습니다.

하지만 우리를 향하신 섭리의 특별한 돌봄으로 인해서, 우리는 이 세상의 수많은 시기 가운데서도 가장 좋은 시절에 태어났기 때문에, 만일 그 선택권이 우리에게 있었다고 할지라도, 우리는 섭리가 우리를 위하여 선택해 준 것보다 더 나은 선택을 하지 못했을 것입니다. 우리는 세상이라는 이 큰 집에서 가장 좋은 방을 배정받았을 뿐만 아니라, 우리가 그 방에 들어가 살기 전에, 섭리는 이 나라에서 대대적으로 종교개혁이 일어나서 우상 숭배가 일소되게 함으로써 우리의 방을 깨끗이 청소해 주었습니다. 사실, 이 방이 이렇게 교황주의자들의 더러운 우상 숭배로부터 깨끗하게 청소되고, 복음이 사도 시대처럼 우리 시대에 큰 빛을 발할 수 있게 해 준 것은 순교자들이 흘린 피였습니다. 여러분은 얼마든지 이 영국 땅에 그리스도인이 단 한 명도 없었던 오랜 세월 중에서 어느 한 시기에 태어날 수도 있었습니다. 왜냐하면, 실제로 이 땅에 기독교가 들어온 후에도, 사람들 중에 개신교도는 한 명도 없는 세월이 길었기 때문입니다. 그러므로 여러분이 이렇게 큰 은혜를 입게 된 것은 순전히 섭리의 역사 덕분입니다!

여러분은 이렇게 반문할지도 모르겠습니다: "이 모든 것은 사실이지만, 그것이 영원한 구원과 무슨 상관이 있겠습니까? 그러한 특권을 누리고 있는 수많은 사람들이 그럼에도 불구하고 영원한 멸망 가운데 처해 있고, 실제로 그런 특권을 누리고 있다는 사실로 인해서 그들의 죄와 그들이 받게 될 벌은 다른 죄인들보다도 더 가중되고 있는 것이 아닙니까?"

대단히 유감스러운 일이기는 하지만, 여러분의 말이 맞습니다. 하지만 우리는 이러한 땅에 그리고 이러한 시기에 태어나게 된 것은 정말 크고 특별한 은혜라는 것을 부인할 수 없습니다. 왜냐하면, 만일 그들이 앞에서 언급한 가정들대로 태어났다고 한다면, 그들은 지금 그들에게 주어져 있는 구원의 가능성조차도 가질 수 없었을 것이기 때문입니다. 그러므로 우리는 그들의 구원을 돕기 위하여 지금 그들에게 어떤 것들이 준비되어 있고 그들이 구원과 관련하여 어떤 것들을 누리고 있는지를 살펴볼 필요가 있습니다.

(1) 여기에서 우리는 하나님이 인간을 위해 준비해 놓으신 정상적인 구원의 방편들을 다 누리고 있습니다. 반면에, 다른 곳에서 살아가는 사람들에게는 그러한 방편들이 주어져 있지 않아서, 그들은 그것들로부터 단절되어 있습니다. 따라서 이교도들 중에서 어떤 사람이 구원을 받아서 그리스도 앞으로 나아가고자 한다면, 어떤 기적적이거나 극히 이례적인 방식을 통해서 그러한 구원의 역사가 일어나는 수밖에 없습니다. 왜냐하면, 성경에서는 "그들이 믿지 아니하는 이를 어찌 부르리요 듣지도 못한 이를 어찌 믿으리요 전파하는 자가 없이 어찌 들으리요"(롬 10:14)라고 분명하게 말하고 있기 때문입니다. 설령 그런 이교도들 중 어떤 사람들의 마음속에서 복음을 통해서 구원을 얻고자 하는 소원이 생겨났다고 할지라도(물론, 이성적으로는 이런 일이 일어나는 것은 불가능하겠지만), 안타깝게도 그 가련한 자들은 하나님의 말씀을 듣기 위해서 산 넘고 물 건너서 먼 길을 여행해야 하고, 그렇게 하고서도 하나님의 말씀을 들을 수 있으리라는 보장도 없습니다. 반면에, 여러분은 그런 이교도들과는 정반대로 복음을 들을 수 있는 기회를 놓칠 가능성이 별로 없습니다. 여러분은 살아가는 동안에 하나님의 말씀을 전하는 설교들을 빈번하게 마주하게 되기 때문에, 여러분을 구원으로 이끌어 줄 방편들이나 도구들을 피하는 것은 거의 불가능합니다. 그런데도 이것이 아무것도 아니란 말입니까? 그리스도께서는 심지어 친히 우리에게 자기를 영접하라고 압박하시기까지 합니다.

(2) 이 세상의 이 시기에 여기에서는 사람들이 공적으로 그리스도에 대

한 신앙고백을 하고 있고, 이 나라의 법에 의해서도 기독교가 보호를 받고 있기 때문에, 기독교에 대한 흔한 편견들과 선입견들이 제거되어 있다는 이점이 있습니다. 만일 여러분의 거주지가 유대인들이나 회교도들이나 이교의 우상 숭배자들 가운데 있었다면, 여러분은 그리스도와 기독교가 그 땅의 사람들에 의해서 일반적으로 혐오의 대상이 되고 있고, 그리스도의 이름과 기독교에 속한 것들이 모든 사람들에 의해서 경멸당하고 조롱당하는 모습을 보게 되었을 것입니다. 뿐만 아니라, 여러분이 그런 자들 가운데서 태어나서 교육을 받았다면, 여러분 자신도 그리스도와 기독교에 대하여 그런 태도를 보였을 가능성이 높습니다. 왜냐하면, 여러분은 조상대대로 전통이 되어서 전해 내려오고, 모든 사람들이 인정하고 좋아하는 것을 따라서 행하였을 것이기 때문입니다. 유대인들과 이교도들과 회교도들은 오늘날에도 자신들의 잘못된 신앙을 아주 고집스럽게 붙들고 있는 자들이어서, 그 신앙과 다른 모든 것들을 보면 침을 뱉고 야유를 하고 손뼉을 치는 등 온갖 분노와 혐오의 표현들을 동원해서 자기들 중에서 내쫓아 버립니다.

한 박식한 신학자는 다른 나라들에서 거짓 신앙이 참된 신앙에 대하여 가지고 있는 온갖 특혜들과 이점들을 이 나라에서는 참된 신앙이 가지고 있다고 말했는데도, 여러분이 이런 나라와 이런 시기에 태어나게 된 것이 특별한 은혜가 아니란 말입니까? 지금 여기에 여러분의 구원을 위한 보배로운 방편들이 존재한다는 것과 여러분의 영혼을 파괴할 편견들이 존재하지 않는다는 것이 여러분에게 주어진 두 가지 큰 은혜입니다.

(3) 이 세상의 이 시기에 여기에서는, 여러분에게 신앙에 대한 어떤 지각이나 감화력이 생기자마자, 여러분은 기독교 신앙을 맞닥뜨리게 됩니다. 이렇게 해서 기독교 신앙은 그렇지 않았다면 여러분이 빠져들 수도 있었을

거짓 신앙으로 가는 길을 차단해 주는 복된 결과를 가져다줍니다. 여기에서는 여러분은 어머니의 젖과 함께 기독교 신앙의 초보적인 교훈들과 원리들도 먹게 되는데, 이렇게 여러분이 기독교 신앙을 받아들이기 전에 그 교훈들을 흡수하게 되는 것은 너무나 큰 유익입니다. "솥단지에 처음으로 삶은 것의 냄새는 오래도록 거기에 배어 있는 법이다"(Quo semel est imbuta, recens servabit odorem testa diu)라는 말이 있고, 성경에서도 "마땅히 행할 길을 아이에게 가르치라 그리하면 늙어도 그것을 떠나지 아니하리라"(잠 16:6)고 말씀합니다.

(4) 여기에는 그리스도인들이 많이 있기 때문에, 여러분은 그들의 도움과 조력을 받아서, 여러분이 어떤 길로 가야 할지를 알 수 있고, 여러분이 품고 있는 의심들을 해결할 수 있으며, 여러분의 무거운 짐들을 덜 수 있고, 거듭남에 따른 난관들을 넉넉히 헤쳐 나갈 수 있습니다. 반면에 수많은 다른 나라들에서는 어떤 가련한 영혼이 그리스도와 참된 신앙을 시작하거나 알아보려는 마음을 가지고 있을지라도, 모든 사람들의 손이 재빨리 그 사람을 가로막고, 그 사람을 도와주거나 힘을 북돋아 주거나 위로해 줄 사람이 아무도 없는데, 우리는 이것을 갈레아키우스(Galeacius)의 사례에서 잘 볼 수 있습니다. 그런 경우에는 가장 가까운 혈육이나 친척들이 가장 큰 원수들이 되고, 온 나라가 재빨리 그 사람을 괴물로 규정하고, "저 이단을 투옥시키거나 화형시켜라"고 소리칩니다.

이러한 것들이 결국 여러분의 영혼에 복이 되든지 안 되든지, 그런 것과는 상관없이 나는 이것들은 그 자체로 이미 무수한 사람들에게 주어지지조차 않은 특별한 은혜들이고 구원의 방편들이라는 것을 확신합니다. 플라톤(Plato)은 임종을 앞두고서 세 가지 이유를 들어서 하나님을 송축하였다고 하는데, 첫째는 자기가 짐승이 아니라 사람으로 태어나게 해 준 것이었고, 둘째는 자신을 헬라에서 태어나게 해 준 것이었으며, 셋째는 자기가 소크라테스가 활동하던 시기에 교육 받고 자라게 해 준 것이었습니다. 여러분은 섭리에 감사하고 찬양할 훨씬 더 많은 이유들을 갖고 있습니다. 첫째는 여러분이 짐승이 아니라 사람으로 태어나게 해 주신 것이고, 둘째는 영국에 태어나게 해 주신 것이며, 셋째는 복음 시대에 교육 받고 자라게 해 주신 것입니다. 에스겔서 20:6에서 말하고 있는 대로, 이곳은 하나님께서 여러분을 위하여 "찾아 두었던 땅"입니다. 그러므로 시편 기자가 말한 대로, 여러분은 하나님이 "내게 줄로 재어 준 구역은 아름다운 곳에 있음이여 나의 기업이 실로 아름답도다"(시 16:6)라고 말할 충분한 이유가 있습니다.

우리가 주의 깊게 눈여겨보고 소중히 여겨야 마땅한 또 하나의 섭리의 역사는 "우리를 특정한 유업과 가문에 태어나게 해 주고 자라게 해 준 것"입니다. 이것은 현세와 내세에서의 우리의 유익과 관련해서 진정으로 특별히 중요한 의미를 지닙니다. 왜냐하면, 우리가 자라난 가문이 이스라엘에서 큰 가문이든 작은 가문이든, 우리의 부모가 사람들 가운데서 높은 신분의 사람들이든 낮은 신분의 사람들이든, 그들이 하나님을 경외하고 의를 행하였으며 여러분을 "주의 교훈과 훈계로 양육하여"(엡 6:4) 신앙 교육을 잘 시키는 데 정성을 다하였다면, 여러분은 그런 부모의 허리에서 나오게 된 것을 여러분에게 주어진 가장 큰 은혜들 중의 하나로 여기는 것이 마땅합니다. 왜냐하면, 이 샘으로부터 두 가지의 은혜의 물줄기가 여러분에게 생겨나게 되기 때문입니다.

(1) 여러분의 겉사람에 대한 현세적이고 외적인 은혜들. 경건은 자손들

에게 복을 가져다주고, 악과 불의는 자손들에게 저주를 가져다줍니다. 전자의 예는 창세기 17:18-20에서 볼 수 있고, 반대로 후자에 대한 경고는 스가랴서 5:4에서 볼 수 있습니다. 그리고 잠언 3:33에서는 "악인의 집에는 여호와의 저주가 있거니와 의인의 집에는 복이 있느니라"고 말함으로써, 이 두 가지를 모두 보여 줍니다. 이 두 가지 속에는 자녀들이 부모의 전철을 밟게 된다는 속뜻이 내포되어 있다는 것은 사실입니다(겔 18장). 그러나 우리는 악인들이 헛되고 악한 자녀들을 키워내는 것을 비일비재하게 봅니다. 그래서 성경은 아비얌에 대해서 그가 "그의 아버지가 이미 행한 모든 죄를 행하였다"(왕상 15:3)고 말합니다. 이렇게 해서 저주는 대물림이 되어서 대대로 이어집니다. 여러분이 이 저주를 피하게 되었다면, 그것은 섭리로 인한 놀라운 은혜입니다.

(2) 그러나 이 섭리로부터 얼마나 대단한 영적인 복들과 은혜들이 속사람에게 흘러 들어가는지를 특히 주목해 보십시오. 경건한 부모로부터 내려오는 은혜는 특별한 것입니다. 우리 중에는 우리의 존재의 도구인 부모에게 단지 본성적인 생명만이 아니라 영적이고 영원한 생명도 빚지고 있는 사람들이 있습니다. 디모데에게 경건한 "외조모 로이스"와 "어머니 유니게"가 있었다는 것(딤후 1:5)은 대단한 은혜였고, 아우구스티누스에게 그의 마음속에 생명의 교훈을 심어 주고서 눈물로 물을 주며 자신의 모범을 통해서 자라나게 해 준 모니카 같은 경건한 어머니가 있었다는 것은 놀라운 은혜였습니다. 이제 우리는 이 은혜를 좀 더 구체적으로 살펴보게 될 것인데, 그렇게 함으로써 그 속에 담겨 있는 여러 은혜들을 발견하게 될 것입니다.

우리가 우리 자신을 위하여 스스로 기도할 수 없는 그런 때, 즉 우리가 생기기 전과 모태에 있을 때와 우리의 유아기 때에 우리를 위하여 기도해 준 부모님이 계셨다는 것은 우리에게 얼마나 큰 은혜였습니까? 아브라함이 그런 부모였고(창 15:2), 한나가 그런 부모였으며(삼상 1:10-11), 아마도 여기 계시는 여러분 중 일부도 부모님의 기도의 열매일 것입니다. 뿐만 아니라, 부모님들은 여러분과 관련된 모든 일들, 특히 여러분의 영원한 운명과 관련된 일들을 하나님 앞에 가져가서 일생 동안 여러분을 위하여 거룩한 기도를 드리는 일을 계속해 왔습니다. 그분들은 자신의 영혼을 다 쏟아 부어서 가슴을 치며 눈물로 여러분을 위해 열렬히 기도해 왔습니다. 여러분에게 경건한 조상들과 부모님들이 있다는 것을 소중히 여기십시오. 그러한 은혜는 너무나 귀한 은혜이기 때문입니다. 명문가의 자제들로 태어난 것보다도 기도하는 부모님들에게서 태어난 것이 더 큰 은혜입니다. 욥의 경건한 행실을 보십시오(욥 1:5, "그들이 차례대로 잔치를 끝내면 욥이 그들을 불러다가 성결하게 하되 아침에 일어나서 그들의 명수대로 번제를 드렸으니 이는 욥이 말하기를 혹시 내 아들들이 죄를 범하여 마음으로 하나님을 욕되게 하였을까 함이라 욥의 행위가 항상 이러하였더라").

경건한 부모님들을 만나서 어려서부터 경건하고 세심한 훈련을 통해 우리 속에 있는 타락의 찌꺼기들의 싹이 잘려나가게 된 것은 우리에게 얼마나 특별한 은혜였습니까! 이제 우리는 청년의 때가 얼마나 중요하고 위험한 시기인지를 알고 있습니다. 그 시기에는 이상할 정도로 온갖 악한 일에 마음이 끌립니다. 오죽 했으면 사도 바울이 디모데에게 "너는 청년의 정욕을 피하라"(딤후 2:22)고 말하였고, 다윗은 "청년이 무엇으로 그의 행실을 깨끗하게 하리이까"(시 119:9)라고 물었겠습니까? 그러한 질문 속에는 다윗 자신이 청년의 때에 세상의 더럽고 타락한 길을 걸어 왔다는 뜻이 분명하게 내포되어 있습니다. 다윗이 "여호와여 내 젊은 시절의 죄와 허물을 기억하지 마시라"(시 25:7)고 기도하고, 욥이 "주께서 내가 젊었을 때에 지은 죄를 내가 받게"(욥 13:26) 하셨다고 처절하게 탄식하는 것을 들을 때, 여러분은 경건한 부모에게서 태어나서 자신의 부패한 본성이 어릴 때에 이미 다스려짐으로써 청년의 때를 정욕으로 지내지 않게 된 복을 누릴 수 있게 해 준 섭리의 역사에 대하여 너무나 감사한 마음을 가질 수밖에 없습니다.

(3) 우리의 마음이 아직 부드럽고 연한 시기에 하나님을 아는 선한 지식을 우리의 심령 속에 세심하게 넣어 준 부모님이 우리에게 있었다는 것은 얼마나 큰 은혜였습니까? 아브라함이 부모로서의 이 도리를 얼마나 성실하게 행하였는지를 보십시오(창 18:19, "내가 그로 그 자식과 권속에게 명하여 여호와의 도를 지켜 의와 공도를 행하게 하려고 그를 택하였나니"). 다윗은 또 어떠하였습니까(대상 28:9, "내 아들 솔로몬아 너는 네 아버지의 하나님을 알고 온전한 마음과 기쁜 뜻으로 섬길지어다"). 우리 중에도 사도가 말했던 것처럼 "나의 자녀들아 너희 속에 그리스도의 형상을 이루기까지 다시 너희를 위하여 해산하는 수고를 하노니"(갈 4:19)라고 말할 수 있는 부모님을 둔 사람들이 분명히 있을 것입니다.

부모님은 우리를 갖기 전에는 우리를 갖기를 소망하였고, 우리를 가졌을 때에는 기뻐하였던 것 같이, 우리를 마귀에게 빼앗겨 버린다는 것은 상상조차 할 수 없는 일로 여겼습니다. 그래서 그들은 우리의 몸을 먹이고 입히고 치유하고 돌보는 일에 지극정성을 다하고 그 어떤 수고와 괴로움도 마다하지 않았던 것처럼, 우리의 영혼을 구원받게 하기 위하여 말씀으로 우리를 가르치고 하나님께 눈물로 기도하는 것을 그치지 않았습니다. 그들은 언젠가는 우리와 헤어져야 할 때가 온다는 것을 알고 있었기 때문에, 우리를 그리스도께 맡기고 그의 언약의 복된 지경 내에 우리를 둠으로써 편안하고 홀가분한 마음으로 우리를 떠나고 싶어 하였습니다.

부모님은 우리가 건강한 것만을 기뻐하고, 우리가 하나님의 은혜를 얻든지 말든지 그런 것에는 신경도 쓰지 않는 그런 분들이 아니었습니다. 그들은 우리의 몸이 아프고 힘든 것과 마찬가지로 우리 영혼이 아프고 힘든 것도 느꼈습니다. 그들은 저 큰 날에 "주여, 나와 및 하나님께서 내게 주신 자녀가 여기 있나이다"라고 말할 수 있다면(히 2:13), 그것보다 더 바라는 것은 없을 것이었습니다.

(4) 우리에게 경건한 부모님들이 있어서 그들이 거룩한 삶의 모범을 우리의 눈 앞에서 보여 줌으로써 우리로 하여금 그들을 본받아서 그들이 닦아 놓은 천국 가는 길로 걸어갈 수 있게 된 것은 얼마나 큰 특별한 은총이었습니까? 그들은 "너희는 내게 배우고 받고 듣고 본 바를 행하라"(빌 4:9)고 우리에게 말할 수 있었고, "내가 그리스도를 본받는 자가 된 것 같이 너희는 나를 본받는 자가 되라"(고전 11:1)고 말할 수 있었습니다. 부모의 삶은 자녀의 본보기입니다. 우리 앞에 좋은 본보기가 있다는 것, 특히 우리의 인격이 형성되는 시기에 좋은 본보기를 우리의 눈 앞에 두고 있다는 것은 큰 은혜입니다. 우리는 경건한 부모님이 무슨 말을 하는지를 들었을 뿐만 아니라, 어떻게 행동하는지도 다 보았습니다. 아브라함이 칭찬들을 만했던 것은 "그 자식과 권속에게 명하여 여호와의 도를 지켜 의와 공도를 행하게" 하였다는 것입니다(창 18:19). 그리고 우리 중에도 그런 은혜를 받은 사람들이 있습니다.

교우들이여, 나는 여러분이 여러분에게 그토록 큰 은혜를 베풀었던 이 섭리의 역사를 특별히 주목하고 유념함으로써, 여러분의 마음이 그 은혜를 깨닫고서 더욱더 뜨거워지게 되었으면 좋겠습니다. 여러분의 처지를 다른 사람들의 처지와 비교해 보고, 다음과 같은 것들을 진지하게 생각해 보십시오.

(1) 자신의 자녀들이 말을 하게 되자마자 저주하고 욕하는 것을 그들에게 가장 먼저 가르치는 잔인하고 불경건한 부모들에게서 태어나는 바람에 지옥으로 직행하는 아이들이 우리 중에 얼마나 많습니까! 지옥의 방언 외에는 다른 언어를 거의 들을 수 없는 그런 가정들이 많습니다. 그런 가정들에 속한 어른들과 아이들은 마른 장작이나 가지들처럼 장차 한데 모아져서 지옥 불에서 태워지게 될 것입니다. 그들이 끝까지 회개하지 않는다면, 시편 49:19의 말씀이 장차 그들에게 이루어지게 될 것입니다: "그들은 그들의 역대 조상들에게로 돌아가리니 영원히 빛을 보지 못하리로다."

(2) 그렇게 불경스러운 가족들이 아니더라도, 욥기 21:11("그들은 아이들을 양 떼 같이 내보내고 그들의 자녀들은 춤추는구나")에서 말하고 있는 대로, 자신의 자녀들이 몸만 건강하고 잘 먹고 편안하게 살기만 하면 그들의 영혼이 어떻게 되는지는 상관하지 않은 채로, 자신의 자녀들을 속되고 육신적으로만 키우는 가족들은 또 얼마나 많습니까! 그런 가정의 부모들은 자녀들에게 자신들의 몸을 건사하는 법만을 가르칠 뿐이고, 그 자녀들이 마귀의 종들이 되어 마귀가 시키는 대로 살아가도, 그런 것에는 신경도 쓰지 않습니다. 그런 부모들은 자녀들에게 땅이나 돈 같은 유산을 물려 줄 수 있기만 하다면, 자신들이 할 의무는 온전히 다했다고 생각합니다. 그런 부모들과 자녀들은 마지막 날의 저 심판대에서, 그리고 영원토록 이어지게 될 저 지옥생활 속에서 서로에게 어떠한 언어로 인사하게 되겠습니까!

(3) 가정들이 세상적으로 볼 때에는 아주 건전한데도, 자녀들에게서 경건의 싹이 조금이라도 보이면 그것을 키워 주기는커녕, 어떻게 해서든지 상한 갈대를 꺾어 버리고 꺼져 가는 심지를 꺼버리려고 온 힘을 다하고, 자녀

들의 마음속에서 생겨난 그리스도를 향한 일말의 여지조차도 질식시켜 버리고 목 졸라 죽여 버리는 가정들도 얼마나 많습니까! 그런 부모들은 자신의 자녀들을 그리스도께로 인도하는 것이 아니라 멸망과 죽음으로 데려가기를 원하기 때문에, 헤롯처럼 요람 속에 있는 그리스도를 죽이기 위하여 모든 수단들을 총동원합니다(마 2:16).

여러분은 자신이 경건한 부모님들로 인해서 얼마나 큰 은혜를 누리고 있고 누려 왔는지, 그리고 여러분의 몸은 물론이고 영혼과 관련된 일에서도 섭리가 여러분을 얼마나 복되고 좋은 곳에 안배해 놓았는지를 사실 제대로 잘 알지 못합니다. 여러분 중에서 자기는 그런 경우에 해당되지 않으며, 자기는 천국 가는 길로 걸어가는 데 부모의 도움을 받지 못했다고 반론을 펴는 사람들이 있다면, 나는 그런 사람들에게 이렇게 대답해 주고자 합니다.

(a) 여러분이 천국 가는 길로 행하는 데 부모님의 도움을 받지 못했다고 하더라도, 부모님으로부터 그 길을 방해받지 않았다면, 여러분은 그것 자체만으로도 섭리에 의한 특별한 은혜임을 인정하여야 합니다.

(b) 여러분이 부모님의 반대를 받았음에도 불구하고, 하나님이 기이하고 특별한 은혜의 손길로 여러분을 그런 부모님들로부터 빼어내어 천국 가는 길을 가게 하신 것이라면(슥 3:2), 여러분은 반대의 큰 물 가운데서도 여러분 속에 있는 희미한 은혜의 불꽃을 살려 내신 하나님의 은혜를 찬양하는 것이 마땅합니다.

(c) 여러분은 경건한 부모로서의 도리가 얼마나 중요한지를 몸소 뼈저리게 느끼고 경험하였기 때문에, 여러분 자신이 자녀들을 두게 된다면, 경건한 부모로서의 도리를 온 정성을 다해서 세심하게 이행해야 한다는 귀한 교훈을 얻었다는 것 자체가 여러분에게 큰 은혜라는 것을 알아야 합니다.

자녀들을 거룩한 교훈으로 가르치고 교육하는 것에는 이렇게 현세와 내세에서 많은 복들이 수반되기 때문에, 나는 이 주제를 여기에서 끝내지 않고, 부모들과 자녀들에게 그들이 해야 할 도리들을 구체적으로 권면하는 나의 의무를 다하고자 합니다. 먼저, 여러분 중에서 부모이거나 아이들을 교육할 책임을 맡은 사람들에게 나는 여러분에게 주어진 도리와 의무에 온 마음을 다하기를 당부합니다. 나는 이것이 여러분의 마음에 효과적으로 와 닿도록 하기 위해서 다음과 같은 것들을 생각해 보고자 합니다.

(1) 여러분과 자녀들 간의 관계는 아주 가깝고, 그래서 여러분은 자녀들의 행복이나 불행에 지대한 관심을 갖고 있습니다. 부모와 자녀의 관계가 아주 가깝다는 것은 그러한 관계들을 보여 주는 몇몇 성경 본문들을 살펴보기만 해도 금방 드러납니다. 사람들이 자신의 자녀를 갖지 못하였을 경우에는 자녀를 얻고자 하는 열망은 상상을 초월합니다(창 15:2; 30:1, "라헬이 자기가 야곱에게서 아들을 낳지 못함을 보고 그의 언니를 시기하여 야곱에게 이르되 내게 자식을 낳게 하라 그렇지 아니하면 내가 죽겠노라"). 자녀를 얻게 되었을 때에 사람들의 기쁨은 그 어떤 것과 비교할 수 없는 것이어서, 그리스도께서는 그것을 이렇게 표현하셨습니다: "여자가 해산하게 되면 그 때가 이르렀으므로 근심하나 아기를 낳으면 세상에 사람 난 기쁨으로 말미암아 그 고통을 다시 기억하지 아니하느니라"(요 16:21). 사람들은 자신의 자녀들에 아주 큰 가치를 두고(창 42:38, "야곱이 이르되 내 아들은 너희와 함께 내려가지 못하리니… 만일 너희가 가는 길에서 재난이 그에게 미치면 너희가 내 흰 머리를 슬퍼하며 스올로 내려가게 함이 되리라"), 자녀들이 겪는 모든 아픔과 괴로움을 함께 느끼며(막 9:22), 자녀들과 사별하는 것을 극도로 슬퍼합니다(창 37:35, "그의 모든 자녀가 위로하되 그가 그 위로를 받지 아니하여 이르되 내가 슬퍼하며 스올로 내려가 아들에게로 가리라 하고 그의 아버지가 그를 위하

여 울었더라").

그런데도 여러분은 이 모든 것을 허사로 돌리려고 합니까? 우리가 자녀들의 영원한 운명이 어떻게 될 것인지에 관심을 가지고 돌보지 않는다면, 그들을 갖기 전에 그들을 갖기 위하여 그토록 열망했고, 그들을 가졌을 때에 그토록 기뻐하였으며, 그들을 그토록 소중하게 여겼고, 그토록 자애롭게 그들과 아픔을 같이하였으며, 그들의 죽음을 그토록 몹시 슬퍼한 이 모든 것이 다 허사가 되지 않겠습니까?

(2) 하나님께서는 부모인 여러분에게 자녀들의 몸만이 아니라 그들의 영혼도 맡기셨고 잘 돌보라고 당부하셨습니다. 이것은 하나님이 부모들에게 명하신 것이기도 하고(신 6:6-7, "오늘 내가 네게 명하는 이 말씀을 너는 마음에 새기고 네 자녀에게 부지런히 가르치며 집에 앉았을 때에든지 길을 갈 때에든지 누워 있을 때에든지 일어날 때에든지 이 말씀을 강론할 것이며"; 엡 6:4, "아비들아 너희 자녀를 노엽게 하지 말고 오직 주의 교훈과 훈계로 양육하라"), 또한 하나님이 자녀들에게 명하신 것에 의해서도 드러납니다(엡 6:1, "자녀들아 주 안에서 너희 부모에게 순종하라 이것이 옳으니라"). 이러한 말씀들은 부모로서의 도리와 자녀로서의 도리를 분명하게 보여 줍니다.

(3) 자녀들이 여러분의 소홀함으로 인해서 그리스도를 영접하지 않은 상태로 죽는다면, 그들이 죽을 때에 여러분의 마음은 과연 무슨 위로를 받을 수 있겠습니까? 여러분은 다음과 같은 생각이 들어서 가슴이 찢어지는 것 같을 것입니다: "내 자녀가 지옥에 있지만, 나는 그것을 막을 방법이 없구나. 그가 살아 있을 때라면 내가 어떻게 해 볼 수 있었을 텐데." 경건한 부모로서의 도리와 의무를 다하는 것만이 그 날에 위로를 받을 수 있는 유일한 길입니다.

(4) 여러분이 자녀들에게 거룩함의 길로 행하도록 가르치는 것을 소홀

히 한다고 해서, 마귀도 악의 길로 행하도록 그들을 가르치는 데 소홀히 하 겠습니까? 절대로 그렇지 않습니다. 여러분이 자녀들에게 하나님께 기도하 는 것을 가르치지 않는다면, 마귀는 그들에게 저주하고 욕하고 거짓말하는 것을 가르칠 것입니다. 땅을 개간하지 않으면, 잡초들이 무성하게 자라는 법입니다.

(5) 여러분이 자녀들이 어릴 때에 경건한 교훈으로 교육하는 것을 소홀 히 하여 그들의 어린 시절을 흘려 보내 버린다면, 그들이 나중에 나이가 들 어서 선한 열매를 맺을 가능성은 거의 없지 않겠습니까? 어린 시절은 인격 이 형성되는 시기입니다(잠 22:6, "마땅히 행할 길을 아이에게 가르치라 그리하면 늙어 도 그것을 떠나지 아니하리라"). 노년에 회심하는 자는 극히 드물지 않습니까? 어 린 가지는 쉽게 휘어지지만, 다 자란 가지들은 뻣뻣하여 굽어지지 않습니 다.

(6) 자녀들의 온갖 영적인 불행은 출생과 본받음을 통해서 오기 때문에, 부모인 여러분은 자녀들의 영적인 불행의 통로이자 원인입니다. 그들은 여 러분이 그들에게 물려준 역병으로 인해서 영적으로 죽어 있습니다: "내가 죄악 중에서 출생하였음이여 어머니가 죄 중에서 나를 잉태하였나이다"(시 51:5).

(7) 이 세상에서 자녀들의 영원한 복의 통로로서 부모만한 것이 없습니 다. 그것과 관련해서 부모인 여러분은 다른 그 누구도 가지고 있지 못한 특 별한 이점들을 가지고 있습니다. 여러분은 부모이기 때문에, 자녀들은 여 러분에게 특별한 감정을 지니고 있을 뿐만 아니라, 여러분은 그들과 날마 다 함께 생활하고 있고(신 6:7), 그들의 성격을 잘 알고 있어서, 그들에게 그 리스도를 아는 지식을 넣어 줄 좋은 기회들이 여러분에게 주어져 있기 때 문입니다. 그러므로 여러분이 자녀들을 경건으로 교육하는 것을 소홀히 한

다면, 누가 여러분의 자녀들을 도와 주겠습니까?

(8) 여러분은 저 큰 날을 생각해서 자녀들을 불쌍히 여겨야 합니다. "또 내가 보니 죽은 자들이 큰 자나 작은 자나 그 보좌 앞에 서 있는데 책들이 펴 있고 또 다른 책이 펴졌으니 곧 생명책이라 죽은 자들이 자기 행위를 따라 책들에 기록된 대로 심판을 받으니"(계 20:12)라고 말하고 있는 성경 본문을 기억하십시오. 사랑하는 자녀들이 그리스도의 왼편에 멸망받을 자들과 함께 서 있는 것을 여러분이 본다면, 얼마나 슬픈 일이겠습니까? 교우들이여, 그러한 비참한 일을 막기 위해서 최선을 다하십시오. "우리는 주의 두려우심을 알므로 사람들을 권면하거니와"(고후 5:11).

여러분이 자녀들이고, 특히 신앙이 있는 부모님들에게서 태어난 자녀들이라면, 나는 여러분에게 부모님들의 교훈과 가르침에 순종해서, 그들의 경건한 모범들의 자취를 따라 행하기를 부탁드립니다. 나는 여러분이 그렇게 행하기를 간절히 바라는 마음에서 다음과 같은 것들을 생각해 보고자 합니다.

(1) 자녀가 부모에게 불순종하는 것은 하나님의 권위에 거역하고 도전하는 것입니다: "자녀들아 주 안에서 너희 부모에게 순종하라 이것이 옳으니라"(엡 6:1). 이것은 명령입니다. 그러므로 여러분이 이 명령을 거역하는 것은 여러분이 생각하는 것보다 훨씬 더 심각한 일입니다. 여러분이 부모님에게 불순종한다면, 그것은 사람이 아니라 하나님께 불순종하는 것입니다. 그리고 여러분의 그러한 불순종으로 인해서 하나님은 여러분을 벌하실 것입니다. 부모님이 자애로우셔서 여러분을 벌하지 않을 수도 있고, 여러분이 다 성장한 자들이어서 부모님으로부터 벌을 받을 나이가 지났을 수도 있습니다. 그런 경우에 부모들이 할 수 있는 모든 것은 하나님께 호소하는

것이고, 그랬을 때에 하나님은 부모들보다 더 혹독하게 여러분을 벌 주실 것입니다.

(2) 여러분이 부모님에게 불순종했을 때, 여러분의 죄는 어린 이교도들이나 불신자들의 죄보다 더 크기 때문에, 하나님은 여러분에 대해서 더 큰 책임을 물으실 것입니다. 여러분이 악한 자녀라면, 경건한 부모에게서가 아니라 차라리 야만적인 인디언의 자녀나 짐승의 새끼로 태어나는 것이 더 좋았을 것입니다. 왜냐하면, 그런 부모님들이 여러분에게 그토록 수없이 권면하고 소망 가운데서 그토록 수없이 기도하였는데도, 여러분은 그 모든 것에도 불구하고 불순종한 까닭에, 안타깝게도 여러분의 죄는 이루 말할 수 없이 가중되었기 때문입니다.

(3) 여러분이 부모님에게 불순종하면, 하나님은 똑같은 종류로 여러분에게 되갚아 주셔서, 이번에는 여러분의 자녀들이 여러분에게 불순종하게 되는 일이 비일비재하게 일어납니다. 나는 어느 권위 있는 저자의 글에서 이런 얘기를 읽은 적이 있습니다. 어떤 악한 자가 자기 아버지를 집 안에서 질질 끌고 다녔는데, 그 아버지가 자기 아들에게 이렇게 말하면서 사정을 하더랍니다: "나도 내 아버지를 거기 너머로는 끌고 다니지 않았으니까, 너도 나를 거기 너머로는 끌고 다니지 말아 다오." 이것은 서글픈 얘기이지만, 하나님의 응보는 너무나 의롭고 정확합니다!

부모님들의 경건한 교육 덕분에 여러분의 심령 속에 은혜가 심겨졌다면, 나는 여러분에게 하나님이 그러한 섭리를 통해서 여러분에게 베푸신 은혜를 찬양하기를 당부합니다. 그것은 하나님이 여러분에게 얼마나 복된 섭리를 베풀어 주신 것입니까! 여러분처럼 그런 은혜를 받은 자녀들이 얼마나 적습니까!

그런 부모님들을 정성껏 공경하십시오. 부모님들이 살아 계시든 이미 돌아가셨든, 그렇게 하십시오. 부모님들이 살아 계신다면, 그들의 마음의 기쁨이 되고 그들의 삶의 위로가 되십시오. 부모님이 돌아가셨다면, 여러분이 살아 있는 동안 그 은혜를 기억하시고, 부모님들이 걸으셨던 그 경건한 길로 행하십시오. 그렇게만 한다면, 여러분은 저 큰 날에 부모님을 만나서 함께 기뻐하며, 서로를 위하여 영원토록 하나님을 송축하게 될 것입니다.

제3장

회심의 역사

다음으로 하나님의 백성을 위한 섭리의 주목할 만한 역사는 그들이 회심할 수 있도록 기회들과 도구들과 수단들을 안배하는 것입니다.

섭리가 이 세상에서 가장 영화롭게 빛을 발하는 것은 하나님의 백성의 회심을 위하여 기회들과 도구들과 수단들을 안배할 때입니다. 섭리가 아무리 여러분의 몸을 솜씨 좋게 조성하였고, 아무리 자애롭게 여러분의 몸을 지키고 보호해 주었으며, 여러분의 몸에 필요한 것들을 아무리 차고 넘치고 풍성하게 공급해 주었다고 할지라도, 만일 여러분의 회심을 위하여 이런저런 수단들을 안배하지 않았다면, 섭리가 여러분을 위하여 그 이전에 베풀어 주었던 온갖 은택들과 유익들은 별 의미가 없게 되었을 것입니다. 이것은 여러분이 섭리의 손길로부터 받은 모든 것들 중에서 가장 탁월한 은택입니다. 여러분은 여러분이 받은 그 밖의 다른 모든 은혜들보다도 이것으로 인하여 더 큰 빚을 지게 된 것입니다. 따라서 내가 이 섭리의 역사를 설명할 때, 나는 여러분의 마음이 깊은 감동을 느낄 수밖에 없게 될 것이라고 확신합니다.

이것은 은혜 받은 모든 심령이 깊이 들여다보고 싶어 하는 주제입니다. 이것은 분명히 그들이 끝없이 반복해서 말하고 생각하고 싶어 하는 가장 달콤한 이야기입니다. 그들의 회심을 위하여 사용된 장소들과 도구로 쓰임 받은 사람들은 그들에게는 너무나 소중합니다. 그러한 장소들과, 사람들은 그들에게 너무나 소중해서, 많은 세월이 흐른 후에 어쩌다 우연히 그 장소들을 지나가게 되었거나, 그들의 회심을 위하여 섭리의 손길에 의해서 도구로 쓰임 받은 사람들의 얼굴을 보게 되었을 때조차도, 그들의 마음은 큰 감격으로 녹아 내리게 됩니다.

야곱이 벧엘에서 그 밤에 하늘까지 닿는 사다리와 그 사다리를 오르내리는 천사들을 본 후에, 벧엘은 그에게 너무나 달콤한 곳이 되었을 것이 틀림없듯이(창 48:3), 모든 성도들에게는 자신만의 벧엘이 있습니다. 오, 복된 장소들과 시간들과 도구들이여! 그들이 선악을 분별할 수 있는 나이가 되었을 때, 섭리는 그들이 인식할 수 있는 방식으로 그들의 심령에 그 복된 경험을 각인시켜 주었기 때문에, 그 깊고 달콤한 기억들은 그들의 기억이나 마음에서 결코 지워지지 않게 된 것입니다!

하지만 어떤 사람들은 자신의 회심이 일어난 시간과 장소와 방식, 그리고 거기에 사용된 도구들을 기억하지 못할 수도 있기 때문에, 나는 그런 사람들이 이렇게 회심과 관련해서 뚜렷한 섭리가 나타난 경우에 관한 얘기를 듣고서 낙심하지 않도록 하기 위하여, 그들이 상처를 받지 않는 가운데, 다른 사람들도 유익을 받도록 먼저 이 주제와 관련해서 반드시 알아 둘 필요가 있는 구별에 대하여 말해 두고자 합니다.

우리는 회심을 두 가지로 생각해 볼 수 있습니다. 하나는 어린 시절에는 좀 더 속되고 악한 삶을 살다가 나이가 들어서 회심을 하게 됨으로써 회심이 좀 더 분명하게 드러나게 되는 경우이고, 다른 하나는 어려서부터 경건한 교육을 통해서 자기도 모르는 사이에 하나님이 베풀어 주시는 복으로 말미암아 조금씩 마음에 은혜를 받아서 자신이 인식하지도 못한 채로 회심이 이루어지는 경우입니다.

전자의 경우에는 사람들의 심령 속에 빛을 비쳐 주어서 죄를 깨닫게 하고 그 마음을 낮추어서 그리스도께로 이끄는 성령의 각각의 역사들이 좀 더 분명하게 나타나기 때문에, 사람들은 그것들을 분별할 수 있고 인식할 수 있게 됩니다. 반면에, 후자의 경우에는 성령의 그러한 역사들이 좀 더 모호하게, 그리고 한데 뒤엉켜서 서서히 일어나서, 사람들이 그것들을 분명하게 인식하기가 어렵기 때문에, 그들은 하나님이 자기에게 경건한 사람들을 존경하고 좋아하는 마음을 주셨고, 자신이 해야 할 도리들에 신경을 쓰게 하셨으며, 죄에 대하여 예민한 양심을 갖게 하신 것을 기억할 수는 있지만, 그들로 하여금 그렇게 하게 만든 역사들이 일어난 시간과 장소와 방식, 그리고 거기에 사용된 도구들에 대해서는 잘 설명할 수 없게 됩니다.

하지만 그들 속에서 구원의 역사가 일어났다는 증거가 확실하다면, 그 역사가 일어난 과정과 상황이 다른 사람들의 경우처럼 그들에게 분명하게 인식되지 않는다고 해서 걱정할 이유는 전혀 없습니다. 회심을 보여 주는 열매가 분명하다면, 그 회심의 역사가 어떤 식으로 일어났는지가 분명하지 않다는 것은 아무런 문제도 되지 않습니다. 그럼에도 불구하고, 회심의 열매만이 아니라 그 과정과 상황도 분명하게 드러나서, 우리가 우리 자신의 회심이 일어난 시간과 장소, 그리고 거기에 쓰임 받은 도구를 기억해 낼 수 있다면, 그것들을 기억하고 회상할 때마다, 우리는 큰 즐거움을 맛볼 수 있을 것이고, 우리 영혼도 새로운 힘과 기쁨을 얻을 수 있게 될 것입니다.

다음과 같은 일들이 우리에게 일어났을 때에는, 그것들은 처음에는 우리로 하여금 우리가 낙오자가 된 것이 아닌가 하는 생각이 들게 만들지만 사실은 섭리에 의한 본격적인 회심의 역사를 위한 선봉대라는 것이 나중에 밝혀지게 되는 경우가 많습니다. 회심의 역사와 관련한 그러한 섭리들 속에는, 우리의 마음을 사로잡는 극히 달콤한 여러 가지 것들이 있는데, 다음과 같은 것들이 바로 그런 것들입니다:

1. 우리를 회심의 길로 들어서게 하기 위하여 섭리가 특정한 계기들, 즉 실제로는 아주 미세한 상황들을 조성하고 안배하는 역사는 놀랍고 기이하며 설명하기 어렵습니다.

"에디오피아 여왕 간다게의 모든 국고를 맡은 관리인 내시"는 그리스도를 아는 지식의 최초의 빛을 받을 마음의 준비가 다 되어 있었을 때, 그가 병거에서 이사야서를 펴서 읽고 있던 바로 그 순간에, 수많은 사람들 중에서 그 글을 해석해 줄 전도자 빌립을 만나게 됩니다(행 8:26-30).

"아람 왕의 군대 장관 나아만"이 도저히 고칠 수 없었던 나병을 고침 받은 이야기(왕하 5:1-4)도 너무나 기이합니다. 아람 사람들이 이스라엘로 쳐들어가서 용모가 예쁜 "어린 소녀 하나"를 사로잡아서 나아만의 아내에게 종으로 바쳤는데, 이 소녀가 자신의 여주인에게 이스라엘에는 하나님의 능력이 나타나는 선지자가 있는데, 그 선지자라면 주인의 나병을 고칠 수 있을 것이라고 말합니다. 그리고 이것이 계기가 되어서 나아만은 당시의 모든 나병환자 가운데서 유일하게 고침 받은 사람이 됩니다(눅 4:27, "선지자 엘리사 때에 이스라엘에 많은 나병환자가 있었으되 그 중의 한 사람도 깨끗함을 얻지 못하고 오직 수리아 사람 나아만뿐이었느니라"). 이 모든 일이 섭리의 두드러진 역사에 의해서 이루어진 것임은 의심의 여지가 없습니다.

사마리아인들의 회심도 마찬가지였습니다. 그리스도께서는 유대를 떠나서 갈릴리로 가기 위해서는 사마리아를 통과하여야만 하였습니다(요 4:4). 때가 여섯 시, 즉 정오였기 때문에, 주님은 야곱의 우물에서 쉬고 계셨는데, 이것은 거기에서 앉아 쉬면서 물을 마심으로써 기운을 차리기 위한 것 외에는 다른 의도나 목적이 없어 보였습니다. 하지만 그 후에 벌어진 섭리에 의한 일련의 복된 역사를 보십시오. 그런데도 그것은 마치 단지 우연에 의한 것처럼 보입니다! 29절과 41절은 이 섭리의 역사를 통해서 사마리아 여인이 먼저 그리스도를 믿게 되었고, 그 후에 그 성의 다른 많은 사람들도 믿게 되었다는 것을 우리에게 보여 줍니다.

멜키오르 아담스(Melchior Adams)는 자신이 쓴 『유니우스의 삶』(*The Life of Junius*)에서 젊은 시절에 철저한 무신론자였던 그가 어떻게 회심하였는지를 보여 줍니다. 하나님에 대한 그의 회심이 일어나기 위해서는, 프랑스의 리용에서 일어난 폭동에서 그가 기적적으로 목숨을 건지는 사건이 먼저 있어야 했습니다. 이 일 후에 그는 하나님의 존재를 인정하지 않을 수 없게 되었고, 그의 아버지는 사람을 보내어 자기 아들을 집으로 오게 하여, 아주 온유하게 성경을 읽어 보라고 권하였습니다. 그가 요한일서를 펴서 읽었을 때, 하나님의 초자연적인 위엄과 능력이 자신의 영혼을 사로잡는 것을 느꼈고, 이것은 그를 완전히 회심시켜서 예수 그리스도를 영접하게 만들었습니다.

하나님께서는 드고아의 여인이 다윗에게 한 말을 다윗이 추방한 압살롬을 돌아오게 하는 수단으로 삼으십니다(삼하 14:14). 또한, 라바터(Lavater, 주후 1741-1801년, 스위스의 작가이자 신학자)는 많은 스페인 병사들이 독일 전쟁에 참전해서, 경건한 목회자들과 그리스도인들이 있는 도시들과 성읍들로 들어갔다가 그리스도께로 회심하게 된 일에 대해서 우리에게 말해 줍니다. 로

버트 볼턴(Robert Bolton, 주후 1572-1631년, 당대에 가장 위대한 고전학자로 이름을 날림)은 대단히 뛰어난 학자였지만 젊은 시절에는 아주 불경스러운 사람이었고 신앙인들을 조롱하고 비웃는 사람이었다고 합니다. 하지만 경건한 피코크(Peacock) 목사와 교류하게 되면서 회개하고 그리스도 교회에서 쓰임 받는 유명한 도구가 되었습니다.

한 장의 종이에 적힌 글이 우연히 눈에 띄어서 회심의 기회로 사용된 일도 있었습니다. 이것은 웨일스의 한 목회자의 경우였는데, 그는 두 개의 직업을 가지고 있었지만, 어느 쪽도 별로 신경을 쓰지 않았습니다. 어느 날 시장에서 행상인의 가판대에서 어떤 물건을 사서, 퍼킨스(Perkins) 목사가 쓴 교리문답 책의 한 장을 찢어서 그 물건을 쌌고, 우연히 거기에 나와 있는 한두 줄을 읽었을 뿐인데, 하나님께서는 그것을 그를 회심시키는 도구로 사용하셨습니다.

경건한 사람을 육신적인 가문의 여자와 결혼시켜서, 그 가문에 속한 많은 사람들을 회심과 구원으로 이끈 섭리의 역사도 있었습니다. 영국의 유명한 청교도 목사였던 존 브루엔(John Bruen, 주후 1560-1625년)의 전기에 의하면, 그는 재혼을 하면서 처가에 들어가서 일 년을 살기로 합의하였다고 합니다. 하나님께서는 그가 이렇게 처가에 들어가서 사는 한 해라는 기간을 사용하셔서, 그의 장모를 비롯해서 자신의 아내의 자매와 이복자매, 그리고 형제들인 윌리엄 폭스와 토머스 폭스, 그 가문에 속해 있던 한두 명의 하인들에게 은혜를 주셔서 회심시키셨습니다.

경건서적을 읽는 것도 사람들을 그리스도께로 회심시키는 수단으로 쓰임 받아 왔습니다. 우리는 독일의 신학자들 중 다수가 루터의 책들을 읽고 회심하였다는 것을 발견하게 됩니다. 슬레이든(Sleyden)은 자신의 주석서에서 베르게리우스(Vergerius, 주후 1498-1565년경, 이탈리아의 종교개혁자)에 관한 애기를 들려 주는데, 그는 스피라(Spira, 이탈리아의 법률가)가 1548년에 루터교로 개종하였다가 로마 가톨릭 교회의 압력으로 개신교 신앙을 부정하고 배교자가 된 것을 눈으로 보고 귀로 들은 목격자였음에도 불구하고, 여전히 계속해서 교황에게 굳건한 충성을 바쳤는데, 추기경들의 행태에 대하여 의구심이 들자, 자신의 그런 의심을 속죄하고자 하는 의도로 독일의 배교자들(즉, 종교개혁자들)을 공격하는 책을 쓰기로 결심하였지만, 그들을 반박하기 위한 의도로 개신교 책들을 읽어 내려가면서, 그 논증들이 옳다는 것을 깨닫게 되어서 그리스도께로 회심하게 되었다고 합니다. 그가 이렇게 진리를 깨닫고서, 자신과 마찬가지로 열렬한 교황주의자였던 자신의 형제에게 그 깨달음을 전해 주었을 때, 그 형제는 처음에는 베르게리우스가 이상하게 된 것을 통탄스럽게 여기고서는 다시 그를 제자리로 돌려놓으려고 했지만, 개신교의 논증들을 잘 헤아려 보라는 그의 부탁을 듣고서는 곰곰이 살펴보다가 결국에는 그도 똑같이 회심을 하게 되었고, 이렇게 해서 두 사람은 그리스도의 피로 말미암아 하나님의 거저 주시는 은혜를 통해서 의롭다 하심을 얻는다는 복음의 가르침을 받아들이게 되었다고 합니다.

섭리는 책을 읽거나 목회자의 설교를 들을 때에 역사하기도 하였지만, 정말 주목할 만한 것은 목회자가 실수하거나 뭔가를 잊어버린 것까지도 사람들을 회심시키는 계기로 사용해 왔다는 것입니다. 한번은 아우구스티누스는 자신의 회중에게 설교를 하다가, 자기가 처음으로 제시한 논거를 잊어버리고서는, 자신의 원래의 의도를 벗어나서 마니교도들의 오류를 공격하였습니다. 이렇게 그가 의도치 않게 전한 말씀 앞에서 자신의 청중 가운데 한 사람이었던 피르무스(Firmus)가 회심하였는데, 이 사람은 그의 발 앞에 엎드려 울면서, 자기가 오랜 세월 동안 마니교도로 살아 왔다고 고백하며 회개하였다고 합니다.

내가 알고 있는 어떤 목사님은 자기가 설교 준비를 할 때에 사용하였던 것과 다른 성경을 가지고서 설교하러 강단에 올랐던 적이 있었다고 합니다. 그가 강단에서 설교하려고 하는데, 자기가 펼친 성경이 자신의 설교 원고를 넣어둔 성경도 아니었고, 자기가 선택한 설교 본문도 거기에 없어서, 잠깐 생각한 후에 그 순간에 자기에게 떠오른 다른 성경 본문을 가지고 설교하기로 결심하고서, 이런 본문을 봉독했습니다: "주의 약속은 어떤 이들이 더디다고 생각하는 것 같이 더딘 것이 아니라"(벧후 3:9). 그는 그 본문에 대하여 설교할 준비가 전혀 되어 있지 않았지만, 하나님의 도우심을 따라 체계적으로 적절하게 설교를 할 수 있었습니다. 그런데 이 설교를 통해서 그의 회중 가운데서 한 사람이 은혜를 받아 변화되었고, 그 이후로 그가 진정으로 회심했음을 보여 주는 증거들이 나타났는데, 그 사람은 이 설교가 자기를 회심시킨 최초이자 유일한 수단이었음을 인정하더랍니다.

다른 사람들을 따라서 이웃집을 찾아갔다가 회심한 경우도 있었습니다. 많은 유대인들이 단지 예의상 죽은 나사로를 문상하기 위한 목적으로 베다니에 사는 마리아의 집을 찾았지만, 거기에서 그리스도를 만났고, 그리스도께서 나사로를 살리시는 것을 목격하고서, 그리스도를 믿게 되었습니다 (요 11:45).

퍼민(Firmin, 주후 1614-1697년, 청교도 목사이자 의사)은 영국에서 그 어느 도시보다도 더 분명하게 그리스도의 복음이 선포되어 왔던 도시에서 오랜 세월 살았던 한 사람에 대한 얘기를 우리에게 해 줍니다. 이 사람이 76세쯤 되었을 때에 병든 이웃을 방문하였답니다. 이 저자는 이렇게 말합니다: "그때에 나의 그리스도인 친구도 그 병든 사람을 보러 갔다가, 그 집에 그 노인이 있는 것을 보고서는, 얼마나 많은 사람들이 자신의 의무를 다하며 살았으면서도 결코 그리스도께로 오지 않았다는 것을 보여 주기 위하여 의도적으로 강론을 하기 시작하였습니다. 그 노인은 병상 옆에 앉아서 그가 전하는 강론을 들었는데, 하나님께서는 그 노인에게 바로 자기가 이 날까지 하나님 없이 살아 온 바로 그런 사람이라는 것을 깨닫게 해 주셨습니다. 그 노인은 나중에 이렇게 말하였답니다: '만일 내가 76세가 되기 이전에 죽었더라면, 그리스도를 모르고 죽어서 영원히 멸망에 처해졌을 것입니다.'"

경건한 사람이 감옥에 갇히게 된 일도 섭리가 가련한 간수의 영혼을 구원하는 수단이 되어 왔습니다. 바울은 죄수가 됨으로써, 자기를 지키던 자를 영적인 자유인으로 만드는 도구로 쓰임 받을 수 있었고(행 16:27-34), 메리 여왕 시대에 반스(Barnes) 목사도 그 비슷한 경험을 하였는데, 그는 나중에 자기가 회심시킨 간수와 함께 옥중에서 성찬식을 거행하였답니다.

사역자들과 그리스도인들이 박해를 받아서 도시들과 성읍들을 떠나서 후미지고 야만적인 지역들로 흩어지게 된 것도 섭리가, 그런 곳들에서 살아가고 있던 몇몇 잃어버린 양들을 예수 그리스도께로 다시 돌아오게 하는 수단으로 사용하기도 했습니다(행 8:1, 4). 그 이후에도 오늘날까지 경건한 사역자들이 흩어짐으로써 회심에 있어서 주목할 만한 사건들이 일어나곤 하였는데, 특히 오늘날에 그런 두드러진 일들이 많이 일어나고 있습니다.

게으른 삶을 살다가 주인으로부터 도망친 노예가 섭리에 의해서 그가 알지 못하는 목적을 따라 사역자들이나 그리스도인들의 무리를 만나서 그리스도의 종으로 변화되는 역사도 있어 왔는데, 오네시모가 바로 그런 경우였습니다. 그는 자신의 주인이었던 빌레몬으로부터 도망쳐서 로마로 왔다가, 기이한 섭리에 의해서 (아마도 단지 죄수들을 보고자 하는 호기심에서) 바울을 찾아갔다가 회심하여 그리스도의 종이 됩니다(몬 1:10-16).

어떻게 설교하는지 한 번 들어보기나 하자고 교회에 갔다가, 참된 회심을 경험하게 된 사람들도 있습니다. 위에서 언급한 퍼민 목사는 우리에게

술주정뱅이들로부터 "아버지"라는 호칭으로 불렸던 어떤 악명 높은 술주
정뱅이에 관한 얘기를 들려 줍니다. 그는 오로지 사람들이 경건하다고 말
하는 윌슨(Wilson, 주후 1591-1667년경, 영국의 청교도 목사)을 비웃어 주기 위한 목
적으로 어느 날 그의 설교를 들으러 갔답니다. 그런데 설교 전에 기도할 때
에 이미 그의 마음은 뜨거워지기 시작하였습니다. 윌슨 목사가 성경을 집
어서, "더 심한 것이 생기지 않게 다시는 죄를 범하지 말라"(요 5:14)는 본문
을 읽었을 때, 그는 자신의 마음을 주체할 수 없게 되어 버렸습니다. 그는
윌슨 목사가 교회로 설교하러 가기 위해서 그의 가게를 지나가는 것을 싫
어할 정도로 지독한 원수였지만, 하나님은 바로 그 윌슨 목사의 설교를
통해서 그의 마음을 변화시켜 놓으셨습니다. "보라 이런 것들은 그의 행사
의 단편일 뿐이요 우리가 그에게서 들은 것도 속삭이는 소리일 뿐이니 그
의 큰 능력의 우렛소리를 누가 능히 헤아리랴"(욥 26:14).

남편이나 아내나 자녀의 죽음 또는 일시적인 질병, 또는 그와 비슷한 무
수한 경우들에 헛되고 육신적인 사람들이 있는 곳에 우연히 떨어진 어떤 심
각하고 중대한 말씀이 섭리에 의해서 영혼들의 회심에 사용되어 오기도 하
였습니다.

사역자들을 이 곳에서 저 곳으로 이동시키거나 어느 곳에 있지 않게 하
는 것도 섭리가 영혼들을 회심시키는 데 사용하는 놀랍고 주목할 만한 수
단이 됩니다. 그래서 어떤 곳들에 복음을 통해서 불러야 할 몇몇 택하신 그
릇들이 있는데, 그것을 사역자들은 모르고 오직 하나님만이 아시는 경우에
는, 섭리는 종종 사역자들을 자신들이 의도하거나 원하지 않은 곳들로 가
게 합니다.

서로 아주 잘 맞는 단짝이었던 바울과 디모데는 브루기아와 갈라디아를
여행하면서 아시아에서 말씀을 전하고자 하였지만, 성령은 그들에게 아시

아에서 말씀 전하는 것을 금지시켰습니다(행 16:6): "비두니아로 가고자 애쓰되 예수의 영이 허락하지 아니하시는지라"(7절). 반면에, "마게도냐 사람," 즉 마게도냐 사람의 모습이나 행색을 한 천사가 환상 중에 바울에게 나타나서, "마게도냐로 건너와서 우리를 도우라"(9절)고 요청했습니다. 그리고 거기에서 하나님께서는 루디아의 마음을 여셨습니다(행 16:14).

내가 아는 어떤 경건한 목회자는 지금은 소천하여 하나님과 함께 있는 분이시지만, 그가 생전에 자신의 회중에게 전할 목적으로 대각성을 촉구하는 주제로 설교를 준비하였는데, 준비를 다 마치자, 자기에게서 5마일 가량 떨어져서 살고 있던 한 무례하고 악하며 속된 사람에게 먼저 그 설교를 들려주라는 강력한 감동을 받게 되었습니다. 그는 자기 자신과의 몇 차례의 씨름 후에, 하나님의 성령으로부터 왔을 그 감동을 소멸하고 싶지 않아서, 거기에 순종하여 그 사람에게로 갔습니다. 그 지역에는 목회자가 없었고, 목회자들도 그 지역에 가서 목회할 엄두를 내지 못했습니다. 그런데 모든 예상을 뛰어넘어서 거기에서 하나님께서는 복음의 문을 여셨고, 몇몇 속된 자들이 그 곳에서 그리스도를 영접하였습니다. 그들은 이 목회자에게 일주일에 한 번씩 와서 말씀을 전해 줄 것을 요청하였고, 이렇게 해서 많은 영혼들이 하나님께로 회심하게 되었습니다.

이 거룩한 사람이 어느 날 길을 가다가 도로가 가까운 풀밭에서 씨름을 하고 있던 한 무리의 헛된 사람들 옆을 지나가게 되었습니다. 그가 그 곳으로 가까이 갔을 때, 그들 중의 한 명이 자신의 상대를 쓰러뜨리고서는 자신의 힘을 자랑스러워하며 의기양양해서 서 있었습니다. 이 선한 사람은 말을 타고 그들에게로 다가가서, 그 사람에게 이렇게 말했습니다: "친구여, 내가 보니 자네는 힘이 장사일세. 하지만 힘센 자는 자신의 힘을 자랑해서는 안 된다네(렘 9:23). 자네는 혈과 육을 상대하는 것이 아니라, 통치자들과 권세들과 악의 영들을 상대로 씨름하여야 한다는 것을 알아야 한다네(엡 6:12). 사탄이 자네가 진정으로 소망하는 것을 결국 걸어 넘어뜨려서 자네를 영원히 무너뜨린다면, 그것은 얼마나 서글픈 일이겠는가!"

이 목회자는 이 주제를 놓고 그들과 15분 가량 진지한 대화를 나눈 후에 그들을 떠나 자기 길을 갔습니다. 이 대화는 그 사람에게 괴로움을 안겨 주어서, 그 사람은 자신의 괴로움을 이 경건한 목회자에게 털어놓았고, 이 목회자는 그 사람의 영혼에 대한 섭리의 역사를 지혜롭게 선용해서, 마침내 그 사람이 은혜 가운데서 변화되는 복된 결과를 눈으로 볼 수 있게 되었습니다. 나중에 그 사람은 기쁨 가운데서 이런 이야기를 이 목회자에게 들려주더랍니다. 회심과 관련해서 섭리가 사용하는 방법들은 우리로서는 도무지 헤아릴 수가 없는 것을 봅니다!

한층 더 놀라운 것은 하나님의 섭리는 종종 사탄의 악의와 사람들의 악 자체도 그들의 영혼에 영원한 복을 가져다주는 기회들로 사용해 왔다는 것입니다. 나는 바로 이 곳에서 일어난 매우 주목할 만한 사례를 독자들에게 충실하게 들려 주고자 합니다. 이 일은 불과 수 년 전에 일어난 일이고, 내가 직접 보았을 뿐만 아니라, 그 일을 본 많은 사람들을 깜짝 놀라게 한 일입니다. 1673년에 풀(Poole) 항구 소속의 배 한 척이 버지니아에 갔다가 돌아오는 길에 이 다트머스(Dartmouth) 항에 정박했습니다. 그 배에는 23살의 건장한 청년이 타고 있었는데, 그는 그 배에서 의사로 있었습니다. 이 청년은 항해 중에 깊은 우울증 속으로 빠져들었고, 마귀는 그것을 이 가련한 청년을 파멸시킬 좋은 기회로 사용하였지만, 하나님께서는 이 청년이 자살하고자 하는 시도들을 계속해서 막아 주셨고, 그렇게 해서 결국 그 청년은 이 항구에 도착하게 된 것이었습니다.

하지만 그는 여기에 도착해서 주일 날의 이른 아침에 자신의 형제와 함께 침상에서 자다가, 자살하기 위해서 미리 준비해 둔 칼로 자신의 목을 그었습니다. 상처는 깊고 넓었지만, 이 청년은 그 상처로는 자신의 비참한 생명을 빨리 보내 버릴 수 없을 것이라고 생각해서, 그 칼을 자신의 배로 밀어넣기 위해서 필사적으로 애를 썼습니다. 그래서 그는 자신의 흥건한 피 속에서 허우적거리며 누워 있었고, 그때에 그의 형제가 잠이 깨서 도와 달라고 소리를 쳤습니다. 얼마 후에 의사들이 방 안으로 들어섰고, 그 청년의 목의 상처가 치명적임을 발견했습니다. 그들이 그때에 할 수 있었던 모든 것은, 재빨리 치료를 해서 그 청년이 목숨을 구하게 되기를 기대하는 것보다는, 죽기 전에 잠시라도 말을 할 수 있도록 하기 위하여 목의 상처를 꿰매고 석고로 그 틈새들을 메우는 것이었습니다. 왜냐하면, 그렇게 하지 않으면, 그 청년은 구멍 난 목을 통해서 호흡을 해야 해서, 그가 하는 말들을 사람들이 알아들을 수 없었기 때문이었습니다.

나는 그 날 아침에 그런 상태로 있던 그를 보았고, 몇 분 후면 그의 영원한 운명이 결정될 것임을 알아차리고서, 그의 영적인 상태가 어떠한지를 그에게 깨닫게 하기 위하여 애를 썼습니다. 나는 그에게 그를 위해 내가 무엇을 할 수 있는 시간이 별로 남아 있지 않기 때문에, 그의 현재의 상태에 대하여 그 자신이 어떻게 인식하고 있는지를 내게 알게 해 달라고 요청했습니다. 그러자 그는 내게 하나님 안에서 영원한 생명을 누리기를 소망한다고 말하였습니다. 나는 성경은 우리에게 "살인하는 자마다 영생이 그 속에 거하지 아니하는 것을 너희가 아는 바라"(요일 3:15)고 말해 주고 있다는 이유를 들어서, 그의 소망이 잘못된 것이 아닌가 염려가 된다고 대답하였습니다. 게다가, 그 청년이 저지른 일은 모든 살인 중에서 가장 중대한 범죄인 자살이었습니다. 나는 자살이 얼마나 흉악하고 큰 죄라는 것을 역설하는 가운데, 그 청년의 헛된 확신이 무너져 내리기 시작하고, 그의 마음이 어느 정도 녹아내리는 것을 알아차렸습니다.

그는 자신의 죄와 참상을 많은 눈물로 애통해하기 시작하였고, 자신의 손으로 자기를 죽이고 자신의 피를 흘린 사람에게도 소망이 있을 수 있느냐고 내게 물었습니다. 나는 자살은 정말 큰 죄이기는 하지만, 용서받지 못할 죄는 없다고 대답하고서, 하나님께서 그에게 "생명 얻는 회개"와 믿음을 주셔서 예수 그리스도를 영접하게 해 주신다면, 그의 죄는 반드시 사함을 받게 될 것이라고 말해 주었습니다. 나는 그가 이러한 것들에 대하여 무지한 것을 발견하고서는, 믿음과 회개가 무엇이고, 왜 그런 것들이 필요한지를 설명해 주었고, 그는 내가 전해 주는 말씀들을 무서울 정도로 열심히 흡수해 먹더니, 마침내 하나님께 자신의 영혼에 역사해 주시라고 부르짖었습니다. 또한, 그는 내게 하나님이 자기에게 은혜를 주시라고 자기와 함께, 그리고 자기를 위하여 기도해 줄 것을 요청했습니다. 나는 그와 함께 기도하였고, 하나님께서는 그의 마음을 완전히 녹이셔서 간절하게 기도하게 해 주셨습니다. 그는 나와 헤어지기를 싫어하였지만, 나는 주일에 해야 할 일들 때문에 그와 헤어져야만 했습니다. 나는 그 자리를 떠나게 되면 이 세상에서 다시는 그를 볼 수 없을 것이라고 생각해서, 그에게 가장 필요한 말씀들을 간략하게 요약해서 해 주고 그를 떠났습니다.

그러나 내 자신과 다른 모든 사람의 예상과는 달리, 그 청년은 그 날 온종일 살아 있어서, 예수 그리스도를 아주 간절하게 찾았습니다. "그리스도"와 "믿음"이라는 말 외에는 그 어떤 말도 그를 기쁘게 해 주지 못했습니다. 나는 저녁에 그런 상태에 있는 그를 볼 수 있었습니다. 그는 나를 다시 보게 되어서 몹시 기뻐하였고, 내게 그러한 주제들에 대한 말들을 계속해서 들려 줄 것을 요청하였습니다. 내가 전하는 모든 말씀을 다 들은 후에, 그는 내게 이렇게 말하였습니다: "목사님, 하나님께서 이 죄에 대하여, 그리고 사실은 그 밖의 다른 모든 죄에 대해서도 내게 회개를 주셨습니다(행 11:18). 전에는 한 번도 보인 적이 없던 죄의 악이 이제는 내 눈에 보입니다. 나는 내 자신이 몹시 싫습니다(욥 42:6). 나는 내 눈으로 보기에도 악한 존재이고, 그렇게 믿습니다. 주님, 나의 불신앙을 도와주십시오(막 9:24). 나는 성경에서 말씀하고 있는 그대로 진심으로 그리스도를 영접하고자 합니다. 다만 한 가지 나를 괴롭히는 것은 이 피 흘린 죄를 사함 받을 수 있느냐 하는 의심입니다. 예수 그리스도께서 내 자신의 피를 흘린 내게 그의 보혈의 능력을 베풀어 주실까요?" 나는 그에게 그리스도로 하여금 피를 흘리게 한 죄는 그의 죄보다 더 큰 죄인데도 불구하고, 그리스도께서는 악한 손으로 그의 피를 흘린 자들을 위해서도 자신의 보혈을 흘려 주셨다고 말해 주었습니다. 그러자 그는 "그렇다면 나는 내 자신을 그리스도께 맡기고자 합니다. 그리스도께서 나를 통해서 하고자 하시는 일을 행해 주십시오." 이렇게 해서 나는 그 날 밤에 그와 헤어졌습니다.

다음날 아침에 수술이 예정되어 있었고, 의사들의 의견은 그가 곧 죽게 될 것이라는 것이었습니다. 그래서 나는 그의 요청에 의해서 그 날 아침에 그에게 갔고, 그의 상태는 정말 심각해 보였습니다. 나는 그와 함께 기도했고, 의사들은 그의 배에 나 있는 상처를 열었는데, 그 상처로 인해서 배는 크게 부풀어 올라서, 마치 그의 몸 위에 제2의 잿빛의 내장이 붙어 있는 것 같았습니다. 그래서 의사들은 그를 살려내기는 불가능하다고 결론을 내렸지만, 어쨌든 그의 배에 나 있는 상처를 꿰매고 상처 부위를 씻겨서 그의 몸 속으로 다시 집어넣고서는 피부를 꿰매고 나서, 결과는 섭리에 맡기고 그를 떠났습니다.

그런데 그의 목과 배에 났던 깊은 상처들은 다 치유되었습니다. 또한, 그의 영혼을 위협하였던 더 위험한 상처도 치유되었다고 나는 믿습니다. 나는 그가 완전히 회복될 때까지 그와 많은 시간을 보냈습니다. 그가 집으로 돌아간 후에, 나는 그가 사는 곳의 목회자였던 새뮤얼 하디(Samuel Hardy) 목사로부터 서신을 한 통 받았는데, 그 중 일부를 여기에 옮겨 보겠습니다:

> 친애하는 목사님, 나는 그 곳에서 일어난 슬픈 섭리로 많이 괴로 워하였지만, 한편으로는 그의 몸과 영혼이 그러한 섭리의 손길 아래 놓이게 된 것을 무척 기뻐하였습니다. 그를 돌보시느라고 목사 님이 정말 많은 수고를 하셨는데, 나는 좋은 결과가 있기를 소망합 니다. 나는 지금까지 섭리의 놀랍고 철저한 역사가 행해진 적이 있 다면, 그것은 바로 이 경우라고 생각하고, 그런 역사가 없었다면, 이 경우가 바로 그런 역사라고 생각합니다. 그런 선한 역사들을 결코 마다하지 마시기를 바랍니다. 나는 목사님이 이 한 번의 역사를 경 험한 것만으로도 주의 일을 행하실 때에 평생토록 풍성함을 맛보 기에 충분할 것이라고 생각합니다…

섭리가 사람들을 그리스도께로 이끄는 방식들을 우리가 어떻게 헤아릴 수 있겠습니까! 그렇다고 해서 은혜를 풍성하게 받기 위해서 일부러 자기 자신을 해치는 죄를 범해서는 안 됩니다(롬 6:1). 이런 일들은 하나님의 은혜 가 주어지는 아주 드물고 특별한 사례들이기 때문에, 주제넘고 뻔뻔한 죄 인들이 이런 일로 하나님을 시험하여 은혜를 받고자 한다면, 그것은 큰 오 산이 될 것입니다. 내가 이 일을 여기에 기록한 것은 단지 우리가 이해할 수 없는 방식들로 죄인들을 회복시키는 섭리의 역사에 영광을 돌리기 위한 것 외에 다른 의도는 없습니다.

2. 섭리는 너무나 기이한 일들을 통해서 먼저 영혼들을 깨워서 일으켜 세울 뿐만 아니라, 그렇게 해서 깨어난 영혼들에 대해서 계속해서 놀라운 역사들을 통해 온전함으로 이끌어 갑니다. 이것은 두 가지 방식으로 이루어집니다.

첫 번째는, 우리 영혼 속에서 죽어 있던 죄에 대한 자각과 관심을 되살리는 것입니다. 영혼들은 처음으로 깨어난 후에도 죄에 대한 자신들의 최초의 자각과 관심과 지각을 잃어버리기 쉽습니다. 그러나 섭리는 그런 일이 일어나지 않게 하기 위하여 경계를 늦추지 않고, 효과적으로 그것을 막아줍니다.

어떤 때에는 섭리는 목회자로 하여금 마치 그런 사람의 경우를 깊이 연구해서 설교 준비를 한 것처럼 그런 사람에게 꼭 맞는 설교나 성경 본문을 회중에게 들려주도록 이끕니다. 나는 자신들이 설교를 듣다가 설교자가 그들에 대해서 전혀 알지 못하는데도 마치 자신의 마음의 생각들을 훤히 다 들여다본 것처럼 말하는 것을 보고서는 깜짝 놀랐다고 고백하는 사람들을 너무나 자주 보아 왔습니다. 어떤 때에는 섭리는 사람들의 현재의 상태에 꼭 맞는 성경 본문을 주서서 그들의 영혼을 깨우기도 하고, 어떤 때에는 사람들로 하여금 어떤 새로운 죄에 빠지게 해서, 그들이 이전에 죄로 말미암아 겪어서 온갖 괴로움을 겪었던 일을 상기시켜 줌으로써 그들의 양심이 새롭게 되살아나게 하기도 합니다.

이 세상은 그러한 온갖 사례들로 넘쳐나지만, 대부분의 그리스도인들은 그런 일들을 직접 경험해 왔기 때문에, 여기에서 그런 사례들을 열거하는 것은 불필요합니다. 단지 지금부터 과거의 수 년 동안만을 곰곰이 생각해 보십시오. 틀림없이 여러분은 내가 방금 앞에서 말한 그런 섭리의 역사들을 경험한 적이 있다는 것을 기억해 낼 수 있을 것입니다. 안일에 빠져 있는 여러분을 일깨우기 위해서 섭리가 여러분에게 이런저런 회초리를 들어서, 여러분이 그 회초리를 맞았던 것이 기억나지 않습니까? 이런 일은 그리스도인들에게는 너무나 흔하고 비일비재하게 일어나는 일이어서, 그리스도인들은 자신의 마음 상태를 보고서는 자신에게 환난이 곧 있게 될 것을 예감하는 경우가 많습니다.

두 번째는, 섭리는 우리 영혼이 무거운 짐에 눌려서 괴로움의 심연 속으로 가라앉게 될 위험성이 있을 때에는 우리 영혼을 떠받쳐 주고 짐을 덜어 주며 위로해 줌으로써 성령이 우리 영혼에 대하여 역사하도록 큰 도움을 준다는 것입니다.

나는 볼턴(Bolton) 목사가 이 두 경우에 꼭 맞는 하나의 사례, 즉 섭리가 괴로움의 심연 속에 있던 영혼에게 죄에 대한 자각을 회복시켜 주고 때를 맞춰 그 영혼을 떠받쳐 준 사례를 우리에게 들려 준 것을 기억합니다. 그것은 자신의 죄를 깨닫고서 자신의 악한 친구들과 어울리는 것을 그만두고서 변화된 삶을 살게 된 어떤 사람에 관한 이야기입니다. 그러나 그런 후에 그는 자신의 옛 친구들의 유혹과 사탄의 교묘한 술수와 그 자신의 부패한 마음으로 말미암아 이전으로 되돌아가서 죄의 길에 다시 빠져들게 되었습니다. 그때에 그는 섭리에 의해서 다음과 같은 성경 말씀을 보게 되었습니다: "내가 불렀으나 너희가 듣기 싫어하였고 내가 손을 폈으나 돌아보는 자가 없었고 도리어 나의 모든 교훈을 멸시하며 나의 책망을 받지 아니하였은즉 너희가 재앙을 만날 때에 내가 웃을 것이며 너희에게 두려움이 임할 때에 내가 비웃으리라"(잠 1:24-26). 이 말씀은 그를 다시 괴로움에 빠뜨렸고, 실제로 그 괴로움은 이전에 느꼈던 것보다도 훨씬 더 심한 것이었는데, 그것은 그가 자신의 죄를 사함 받을 수 있다고 생각하기가 힘들었기 때문이었습니다. 그러나 이러한 상황에서 누가복음 17:4("만일 하루에 일곱 번이라도 네게 죄를 짓고 일곱 번 네게 돌아와 내가 회개하노라 하거든 너는 용서하라")이 그에게 주어졌고, 그 말씀을 읽은 그는 다시 한 번 확신과 큰 평안을 얻을 수 있었습니다.

또한, 우리는 여기에서 극한 상황 속에서 일어난 섭리의 저 기적적인 역사를 잊을 수가 없는데, 그것은 저 신앙심 깊고 온유한 여인이었던 하니우드(Honeywood)에게 임한 역사였습니다. 그녀는 버림을 받고서 깊은 슬픔에 빠져 있었고, 하나님의 은혜가 자신에게 주어질 수 있을 것이라는 소망을 잃고서 완전히 절망한 가운데서 온갖 위로를 거부하였습니다. 어느 날 한 훌륭한 목사님이 그녀를 찾아와서, 그녀의 절망적인 결론들은 잘못된 것이라고 설득하였습니다. 그러자 그녀는 식탁에 놓여 있던 베네치아에서 만들어진 유리잔을 들고, "목사님, 나는 이 유리잔처럼 저주를 받아 산산이 깨어질 것이 분명합니다"라고 말하고서는, 그 유리잔을 바닥에 던져 버렸습니다.

그런데 그 유리잔은 산산이 깨지기는커녕 금 하나 가지 않고 온전하였고, 이것을 본 두 사람은 깜짝 놀랐습니다. 그 목사님은 놀라워하며 그 유리잔을 집어들고서는 그녀의 주제넘은 오만함을 책망하였습니다. 그는 그녀에게 섭리가 그녀에게 확신을 주기 위하여 어떠한 놀라운 역사를 행하였는지를 설명해 주었고, 그것은 그녀의 마음의 태도를 크게 바꾸어 놓았습니다. "깊도다 하나님의 지혜와 지식의 풍성함이여, 그의 판단은 헤아리지 못할 것이며 그의 길은 찾지 못할 것이로다"(롬 11:33). "보라 이런 것들은 그의 행사의 단편일 뿐이요 우리가 그에게서 들은 것도 속삭이는 소리일 뿐이니 그의 큰 능력의 우렛소리를 누가 능히 헤아리랴"(욥 26:14).

독자들이여, 나로 하여금 여러분의 영혼에게 조금만 충고할 수 있게 해 주십시오. 여러분은 섭리 덕분에 이 헤아릴 수 없이 귀한 은혜를 받게 된 것을 제대로 알고 있습니까? 섭리가 여러분을 위해서 무슨 일을 해 왔는지를 여러분은 알고 있습니까? 섭리의 손길은 사람들에게 다양한 은혜들을 베풀어 왔지만, 이것 같은 그런 은혜는 없었습니다. 섭리의 은혜들을 쌓아 놓은 창고 속에도 이것과 같은 은혜는 발견할 수 없습니다. 여러분은 회심 같은 것은 거의 생각하지도 않았는데, 섭리는 여러분을 회심의 길로 던져 놓았고, 그 길에서 여러분이 회심할 수 있도록 여러 수단들과 계기들을 안배해 놓지 않았습니까? 그 일을 기억하는 것은 여러분의 영혼에 얼마나 소중하고 달콤한 것입니까! 나는 여러분이 그 일을 기억할 때마다 여러분의 마음이 놀라움으로 녹아내릴 것이라고 생각합니다. 그러한 은혜들이 여러분에게 화석이 되어 버리거나 평범한 일처럼 보여서는 결코 안 됩니다. 단지 다음과 같은 것들을 진지하게 생각해 보기만 해도, 여러분이 그래서는 안 된다는 것이 분명해질 것입니다.

(1) 그 날에 섭리가 여러분을 위해 행하였던 은혜는 **얼마나 놀라운 것이었습니까!** 여러분은 알지 못했지만, 섭리는 여러분의 영원한 복을 위하여 여러분에 대하여 계획을 가지고 있었습니다. 그리고 은혜의 때가 이제 온전히 도래하였습니다. 영원 전부터 여러분을 위해 준비된 하나님의 작정하심이 이제 여러분에게 은혜로 임하였습니다. 그 작정하심에 따른 은혜로운 계획은 섭리에 의해 준비된 외적인 수단들과 도구들을 통해서 섭리의 손길에 의해서 집행되어야 합니다. 여러분은 섭리의 의도를 알지 못하였을지라도, 섭리는 바로 그러한 은혜로운 계획을 이루기 위하여 모든 것들을 거기에 맞추어서 아주 적절하게 이리저리 움직여서 안배해 둔 것이 아닙니까?

우리가 앞에서 언급한 모든 사례들을 한 번 훑어보십시오. 여러분은 사울이 "아버지가 잃어버린 암나귀들을 찾기" 위해서(삼상 9:3, 20) 길을 나섰던 그 아침에 자기가 이스라엘 나라의 왕이 되리라고는 꿈에도 생각하지 않았던 것과 마찬가지로, 그들도 자심들이 회심하게 될 것이라고는 꿈에도 생각하지 못했던 그때에, 회심의 복된 역사가 그들의 영혼에 임한 것을 알게 될 것입니다.

분명히 섭리는 그리스도께서 베드로에게 말씀하셨듯이, 그 날에 여러분에게 "내가 하는 것을 네가 지금은 알지 못하나 이 후에는 알리라"(요 13:7)고 말하였을 것입니다. 하나님의 생각은 우리의 생각과 같지 않습니다. "하늘이 땅보다 높음 같이" 하나님의 "길"은 우리의 "길보다 높으며" 하나님의 "생각"은 우리의 "생각"보다 높습니다(사 55:9).

삭개오는 그리스도를 보기 위해서 그가 지나시는 길에 있던 뽕나무에 올라갔을 때, 그리스도께서 자기에게 은혜를 베풀고자 하는 계획을 지니고 계셨다는 것을 거의 생각하지 못했을 것이지만, 그리스도께서는 이 기회를 사용하셔서 삭개오의 손님이자 구주가 되셨습니다(눅 19:5-8). 마찬가지로, 여러분도 어떤 사람은 습관적으로, 어떤 사람은 호기심으로, 어떤 사람은 안 좋은 목적으로 교회에 설교를 들으러 갔을 때, 여러분을 향한 섭리의 목적이 무엇이었는지를 거의 생각하지 못했을 것입니다. 하나님의 길들은 정말 놀랍습니다!

(2) 그 날에 섭리가 여러분에게 베푼 은혜는 **얼마나 특별하고 시의적절한 것이었습니까!** 섭리는 여러분에게 모든 준비가 다 갖춰지게 된 바로 그때에 여러분을 구원의 방편 앞에 데려다 놓았습니다. 천사가 내려와서 베데스다 못을 휘저을 바로 그때에, 섭리는 여러분을 그 못에 데려다 놓았습니다(요 5:4). 여러분이 은혜를 받을 날이 도래하였고, 성령은 여러분을 회심

시키는 섭리와 방편 속에 계셨으며, 여러분은 바로 그 길에 놓여져 있었습니다. 여러분은 이전에도 많은 설교들을 들어 왔지만, 그 날이 도래할 때까지는, 그 어떤 설교도 여러분의 마음에 들어오지 않았습니다. 하나님께서는 그 날의 말씀 속에서 어떤 특정한 사람을 부르셨고, 섭리는 이렇게 말하였습니다: "주여, 그 사람이 여기 있나이다. 내가 그 사람을 주 앞에 데려 왔나이다." 그 날의 설교를 들은 사람들은 많았지만, 그런 은혜를 받은 사람은 그 한 사람뿐이었습니다. 여러분은 이전에 많은 설교를 들었지만, 그런 은혜를 받지 못했었습니다. 성경은 "또 선지자 엘리사 때에 이스라엘에 많은 나병환자가 있었으되 그 중의 한 사람도 깨끗함을 얻지 못하고 오직 수리아 사람 나아만뿐이었느니라"(눅 4:27)고 말합니다. 마찬가지로, 그 날에 선포된 말씀을 들은 많은 사람들은 여러분 같이 아직 회심하지 않은 가련한 영혼들이었지만, 그 날에 구원은 여러분 외에는 그 누구에게도 주어지지 않았습니다. 오, 여러분을 그 날에 은혜의 길에 둔 복된 섭리여!

(3) 그 날에 섭리가 여러분의 영혼에 베푼 은혜는 **얼마나 크고 중요한 것이었습니까!** 섭리의 수중 속에는 인생들에게 베풀어 줄 온갖 크기와 종류의 은혜들이 있습니다. 섭리의 오른손만이 아니라 왼손에도 사람들에게 줄 복들이 가득합니다. 섭리가 사람들에게 나누어 주기 위하여 가지고 있는 것들로는 건강과 부, 존귀들과 즐거움들만이 아니라 그리스도와 구원도 있습니다. 세상은 섭리의 왼손에 들려 있는 은총들로 가득하지만, 섭리의 오른손에 들려 있는 복들은 가치를 따질 수 없을 정도로 보배로운 것들이고, 그 복들을 받아 누리는 사람은 극히 적습니다. 섭리는 사람들을 위해서 온갖 무수한 일들을 행하지만, 그 모든 일들 중에서 가장 중요한 일은 사람들을 그리스도께로 인도하는 것입니다. 다음과 같은 것들을 생각해 보십시

오.

(a) 모든 은혜들 중에서 이 은혜는 가장 크고 많은 난관들을 통과해서 임합니다(엡 1:19-20, "그의 힘의 위력으로 역사하심을 따라 믿는 우리에게 베푸신 능력의 지극히 크심이 어떠한 것을 너희로 알게 하시기를 구하노라").

(b) 이 은혜는 그 고귀함에 있어서 다른 모든 은혜들을 능가하는 영적인 은혜입니다. 이 은혜가 황금이라면(계 3:18), 그 밖의 다른 모든 은혜들은 여러분의 발 밑에 있는 흙에 불과합니다. 이 은혜는 다른 수천 수만의 은혜보다 더 귀합니다.

(c) 이 은혜는 하나님의 택하시는 사랑이라는 근원으로부터 직접 흘러나오는 은혜이기 때문에, 오직 택하신 그릇에게만 주어지는 은혜입니다(살전 1:4-5).

(d) 이 은혜는 반드시 구원을 가져다주는 은혜입니다. 왜냐하면, 우리는 어떤 사람이 회심하였다는 사실로부터 거꾸로 추론해서 그 사람이 창세 전부터 하나님의 택하심을 받았다고 말할 수 있는 것처럼, 어떤 사람이 회심하였다는 사실로부터 장래를 향하여 추론해서 그 사람이 장차 반드시 구원받게 될 것이라고 말할 수 있기 때문입니다(히 6:9, "사랑하는 자들아 우리가 이같이 말하나 너희에게는 이보다 더 좋은 것 곧 구원에 속한 것이 있음을 확신하노라").

(e) 끝으로, 이 은혜는 영원한 은혜입니다. 그러므로 여러분의 아버지와 어머니, 아내와 자녀들, 땅과 명예, 건강과 생명이 여러분을 떠나간다고 할지라도, 이 은혜는 여러분을 절대로 떠나지 않습니다(요 4:14, "내가 주는 물을 마시는 자는 영원히 목마르지 아니하리니 내가 주는 물은 그 속에서 영생하도록 솟아나는 샘물이 되리라").

여러분을 이 은혜의 길에 둔 저 섭리를 특별히 기억해 두십시오. 섭리는 이 땅에 있는 모든 사역자들과 하늘에 있는 천사들이 결코 할 수 없었을 일을 여러분을 위하여 행하였습니다. 그러므로 이 은혜를 받은 여러분은 이 은혜를 베푼 섭리와 관련된 아주 작은 것들까지도 소중히 여기는 것이 마땅합니다.

제4장

우리의 생업

지금까지 여러분은 섭리가 여러분의 영혼으로 하여금 가장 큰 은혜를 받을 수 있도록 하기 위하여 여러 가지 방편들과 계기들을 어떤 식으로 안배하였는지를 들었습니다. 이제 우리는 여러분의 몸과 영혼을 잘되게 하기 위하여 섭리가 행하는 또 하나의 놀라운 역사를 살펴보고자 합니다. 그것은 섭리가 이 세상에서 여러분을 위해서 안배해 준 생업과 소명에 관한 것입니다. 이 섭리의 역사는 단지 내세에서 여러분이 잘되게 하기 위한 것이 아니라, 이 세상에서도 잘되게 하기 위한 것이기도 합니다. 이것은 섭리가 여러분을 이 세상에서 어떤 신분과 처지와 생업으로 불렀는가 하는 것과 아주 많이 연관되어 있습니다.

우리의 세속적인 소명들과 관련된 하나님의 섭리는 다음과 같은 것들에서 아주 두드러지게 나타납니다.

1. 섭리는 여러분을 젊을 때에 특정한 생업으로 불러서, 여러분이 게으르

고 무익하며 죄악된 삶을 살아가지 않도록 해 줍니다.

사람들 중에는 자기 자신은 일하지 않고 다른 사람들이 일해서 번 것을 먹고 살아 감으로써, 이 땅에 짐이 되고 이 사회에 기생충이 되어서 이 땅과 사회를 흉하게 만들고 그 자양분을 빨아먹기만 하는 자들이 많이 있습니다. 아담이 죄를 지음으로써, 하나님께서 인간에게 땀을 흘려야 한다고 명하셨기 때문에(창 3:19, "네가 흙으로 돌아갈 때까지 얼굴에 땀을 흘려야 먹을 것을 먹으리니"), 지금은 땀을 흘리지 않는 것은 죄를 더하는 것입니다. 데살로니가전서 4:11-12에서 사도 바울이 "조용히 자기 일을 하고 너희 손으로 일하기를 힘쓰라 이는 외인에 대하여 단정히 행하고 또한 아무 궁핍함이 없게 하려 함이라"고 명한 것에서 아주 분명하게 알 수 있듯이, "게으르게" 사는 사람은 "정직하게" 살 수 없습니다.

그러므로 하나님이 사람들을 합법적인 생업으로 부르셔서, 그들이 자신의 손이나 머리로 수고하여 먹고 살 수 있게 하시는 것은 정말 귀한 은혜입니다. 하나님의 그러한 은혜 덕분에, 사람들은 "자기 양식을 먹을" 수 있게 되고(살후 3:12), 많은 악한 유혹이나 시험에 빠지는 것이 예방되며, "주는 것이 받는 것보다 복이 있다"(행 20:35)는 말씀처럼, 다른 사람들에게 은혜를 베풀 수 있는 여력을 갖추게 됩니다.

2. 섭리는 여러분이 이 세상에서 합법적일 뿐만 아니라 여러분에게 가장 어울리는 생업에서 일할 수 있도록 안배해 줍니다.

단지 다른 사람들의 정욕이나 욕망을 채워주기 위한 죄악된 직업들이나 일들에 종사하는 사람들이 많이 있습니다. 그런 경우에 그들은 그러한 직업이나 일을 하면서 범죄할 뿐만 아니라, 그들의 직업이나 일 자체가 죄악입니다. 그들은 지옥을 위하여 일하는 자들이고, 마귀의 이익을 위해서 봉사하는 자들입니다. 에베소에 있던 데메드리오와 장인들은 "아데미의 신상 모형"과 그 신앙을 안치해 두는 작은 함을 만들어서 돈벌이를 하였습니다 (행 19:24-25). 사람들은 아데미 우상을 기리기 위한 행렬에서 이 함에 아데미 신상을 안치해서 들고 행진을 벌였습니다. 오늘날에도 단지 방탕하고 방종한 세대의 교만함과 오만방자함을 충족시켜 주기 위한 악한 일들과 직업들이 얼마나 많이 만들어지고, 얼마나 많은 사람들이 그러한 일들과 직업을 통해서 생계를 유지하고 있습니까!

그렇기 때문에, 정직하고 합법적인 생업을 가지고서, 하나님을 욕되게 하지 않으면서도 돈을 벌어 생계를 유지해 나갈 수 있는 것은 결코 작은 은혜가 아닙니다. 게다가 그 생업이 합법적일 뿐만 아니라, 여러분의 재능과 능력에 잘 맞는 일이라면, 그 은혜는 갑절이 됩니다. 어떤 가련한 사람들은 자신들의 시간과 힘을 갉아먹는 생업들에 종사하고 있어서 몹시 힘겹고 어려운 삶을 살아갑니다. 그런 사람들은 이 세상에서 자신들의 모든 시간과 힘을 그러한 생업들에 다 빼앗겨 버려서, 좀 더 고귀한 소명에 자신의 시간과 힘을 드릴 여유가 없고, 아무리 수고해도 단지 그들과 그들의 가족이 목숨을 부지하는 데에만 급급할 뿐입니다. 그러므로 하나님께서 여러분에게 남들보다 덜 힘들고 경건의 훈련을 위하여 더 많은 시간을 드릴 수 있는 정직한 생업을 주셨다면, 여러분은 이 은혜를 여러분을 위한 섭리의 특별한 돌보심으로 돌리는 것이 마땅합니다.

3. 섭리는 이 세상에서 여러분이나 부모님들이 기대할 수 없었던 생업에 여러분을 둡니다.

우리 중에는 이것과 관련해서 하나님의 섭리의 두드러진 은혜를 받은 사람들이 있습니다. 하나님께서는 그들이나 그들의 부모들이 계획하지도 않은 생업을 그들에게 주십니다. 우리가 나침반의 바늘을 이렇게 저렇게 돌려 놓아도, 그 바늘은 정확히 북쪽을 가리키게 될 때까지는 결코 멈추지 않는데, 우리가 이 세상에서 생업을 얻어 정착하는 것도 마찬가지입니다. 우리는 청소년기에 이것을 해 볼까, 아니면 저것을 해 볼까 하고 우리의 생업을 놓고 이런저런 생각을 하지만, 결국에는 섭리가 우리를 인도한 바로 그 생업에 안착하게 됩니다. 섭리에 의해서 모든 것이 돌아가는 방식은 너무나 기이합니다! 우리나 우리의 부모님이 계획하거나 의도했던 것이 아니라, 하나님이 계획하신 것이 이루어집니다.

아모스는 처음에는 "목자요 뽕나무를 재배하는 자"로서 아주 비천한 생업에 종사하고 있었지만, 하나님께서는 그를 부르셔서 좀 더 존귀하고 "선지자"로서의 소명을 주시기로 계획하셨습니다(암 7:14-15). 다윗은 양 떼를 따라다니는 목자였기 때문에, 어린 시절에는 자기가 이스라엘의 왕이라는 높은 자리에 오르게 될 것이라고는 꿈도 꾸지 못했을 것이지만, 하나님께서는 그를 더 나은 양 무리의 목자가 되게 하셨습니다(시 78:70-71). 베드로와 안드레는 어부로서 생계를 이어가고 있었지만, 그리스도께서는 그들을 더 고귀한 소명으로 부르셔서 "사람을 낚는 어부"가 되게 하셨습니다(마 4:18-19).

파레우스(Davis Pareus, 주후 1548-1622년)는 열네 살 때에 계모의 계략으로 약방에서 일하게 되었지만, 섭리의 역사에 의해서 목회자가 되어서 교회의 훌륭한 도구로 쓰임 받게 되었습니다. 안드레아스(James Andreas, 주후 1528-1590년)는 가정형편상 교육을 받을 수 없어서 목수가 되려고 했지만, 나중에 친구들의 설득과 교인들의 도움으로 슈투트가르트로 가서 대학을 다녔고, 이렇게 해서 교회를 섬기는 아주 높은 자리까지 올랐습니다. 오이콜람파디우스(Oecolampadius, 주후 1482-1531년, 독일의 종교개혁자)는 아버지에 의해서 상인이 될 뻔하였지만, 그의 어머니가 간청을 해서 학교에 가게 되었고, 종교개혁에 쓰임 받는 복된 도구가 되었습니다. 나는 그런 사람들의 예를 많이 들 수 있지만, 여기에서는 몇 사람의 예를 드는 것만으로도 충분할 것입니다.

4. 섭리는 여러분의 재물이 없어지지 않게 보호해 줍니다.

"주께서 그와 그의 집과 그의 모든 소유물을 울타리로 두르심 때문이 아니니이까"(욥 1:10). 이것은 섭리의 울타리입니다. 섭리는 우리가 정직하고 성실하게 얻은 것들에 은총을 베풀어서, 우리를 위해 그것을 지켜 줍니다.

5. 섭리는 여러분의 생업이 여러분을 위해 충분한 것이 되게 해 줍니다.

이것은 모세가 유다 지파를 위해 기도한 내용입니다: "그의 손들이 그를 위하여 충분한 것이 되게 하소서"(신 33:7, 개역개정에는 "그의 손으로 자기를 위하여 싸우게 하시고"). 여러분의 손만으로 여러분을 위해 충분하다면, 그것은 결코 작은 은혜가 아닙니다. 어떤 사람들에게는 일이 있는데도, 그 일을 할 힘이 없고, 어떤 사람들에게는 힘은 있는데, 그 힘을 써서 일할 것이 없습니다. 어떤 사람들은 자신의 손으로 자신을 위하여 일을 하기는 하지만, 그들과 그들의 가족이 생계를 유지하기에 충분하지 않습니다. 하나님이 여러분의 수고에 복을 주셔서, 여러분과 여러분의 가족이 이 세상에서 꼭 필요한 것들과 위로를 부족함이 없이 받고 살아갈 수 있게 되었다면, 그것은 대단한 섭리이기 때문에, 여러분은 진심으로 거기에 감사하는 것이 마땅합니다.

반론 1 : 하나님을 경외하는 사람들 중에는 **자신들에게 생업이 있기는 하지만, 그 생업은 너무나 많은 시간을 들여서 힘들고 고되게 일해야 하는 것이어서, 좀 더 좋은 다른 생업을 구해서 일했으면 좋겠다** 하고 탄식하는 사람들이 있을 것입니다. 나는 그런 사람들에게 이렇게 대답해 주고자 합니다.

(1) 섭리의 지혜는 여러분이 좀 더 편안하고 여유로운 생업을 갖게 된다면, 지금보다 더 많은 유혹과 시험을 받게 될 것이기 때문에, 현재의 생업이 여러분에게 가장 적절하고 합당하다는 것을 미리 내다보았을 가능성이 큽니다. 여러분은 지금 날마다 많은 시간을 들여서 힘들게 일하는 가운데 시간을 내어서 하나님을 섬기고 있지만, 만일 좀 더 여유로운 생업을 가지게 되었다면, 여러분의 정욕과 욕망들을 충족시키는 데 많은 시간들을 사용해서 마귀를 섬기게 되었을 것이기 때문입니다.

(2) 또한, 그러한 생업으로 인해서 여러분의 건강은 더 잘 지켜지고, 쉬는 시간들이 여러분에게 더 달콤한 것이 되었을 수 있습니다. "노동자는 먹는 것이 많든지 적든지 잠을 달게 자거니와 부자는 그 부요함 때문에 자지 못하느니라"(전 5:12).

(3) 하나님을 섬기는 것과 관련해서, 여러분의 마음이 영적이라면, 여러분은 생계를 위해 일하는 가운데서도 하나님과의 많은 교제를 누릴 수 있을 것이고, 짧은 시간들을 내어서 틈틈이 하나님과 교제할 수 있을 것입니다. 이렇게 여러분이 하나님과 교제하는 시간들을 가질 수 있다면, 더 많은 여유로운 시간이 여러분에게 왜 필요한 것입니까?

반론 2 : "하지만 내가 아무리 열심히 수고하고 일해도 나와 내 가족이 먹고 살기에도 빠듯해서 다른 사람들에 비해서 가난하고 열악한 삶을 살 수밖에 없는데, 이것이 나의 슬픔이고 괴로움입니다."

섭리의 지혜가 여러분을 다른 사람들보다 더 가난하고 열악한 삶을 살게 하였다고 할지라도, 이 세상에는 여러분보다 더 가난하고 비천하게 살아가는 사람들이 아주 많다는 것을 생각하십시오. 여러분은 이 세상에서 조금밖에 가지고 있지 않지만, 그런 사람들은 여러분에 비해서 더 적게 가지고 있습니다. 그런 사람들에 대하여 묘사한 글들을 읽어 보십시오(욥 30:3-4, "그들은 곧 궁핍과 기근으로 인하여 파리하며 캄캄하고 메마른 땅에서 마른 흙을 씹으며 떨기 나무 가운데에서 짠 나물을 꺾으며 대싸리 뿌리로 먹을 거리를 삼느니라"). 하나님께서는 여러분에게 이 세상의 작은 분깃만을 주셨지만, 여러분이 경건하다면, 결코 여러분을 버리지 않으실 것이라고 약속하셨습니다(히 13:5, "돈을 사랑하지 말고 있는 바를 족한 줄로 알라 그가 친히 말씀하시기를 내가 결코 너희를 버리지 아니하고 너희를 떠나지 아니하리라 하셨느니라").

섭리는 여러분의 현재의 생업이 여러분의 영원한 복을 위하여 진정으로 최선이라고 여겼기 때문에, 여러분에게 그런 생업을 준 것입니다. 만일 여러분이 이 세상에서 지금 갖고 있는 것보다도 더 많은 것을 갖고 있었다면, 여러분의 머리와 마음으로는 그것을 여러분의 유익을 위한 쪽으로 관리할 수 없었을 것입니다. 작은 배에는 좁은 돛을 달아야 합니다. 여러분은 지금까지 먹고 사는 데 꼭 필요한 필수품들이 떨어지지 않았습니다. 사도 바울은 "우리가 먹을 것과 입을 것이 있은즉 족한 줄로 알 것이니라"(딤전 6:8)고 명하고, 시편 기자는 "의인의 적은 소유가 악인의 풍부함보다 낫도다"(시 37:16)라고 말합니다. 적은 소유가 얻기에도 더 낫고, 누리기에도 더 달콤하며, 마음 편하게 살아가는 데에도 더 낫습니다.

섭리가 여러분으로 하여금 여러분 자신의 떡을 먹을 수 있게 해 주었을 뿐만 아니라, 여러분 자신과 여러분의 가족이 필요로 하는 것들을 공급하고도 남아서 다른 사람들을 구제할 여력도 있는 그런 생업을 여러분에게 마련해 주었고, 이 모든 것이 여러분이 계획하지 않은 상황에서 일어난 것이라면, 여러분은 그러한 섭리가 하나님으로부터 온 것임을 고백하고 하나님께 영광을 돌리는 것이 마땅합니다. 여러분은 이제부터는 하나님께 "나의 아버지여 아버지는 나의 청년 시절의 보호자이시오니"(렘 3:4)라고 부르짖지 않으시겠습니까? 여러분을 청년 시절에 인도하셔서 그러한 생업에 정착할 수 있게 하신 분은 분명히 하나님이셨습니다. 여러분은 청년 시절에 여러분에게 주어졌던 섭리의 역사들의 열매를 오늘날 거두고 있는 것이고, 여러분이 이 세상에서 살아가게 될 마지막 날까지 거두게 될 것입니다.

여러분은 이것과 관련해서 섭리가 여러분에게 베풀어 준 은혜에 합당하게 살아가기 위하여 애써야 합니다. 하나님을 경외하는 가운데, 하나님이 여러분의 위로를 위하여 주신 것들을 남용해서 하나님을 욕되게 하지 않도록 조심하여야 합니다. 나는 그런 일이 일어나는 것을 미연에 방지하기 위해서, 여기에서 몇 가지 꼭 필요한 주의사항들을 잠깐 얘기한 후에, 생업과 관련된 섭리의 역사에 대한 설명을 마치고자 합니다.

(1) 여러분에게 주어진 생업에서 나태하게 행하거나 게으름을 피우지 마십시오. 로마 황제 아우구스투스(Augustus, 주전 27년-주후 14년)는 일하지 않고도 살 수 있는 성인 아프라가폴리스(Apragapolis)를 건설하였다고 하지만, 나는 하나님은 그런 목적의 성이나 읍이나 가문을 결코 세우지 않으셨다는 것을 확신합니다. 하나님께서 아담에게 "네가 흙으로 돌아갈 때까지 얼굴에 땀을 흘려야 먹을 것을 먹으리라"(창 3:19)고 명하신 것이 아담의 모든 후손들에게도 그대로 적용된다는 것은 의심의 여지가 없고, 복음도 그리스도인들에게 그렇게 명하고 있습니다(롬 12:11, "부지런하여 게으르지 말고 열심을 품고

주를 섬기라"; 살전 4:11, "너희에게 명한 것 같이 조용히 자기 일을 하고 너희 손으로 일하기를 힘쓰라"). 그러므로 여러분이 게으르고 나태하다면, 여러분은 결코 무죄할 수 없습니다.

(2) 하지만 여러분에게 주어진 일반적인 소명에 방해가 될 정도로 여러분의 생업에 몰두하지 마십시오. 여러분은 여러분의 생업과 관련된 세상 일들에 분주하여 이리 뛰어다니고 저리 뛰어다니느라고 여러분의 하나님을 잃어버리지 않도록 주의하여야 합니다. "부하려 하는 자들은 시험과 올무와 여러 가지 어리석고 해로운 욕심에 떨어지나니 곧 사람으로 파멸과 멸망에 빠지게 하는 것이라"(딤전 6:9)는 저 엄중한 경고를 명심하십시오.

아테네 근방의 메마른 섬인 오이노에(Oeno)의 주민들은 그 섬을 비옥하게 만들려고 강으로부터 물을 끌어오기 위해서 열심히 일하였습니다. 그러나 수문들이 열렸을 때, 너무나 많은 물이 밀려들어 와서, 섬 전체가 물로 뒤덮이는 바람에, 주민들이 모두 익사하고 말았다고 합니다. 이것이 주는 교훈이 무엇인지는 분명합니다. 세네카(Seneca)가 한 유명한 말이 있습니다: "나는 내 자신을 일에 내어 주지 않고 다만 빌려줄 뿐이다."

(3) 여러분이 생업에서 성공하였다면, 그것은 단지 인간의 부지런함이나 성실함 때문이 아니라 하나님이 복주신 덕분이라는 것을 늘 기억하십시오. "네 하나님 여호와를 기억하라 그가 네게 재물 얻을 능력을 주셨음이라"(신 8:18). 마귀조차도 이것을 인정하고서, 욥에 대하여 이렇게 말합니다: "주께서 그와 그의 집과 그의 모든 소유물을 울타리로 두르심 때문이 아니니이까 주께서 그의 손으로 하는 바를 복되게 하사 그의 소유물이 땅에 넘치게 하셨음이니이다"(욥 1:10).

그러므로 여러분은 생업에서의 여러분의 형통을 인하여 하나님께 감사하고 하나님을 송축하는 기도를 드리는 것이 마땅합니다. "여호와를 기뻐하라 그가 네 마음의 소원을 네게 이루어 주시리로다 네 길을 여호와께 맡기라 그를 의지하면 그가 이루시고"(시 37:4-5). 여러분이 기도 속에서 하나님이 주신 복이라고 고백하며 하나님을 송축할 수 있는 그런 것에는 손대지 마십시오.

(4) 섭리가 여러분을 둔 바로 그 처지와 생업에 만족하고, 여러분이 다른 처지와 다른 생업에 있었으면 좋겠다고 바라는 것조차 하지 마십시오. "각 사람은 부르심을 받은 그 부르심 그대로 지내라"(고전 7:20). 섭리는 여러분보다 더 지혜롭기 때문에, 여러분은 여러 자신이 선택했을 때보다도 섭리가 정해 준 것이 모든 일에서 여러분의 영원한 복을 위하여 더 나은 것임을 신뢰할 수 있습니다.

제5장

가정사

섭리가 우리의 결혼에도 특별한 손길을 미친다는 사실은 성경에 나오는 단언들과 거룩한 자들의 고백에 의해서 분명하게 드러납니다. 그들은 인생의 대사인 결혼에서 섭리의 직접적인 손길을 고백하고 인정해 왔습니다. 두 가지 예를 들어 보겠습니다. 성경은 섭리가 이 일을 주관한다고 분명하게 단언합니다: "집과 재물은 조상에게서 상속하거니와 슬기로운 아내는 여호와께로서 말미암느니라"(잠 19:14); "아내를 얻는 자는 복을 얻고 여호와께 은총을 받는 자니라"(잠 18:22). 이것은 자녀들에 대해서도 마찬가지입니다: "보라 자식들은 여호와의 기업이요 태의 열매는 그의 상급이로다"(시 127:3).

거룩한 자들은 자신의 신변에 중대한 변화를 가져올 결혼과 관련해서 언제나 하나님의 인도하심과 계획을 구하였습니다. 아브라함이 그런 일에서 힘을 얻을 수 있었던 것도 기도의 열매였다는 것은 의심의 여지가 없습니다. 아브라함의 경건한 종도 자신의 주인의 아들의 결혼을 위하여 멀리 메소포타미아로 신붓감을 구하러 갔을 때에 하나님의 인도하심을 간절히 구하였고, 그 일을 인도해 주신 하나님의 은혜로우신 섭리에 대하여 감사하였습니다(창 24:7, 12, 26-27). 우리는 결혼의 열매인 자녀들과 관련해서도 동일한 것을 볼 수 있습니다(삼상 1:20; 눅 1:13-14).

결혼과 관련해서 하나님의 섭리는 다양하게 나타나서, 우리의 마음이 사랑 가운데서 은혜의 하나님을 바라보게 만듭니다.

(1) 결혼과 관련된 섭리는 **서로의 배우자를 정해 주는** 것으로 나타납니다. 이것과 관련해서 하나님은 흔히 우리의 생각과 계획을 뛰어넘습니다. 실제로 하나님께서는 사람들에게 큰 유익을 주시기 위하여 그들이 원한 것들이나 계획들을 방해하시는 경우가 많습니다. 이렇게 해서, 사람들이 기대한 대로가 아니라, 하나님의 무한하신 지혜가 그들에게 가장 유익하고 선하다고 판단하는 대로 결혼이 이루어집니다. 너무나 기이하고 설명할 수 없는 섭리의 개입으로, 반드시 이루어질 것으로 여겨졌던 결혼이 깨지고, 도저히 이루어질 것 같지 않았던 결혼이 이루어지는 경우가 비일비재한 것도 그런 이유 때문입니다.

(2) 결혼과 관련된 섭리는 **두 사람의 기질과 성품이 서로 조화되고 어울리게 해 주는** 것으로 나타납니다. 이것은 우리가 가정을 이루어서 고요하고 편안한 삶을 살아가는 데 아주 중요한 부분입니다. 또는, 적어도 본성적인 기질과 교육이 결혼 이전에는 별로 조화를 이루지 못했지만, 하나님이 정하신 규례인 결혼 후에는 그렇게 됩니다: "둘이 한 몸을 이룰지로다"(창 2:24). 결혼한 두 사람은 하나님이 말씀하신 것과 관련해서만 하나가 되는 것이 아니라, 사랑과 애정에 있어서도 하나가 됩니다. 그래서 아주 최근까지만 해도 서로에 대하여 단지 낯선 사람이었던 두 사람은 이제 서로에게 가장 가까운 혈육보다도 더 소중한 사람들이 됩니다: "이러므로 남자가 부

모를 떠나 그의 아내와 합하여 둘이 한 몸을 이룰지로다"(창 2:24).

(3) 하지만 결혼과 관련된 섭리는 **서로가 서로의 영원한 복을 위한 수단이 되게 해 주는** 것에서 특히 주목할 만하게 나타납니다: "아내 된 자여 네가 남편을 구원할는지 어찌 알 수 있으며 남편 된 자여 네가 네 아내를 구원할는지 어찌 알 수 있으리요"(고전 7:16). 이러한 이유에서 성경은 믿지 않는 남편을 둔 아내들에게, "아내들아 이와 같이 자기 남편에게 순종하라 이는 혹 말씀을 순종하지 않는 자라도 말로 말미암지 않고 그 아내의 행실로 말미암아 구원을 받게 하려 함"이라고 강력하게 권면합니다(벧전 3:1).

또는, 남편과 아내가 둘 다 은혜를 받은 사람들인 경우에는, 두 사람은 "생명의 은혜를 함께 이어받을 자"(벧전 3:7)로서 함께 살아가면서, 서로에게서 특별한 도움과 지지를 받아 서로의 영원한 복을 더욱 더할 수 있게 됩니다. 오, 이 땅에서 두 사람을 그토록 친밀한 관계로 인도하여서, 하늘의 구원을 함께 유업으로 받을 수 있게 해 주는 복된 섭리여!

(4) 결혼과 관련된 섭리는 **결혼의 열매인 자녀들로** 나타납니다. 우리가 이 땅에서 고목처럼 홀로 남겨지지 않고 자손들을 보고, 그 자녀들 속에서 위로와 기쁨을 누릴 수 있는 것은 섭리가 우리에게 주는 특별한 은혜입니다. 분열된 가족이 회복되어 화목한 가정을 이루게 되는 것도 우리가 감사한 마음으로 받아야 할 섭리입니다. 하나님께서 옛적에 교회에 그렇게 말씀하셨던 것처럼, 이제는 어떤 사람에게 "자식을 잃었을 때에 낳은 자녀가 후일에 네 귀에 말하기를 이곳이 내게 좁으니 넓혀서 내가 거주하게 하라 하리니"(사 49:20)라고 말씀해 주신다면, 그것도 섭리에 의한 큰 은혜입니다.

하나님이 결혼과 관련해서 여러분에게 베푸신 섭리들을 이 세상의 다른 많은 사람들에게 정해 주신 것들과 비교해 본다면, 이러한 섭리들이 여러분에게 얼마나 달콤하고 사랑할 만한 것인지를 더욱 느끼게 될 것입니다. 잠시 여러분의 주위를 둘러보기만 해도, 여러분은 다음과 같은 것들을 발견하게 될 것입니다.

(1) 많은 사람들은 서로 어울리지 않는 쌍을 이루어 함께 멍에를 메게 되어서 무척 고달픈 삶을 살아가고 있습니다. 부부의 관계는 현세적인 일들과 영적인 일들에서 모두 장애물이 되고 방해물로 작용합니다. 실제로 우리는 성경 속에서 은혜를 받은 사람들이 그러한 암초에 걸려서 이 세상에서 많은 위로들을 받지 못하게 된 예들을 발견합니다.

아비가일은 사리분별이 분명하고 덕이 있는 여인이었지만, 어울리지 않게 우매하고 인색한 나발과 결혼하였습니다(삼상 25:25, "원하옵나니 내 주는 이 불량한 사람 나발을 개의치 마옵소서 그의 이름이 그에게 적당하니 그의 이름이 나발이라 그는 미련한 자니이다").

저 위대한 모세도 자신의 아내인 십보라 때문에 미혹되어서 하나님 앞에서 반드시 행하여야 했던 의무를 소홀히 하는 우를 범하였습니다(출 4:24- 25, "모세가 길을 가다가 숙소에 있을 때에 여호와께서 그를 만나사 그를 죽이려 하신지라 십보라가 돌칼을 가져다가 그의 아들의 포피를 베어 그의 발에 갖다 대며 이르되 당신은 참으로 내게 피 남편이로다 하니").

다윗은 자기를 무시하고 비웃는 미갈을 아내로 두었습니다(삼하 6:20). 저 인내심 많은 욥도 환난을 당한 날에 자기를 위로해 주고 힘이 되어 주었어야 마땅한 자신의 아내로부터 도리어 구박과 냉대를 받음으로써, 그의 아내는 그의 큰 괴로움에 적지 않은 괴로움을 더해 주는 자였습니다(욥 2:9-10, "그의 아내가 그에게 이르되 당신이 그래도 자기의 온전함을 굳게 지키느냐 하나님을 욕하고 죽으라"; 19:17, "내 아내도 내 숨결을 싫어하며 내 허리의 자식들도 나를 가련하게 여기는구나").

하나님께서는 그러한 회초리들을 거룩하게 하셔서 자기 백성의 복과 유익을 위한 것이 되게 하신다는 것은 의심의 여지가 없습니다. 소크라테스(Socrates)는 자기 아내 크산티페(Xanthippe)로부터 구박을 받고 괴로움을 당하는 것을 선용해서 자신의 인내심을 키우는 법을 알고 있었는데, 하나님과 교제하는 자들이 온갖 달거나 쓴 섭리들을 선용하지 못한다면, 그것이 말이 되겠습니까. 그럼에도 불구하고, 결혼과 관련해서 섭리의 축복을 받지 못하는 것은 누구에게나 좋지 않은 타격이라는 것은 인정하여야 합니다. 그것은 그들의 일하는 손을 불구로 만들어서 자신들이 해야 할 일들을 잘할 수 없게 만들고(벧전 3:7), 이 땅에서의 삶이 주는 많은 위로들을 제거해 버립니다.

(2) 많은 사람들이 결혼이 주는 위로의 열매들을 전혀 누리지 못하고 살아가는데, 자녀를 보지 못하거나, 적어도 자녀를 보기는 보았지만 자녀들이 자라지 못하고 죽어 버리는 것이 그것입니다: "여호와께서 이와 같이 말씀하시니라 너희는 이 사람이 자식이 없겠고 그의 평생 동안 형통하지 못할 자라 기록하라"(렘 22:30). 그들에게는 이렇게 자녀들이 없거나, 있었다가 자라는 도중에 죽어 버립니다: "그들이 자식을 기를지라도 내가 그 자식을 없이하여 한 사람도 남기지 아니할 것이라"(호 9:12). 그들에게는 자녀들이 생기기는 하였지만, 그 자녀들은 곧장 무덤으로 가 버려서, 그들의 기대가 컸던 만큼 그들의 고통과 괴로움도 클 수밖에 없습니다.

(3) 자녀들이나 가까운 혈육이나 친지들이 그들의 부모들이나 친구들에게 괴로움과 고통을 주는 가장 중요한 도구들이 되는 경우도 드물거나 이례적이지 않습니다. 그래서 이 세상에서 다른 온갖 슬픔과 괴로움들을 다 겪고 나서 이제 괴로움은 끝이라고 생각할 때, 가장 가까운 혈육이나 친지들이 지금까지 겪은 그 어떤 것보다 더 큰 슬픔과 괴로움을 안겨 줍니다. 얼

마나 많은 부모들이 저 우화에 나오는 나무처럼, 그들 자신의 몸으로부터 만들어진 쐐기들 때문에 그들의 마음이 갈기갈기 찢어졌다고 탄식해 왔습니까! 에서는 이삭과 리브가에게 얼마나 큰 근심거리였습니까(창 26:34-35, "에서가 사십 세에 헷 족속 브에리의 딸 유딧과 헷 족속 엘론의 딸 바스맛을 아내로 맞이하였더니 그들이 이삭과 리브가의 마음에 근심이 되었더라")! 압살롬과 암몬은 다윗의 골머리를 얼마나 썩혔습니까!

반면에, 하나님께서 "고독한 자들"이었던 여러분으로 하여금 가정을 이루어 살게 하시고(시 68:6), 집 없는 자들이었던 여러분에게 집을 지어 주시며, 여러분에게 날마다 위로와 새로운 힘의 원천이 되는 결혼생활을 하게 하셨다면, 여러분은 앞에서 말한 많은 이유들로 인해서 그러한 은혜로운 섭리들에 합당하게 행하며 살아가는 것이 마땅합니다. 여러분이 그러한 섭리들에 합당하게 행하고 살아가는 것이 무엇인지를 이해하는 데 도움을 주기 위해서, 여기에서 나는 여러분이 꼭 해야 할 몇 가지를 짤막하게 언급해 두고자 합니다.

(1) 여러분에게 위로를 준 이 모든 섭리의 역사들로 인하여 하나님께 영광을 돌리십시오. 여러분은 지혜로운 섭리가 여러분 자신의 계획과 생각을 뛰어넘어서 그 모든 일들을 이끌고 주관하며 처리하고 안배하였다는 것을 잘 알고 있습니다: "여호와여 내가 알거니와 사람의 길이 자신에게 있지 아니하니 걸음을 지도함이 걷는 자에게 있지 아니하니이다"(렘 10:23). 여러분에게 일어난 모든 일들은 여러분이 계획한 것이 아니었고, 여러분의 계획보다 더 고귀한 계획을 가지신 분이 결정하신 것입니다. 하나님께서 야곱을 한 족속의 조상이 되게 하셨을 때, 야곱은 그 은혜를 인하여 하나님을 찬양하여 이렇게 고백하였습니다: "내가 내 지팡이만 가지고 이 요단을 건넜

더니 지금은 두 떼나 이루었나이다"(창 32:10). 하나님의 은혜가 야곱을 얼마나 낮추고 그의 마음을 녹여 놓았는지를 보십시오: "나는 주께서 주의 종에게 베푸신 모든 은총과 모든 진실하심을 조금도 감당할 수 없사오나."

(2) 그토록 은혜로우신 섭리가 여러분에게 가져다준 저 관계들 속에서 여러분이 해야 할 도리와 의무들을 정확하게 행하십시오. 여러분에게 주어진 그토록 많은 은혜와 사랑의 열매들을 남용하거나 악용하지 마십시오. 하나님께서는 여러분이 위로를 받을 때마다 여러분으로부터 찬송을 받기를 기대하십니다. 밧세바 사건에서 다윗의 죄를 가중시킨 것은 하나님께서 그의 가족 관계들에서 그에게 베풀어 주신 지극히 큰 사랑과 은혜를 남용하고 악용한 것이었습니다(삼하 12:7-9, "나단이 다윗에게 이르되…내가 너를 이스라엘 왕으로 기름 붓기 위하여 너를 사울의 손에서 구원하고 네 주인의 집을 네게 주고 네 주인의 아내들을 네 품에 두고 이스라엘과 유다 족속을 네게 맡겼느니라 만일 그것이 부족하였을 것 같으면 내가 네게 이것 저것을 더 주었으리라 그러한데 어찌하여 네가 여호와의 말씀을 업신여기고 나 보기에 악을 행하였느냐 네가 칼로 헷 사람 우리아를 치되 암몬 자손의 칼로 죽이고 그의 아내를 빼앗아 네 아내로 삼았도다").

(3) 결혼과 관련된 관계들을 섭리가 의도한 목적을 위하여 선용하십시오. 영생의 은혜를 함께 유업으로 받을 자로서 여러분의 배우자와 이 순례 길을 동행하십시오(벧전 3:7). 서로에게 복이 될 수 있도록 애쓰십시오. 부부가 서로 헤어지는 그 날에 서로에게 감사할 수 있는 그런 관계가 되도록 행하십시오. 죽음은 곧 가족들을 갈라놓게 될 것입니다. 그리고 그 때에는 이 관계들 속에서 여러분이 마땅히 해야 할 도리를 다했고 소홀히 하지 않았으며, 혹시 소홀히 한 것들에 대해서는 용서를 받았다는 의식만이 여러분에게 위로가 되어 줄 것입니다.

우리를 위한 또 다른 은혜로운 섭리의 역사는 **때를 따라 우리와 우리 가족들에게 필요한 것들을 공급해 주는** 것으로 나타납니다. 내가 여기에서 이러한 섭리들을 한데 묶어서 제시하는 것은 성경이 그렇게 하고 있기 때문입니다. "궁핍한 자는 그의 고통으로부터 건져 주시고 그의 가족을 양 떼 같이 지켜 주시나니"(시 107:41).

여러분은 하나님이 자기 백성에게 주신 약속들을 알고 있습니다: "젊은 사자는 궁핍하여 주릴지라도 여호와를 찾는 자는 모든 좋은 것에 부족함이 없으리로다"(시 34:10). 또한, 여러분은 그러한 약속들을 이루어 내고 있는 끊임없는 섭리의 역사를 보아 오지 않았습니까? 주님께서 여러분에게 "내가 너희를 전대와 배낭과 신발도 없이 보내었을 때에 부족한 것이 있더냐"라고 물으셨을 때, 여러분은 제자들과 똑같이 "없었나이다"라고 대답할 수 있지 않습니까(눅 22:35)? 여러분은 야곱과 마찬가지로 하나님을 "나의 출생으로부터 지금까지 나를 기르신 하나님"(창 48:15)이라고 부를 수 있지 않습니까? "여호와께서 자기를 경외하는 자들에게 양식을 주시며 그의 언약을 영원히 기억하시리로다"(시 111:5)라는 말씀은 참됩니다. 우리는 이러한 섭리를 보여 주기 위해서 지금부터 좀 더 세부적으로 살펴보고자 합니다:

(1) 성도들을 위한 섭리의 돌보심은 끈질기고 꾸준합니다. 섭리에 의해 하나님이 베푸시는 은혜들은 "아침마다 새롭습니다"(애 3:23). 그것은 한두 번 절박할 때에 필요한 것들을 공급해 주는 것으로 그치는 것이 아니라, 여러분이 태어난 후에 일평생 동안 날마다 여러분의 필요들을 채워 주고 공급해 주는 그런 은혜입니다. 그래서 야곱은 "나의 평생 동안 내내 나를 기르신 하나님"이라고 고백하였습니다. 섭리는 우리와 나란히 함께 동행하면서 우리가 사는 모든 날 동안에 우리를 먹이고 입히며 우리를 돌보아 줍니

다: "야곱의 집이여 이스라엘 집에 남은 모든 자여 내게 들을지어다 배에서 태어남으로부터 내게 안겼고 태에서 남으로부터 내게 업힌 너희여 너희가 노년에 이르기까지 내가 그리하겠고 백발이 되기까지 내가 너희를 품을 것이라 내가 지었은즉 내가 업을 것이요 내가 품고 구하여 내리라"(사 46:3-4). 하나님께서 이스라엘에게 "내 백성아 너는 모압 왕 발락이 꾀한 것과 브올의 아들 발람이 그에게 대답한 것을 기억하며 싯딤에서부터 길갈까지의 일을 기억하라 그리하면 나 여호와가 공의롭게 행한 일을 알리라"(미 6:5)고 말씀하신 것처럼, 나는 여러분이 태어나서부터 오늘 이 시간까지 여러분에게 주어진 섭리의 역사들을 낱낱이 다 기록해 보면, 하나님이 여러분에게 어떤 하나님이셨는지를 알게 될 것이라고 확신합니다.

(2) 섭리는 성도들이 필요로 하는 것들을 적시에 공급해 줍니다. 하나님께서는 "가련하고 가난한 자가 물을 구하되 물이 없어서 갈증으로 그들의 혀가 마를 때에 나 여호와가 그들에게 응답하겠고 나 이스라엘의 하나님이 그들을 버리지 아니할 것이라"(사 41:17)고 약속하셨고, 섭리의 역사를 통해서 그 약속을 지켜 오셨습니다.

어떤 때에는 이 약속은 곤경에 처한 성도들에게 좀 더 **평범하고 일상적인** 방식으로 성취되어 왔습니다. 하나님께서는 은밀하게 약간의 복을 더해 주시고, 그 복은 곤경에 처한 성도들이 그 곤경을 극복하는 데 충분하였습니다. 욥은 "하나님이 내 장막에 기름을 발라 주셨도다"(욥 29:4), 즉 하나님이 은밀하게 베풀어 주신 복이 자신의 장막에 있었다고 고백합니다. 하나님의 이러한 은밀한 섭리 덕분에 성도들은 큰 곤경들에서 살아남지만, 그들은 어떻게 해서 자신들이 그 큰 곤경들에서 살아남게 되었는지를 설명하지 못합니다.

어떤 때에는 하나님의 이 약속은 **놀랍고 이례적인** 방식으로 이루어지고,

성도들은 자신들이 필요로 하는 것들을 기적적으로 공급받습니다. 그렇게 해서 엘리야가 머물렀던 사르밧 과부의 집에서는 "통의 가루"와 "병의 기름"이 떨어지지 않았습니다(왕상 17:9-14).

새뮤얼 클라크(Samuel Clarke) 목사님은 그리스도를 위하여 평생 동안 있는 힘을 다해 수고하였던 저 겸손한 종 존 폭스(John Foxe)의 전기를 쓰면서 다음과 같은 기억할 만한 섭리의 역사를 우리에게 들려줍니다. 헨리 8세의 치세 말기에 폭스는 런던으로 갔는데, 그의 친구들이 그에게 준 것과 자기가 열심히 일해서 번 얼마 안 되는 돈을 거기에서 금방 써버리고, 아주 궁핍한 삶을 살기 시작하였답니다. 그러던 어느 날 그는 오랫동안 먹지 못해서 기진맥진한 채로 바울 교회에 앉아 있었는데, 그의 몸은 수척해져 있었고, 그의 눈은 쏙 들어가서 다 죽어 가는 사람처럼 퀭한 모습을 하고 있었습니다. 사람들은 그의 그러한 끔찍한 모습을 보고서는 그를 피했습니다. 그때에 그가 한 번도 만난 적이 없는 어떤 사람이 그에게로 다가와서, 큰 돈을 폭스의 손에 쥐어 주고서는, 동포로부터의 작은 선물이라고 생각하고 기쁘게 받으라고 말한 후에, 며칠 안 있어서 그에게 새로운 소망이 생기고 좀 더 확실한 삶이 보장되어서 장차 크게 될 것이라는 말을 해 주더랍니다. 그리고 사흘 후에 리치먼드의 공작 부인이 그에게 사람을 보내어 자기 집에 살면서, 자기가 돌보고 있는 서리 백작의 자녀들의 가정교사가 되어 줄 것을 요청해 왔습니다.

아이작 앰브로우즈(Isaac Ambrose) 목사는 당대에 유명한 신학자였는데, 자신의 저서인 『마지막 일들』(Last Things)을 베스퍼드 백작에게 헌정하면서 쓴 헌사에서 이 섭리의 역사와 관련해서 자신의 의미심장한 경험을 얘기하는데, 그의 글을 여기에 그대로 옮겨 보겠습니다: "하지만 주께서는 내게 외적인 것들과 관련해서는 단지 작은 양만을 주는 것이 합당하다고 여기셨고,

나는 그렇게 하신 주님의 이름을 송축합니다. 하지만 나는 그러한 것들을 얻을 때에 하나님의 특별한 섭리를 많이 보았습니다. 그래서 비록 내게 주어진 것들은 적었지만, 나의 마음은 그때마다 고무되어서 하나님의 은혜를 찬양하곤 하였습니다. 최근에는 평소에 내게 정기적으로 공급되던 모든 것들이 일시에 다 끊겨 버려서, 나는 이루 말할 수 없는 곤경에 처하게 되었습니다 — 이 곤경이 어떠하였는지를 구체적으로 말하는 것은 별로 은혜가 될 것 같지 않아서 말하지 않겠지만. 내 자신과 내 가족은 궁핍해졌습니다. 나는 지금까지 내게 물을 공급해 주던 원천이 이제는 완전히 말라 버린 것이 아닌가 하는 의심에 짓눌린 채로 잠을 청하였습니다. 그러나 내가 아침에 일어나기도 전에, 선한 친구인 앤토니 애쉬(Antony Ash) 목사가 서명한 한 통의 서신이 내 침상 머리맡에 놓여 있었습니다. 그 서신에는 내가 생각지도 못했던 일, 곧 나를 위로하고자 하시는 하나님의 선하신 역사가 적혀 있었는데, 거기에서 몇 줄을 인용해 보겠습니다: '당신에게 감사하는 마음을 주셔서 하나님의 선하심에 대한 당신의 경험들을 기록하게 하신 당신의 하나님은 당신에게 힘을 주시기 위하여 경험들을 상기시키십니다. 이제 나는 당신의 영혼을 일으켜 세워서 당신의 은혜의 하나님을 바라보게 해 줄 한 가지를 전해 드리고자 합니다.' 그 목사님은 이렇게 쓴 후에 다음과 같은 결론을 제시했습니다: '기도에 대한 응답으로 하나님이 공급해 주시는 작은 빵 한 조각이 특히 몹시 궁핍할 때에 예기치 않게 주어졌을 경우에는, 그 빵 한 조각은 우리의 영혼에 우리가 이전에 누리던 모든 것들보다도 더 달콤할 것입니다.'"

(3) 섭리는 우리에게 필요한 것들을 아주 지혜롭게 공급해 줍니다. 이것은 섭리가 우리에게 공급해 주는 분량에서 드러납니다. 섭리는 우리의 사치를 충족시켜 주지 않고, 우리에게 진정으로 꼭 필요한 것들만을 공급해

줍니다. 섭리는 우리의 궁핍(wants)을 채워 주지만, 우리의 방자함 (wantonness)을 충족시켜 주지는 않습니다. "나의 하나님이… 너희 모든 쓸 것을 채우시리라"(빌 4:19). 이것은 가장 선하고 지혜로운 자들의 소원과 정확히 부합합니다. 왜냐하면, 그들은 하나님의 손으로부터 그 이상의 것을 원하지 않기 때문입니다.

야곱이 그랬고(창 28:20-21, "야곱이 서원하여 이르되 하나님이 나와 함께 계셔서 내가 가는 이 길에서 나를 지키시고 먹을 떡과 입을 옷을 주시어 내가 평안히 아버지 집으로 돌아가게 하시오면 여호와께서 나의 하나님이 되실 것이요"), 아굴이 그랬습니다(잠 30:8-9, "나를 가난하게도 마옵시고 부하게도 마옵시고 오직 필요한 양식으로 나를 먹이시옵소서 혹 내가 배불러서 하나님을 모른다 여호와가 누구냐 할까 하오며 혹 내가 가난하여 도둑질하고 내 하나님의 이름을 욕되게 할까 두려워함이니이다").

섭리는 지혜로워서 우리가 순례자들과 외인들이라는 것을 고려해서, 우리가 본향으로 돌아가는 데 꼭 필요한 것들만을 공급해 줍니다. 섭리는 성도들 중 대부분은 비록 거룩하게 성별된 자들이라고 해도, 이 세상에서 풍족하고 부요하게 되면, 이 세상에 만족해서 하나님을 소홀히 하거나 잊어버리기가 쉽다는 것을 잘 알고 있습니다(신 6:12). 그들의 마음은 달과 같아서, 차면 기울게 됩니다. 그래서 섭리는 성도들이 가장 큰 유익을 얻을 수 있는 방식으로 모든 것들을 적절하게 안배합니다.

또한, 섭리의 지혜로움은 우리의 분깃을 우리에게 나누어 주는 방식에서도 분명하게 드러납니다. 섭리는 많은 경우 우리의 궁핍을 끝까지 몰고 가서 극대화해서 많은 두려움들이 우리 속에서 일어나게 하는데, 이것은 우리에게 필요한 것들을 공급해 주시는 하나님의 돌보심과 사랑을 극대화하기 위한 것입니다(신 8:3, "너를 낮추시며 너를 주리게 하시며 또 너도 알지 못하며 네 조상들도 알지 못하던 만나를 네게 먹이신 것은 사람이 떡으로만 사는 것이 아니요 여호와의 입에서 나오는 모든 말씀으로 사는 줄을 네가 알게 하려 하심이니라"). 섭리가 이렇게 우리의 궁핍을 당장 해결해 주지 않고 극대화시키는 것은 우리로 하여금 궁핍 가운데서 믿음으로 간절하게 기도하게 하고, 하나님이 우리에게 필요한 것들을 공급해 주시는 것이 그 기도에 대한 응답이 되게 하기 위한 것입니다. 그렇게 되었을 때, 하나님의 선하심은 우리의 눈에 더욱 크고 뚜렷하게 드러나게 되기 때문입니다.

이제 나는 여러분에게 섭리의 선한 손길이 여러분과 여러분의 가족들에게 평생토록 먹을 것과 입을 것을 비롯한 필요한 것들을 적절하게 공급해 주어 왔고, 지금까지 그렇게 해 오지 않은 때가 결코 없었다는 것을 생각해 보시기를 부탁합니다. 여기에서 나는 여러분이 그렇게 할 때에 몇 가지 주의해야 할 것들을 말해 두고자 합니다.

(1) 섭리의 돌봄과 인자함으로 인하여 여러분의 눈이 보아 온 수많은 열매들과 경험들을 잊지 않도록 주의하십시오. "그들은 그가 행하신 일을 곧 잊어버렸다"(시 106:13)는 것이 이스라엘에 대한 하나님의 책망이었습니다. 사람들은 자신들의 악한 마음과 하나님으로부터 자신들이 받은 은혜들을 금방 잊어버림으로써, 그 은혜들로 인한 위로를 빼앗기게 됨과 동시에, 하나님이 그 은혜들로 인하여 마땅히 받으셔야 할 영광을 하나님으로부터 빼앗아 버립니다.

(2) 이스라엘 백성들이 그랬던 것처럼, 장차 곤경에 처했을 때에 섭리가 은혜를 베풀어 줄 것을 의심하거나 불신하지 마십시오: "보라 그가 반석을 쳐서 물을 내시니 시내가 넘쳤으나 그가 능히 떡도 주시며 자기 백성을 위하여 고기도 예비하시랴"(시 78:20). 이스라엘 백성들은 그토록 놀라운 역사들 속에서 나타난 하나님의 능력을 자신들의 눈으로 직접 보았으면서도, 금

방 돌아서서는 이러한 불신앙의 말들을 쏟아낸 것은 얼마나 황당하고 어처구니없는 일입니까.

(3) 새롭게 어떤 곤경이나 궁핍에 처하게 되었다고 할지라도 불평하거나 불만을 토로하지 마십시오. 이러한 불평과 불만은 악한 기질에서 나오는 것이기는 하지만, 우리 인간이라는 존재에게는 궁핍으로 인하여 압박을 받게 되었을 때에는 우리 입에서 불평과 불만이 나오는 것이 자연스러운 일입니다! 하지만 하나님이 죄인인 우리를 어떻게 대하셔야 마땅한지를 제대로 이해하기만 한다면, 우리는 그런 상황에서 혹독한 섭리를 불평하기보다는 하나님의 풍성하신 자비하심을 찬양하게 될 것입니다. 그리고 하나님은 우리가 마땅히 행한 일들과 관련해서 우리를 의롭다고 하시거나 감사하실 이유가 전혀 없다는 것을 생각하기만 하면, 우리의 불평과 불만은 자연스럽게 사라지게 될 것입니다(창 32:10, "나는 주께서 주의 종에게 베푸신 모든 은총과 모든 진실하심을 조금도 감당할 수 없사오나 내가 내 지팡이만 가지고 이 요단을 건넜더니 지금은 두 떼나 이루었나이다").

(4) 섭리가 여러분에게 안배한 운명과 배정한 분깃에 대하여 조금이라도 불만족을 나타내지 마십시오. 여러분은 섭리가 여러분에게 정해 준 모든 것들을 기뻐하고 만족해야 합니다: "내게 줄로 재어 준 구역은 아름다운 곳에 있음이여 나의 기업이 실로 아름답도다"(시 16:6). 섭리가 정해 준 것이 여러분에게 가장 좋은 것임이 분명하기 때문입니다. 언젠가는 여러분도 이것이 그렇다는 것을 알게 될 것이고 인정하게 될 것입니다.

(5) 힘들고 어려운 일들이 여러분에게 생겼을 때에는 기도하는 것을 소홀히 하지 마십시오. 여러분은 모든 일이 섭리에 의해서 배정된다는 것을 알고 있기 때문에, 섭리에 따라 살아 가는 것이 마땅합니다. 그러므로 곤경이나 궁핍에 처했을 때에는 여러분 자신을 하나님께 맡기십시오. 하나님께

서는 "가련하고 가난한 자가 물을 구하되 물이 없어서 갈증으로 그들의 혀가 마를 때에 나 여호와가 그들에게 응답하겠고 나 이스라엘의 하나님이 그들을 버리지 아니할 것이라"(사 41:17)고 분명히 약속하셨을 뿐만 아니라, "아무 것도 염려하지 말고 다만 모든 일에 기도와 간구로, 너희 구할 것을 감사함으로 하나님께 아뢰라"(빌 4:6)고 분명하게 명하고 계시기 때문입니다. 하나님을 기억하십시오. 그러면 하나님은 여러분을 결코 잊지 않으실 것입니다.

(6) 염려들로 여러분의 마음을 괴롭게 하지 마십시오. 염려는 죄악입니다. 그리스도께서는 "공중의 새를 보라"(마 6:26)고 말씀하십니다. 주님은 사람들이 매일 먹이를 주는 집 안의 새들을 말씀하시는 것이 아니라, 다음 번의 먹이가 어디에서 올지를 알지 못하는 "공중의 새들"을 가리키시면서, 하나님이 그 새들을 먹이신다고 말씀하십니다. 여러분이 그리스도와 어떤 관계에 있는지, 그리고 그리스도께서 여러분에게 어떤 약속들을 해 주셨는지를 기억하십시오. 이런 것들을 기억하고, 섭리가 여러분에게 정해 준 모든 것들을 기뻐하고 만족하며 마음을 편히 가지십시오.

제6장

성도들을 악으로부터 보호함

다음으로 성도들이 섭리의 손길로부터 받는 또 하나의 큰 유익과 은혜
는 **죄의 덫들과 시험들이 성도들을 덮치지 않도록 미리 막아 주고 보호해
주는** 것입니다. 사탄이 우리의 영혼을 멸망시키기 위하여 수많은 치명적인
시험들과 타격들로 공격해 올 때, 섭리는 그런 것들이 우리에게 미치지 못
하도록 미리 막아 줍니다. 이것은 대낮의 광명한 햇빛처럼 너무나 분명한
진리입니다.

이것은 다음과 같은 약속에 포함되어 있습니다: "오직 하나님은 미쁘사
너희가 감당하지 못할 시험 당함을 허락하지 아니하시고 시험 당할 즈음에
또한 피할 길을 내사 너희로 능히 감당하게 하시느니라"(고전 10:13). 우리의
영혼이 꼼짝없이 시험에 떨어져서 위험한 곤경에 빠지게 되었을 때, 섭리
는 우리 영혼이 거기에서 빠져 나올 수 있는 출구를 마련해 줍니다.

이런 경우에 섭리가 신자들에게 닥친 시험의 힘과 효력을 깨뜨려서 무
력화시키는 두 가지 두드러진 방식이 있습니다. 그 중 하나는 내적인 은혜

의 역사입니다. "육체의 소욕은 성령을 거스르고 성령은 육체를 거스르나니 이 둘이 서로 대적함으로 너희가 원하는 것을 하지 못하게 하려 함이니라"(갈 5:17). 즉, 성령이 역사하면, 죄는 우리 영혼에 잉태되었더라도 죄의 열매를 맺지 못하고 유산이 되어 버리고 맙니다. 다른 하나는 섭리의 외적인 역사인데, 내가 여기에서 말하고자 하는 것은 바로 그것입니다.

하나님의 섭리는 죄의 세계에게는 큰 장애물이고 방해물입니다. 만일 하나님의 섭리가 역사하지 않는다면, 죄는 큰 물처럼 밀려 들어와서 우리의 타락한 본성 위에서 차고 넘쳐서 그 본성을 완전히 삼켜 버리고 말 것입니다. 섭리가 없다면, 악인들은 마음대로 온갖 죄들을 자행해서, 이 세상에는 그들이 저지른 죄악들이 차고 넘치게 될 것입니다. 하지만 섭리는 이 세상에서 죄악이 차고 넘치는 것을 막아 줍니다. 소돔 사람들은 그들의 성에 들어온 천사들에게까지 몹쓸 짓을 자행하려고 끈질기게 달려들었지만, 하나님께서는 섭리를 통해서 그들의 눈을 멀게 하여 그러한 죄를 막으셨습니다 (창 19:11). 여로보암은 선지자를 해치려고 했지만, 섭리가 개입해서 그의 팔이 시들어 버리게 만들었습니다(왕상 13:4). 이렇게 여러분은 악인들이 악한 일을 꾸미고 실행하고자 할 때, 섭리가 그들의 손발에 족쇄를 채워서, "그들의 손이 성공하지 못하게"(욥 5:12) 하는 것을 봅니다.

믿는 사람들 속에도 아주 많은 부패함이 여전히 남아 있어서, 만일 섭리가 그들을 그들 자신보다 더 잘 세심하게 돌보지 않는다면, 그들도 지금보다 훨씬 더 자주, 그리고 훨씬 더 큰 죄악들에 빠져들게 될 것임에 틀림없습니다. 왜냐하면, 그들이 그들 자신을 악으로부터 지키려고 애쓰고, 그들의 마음과 행실을 날마다 꼼꼼하게 살펴서 조심한다고 할지라도, 죄의 속임수는 너무나 교활해서, 만일 섭리가 그들의 길을 막지 않는다면, 그들은 지금보다 더 자주 그 속임수에 걸려들어서 더럽혀지고 말 것이기 때문입니다.

섭리는 다음과 같은 몇 가지 방식으로 성도들이 악에 빠지는 것을 막아 줍니다.

(1) 성도들이 악에 빠질 위험이 있을 때, 섭리는 종종 다른 사람들을 감동시켜서 그 사람에게 시의적절한 조언을 해 주게 함으로써 악에서 벗어나게 해 줍니다. 이것은 그 사람이 자신의 악한 생각을 실제로 실행에 옮기는 것을 효과적으로 막아 줍니다.

다윗이 자신의 악한 계획을 실행하고자 하는 찰나에, 섭리는 다윗으로 하여금 아비가일을 만나게 해서, 그녀의 조언을 듣고 그 악한 계획을 중단하게 만들었습니다(삼상 25:34). 이것과 관련해서, 나는 앞에서 이미 소개한 저 거룩한 사람 도드(Dodd) 목사님에 관한 일을 여기에서도 다시 한 번 말고자 합니다. 그는 어느 날 밤늦게까지 자신의 서재에 있다가, 자기가 아는 한 신사 분을 찾아가라는 강한 감동을 받았다고 합니다. 한밤중이라 다른 사람의 집에 방문한다는 것이 어색한 일이었고, 이 일과 관련한 섭리의 의도가 무엇인지를 알지도 못했지만, 그는 그 감동에 순종해서 집을 나섰답니다. 그가 그 집에 가서 대문을 몇 번 노크하자, 그 신사가 직접 나와서, 무슨 일이냐고 물었고, 도드 목사님은 별 일은 아니고, 단지 자기가 직접 그 신사를 보아야만 자신의 불안감이 없어질 것 같아서 찾아 온 것이라고 대답했습니다. 그러자 그 신사는 자신의 주머니에 들어 있던 노끈을 꺼내 보이면서, 자기가 지금 목을 매어 자살하려고 했는데, 하나님이 그것을 막으시려고 목사님을 보내신 것이라고 말했답니다. 섭리는 이렇게 해서 그 신사에게 일어날 뻔했던 불행한 일을 막아 주었습니다.

(2) 섭리는 악을 행할 때의 수단들이나 도구들을 방해함으로써 악을 행

하는 것 자체를 막아 줍니다. 선한 유다 왕이었던 여호사밧이 악한 이스라엘 왕 아하시야와 연합해서 다시스를 공격하기 위해서 에시온게벨에서 선박들을 짓고 있을 때, 하나님께서는 그 선박들을 폭풍으로 부숴 버리심으로써 그러한 계획을 막으셨습니다(대하 20:35-37). 또한, 우리는 백쇼(Bagshaw)가 쓴 볼턴 목사님의 전기 속에서도 그러한 섭리를 발견합니다. 볼턴 목사님이 옥스퍼드에 있을 때, 선한 학자였지만 강력한 교황주의자였던 앤더턴(Anderton)과 친하게 지냈다고 합니다. 앤더턴은 볼턴 목사님의 천부적인 재능들을 알아보고서는, 그의 외적인 궁핍함을 이용해서 많은 논리들로 그를 설득해서 로마 가톨릭으로 오게 하여 영국에 있던 로마 가톨릭 신학교에서 함께 일하고자 하였습니다. 그렇게 하기만 한다면, 볼턴 목사님은 모든 필요한 것들을 다 제공받아서 그 어떤 것도 부족함이 없이 넉넉한 생활을 하게 될 것이라고 설득하였습니다. 볼턴 목사님은 당시에 마음과 지갑이 궁핍해 있었기 때문에, 그러한 제안을 받아들였고, 두 사람은 랭커셔의 한 곳에서 만나 배를 타고 함께 그 신학교로 가기로 약속을 잡았습니다. 그런데 정작 약속한 그 날에 앤더턴이 오지 않아서, 볼턴 목사님은 그 덫을 피할 수 있었습니다.

(3) **섭리는 육체에 강력한 환난을 더함으로써 더 큰 악을 저지르는 것을 막아 줍니다.** 이것이 "내가 가시로 그 길을 막을"(호 2:6) 것이라는 말씀의 의미입니다. 바실리우스(Basil, 주후 330-379년, 동방정교회의 갑바도기아 교부 중 한 명)는 오랜 세월 극심한 두통에 시달렸는데, 이것이 자신의 정욕을 억제하기 위한 섭리의 역사라는 것을 알았고, 바울은 하나님께서 자신의 몸에 "사탄의 사자"인 "가시"를 두셨다는 것을 알았는데, 그것이 무엇이었든지 간에, 그것은 그로 하여금 자만하지 못하게 하기 위한 것이었습니다(고후 12:7).

(4) 섭리는 성도들의 마음에 하나님의 거룩한 말씀에 대한 더 큰 깨달음을 주어서 죄 짓는 것을 막기도 합니다. 악인들은 형통하고 자기는 환난을 당하며 고생하는 것으로 인해서, 아삽의 마음에서 죄악의 기미들이 태동하기 시작해서 점점 더 강해졌을 때, 그는 자기가 지금까지 신앙의 길에서 행해 온 모든 것들이 이 정도밖에 안 되는 것이었구나 하는 생각이 들기 시작하면서 다시 정신을 차리게 되었습니다. 그래서 그는 성소로 갔고, 거기에서 하나님께서 사람들과 일들을 어떻게 판단해야 하는가와 관련된 새로운 척도, 즉 모든 사람들과 일들은 현재의 모습이 아니라 그 마지막과 결국을 가지고 판단해야 한다는 것을 보여 주심으로써, 그 시험을 극복할 수 있었습니다(시 73:12-13, 17).

(5) 하나님의 섭리는 죽음을 통해서 성도들을 이 세상에서 데려가심으로써, 그들이 죄 짓는 것을 막아 주기도 합니다. 우리는 다음과 같은 말씀을 그런 의미로 이해할 수 있습니다: "의인들은 악한 자들 앞에서 불리어가도다"(사 57:1). 이것은 하나님께서 어떤 때에는 의인들을 이 세상에서 데려가심으로써 고난들은 물론이고 죄의 악으로부터도 지키고 보호하신다는 것입니다. 하나님께서 자기 백성이 영적으로 좋은 상태에 있지 않아서, 곧 다가올 강력한 시험들과 시련들과 싸워 이길 수 없다는 것을 보셨을 때에는, 죽음을 통해서 그들로 하여금 거기에서 벗어나게 하셔서 해를 입지 않게 하시는데, 이것은 그들을 위한 은혜로운 섭리입니다.

성도들이여, 여러분 자신보다도 더 여러분의 영혼을 세심하게 돌보아 온 섭리를 생각하고서 하나님을 찬양하십시오. 만일 하나님의 섭리가 그동안 여러분이 악에 빠지는 것을 막아 주지 않았다면, 여러분은 오늘날 무수한 "마골밋사빕"(렘 20:3-4, "사방으로부터의 두려움들"이라는 뜻)으로 둘러싸여 있게 되었을 것입니다. 다윗은 앞에서 우리가 이미 언급한 섭리의 이러한 역사, 즉 자기가 나발과 그 모든 권속을 모조리 죽이는 악을 행하지 못하도록, 하나님께서 자기에게 아비가일을 보내서서 그 일을 막아 주셔서, 자신의 영혼을 죄로부터 지켜 주신 섭리를 깨닫고서 하나님을 찬송하였습니다(삼상 25:32-34).

이 문제와 관련해서 다음 몇 가지만을 진지하게 생각해 보십시오:

(1) 여러분의 타락한 본성이 자주 얼마나 맹렬하게 여러분을 죄로 몰아 갔었는지를 생각해 보십시오. 그럴 때에 여러분은 여러분 속에 있는 모든 은혜를 가지고도 그 본성의 힘을 막아낼 수 없었습니다. 하지만 섭리는 여러분이 들어 보지도 못한 이런저런 방식으로 여러분이 그 죄를 짓는 것을 막아 주었습니다. "오직 각 사람이 시험을 받는 것은 자기 욕심에 끌려 미혹됨이니"(약 1:14). 여러분은 시험의 광풍 앞에서 여러분 자신이 깃털 같은 존재일 뿐이라는 것을 발견했습니다.

(2) 여러분이 죄 앞에 아주 가까이 다가가서 죄를 저지를 뻔하다가 섭리의 은혜로운 손길에 의해서 아슬아슬하게 그 죄에서 건짐을 받았다는 것을 생각해 보십시오. 여러분은 "나는 거의 악에 빠질 뻔하였노라"(잠 5:14, 개역개정에는 "큰 악에 빠지게 되었노라")고 말할 수 있고, "나는 거의 넘어질 뻔하였고 나의 걸음이 미끄러질 뻔하였으니"(시 73:2)라고 말할 수 있습니다. 오, 너무나 적시에 개입해서 여러분을 죄에서 구해 낸 은혜로운 섭리여!

(3) 여러분이 섭리에 의해서 죄에서 건짐을 받지 못하고 온갖 시험들에 빠졌다면, 여러분은 신앙을 욕되게 하였을 뿐만 아니라 여러분 자신도 양심에 상처를 받아서, 이전의 평안을 다시는 회복하지 못하고, 죽는 날까지

이 세상에서 위로가 없는 나날들을 살아야 했을 것임을 생각해 보십시오.

(4) 하나님께서 여러분에게 닥친 무수한 시험들로부터 은혜로 여러분을 구해 내지 않으셨다면, 여러분의 처지가 얼마나 비참하였을지를 생각해 보십시오! 그러한 섭리들로 인해서 여러분이 받은 은혜들은 헤아릴 수 없는 것이라고 나는 감히 단언합니다. 여러분의 이름이 더럽혀지지 않고 여전히 영화로우며, 여러분의 양심이 불안해하지 않고 여전히 평안할 수 있는 것, 이 두 가지 은혜는 여러분의 두 눈만큼이나 소중하고 귀한 여러분에게 주어진 은혜가 아닙니까? 여러분이 오늘날까지 온갖 시험과 위험이 도사리고 있는 이 세상을 통과해 오는 모든 길에서 섭리에 의해서 받은 도움들과 조력들이 얼마나 되고, 앞으로 받게 될 것들이 또 얼마나 될지를 어떻게 여러분이 다 헤아릴 수 있겠습니까?

그러므로 여러분은 섭리가 여러분에게 베풀어 준 것들에 합당하게 행하며 살아가는 것이 마땅합니다.

(1) 섭리를 인정하고 섭리에 감사하십시오. 여러분이 죄를 피하게 된 것을 우연으로 돌리거나, 여러분 자신이 조심해서, 또는 여러분이 지혜로워서 죄를 피할 수 있게 된 것이라고 생각하지 않도록 주의하십시오.

(2) 섭리를 시험하지 마십시오. 즉, 여러분이 악을 범하지 않기 위하여 여러분 자신을 살피고 조심하지 않아도, 섭리가 언제든지 여러분을 악으로부터 지켜 주고 보호해 줄 것이라고 생각하지 않도록 주의하십시오. "하나님의 사랑 안에서 자신을 지키며"(유 1:21), "모든 지킬 만한 것 중에 더욱 네 마음을 지키라"(잠 4:23). 섭리가 여러분을 지켜 준다고 할지라도, 여러분은 여러분 자신이 해야 할 도리와 의무를 다하여야 합니다.

여러분은 이제 섭리가 여러분이 시험에 빠져서 영적으로 위험해지고 비참해지지 않도록 여러분의 영혼을 악으로부터 지켜 주고 보호해 왔다는 것을 알게 되었습니다. 다음으로, 나는 여러분에게 섭리는 여러분의 몸에 대해서도 동일한 관심을 가져 왔다는 것을 보여 주고자 합니다. 섭리는 큰 자애로움 가운데서 여러분의 몸을 자신의 팔에 안고서, 무수히 많은 위험하고 험한 길들을 통과해 왔습니다. "이스라엘을 지키시는 이는 졸지도 아니하시고 주무시지도 아니하시리로다"(시 121:4). "주는 사람들을 지켜 주시는 분이시나이다"(욥 7:20, 개역개정에는 "사람을 감찰하시는 이여"). 이 섭리의 영광을 여러분 앞에 보여 주기 위해서, 나는 신앙이 가장 좋은 사람들조차도 종종 빠지는 위험들을 살펴보고, 섭리가 그러한 위험들 속에서 그들을 지켜 주고 보호해 주는 방식들과 수단들을 살펴보려고 합니다.

우리는 이 세상에서 자주 많은 위험들에 빠집니다. 사도 바울은 자신이 겪은 위험들을 개략적으로 열거해서 우리에게 보여 줍니다(고후 11:26). 우리가 그런 위험들에 빠졌는데도 생명을 잃지 않은 것은 얼마나 기이한 일입니까!

(1) 우리는 매우 위험한 병에 걸려서 거의 무덤 직전까지 갔다 오는 경우가 종종 있었고(욥 33:18, 21, 28), 그럴 때에 히스기야처럼 이렇게 말하지 않았습니까? "내가 말하기를 나의 중년에 스올의 문에 들어가고 나의 여생을 빼앗기게 되리라 하였도다"(사 38:10). 우리는 종종 우리에게 사형선고가 내려진 것이라고 느낀 적이 있지 않습니까? 그때에 우리의 몸은, 토머스 굿윈(Thomas Goodwin)이 적절하게 묘사했듯이, 폭풍우를 만나서 사방으로 물이 줄줄 새서 곧 침몰할 것 같은 배 같지 않았습니까? 하지만 하나님께서는 우리를 지켜 주셔서 이전 같이 회복시켜 주시고 다시 인생의 바다 위에 띄워 주셨습니다. 이렇게 예민하고 민감한 우리의 몸이 그토록 많은 세월 동안

보존되고 그토록 많은 위험들을 견디고 살아남을 수 있다는 것은 얼마나 놀라운 일입니까! 그것은 깨지기 쉬운 베네치아 산 유리잔이 사오십 년 동안 이 손 저 손을 거쳐 사용되면서 다른 물건들에 부딪치고 바닥에 떨어지는 일도 무수히 있었는데도 여전히 아무 손상이 없이 멀쩡한 것보다 더 놀라운 일입니다.

여러분이 건강하게 살아가거나 병으로부터 회복되었다면, 그것은 하나님께서 여러분에게 그 어떠한 병도 주지 않으셨기 때문이거나, 하나님이 여러분을 고쳐 주신 덕분입니다(출 15:26, "너희가 너희 하나님 나 여호와의 말을 들어 순종하고 내가 보기에 의를 행하며 내 계명에 귀를 기울이며 내 모든 규례를 지키면 내가 애굽 사람에게 내린 모든 질병 중 하나도 너희에게 내리지 아니하리니 나는 너희를 치료하는 여호와임이라").

(2) 나라 전체가 혼란스러워서 무시무시한 학살이 자행되고 죽은 사람들의 피가 칼들을 흥건히 적시는 시기에 여러분은 언제라도 그 희생양이 될 수 있었는데도, 하나님의 섭리의 손길은 무수한 죽음의 위험들로부터 여러분을 지켜 주셨습니다! 다윗은 이것에 대해서 특별히 이렇게 고백하였습니다: "내 구원의 능력이신 주 여호와여 전쟁의 날에 주께서 내 머리를 가려 주셨나이다"(시 140:7).

베자(Beza)는 프랑스에서 제1차 내전이 일어나서 혼란으로 아수라장이 되어 있던 때에 그 곳에서 22개월을 머물면서 온갖 위험들로부터 600번에 걸쳐서 건짐을 받은 일들을 기록해 놓았고, 자신의 마지막 유언에서 이것에 대하여 하나님께 진심으로 감사하였습니다. 칼이 여러분을 죽이지 않았다면, 그것은 하나님이 칼에게 여러분을 죽일 권한을 주지 않으셨기 때문입니다.

(3) 여러분 중에서 다수는 이 다트머스 항구에 살면서 선원으로 일생을 살아 왔기 때문에, 깊은 바다를 여행하면서 하나님의 놀라운 구원의 손길이 나타나서 여러분을 온갖 위험들에서 건져 주신 이적들을 경험한 적이 있습니다. 이것은 시편 107:23-27("배들을 바다에 띄우며 큰 물에서 일을 하는 자는 여호와께서 행하신 일들과 그의 기이한 일들을 깊은 바다에서 보나니 여호와께서 명령하신즉 광풍이 일어나 바다 물결을 일으키는도다 그들이 하늘로 솟구쳤다가 깊은 곳으로 내려가나니 그 위험 때문에 그들의 영혼이 녹는도다 그들이 이리저리 구르며 취한 자 같이 비틀거리니 그들의 모든 지각이 혼돈 속에 빠지는도다")에 생생하게 표현되어 있는데, 나는 그 본문을 다른 곳에서 자세하게 강해한 바 있습니다. 그 시편 기자가 은유적으로 말하고 있는 것을 문자적인 의미로 말하라고 한다면, 우리는 이렇게 말할 수 있을 것입니다: "여호와께서 우리 편에 계시지 아니하셨더라면 우리가 어떻게 하였으랴 그 때에 물이 우리를 휩쓸며 시내가 우리 영혼을 삼켰을 것이며"(시 124:1, 4).

깊은 바다 위에서 선원으로서 오랜 세월을 보낸 여러분은 늘 생사를 왔다 갔다 하는 삶을 살아야 했고, 살았다고도 할 수 없고 죽었다고도 할 수 없는 그런 세월을 보낸 후에야 지금의 나이에 이르렀기 때문에, 여러분에게는 그동안 여러분을 지켜 주시고 보호해 주신 분을 찬양하고 경배할 이유가 너무나 충분합니다! 여러분의 동료들 중에서 많은 사람들은 음부로 내려가고 없지만, 지금 여기에 멀쩡하게 살아 있는 여러분은 산 자들 가운데서 하나님을 찬송하는 것이 마땅합니다. 여러분은 바다 위에서 수많은 위험들을 겪으면서, 일생 동안 다른 사람들보다도 더 영원 세계에 가까이 있어 왔고, 그 속에서 수많은 구원들을 경험해 온 사람들이기 때문에, 다른 그 누구보다도 더 많이 하나님의 섭리를 인정하고 감사하여야 합니다.

(4) 결론적으로, 하나님께서는 섭리를 통해서 우리로 하여금 그 하나하나가 우리에게 생명의 위협이었던 저 무수한 위험들을 통과할 수 있게 해 주셨습니다. 나는 여러분이 받은 그런 종류의 은혜들을 세어볼 수 있다면 여러분의 머리카락보다 더 많을 것이라고 단언할 수 있습니다. 섭리가 막아 준 그러한 위험들 중에서 대부분은 우리가 보지 못한 것들이고, 알아차리지도 못한 것들입니다. 하지만 우리는 그것들을 보지 못했을지라도, 하나님께서는 그 모든 것들을 다 보셨고, 그 위험이 우리에게 닥치기도 전에, 그러니까 우리가 보고 두려워 떨기 전에 막아 주셨습니다. 어떤 위험들은 우리에게 분명하게 나타났고, 너무나 뚜렷한 것들이어서, 오늘날에도 우리가 그 은혜들에 대하여 생각하거나 말할 때마다, 우리의 영혼은 새롭게 감격하게 됩니다.

저 유명한 쥬얼(Jewel, 주후 1522-1571년, 영국 솔즈베리의 주교)에 관한 이런 이야기가 전해집니다. 메리 여왕의 통치가 시작될 무렵에 옥스퍼드에서 그에 대한 종교재판이 열리게 되어 있었습니다. 그는 밤중에 런던으로 피신하다가 길을 잃어버리는 바람에, 그를 추격해 온 심문관들을 따돌릴 수 있었습니다. 하지만 그 밤에 그는 그의 목숨을 위태롭게 한 또 다른 위험을 만나게 되었습니다. 왜냐하면, 그는 눈 속에서 길을 잃어버리고 헤매다가 굶주려서 기진맥진하게 되어 길에 쓰러져 버리고 말았기 때문이었습니다. 바로 그때에 래티머(주후 1490-1555년, 영국의 종교개혁을 주도한 주교)의 하인이 그를 발견해서 그의 목숨을 구했습니다.

이런 예들을 많이 열거하기는 쉽고, 역사는 그런 예들로 넘쳐납니다. 그러나 나는 우리 중에서 직접 그런 일들을 많이 경험한 사람들은 얼마 되지 않을 것이라고 생각합니다. 그래서 나는 여러분이 이런 섭리를 베풀어 주시는 은혜의 하나님께 합당한 응답을 할 수 있도록 하기 위하여, 이런 종류의 예들을 더 많이 드는 것보다는 이러한 섭리가 여러분에게 의미하는 바를 집중적으로 말하고자 합니다. 그런 목적을 위해서 나는 여러분이 다음과 같은 것들을 진지하게 숙고해 보시기를 바랍니다.

(1) **여러분이 살아서 오늘까지 유익하고 복된 삶을 영위하도록 하기 위하여 섭리가 여러분을 어떻게 지켜 주고 보호해 왔는지를 생각해 보십시오.** 이 세상을 둘러보십시오. 여러분은 이 세상의 도처에서 끔찍한 사고들로 인해 목숨을 잃어서 이생의 모든 위로들과 작별해야 하는 사람들을 날마다 보고 있지만, 섭리는 여러분을 그러한 일들로부터 자애롭게 보호해 왔습니다. "그의 모든 뼈를 보호하심이여 그 중에서 하나도 꺾이지 아니하도다"(시 34:20). 여러분의 몸의 우아하고 아름다운 골격이 훼손되지도 않았고, 여러분의 손과 발이 기형이 되거나 많은 고통을 주는 것들이 되지도 않았으며, 여러분의 몸 중에서 그 어떤 부분의 기능도 상실되지 않았습니까? 그렇다면, 그것은 여러분이 모태로부터 나온 때로부터 섭리가 여러분에게서 한시도 눈을 떼지 않고 그 자애로운 손길로 여러분의 구석구석을 돌보아 주고 모든 곳에서 여러분을 인도하며 지켜 주었기 때문입니다.

(2) **이렇게 섭리가 여러분의 몸의 모든 지체들을 그토록 자애롭게 돌보아 주고 지켜 주었음에도 불구하고, 여러분은 그 지체들을 하나님을 대적하는 죄의 도구로 사용해 온 것을 생각해 보십시오.** 여러분은 자신이 중생하지 않았던 날들에만 "너희 지체를 불의의 무기로 죄에게"(롬 6:13) 내주었을 뿐만 아니라, 하나님과의 언약 속에서 여러분의 지체들을 하나님을 섬기는 도구들로 내어 드린 후에도 그렇게 해 왔습니다. 하지만 섭리는 여러분의

몸에 대하여 얼마나 자애로웠습니까! 여러분은 자주 하나님을 화나시게 하여 여러분의 몸에 환난들을 자초해 왔고, 악의 도구가 된 여러분의 지체들도 화를 입어 왔습니다. 하지만 여러분을 향한 하나님의 긍휼하심은 얼마나 크셨고, 하나님의 오래 참으심은 얼마나 놀라웠습니까!

(3) 섭리가 여러분에게 나타나서 지극정성으로 자애롭게 돌보아 준 목적이 무엇인지를 생각하십시오. 섭리가 그토록 열심으로 끈기 있게 여러분을 보호해서, 그 어떤 해악도 여러분의 몸에 임하지 않게 한 이유가 무엇입니까? 그것은 여러분으로 하여금 자신의 몸을 하나님께 드려서, 하나님이 여러분을 부르신 일에 여러분 자신을 기쁜 마음으로 헌신하게 하기 위한 것이 아니겠습니까? 이것이 그러한 은혜들의 목적이라는 것은 의심의 여지가 없습니다. 그렇지 않다면, 섭리가 무슨 목적으로 그러한 은혜들을 여러분에게 주겠습니까?

여러분의 몸은 여러분의 영혼과 마찬가지로 그리스도께서 사신 것의 일부입니다(고전 6:19). 하나님께서는 여러분의 몸을 천사들에게 맡기셔서 돌보게 하셨고(히 1:14), 천사들은 여러분의 몸을 위해서 많은 일들을 해 왔습니다. 여러분의 몸은 하나님께 산 제물로 드려졌고, 이것은 정말 대단한 일입니다(롬 12:1). 여러분의 몸은 이 세상에서 이미 많은 은혜를 받아 왔을 뿐만 아니라(시 35:10), 내세에서 특별한 영광과 행복에 참여하게 될 것입니다. 그런데도 여러분은 여러분의 몸을 하나님을 섬기는 일에 기쁜 마음으로 드리지 않겠습니까? 여러분의 몸으로 하나님을 섬기는 것이 얼마나 이치에 맞는 일입니까! 하나님을 위해 사용될 것이 아니라면, 왜 하나님께서는 여러분의 몸을 그토록 자애롭게 지켜 주시고 보호해 주시겠습니까?

제7장

성화의 역사

우리가 아직 살펴보지 않은 것들 중에서 섭리가 성도들에게 베푸는 대단한 은총이 있는데, 사실 우리는 이 은총을 별로 생각하거나 마음에 두지 않습니다. 그것은 섭리가 하나님의 백성들을 도와서 죄를 죽이는 중요한 역사입니다.

우리의 죄악된 육정과 혈기가 죽으면, 우리의 성화는 이미 절반은 이루어진 것입니다: "너희도 너희 자신을 죄에 대하여는 죽은 자요 그리스도 예수 안에서 하나님께 대하여는 살아 있는 자로 여길지어다"(롬 6:11). 그것은 우리가 그리스도에게 속해 있다는 것을 보여 주는 중요한 증거입니다(롬 6:5-7; 갈 5:24). 그것은 시험을 받을 때에 우리를 지켜 주는 안전판입니다. 이 세상에서 부패하고 타락한 것들은 "정욕"으로 말미암습니다(벧후 1:4, "너희가 정욕 때문에 세상에서 썩어질 것을 피하여 신성한 성품에 참여하는 자가 되게 하려 하셨느니라"). 우리가 하나님을 섬기는 데 합당한 자가 되느냐의 여부는 우리의 육정과 혈기를 죽이는 일에 달려 있습니다(요 15:2; 딤후 2:21, "누구든지 이런 것에서 자기를 깨끗하게 하면 귀히 쓰는 그릇이 되어 거룩하고 주인의 쓰심에 합당하며 모든 선한 일에 준비함이 되리라"). 그러므로 우리가 이 복된 일을 이루어 가는 것은 우리의 영혼에 정말 좋은 일을 하는 것이 됩니다!

이 일을 하는 데 사용되는 두 가지 수단 또는 도구가 있는데, **내적으로** 그러한 역사를 이루어 가는 "성령"(롬 8:13)과 **외적으로** 그러한 역사를 돕는 "섭리"입니다. 성령은 이 일을 주도해 나가는 주체이기 때문에, 이 일의 성패는 성령의 사역에 달려 있습니다. 이 세상에서 일어나는 모든 섭리들을 다 동원해도 성령이 없이는 결코 이 일을 이루어낼 수 없습니다. 섭리들은 성령의 복 주심에 따라서 이 일의 많은 부분을 해 나가는 부차적이고 종속적인 수단들입니다. 나는 이제 섭리들이 어떻게 이러한 목적에 큰 기여를 하는지를 설명하고자 합니다.

일반적으로, 지극히 지혜로우신 하나님께서는 무수한 섭리들을 안배하셔서 성령의 역사에 도움이 되게 하십니다. 서로 구별되는 무수한 섭리의 역사들 간에는 놀라운 조화가 존재합니다. 그것들은 모두 하나님께서 자신의 뜻과 계획을 따라 이루고자 하신 저 하나의 복된 결과 속에서 만납니다 (롬 8:28, "우리가 알거니와 하나님을 사랑하는 자 곧 그의 뜻대로 부르심을 입은 자들에게는 모든 것이 합력하여 선을 이루느니라"; 엡 1:11, "모든 일을 그의 뜻의 결정대로 일하시는 이의 계획을 따라 우리가 예정을 입어 그 안에서 기업이 되었으니"). 이렇게 성령은 섭리의 바퀴들 안에 있고, 섭리의 움직임들을 안배해서(겔 1:20), 그것들이 모두 일사불란하게 움직이게 합니다. 외적인 섭리들이 하나님의 계획에 따라 얼마나 기가 막히게 착착 움직이는지를 보십시오. 하나님께서는 섭리들을 다음과 같이 조종하시고 안배하십니다.

(1) 모든 중생한 사람들 속에는 죄에 이끌리는 강력한 성향이 존재하고,

죄의 권세의 주된 부분은 바로 그러한 성향에 있습니다. 바울은 이것에 대해서 이렇게 안타깝게 탄식합니다: "내 지체 속에서 한 다른 법이 내 마음의 법과 싸워 내 지체 속에 있는 죄의 법으로 나를 사로잡는 것을 보는도다"(롬 7:23). 모든 신자들은 날마다 자신 속에서 이것을 발견하고 슬퍼합니다. 이런 일들은 하나님을 근심하게 해 드리는 일들이기 때문에, 신자들은 그것을 참기 힘듭니다. 하나님께서는 우리로 하여금 죄를 짓지 못하도록 자신의 법들로 우리 주위에 울타리를 치셨습니다. 그러나 우리의 본성 속에는 그러한 울타리를 뚫고 나가고자 하는 성향이 존재하고, 그것은 우리 안에 계시는 하나님의 성령의 모든 반대와 맞서 싸웁니다.

그런데 우리는 여기에서 우리가 죄 짓는 것을 막기 위한 섭리의 역사와 도움을 보게 됩니다. 성령이 우리의 내면에서 저 죄악된 성향들과 맞서 싸울 때, 섭리는 외부에서 우리가 죄 짓는 것을 막기 위해서 우리의 길에 차단봉들과 장애물들을 설치합니다(욥 33:17-19; 호 2:6; 고후 12:7). 우리에게 찾아오는 수많은 육체적인 질병들은 우리가 죄 짓는 것을 막기 위한 장애물들인 경우가 많습니다. 그러므로 여러분이 겪고 있는 질병이 괴로운 것이라고 하더라도, 이것을 생각해서 인내하십시오.

바실리우스(Basil)는 극심한 두통으로 몹시 시달리고 고통을 겪었습니다. 그가 그 두통을 없애 주시라고 간절히 기도하였더니, 하나님께서는 정말 그 두통을 제거해 주셨습니다. 그런데 이 장애물로부터 벗어나자마자, 그는 절제할 수 없는 정욕이 밀려오는 것을 느꼈습니다. 그래서 그는 다시 자기에게 두통을 달라고 기도하였다고 합니다. 이것은 우리에게도 마찬가지여서, 하나님이 우리가 죄 짓는 것을 막으시기 위하여 우리에게 두신 장애물들이 제거되는 순간, 우리는 죄에 빠질 수밖에 없습니다.

여기에서 이런 질문이 제기될 수 있습니다: **환난의 매로 인하여 죄를 참**

는 것이 은혜를 받은 심령의 속성이고 특성이란 말입니까? 당연히 은혜 가운데 있는 신자들은 그런 것보다 더 고귀한 동기와 행동원리를 따라 행하기 때문에, 그것은 종의 영을 가진 육신적인 심령들의 태도입니다!

그런 것이 죄를 삼가고자 하는 유일하거나 주된 동기라면, 즉 사람이 죄에 내재되어 있는 더러움 때문이 아니라, 단지 죄가 가져다주는 괴로운 결과들 때문에 죄를 혐오하는 것이라면, 그것은 신자들이 아니라 육신적인 자들의 속성이고 특성입니다. 그러나 그것은 성화를 위한 환난과 괴로움 가운데 있는 성도들의 경우와는 완전히 다릅니다. 왜냐하면, 성도들은 좀 더 고귀한 동기와 행동원리들의 주된 지배를 받고 있으면서 다른 한편으로는 좀 더 열등하고 감각적인 동기와 행동원리도 그들에게 부차적으로 적용하고 있는 것이기 때문입니다. 그리고 이 두 가지 동기와 행동원리는 각각 나름대로 성도들에게 매우 유익합니다.

또한, 우리는 죄를 억제하거나 죄를 짓지 말도록 경고하고자 하는 목적으로 주어지는 환난과 괴로움들이 불신자들이나 육신적인 자들에게서 작용하는 방식과 은혜를 받은 심령들에게 작용하는 방식이 서로 다르다는 것을 알아야 합니다. 즉, 불신자들이나 육신적인 자들은 괴로움과 고통 그 자체를 싫어하고 두려워하는 것일 뿐이지만, 성도들은 그러한 고통과 괴로움을 하나님의 진노하심의 증표로서의 회초리로 느끼고서 놀라고 근심하고 상심합니다. "주께서 자주자주 증거하는 자를 바꾸어 나를 치시며 나를 향하여 진노를 더하시니 군대가 번갈아서 치는 것 같으니이다"(욥 10:17). 이것이 환난과 괴로움을 당할 때에 성도들이 일차적으로 느끼는 것입니다. "여호와여 주의 분노로 나를 책망하지 마시오며 주의 진노로 나를 징계하지 마옵소서"(시 6:1). "여호와여 나를 징계하옵시되 너그러이 하시고 진노로 하지 마옵소서 주께서 내가 없어지게 하실까 두려워하나이다"(렘 10:24). 환난을 당할 때에 성도들의 이러한 반응은 결코 저급하거나 흔한 것이 아니고 고귀한 것입니다.

(2) 하나님께서 이렇게 자신의 법들로 명시적으로 명하시는 것과 아울러서 환난과 괴로움을 주시는 것을 통해서 우리가 죄 짓는 것을 막으시기 위하여 이중의 울타리를 치심에도 불구하고, 아무리 신앙이 좋은 사람들에게도 죄는 벅찬 상대여서, 그들 속에 내재해 있는 부패함과 타락함이 그들을 죄로 이끌어 갑니다. 그럴 때, 그들 속에 있는 부패함과 타락함들을 복속시키기 위해서 성령은 그들의 내면에서 역사하시고, 섭리도 외부에서 역사합니다. 성도들에게 있어서 죄의 길들로 가는 것은 양심의 가책으로 인해서만이 아니라, 하나님이 그들의 겉사람에 가하시는 환난의 회초리로 인해서도 괴로운 일이 됩니다. 나는 다음과 같은 본문에 이 두 가지 측면이 잘 설명되어 있는 것을 발견합니다: "담을 허는 자는 뱀에게 물리리라"(전 10:8). 누군가가 설명하였듯이, 거기에서 "담"은 하나님의 법이고, "뱀"은 양심의 가책입니다. 하나님께 속한 성도들은 담을 허는 순간, 곧바로 환난의 날카로운 이빨에 물리게 됩니다.

섭리에 의한 이러한 환난들의 의도와 목적은 시험들로 인해서 더러움에 빠져 있는 신자들을 깨끗하게 하고 정화시키는 것입니다. "야곱의 불의가 속함을 얻으며 그의 죄 없이함을 받을 결과는 이로 말미암나니"(사 27:9). 또한, "고난 당하기 전에는 내가 그릇 행하였더니 이제는 주의 말씀을 지키나이다"(시 119:67)라는 본문도 그런 취지입니다. 추운 날씨에 옷들을 밖에 놓아두면 그 색깔이 변색되어서 희어지게 되는데, 이러한 환난들은 우리의 영혼에 그러한 용도와 목적을 위하여 사용됩니다. 다음에 나오는 말씀은 바로 그러한 취지로 이 비유를 사용하고 있는 것으로 보입니다: "그들 중 지혜로운 자 몇 사람이 몰락하여 무리 중에서 연단을 받아 정결하게 되며 희게 되어 마지막 때까지 이르게 하리니"(단 11:35).

여기에서 이런 질문이 제기될 수 있습니다: **어떤 이유로 환난들에 의해서 성도들의 죄악들이 정결하게 된다고 말하는 것입니까? 우리의 죄악들을 정결하게 하는 능력은 오직 그리스도의 보혈에게만 돌려야 하는 특별한 영광인데, 그 영광을 환난에게 돌리는 것은 그리스도를 욕되게 하는 것일 뿐만 아니라 근거도 없는 것이 아닙니까?**

우리는 그리스도의 보혈만이 죄를 없애기 위해 열려 있는 유일한 샘이라는 것을 고백합니다. 아무리 무수히 많고 강력하며 지속적인 환난들을 사용해도, 그것 자체로는 죄의 더러움이 우리에게서 제거될 수 없습니다. 우리는 이것을 끊임없이 환난에 환난을 당하고 괴로움에 괴로움을 당해도 죄악을 포기하지 않는 악인들의 모습 속에서 봅니다. 그리고 지옥의 고통들은 아무리 극심하고 전면적이며 지속적이라고 할지라도, 아주 작은 죄로 인한 더러움조차도 결코 제거할 수 없습니다.

하지만 **성별된** 환난, 즉 하나님이 사용하시는 환난은 그리스도의 보혈의 능력과 효력에 의해서 우리의 영혼에 그러한 복된 결과를 가져다줄 수 있다는 것은 여전히 사실입니다. 그리스도 없는 십자가는 그 누구에게도 그어떤 복도 결코 가져다주지 못했지만, 그리스도의 죽음과 결부된 십자가는 수많은 사람들에게 복을 가져다주었습니다. 이것은 이 강론에서 다루고 있는 영혼들에게도 마찬가지입니다.

(3) 하나님이 신자들에게 편안한 삶을 허락하신다면, 그들이 아무리 신앙이 좋은 사람들이라고 할지라도 현세에서의 편안한 삶에 애착을 느끼고 빠져들어서 외적인 편안함들에 매몰되기가 너무나 쉽습니다. 이것은 하나

님의 백성들 속에 부패함이 얼마나 큰 힘으로 자리 잡고 있는지를 보여 주고, 이런저런 수단들을 통해서 그 부패함을 죽일 필요가 있다는 것을 보여 줍니다.

히스기야가 그랬습니다. 그의 마음이 자신의 "보물 창고"에 애착과 자부심을 느끼게 되자, 그는 허영에 사로잡혀서 자신의 허영심을 어떤 식으로든 밖으로 드러내지 않고는 견딜 수 없는 상태가 되어 버렸습니다(사 39:2, "히스기야가 사자들로 말미암아 기뻐하여 그들에게 보물 창고 곧 은금과 향료와 보배로운 기름과 모든 무기고에 있는 것을 다 보여 주었으니 히스기야가 궁중의 소유와 전 국내의 소유를 보이지 아니한 것이 없는지라").

신앙 좋은 다윗도 마찬가지였습니다. 그는 자신의 부강한 왕국과 자신이 현재 소유하고 있는 부와 영광을 보고서는 자기가 "산"과 같이 아주 견고하고 튼튼하게 섰기 때문에, 그러한 영광이 영원할 것이라고 착각하였습니다(시 30:7, "여호와여 주의 은혜로 나를 산 같이 굳게 세우셨더니 주의 얼굴을 가리시매 내가 근심하였나이다"). 또한, 다윗은 자신의 잘 생긴 아들이었던 압살롬을 너무나 애지중지해서, 압살롬이 반란을 일으켜 그를 대적하고 죽이려 하다가 도리어 죽게 되었는데도, 그의 죽음을 몹시 마음 아파하며 슬퍼하여 차라리 자기가 죽었더라면 좋았을 것이라고 말하였습니다(삼하 18:33, "왕의 마음이 심히 아파 문 위층으로 올라가서 우니라 그가 올라갈 때에 말하기를 내 아들 압살롬아 내 아들 내 아들 압살롬아 차라리 내가 너를 대신하여 죽었더면, 압살롬 내 아들아 내 아들아 하였더라"). 하지만 사실 다윗의 목숨은 압살롬의 목숨보다 천 배는 더 귀한 것이었는데도, 그는 육정에 이끌려서 사리분별을 제대로 하지 못한 것이었습니다.

하나님께서 요나를 뜨거운 햇빛으로 보호해 주시기 위하여 박넝쿨을 자라게 하여 그를 가려 주게 하셨을 때, 요나는 그것을 몹시 기뻐하여 그 박넝쿨에 집착하였기 때문에, 하나님이 이튿날 벌레를 예비하셔서 그 박넝쿨을 갉아먹게 하셨을 때, "사는 것보다 죽는 것이 내게 더 나으리이다"라고 말하며 하나님께 화를 내었습니다(욘 4:6-9).

하지만 하나님께서는 성도들이 이런 식으로 피조물들에 집착하여 거기에서 힘과 위로를 얻는 것을 허락하시겠습니까? 하나님께 드려야 할 우리의 애정과 사랑을 피조물이 빼앗아가 버리는 것이 합당한 일이겠습니까? 아닙니다. 그것은 모두 우리의 부패함으로 인한 것입니다. 하나님께서는 바로 우리의 그러한 부패함을 깨끗하게 하고자 하셔서, 그런 목적으로 섭리를 보내셔서, 우리가 무절제하게 또는 지나치게 애착을 느끼거나 집착하는 피조물들을 치시기도 하시고, 그것들을 회초리들로 변화시키셔서 우리를 치게 만드십니다.

히스기야 왕이 온갖 금은보화들로 가득 찬 자신의 보물 창고로 인해서 그 마음이 높아지고 허영에 들떠 있게 되자, 하나님께서는 히스기야 왕이 자신의 보물을 자랑했던 장본인인 바로 그 바벨론 사람들을 보내셔서 그 보물 창고를 털어가게 하신 것이 아닙니까(사 39:6)?

다윗이 자신의 왕국이 견고하게 섰다고 자부하며 그 영광에 심취하여 착각에 빠져 있을 때, 하나님이 얼마나 신속하게 그 모든 것에 먹구름을 드리우셨는지를 보십시오(시 30:7). 다윗이 압살롬에게 지나친 애착을 가져서, 압살롬이 자신의 선한 아버지의 품 속으로 지나치게 깊이 들어오게 되었기 때문에, 하나님께서는 압살롬으로 하여금 자기 아버지의 목숨을 노리는 근심덩어리인 아들이 되게 하신 것이 아닙니까?

요나도 하나님이 그를 편안하게 해 주시기 위하여 마련해 주신 박넝쿨에 마음을 뺏기고 지나치게 집착하였기 때문에, 하나님께서는 벌레를 준비하셔서 그 박넝쿨을 갉아먹게 하신 것이 아닙니까(욘 4:6-7)?

바로 그런 이유 때문에 섭리가 쳐서 죽게 한 남편들과 아내들과 자녀들이 얼마나 많습니까! 만일 그들이 좀 더 덜 사랑받고 적당하게 사랑받았었다면, 그들은 더 오래 살아 있었을 것입니다. 바로 그런 이유 때문에 무수한 재산이 없어졌고 좋은 계획들이 무산되고 말았습니다. 하지만 그것은 우리의 유익과 복을 위한 은혜로운 섭리의 역사입니다.

(4) 우리의 부패함이 죽지 않은 경우에는, 우리가 사람들 가운데서 이름을 얻고 존경을 받게 되었을 때, 우리의 마음은 부풀어 올라서 교만과 허영이 나타납니다. 우리가 사람들로부터 박수갈채를 받고 존귀한 대접을 받거나, 우리의 어떤 재능이나 뛰어난 것으로 인해서 칭송을 받게 될 때, 우리 안에 있는 부패함은 우리 마음의 교만을 끄집어 내고, 우리 마음 안에 있는 허영을 보여 줍니다. "도가니로 은을, 풀무로 금을, 칭찬으로 사람을 단련하느니라"(잠 27:21). 즉 풀무에 철광석을 넣어서 녹이면 찌꺼기가 나오듯이, 사람은 칭찬을 받게 되면, 그 마음속에 있는 교만이 드러나게 된다는 것입니다.

그래서 어떤 믿음 좋은 사람은 이렇게 말했습니다: "나를 칭찬하는 사람은 나를 해치는 사람이다." 그리고 더 기이한 것은 우리가 죽기 전에 마지막 숨을 쉴 때까지도 우리는 우리의 마음속에서 그러한 부패함을 느낄 수 있다는 것입니다. 독일의 한 성직자는 자기를 위로하고 격려하기 위해서 모인 사람들이 그가 하나님을 위하여 많은 일들을 해 왔다고 칭찬하자, "내 속에는 아직도 여전히 교만의 가라지가 있으니 불을 치워 주십시오"라고 말했다고 합니다.

섭리는 그러한 부패함을 십자가에 못 박기 위해서, 어떤 때에는 불경건한 자들의 입에 물려 있던 재갈을 제거해서 하나님의 종들의 이름을 악의적으로 비방하는 것을 허용하기도 하는데, 시므이가 다윗의 이름을 욕한 것

(삼하 16:5-12)이 그런 경우입니다. 섭리의 이러한 역사가 있을 때, 바울이 고린도 교인들 가운데서 비방을 받았던 것처럼, 하나님의 종들은 자신의 교우들 가운데서 비방을 받게 됩니다. 그리고 이 모든 것은 그들이 어떤 대단하고 훌륭한 일들을 이루었을 때에 그들의 심령이 부풀어 올라 교만하게 되는 것을 막기 위한 것입니다. 그러한 섭리의 목적은 교만하지 않게 하는 것 이외의 다른 것이 아닙니다.

신앙 좋은 사람들이 공적인 훌륭한 일에 참여해서 그 일을 통해서 자신의 이름을 드러내고 칭송을 받고자 할 때에는, 평소에 그들의 모든 일들을 도와 오셨던 하나님께서는 오직 그 일에서만은 그들로부터 물러나 계셔서, 그들로 하여금 그 일에서 낭패를 보게 만드십니다. 그래서 그들이 그 일을 아무리 치밀하게 준비해서 행한다고 할지라도, 그 일로 말미암아 부끄러움을 당하고 곤혹스러운 처지가 되고 맙니다. 나는 그것을 확증해 주는 여러 주목할 만한 예들을 알고 있지만, 여기에서는 그냥 넘어가려고 합니다.

(5) 마음의 부패함은 우리가 피조물들에 대하여 큰 기대를 걸고서, 이 세상에서 우리에게 장차 주어질 것 같은 이런저런 것들로부터 큰 행복과 만족을 기대하는 것으로도 나타납니다. 우리는 거룩한 욥이 형통하던 날들에 그런 모습을 보였다는 것을 발견합니다: "내가 스스로 말하기를 나는 내 보금자리에서 숨을 거두며 나의 날은 모래알 같이 많으리라 하였느니라"(욥 29:18). 하지만 그가 한창 형통하던 때에 그에게 닥친 암울한 섭리에 의해서 그러한 모든 기대들은 아주 신속하게 산산조각이 나 버리고 말았고, 그의 대낮 같던 형통한 날들은 캄캄한 암흑으로 변하고 말았습니다. 그리고 이 모든 것은 욥의 마음에서 피조물들에서 무엇인가를 기대하는 마음을 좀 더 온전히 제거하기 위한 것이었기 때문에, 그의 유익과 복을 위한 것이었습

니다.

우리는 믿음이 아주 좋은 사람들에게서조차도 세상적인 것들을 중시하고, 그런 것들을 지나치게 의지하는 것을 종종 발견합니다. 하늘로부터 오는 것들에 대하여 근거 있는 큰 기대를 갖고 있는 사람들도 땅으로부터 오는 것들에 대하여 근거 없는 큰 기대를 갖게 될 경우가 있을 수 있습니다. 하지만 그럴 때에 섭리는 땅으로부터 오는 것들에 대한 그들의 소망을 망쳐 놓음으로써, 그들로 하여금 그러한 소망이 얼마나 허망한 것인지를 경험으로 깨닫게 해 주는 것이 보통입니다. 포로생활에서 돌아온 이스라엘 사람들의 마음이 풍성한 수확을 거두어서 잘살게 되는 것에 지나치게 몰두해 있어서, 하나님에 대한 예배와 하나님의 전에 속한 일들을 안중에도 두지 않게 되자, 하나님께서는 섭리를 통해서 그들의 소망이 날아가 버리게 하시고 수확하는 양이 거의 없게 만들어 버리셨습니다(학 1:9, "너희가 많은 것을 바랐으나 도리어 적었고 너희가 그것을 집으로 가져갔으나 내가 불어 버렸느니라 나 만군의 여호와가 말하노라 이것이 무슨 까닭이냐 내 집은 황폐하였으되 너희는 각각 자기의 집을 짓기 위하여 빨랐음이라").

(6) 우리의 부패함은 우리가 피조물들로부터 위로들과 눈에 보이는 것들을 의지하는 것으로도 나타납니다. 신앙이 아주 좋은 사람들도 그러한 것들을 의지하기가 얼마나 쉬운지 모릅니다! 이스라엘 사람들은 힘 없는 사람이 자신의 지팡이를 의지하듯이 애굽을 의지하였습니다. 하지만 하나님께서는 이스라엘이 의지하던 그 지팡이가 부러지게 하셔서 이스라엘과 애굽이 둘 다 상처를 입게 하셨습니다(겔 29:6-7).

개인들의 경우도 마찬가지여서, 우리는 눈에 보이는 것들을 의지하기가 얼마나 쉽습니까! 그런 이유로 우리는 우리의 혈육을 의지하게 되고, 그렇게 해서 혈육은 우리에게 위로와 힘을 주는 샘들이 되어서, 일생 동안 그 샘들로부터 힘과 위로를 얻는 삶을 살아갑니다. 하지만 하나님께서는 우리가 그렇게 하는 것이 얼마나 큰 착각이고 잘못인지를 섭리를 통해서 우리에게 보여 주실 것입니다.

그래서 섭리는 아내의 영혼이 하나님을 의지해서 하나님께로 더 가까이 나아가도록 하기 위해서 남편을 칩니다(딤전 5:5, "참 과부로서 외로운 자는 하나님께 소망을 두어 주야로 항상 간구와 기도를 하거니와"). 또한, 자녀들과 관련해서도, 우리는 하나님이 우리에게 주신 이런저런 자녀를 놓고서는, 라멕이 노아를 놓고 말했듯이, "우리를 이 아들이 안위하리라"(창 5:29)고 말하기 쉽습니다. 하지만 바람이 그 꽃들에 불어 오면, 그 꽃들은 시들어 버리고 마는데, 이것은 우리에게 우리의 행복을 우리의 자녀들에 두어서는 안 된다는 것을 가르쳐 줍니다.

우리가 소유한 재물도 마찬가지입니다. 예레미야가 바룩을 시켜서 땅을 사라고 함으로써 장차 평안히 잘살게 될 날이 올 것임을 예언한 것처럼(렘 32:12-15), 세상이 우리에게 미소를 지을 때에는, 우리는 따뜻한 보금자리를 갖게 되고, 평안히 잘살게 될 것을 기대합니다. 하지만 우리가 땅의 재물에 지나치게 의지할 때, 섭리는 이런저런 재앙을 보내어 우리의 계획과 기대를 무너뜨립니다(렘 45:4-5). 그리고 이 모든 것은 우리의 마음이 피조물들을 의지하는 것에서 떠나서 우리의 유일한 안식이 되시는 하나님만을 의지하게 하기 위한 것입니다.

(7) 부패함의 힘은 신앙인들이 아랫 것들에 집착해서 그런 것들로부터 떠나기 싫어하는 것에서도 나타납니다. 이런 일은 흔히 우리가 여기 아래에서 여러 가지 즐겁고 기쁜 것들을 누리고 경험하는 데서 생겨납니다.

섭리는 성도들 속에 있는 이러한 성향을 다음과 같은 방식들로 죽입니다. 첫 번째는, 우리를 덫에 걸리게 만드는 이 땅에 속한 여러 가지 위로들을 미리 죽이고, 우리가 기뻐하는 모든 것들을 우리 앞에서 죽이는 것입니다. 두 번째는, 이 세상이 주는 온갖 괴로움들을 맛보게 하여 우리로 하여금 이 세상에 대하여 진저리가 나게 만드는 것입니다. 세 번째는, 우리가 몸으로 느끼는 고통들과 질병들을 통해서 우리로 하여금 이 세상에서 살기를 원하지 않게 만들어서 이 세상에 뿌리를 내리지 못하게 하여 치명적인 시험에도 쉽게 빠져들지 않게 하는 것입니다.

나는 이 주제를 마치기 전에 잠시 멈춰 서서, 하나님이 벌레 같이 보잘 것없는 우리를 얼마나 지극정성으로 돌보시는지를 깨닫고서 여러분이 나와 함께 거룩한 경이로움을 느끼게 되기를 원합니다. 하나님께서 사람들을 친밀하게 대하시는 것은 말할 것도 없고, 자신을 낮추셔서 자기가 지으신 흙덩이의 눈높이로 내려 오셔서 우리를 상대해 주시는 모습은 그저 놀랍고 경이로울 뿐입니다. 이제 나는 하나님의 그런 모습을 크게 세 가지로 나누어서 살펴보고자 합니다. 나는 내가 이 주제와 관련해서 묵상한 것들을 시편 기자가 다음과 같이 요약하고 있는 것을 발견합니다: "여호와여 사람이 무엇이기에 주께서 그를 알아주시며 인생이 무엇이기에 그를 생각하시나이까"(시 144:3).

첫째로, 성경 본문들 속에는 하나님은 모든 것을 뛰어넘어 무한히 크시다는 사실이 잘 나타나 있습니다. 하나님은 우리보다 무한히 높으시고, 우리의 모든 생각이 도무지 미칠 수 없는 무한히 높은 곳에 계십니다. "네가 하나님의 오묘함을 어찌 능히 측량하며 전능자를 어찌 능히 완전히 알겠느냐 하늘보다 높으시니 네가 무엇을 하겠으며 스올보다 깊으시니 네가 어찌 알겠느냐 그의 크심은 땅보다 길고 바다보다 넓으니라"(욥 11:7-9). 솔로몬은 하나님의 성전을 건축하기로 결심한 후에 이렇게 고백합니다: "누가 능히 하나님을 위하여 성전을 건축하리요 하늘과 하늘들의 하늘이라도 주를 용납하지 못하겠거든 내가 누구이기에 어찌 능히 그를 위하여 성전을 건축하리요 그 앞에 분향하려 할 따름이니이다"(대하 2:6). "여호와여 신 중에 주와 같은 자가 누구니이까 주와 같이 거룩함으로 영광스러우며 찬송할 만한 위엄이 있으며 기이한 일을 행하는 자가 누구니이까"(출 15:11).

성경이 하나님을 다른 것들과 비교하여 말할 때, 하나님의 크심을 어떻게 표현하고 있는지를 보십시오: "보라 그에게는 열방이 통의 한 방울 물과 같고 저울의 작은 티끌 같으며 섬들은 떠오르는 먼지 같으리니 레바논은 땔감에도 부족하겠고 그 짐승들은 번제에도 부족할 것이라 그의 앞에는 모든 열방이 아무것도 아니라 그는 그들을 없는 것 같이, 빈 것 같이 여기시느니라"(사 40:15-17).

가장 거룩한 사람들이 하나님과 대화하게 되었을 때, 그들이 얼마나 큰 겸손함과 깊은 경외감 가운데서 하나님에 대하여 말하고 하나님께 말하고 있는지를 보십시오: "화로다 나여 망하게 되었도다 나는 입술이 부정한 사람이요 나는 입술이 부정한 백성 중에 거주하면서 만군의 여호와이신 왕을 뵈었음이로다"(사 6:5).

아니, 하늘의 천사들이 저 영광스러운 지존자 앞에서 어떠한 공경을 보이는지를 보십시오: "스랍들이 모시고 섰는데 각기 여섯 날개가 있어 그 둘로는 자기의 얼굴을 가리었고 그 둘로는 자기의 발을 가리었고 그 둘로는 날며 서로 불러 이르되 거룩하다 거룩하다 거룩하다 만군의 여호와여 그의 영광이 온 땅에 충만하도다 하더라"(사 6:2-3).

둘째로, 여러분은 인간의 비천함과 악함과 철저한 무가치함을 지니고 있습니다. 사실 인간 중에서 가장 거룩하고 선한 사람들조차도 하나님 앞에서는 그런 존재에 지나지 않습니다: "진실로 모든 사람은 자신의 가장 좋은 상태에 있을 때조차도 전적으로 한 방울의 수증기일 뿐이니이다"(시 39:5, 개역개정에는 "사람은 그가 든든히 서 있는 때에도 진실로 모두가 허사뿐이니이다"). 여러분이 어떤 사람이든지 간에, 여러분은 "가장 좋은 상태에 있을 때조차도" 또는 "가장 빛나는 영광 중에 서 있을 때조차도" "한 방울의 수증기"일 뿐만 아니라, 오직 전적으로 "한 방울의 수증기"일 뿐이라는 것입니다. 이것은 사람들 중에서 가장 선하거나 믿음이 좋다고 하는 사람들의 태생과 체질과 외적인 상태를 살펴보기만 하면 금방 드러납니다.

(1) 그들의 태생을 생각해 보십시오. "우리도 … 다른 이들과 같이 본질상 진노의 자녀이었더니"(엡 2:3). 우리의 혈관 속에 흐르고 있는 피는 지옥에 있는 자들과 마찬가지로 똑같이 죄로 오염되어 있습니다.

(2) 그들의 체질, 즉 본성적인 성향을 생각해 보십시오. 이것도 지옥에 떨어진 자들에 비해서 더 나을 것이 없습니다. 아니, 실제로는 많은 경우 그런 자들이 지니고 있던 것보다 더 악한 성향이 그 속에 존재합니다. 가장 신앙이 좋은 사람들 속에서 하나님의 은혜로 말미암아 죄가 폐위되어 자신의 보좌를 빼앗기긴 하였지만, 하나님을 진노하시게 하고 도발하는 얼마나 많은 부패함들이 지금도 날마다 그들의 심령으로부터 표출되어 나오고 있습니까?

(3) 그들의 외적인 상태를 보십시오. 그들은 대부분 다른 사람들보다 못합니다. "천지의 주재이신 아버지여 이것을 지혜롭고 슬기 있는 자들에게는 숨기시고 어린 아이들에게는 나타내심을 감사하나이다"(마 11:25; cf. 고전 1:26-28).

이제 우리는 하나님이 자신의 모든 섭리들 속에서 보여 주신 것처럼, 저 크시고 찬송 받으시기에 합당하신 하나님께서 이렇게 벌레 같이 보잘것없고 악한 우리에 대하여 그토록 많은 관심을 갖고 계신다는 경이로운 사실을 살펴보고자 합니다. 하나님은 우리를 필요로 하지 않으시고, 우리 없이도 하나님 자신만으로도 온전히 복되시고 행복하십니다. 우리가 하나님께 더해 드릴 수 있는 것은 아무것도 없습니다: "사람이 어찌 하나님께 유익하게 하겠느냐"(욥 22:2). 아무리 거룩한 사람일지라도 하나님께 더해 드릴 수 있는 것은 아무것도 없습니다. 그런데도 하나님께서는 우리에게 그토록 큰 관심을 갖고 계시고, 우리를 그토록 소중하고 귀하게 여기시는 것입니다.

(1) 하나님께서 우리를 영원 전부터 택하신 사랑은 하나님이 우리를 얼마나 소중히 여기시는지를 잘 보여 주지 않습니까(엡 1:4-5)? 이 택하심은 영원 전에 이루어진 것이고, 전적인 은혜로 말미암아 거저 주어진 것이라는 것을 생각할 때, 얼마나 놀라운 일입니까! 모든 섭리가 이루려고 하고, 이룰 때까지는 결코 쉬지 않으려고 하는 것이 바로 이 일입니다.

(2) 하나님께서 자신의 품에 있던 독생자를 우리에게 주신 것은 하나님이 이 보잘것없고 쓸데없는 존재인 인간을 그토록 소중히 여기신다는 것을 보여 주는 것이 아니겠습니까? 이전에 인간은 그렇게 존귀히 여김을 받은 적이 없었습니다. 다윗이 "주의 손가락으로 만드신 주의 하늘과 주께서 베풀어 두신 달과 별들을 내가 보오니 사람이 무엇이기에 주께서 그를 생각하시며 인자가 무엇이기에 주께서 그를 돌보시나이까"(시 8:3-4)라고 고백할 수밖에 없었다고 한다면, 우리는 이렇게 말하는 것이 마땅하지 않겠습니까: "우리가 하나님의 품 속에 계셨던 독생자의 무한하신 탁월하심, 그 독생자가 하나님께 이루 말할 수 없을 정도로 사랑스러우신 분이시라는 것을

생각할 때, 인간이 무엇이기에, 하나님께서는 그런 그리스도를 우리를 위해 죽음에 내어 주신 것입니까! 그것도 타락한 천사들을 위해서가 아니라(히 2:16), 하나님과 원수로 살아 가고 있던 우리를 위해서 말입니다(롬 5:8)."

(3) 하나님께서 섭리를 통해서 우리를 끊임없이 돌보아 주고 계시는 것은 우리에 대한 존중을 보여 주시는 것이 아니겠습니까? "나 여호와는 포도원지기가 됨이여 때때로 물을 주며 밤낮으로 간수하여 아무든지 이를 해치지 못하게 하리로다"(사 27:3). "그의 눈을 의인에게서 떼지 아니하시고"(욥 36:7). 하나님께서는 의인들이 이 땅에서 살아가는 모든 날 동안에 단 한순간도 그들에게서 눈을 떼지 않으십니다. 왜냐하면, 하나님이 눈을 떼는 바로 그 한순간에 천 가지의 재앙들이 의인들에게 쇄도해 와서 그들을 멸망시켜 버리게 될 것이기 때문입니다.

(4) 하나님의 자애로우신 섭리는 우리에 대한 존중을 보여 주는 것이 아니겠습니까? "어머니가 자식을 위로함 같이 내가 너희를 위로할 것인즉"(사 66:13). 자애로운 어머니가 자신의 연약한 자녀를 위로하는 것 같이, 하나님께서는 자신의 자녀들에게 늘 새롭게 힘을 주심으로써 그들을 위로하십니다. "새가" 자신의 둥지에 있는 새끼들이 위험에 처한 경우에 "날개 치며" 그 둥지로 쏜살같이 달려가듯이(사 31:5), 하나님께서도 자신의 자녀들을 그런 식으로 보호해 주십니다. 피조물들이 보여 주는 부모로서의 그 어떤 자애로움도 창조주께서 우리에게 베풀어 주시는 자애로우심을 따라올 수 없습니다.

(5) 하나님의 섭리로 말미암은 다양한 열매들은 하나님이 우리를 소중히 여기신다는 것을 보여 주는 것이 아니겠습니까? 하나님의 섭리로 말미암은 은혜는 "아침마다 새롭게" 우리에게 임합니다(cf. 시 40:5; 애 3:23). 하나님의 섭리는 현세적이거나 내세적인 은혜들, 통상적이거나 이례적인 은혜

들, 공적이거나 사적인 은혜들 같은 무수한 은혜의 물줄기들이 흘러나오는 샘입니다.

(6) 섭리의 세계에서 천사들의 사역은 우리에 대한 하나님의 존중을 보여 주는 것이 아니겠습니까? "모든 천사들은 섬기는 영으로서 구원 받을 상속자들을 위하여 섬기라고 보내심이 아니냐"(히 1:14).

(7) 오늘 하나님께서 설교 말씀을 통해서 우리를 부르고 계시는 섭리도 하나님이 자기 백성을 소중히 여기신다는 것을 보여 주는 것이 아니겠습니까? 만일 그렇지 않다면, 우리는 벌써 악인들에게 희생되고 말았을 것입니다. 시편 기자는 "여호와께서 우리 편에 계시지 아니하셨더라면," "물이 우리를 휩쓸며 시내가 우리 영혼을 삼켰을" 것이라고 고백하는데(시 124편), 거기에서 악인들은 "불"이나 "물"이나 "들짐승"에 비유됩니다. 하나님의 교회로 하여금 이미 칠십 년이 넘게 자유와 평안을 누릴 수 있게 하신 섭리로 인해서, 우리는 하나님을 송축합니다. 유대인들이 부림절을 기념하였던 것처럼(에 9:27-28), 우리는 이 섭리를 기념하는 것이 마땅합니다. 왜냐하면, 우리는 칠십 년 전부터 에스더 시대의 유대인들처럼 동일한 원수에 의해서 늘 죽을 위험에 직면해 왔지만, 하나님께서는 그 오랜 세월 동안 우리를 보호하시고 지켜 주셨기 때문입니다. 우리가 그러한 은혜를 잊어버린다면, 하나님께서는 "내가 다시는 너희를 구원하지 아니하리라"(삿 10:13)고 말씀하실지도 모릅니다.

제2부

하나님의 섭리를
묵상함

제8장

섭리를 묵상하여야 할 의무

우리는 앞에서 하나님의 백성과 관련된 일들이 특별한 섭리의 돌봄에 의해서 이루어진다는 것을 증명하였고, 섭리가 그들과 관련된 일들에 어떠한 영향을 미치는지를 보여 주는 여러 예들을 들었기 때문에, 이제 여기에서는 그 다음으로 그러한 섭리의 역사들을 늘, 그리고 특히 어렵고 괴로운 환난의 때에 묵상하는 것이 하나님의 백성으로서의 도리이자 의무라는 것을 증명하고자 합니다.

(1) 이것이 우리의 의무인 것은 **하나님께서 그렇게 행하라고 명시적으로 명하셨기** 때문입니다. 하나님께서 자기 백성을 부르신 것은 그것이 은혜의 역사이든 심판의 역사이든 하나님의 역사들을 지극히 진지하게 성찰하도록 하기 위한 것이었습니다. 그래서 하나님께서는 자신에게 신앙을 고백한 백성이 자신을 배신하고 배교한 것으로 인해서 그들에게 가장 무시무시한 심판을 집행하시고, 그들 가운데 있던 자신의 임재의 상징들을 제거

해 버리고자 하셨을 때에도, 그들에게 실로로 가서 전에 하나님이 그 곳에서 무엇을 행하셨는지를 보고 묵상해 보라고 명하셨습니다(렘 7:12, "너희는 내가 처음으로 내 이름을 둔 처소 실로에 가서 내 백성 이스라엘의 악에 대하여 내가 어떻게 행하였는지를 보라").

또한, 은혜의 역사에 대해서도 마찬가지입니다. 하나님은 우리에게 그 은혜의 역사들을 기억하고 묵상하라고 명하십니다. "내 백성아 너는 모압 왕 발락이 꾀한 것과 브올의 아들 발람이 그에게 대답한 것을 기억하며 싯딤에서부터 길갈까지의 일을 기억하라 그리하면 나 여호와가 공의롭게 행한 일을 알리라"(미 6:5). 이것은 하나님께서 마치 이렇게 말씀하신 것이나 마찬가지입니다: "너희가 저 두드러진 섭리를 묵상하지 않는다면, 나의 의는 덮여 버릴 것이고, 너희의 불의는 드러나지 않을 것이다."

이렇게 하나님께서 피조물들에게 행하신 하나님의 섭리의 역사들을 기억하고 묵상하라고 하시는 것은 우리로 하여금 그러한 역사들을 묵상함으로써 하나님이 우리에게도 똑같이 그렇게 역사해 주실 것이라는 믿음을 갖게 하시기 위한 것입니다(마 6:28).

(2) **성경에서는 도처에서 그러한 묵상을 소홀히 하는 것을 죄로 단죄하고 있다는** 사실은 이것이 우리의 의무라는 것을 분명하게 보여 줍니다. 하나님의 역사들에 무관심하여 주의를 기울이지 않는 것은 하나님을 몹시 노여우시게 하는 것임은 다음과 같은 성경 본문에 아주 분명하게 드러나 있습니다: "여호와여 주의 손이 높이 들릴지라도 그들이 보지 아니하오나"(사 26:11). 아니, 그것은 하나님이 자신의 말씀 속에서 죄로 단죄하시고 재앙을 경고하시는 행위입니다(시 28:4-5, "그들은 여호와께서 행하신 일과 손으로 지으신 것을 생각하지 아니하므로 여호와께서 그들을 파괴하고 건설하지 아니하시리로다"; 사 5:12-13,

"그들이…여호와께서 행하시는 일에 관심을 두지 아니하며 그의 손으로 하신 일을 보지 아니하는도다 그러므로 내 백성이 무지함으로 말미암아 사로잡힐 것이요 그들의 귀한 자는 굶주릴 것이요 무리는 목마를 것이라"). 하나님께서는 단지 경고에서 그치시는 것이 아니라, 그러한 죄를 범한 자들을 눈에 보이는 심판들로 치십니다(욥 34:26-27).

(3) 성령은 이러한 목적과 의도로 성경에 기록된 섭리의 역사들에 관한 기사들에 "보라"라는 주의를 환기시키는 말을 덧붙였습니다. 이 모든 것들은 사람들로 하여금 섭리의 역사들에 합당한 주의를 기울여서 눈여겨 보고 깊이 묵상하라고 촉구하는 것입니다. 예를 들면, 이스라엘을 애굽의 종살이로부터 건져 낸 저 놀랍고 큰 섭리의 역사를 기록한 기사 속에서, 주의를 환기시키는 "보라"라는 단어는 두 번이나 사용됩니다: "여호와의 사자가 떨기나무 가운데로부터 나오는 불꽃 안에서 그에게 나타나시니라 그가 보니, 보라, 떨기나무에 불이 붙었으나 그 떨기나무가 사라지지 아니하는지라 … 이제, 보라, 이스라엘 자손의 부르짖음이 내게 달하고 애굽 사람이 그들을 괴롭히는 학대도 내가 보았으니"(출 3:2, 9, 개역개정에는 이 두 번의 "보라"가 모두 생략되어 있음).

또한, 하나님을 모독하는 발언을 해서 히스기야와 모든 백성을 경악하게 만들었던 저 오만방자한 랍사게가 섭리에 의해서 철수하여 본국으로 돌아가게 되었을 때, 성령은 그러한 섭리에도 주의를 환기시키는 "보라"라는 말을 집어넣습니다: "보라, 내가 한 영을 그의 속에 두어 그로 소문을 듣고 그의 본국으로 돌아가게 하고 또 그의 본국에서 그에게 칼에 죽게 하리라"(왕하 19:7).

시편 기자는 자기 백성을 원수들로부터 건져 내시고 원수들로 하여금 자기 꾀에 빠지게 하여 자멸하게 하신 하나님의 지혜와 능력을 송축할 때, 섭리에 의한 그러한 이중의 역사에 주의를 환기시키는 표현을 이중으로 삽입해서 "힉가욘, 셀라"라고 표현합니다(시 9:16, 여기에서 "힉가욘"과 "셀라"는 둘 다 잠깐 멈추어서 묵상하라는 의미이다 - 역주). 요한계시록에서는 일련의 주목할 만한 섭리가 담겨 있는 봉인을 열 때마다 그 하나하나에 주의하고 주목하라는 뜻으로 "와서 보라"(계 6:1-7, 개역개정에는 "오라")고 명합니다.

만일 이러한 것들이 우리에게 하나님의 역사를 주목해서 보고 묵상하라는 의무를 부과하는 것이 아니라면(시 66:5, "와서 하나님께서 행하신 것을 보라"), 성경은 그런 것들을 쓸데없고 불필요하게 덧붙여 놓은 꼴이 될 것입니다.

(4) 섭리의 역사들을 합당하게 눈여겨보지 않는다면, 그 역사로 인해서 하나님께 합당한 찬송을 드리는 것은 불가능합니다. 하나님이 베풀어 주신 은혜들에 대하여 감사하고 찬송하는 것은 그 역사들을 주목하고 묵상하는 행위에 달려 있기 때문에, 그러한 묵상이 없이는 하나님을 찬송하거나 감사할 수 없습니다. 시편 107편은 여러 모양의 사람들을 돌보시는 하나님의 섭리들을 집중적으로 다룹니다: 곤경에 처해 있는 자들(4-6절), 감옥에 갇혀 있는 죄수들(10-12절), 병상에서 신음하는 병자들(17-19절), 폭풍우가 몰아치는 큰 바다 위에 있는 선원들(23절), 기근을 겪고 있는 사람들(33-34절). 실제로, 하나님의 섭리는 높은 자를 낮추시거나 낮은 자를 높이시는 등 이 세상에서 일어나는 모든 변화들 속에서 드러납니다(40-41절). 이 시편은 각각의 단락에서 사람들에게 이 각각의 섭리들을 인하여 하나님을 찬송하라고 말합니다. 43절은 사람이 하나님을 찬송하는 의무를 다하기 위해서는 이러한 섭리의 역사들을 주목해서 보는 것이 꼭 필요하다는 것을 보여 줍니다: "지혜 있는 자들은 이러한 일들을 지켜보고 여호와의 인자하심을 깨달으리로다." 그러므로 사람들이 섭리의 역사들을 주목해서 보아야 하는 의무를

다하지 않는다면, 하나님께서는 찬송을 받으실 수가 없게 되고 맙니다.

(5) **과거에 있는 섭리의 역사들을 주목해 보고 묵상하지 않는다면, 우리는 우리 자신이나 다른 사람들에게 유익을 가져다주는 하나님의 모든 역사들을 활용할 수 없게 되고,** 이것은 우리에게 정말 이루 말할 수 없는 손실이 될 것입니다. 하나님의 역사들을 묵상하는 것은 우리의 믿음이 환난 날에 먹고 사는 양식입니다. "리워야단의 머리를 부수시고 그것을 사막에 사는 자에게 음식물로 주셨으며"(시 74:14). 즉, 리워야단의 머리를 부수신 하나님의 역사는 그들의 믿음을 위한 양식이라는 것입니다.

성도들은 과거의 섭리들을 근거로 해서, 하나님께서 장차 새로운 섭리의 역사들을 베풀어 주실 것을 간구합니다. 그래서 다윗은 "여호와께서 나를 사자의 발톱과 곰의 발톱에서 건져내셨은즉 나를 이 블레셋 사람의 손에서도 건져내시리이다"(삼상 17:37)라고 말할 수 있었고, 바울은 "그가 이같이 큰 사망에서 우리를 건지셨고 또 건지실 것이며"(고후 1:10)라고 말할 수 있었습니다. 그런데 그러한 과거의 역사들을 잊어버리거나 제대로 살펴보지 않는다면, 믿음의 손은 축 늘어지고 맙니다. 또한, 그리스도께서도 제자들에게 자신이 과거에 행한 역사들을 상기시키시면서, "너희가 아직도 깨닫지 못하느냐 떡 다섯 개로 오천 명을 먹이고 주운 것이 몇 바구니며 떡 일곱 개로 사천 명을 먹이고 주운 것이 몇 광주리였는지를 기억하지 못하느냐"(마 16:9-10)고 말씀하실 수 있으셨습니다.

이것은 자주 성도들이 새로운 은혜들을 구하는 기도에서 사용하는 근거로서의 역할을 합니다. 모세는 이스라엘 백성의 죄를 계속해서 또는 새롭게 사해 주실 것을 간구할 때, 과거에 하나님이 그들의 죄를 사해 주신 사례를 근거로 제시합니다: "구하옵나니 주의 인자의 광대하심을 따라 이 백성의 죄악을 사하시되 애굽에서부터 지금까지 이 백성을 사하신 것 같이 사하시옵소서"(민 14:19). 마찬가지로, 교회도 모세가 새로운 죄 사함을 구할 때에 사용하였던 것과 동일한 근거 위에서 새로운 섭리들을 간구합니다(사 51:9-10, "여호와의 팔이여 깨소서 깨소서 능력을 베푸소서 옛날 옛시대에 깨신 것 같이 하소서 라합을 저미시고 용을 찌르신 이가 어찌 주가 아니시며 바다를, 넓고 깊은 물을 말리시고 바다 깊은 곳에 길을 내어 구속 받은 자들을 건너게 하신 이가 어찌 주가 아니시니이까").

(6) 하나님께서 섭리들을 통해서 자신을 나타내셨는데도 그것을 주목하지 않는 것은 하나님을 멸시하는 악한 일입니다. 왜냐하면, 하나님은 모든 섭리들 속에서, 그리고 특히 어떤 특정한 섭리들 속에서 우리에게 가까이 오시기 때문입니다. 하나님은 심판들 가운데서 우리를 찾아 오십니다: "내가 심판들 가운데서 너희에게 가까이 가리라"(말 3:5, 개역개정에는 "내가 심판하러 너희에게 임할 것이라"). 또한, 은혜들 가운데서도 우리를 찾아오십니다: "여호와께서는 자기의 이름을 부르는 모든 자들에게 가까우시도다"(시 145:18, 개역개정에는 "여호와께서는 자기에게 간구하는 모든 자에게 가까이 하시는도다"). 성경에서는 하나님이 우리를 징계하셔서 바로잡으시고자 하실 때에나(호 9:7) 우리를 구원하여 건지시고자 하실 때에(시 106:4) 섭리를 통해서 우리를 찾아 오신다고 말합니다. 하나님께서는 그런 식으로 우리를 찾아 오셔서 우리의 영혼을 지켜 주시는 것입니다(욥 10:12).

크신 하나님께서 우리를 그토록 자주 "아침마다," 그리고 "순간마다" 찾아 주시는 것은 하나님의 놀라우신 겸비입니다(욥 7:18, "아침마다 권징하시며 순간마다 단련하시나이까"). 그런데도 그런 것을 주목하여 보지 않는 것은 하나님을 대놓고 멸시하는 악을 저지르는 것입니다(사 1:3; 습 3:2). 여러분이 어떤 사람을 존경한다면, 그 사람에게는 절대로 그렇게 하지 않을 것입니다. 하나님의 은총들(사 26:10)이나 하나님의 진노하심들(렘 5:3)을 안중에 두지 않는 것이 악인들의 속성입니다.

(7) 한 마디로 말해서, **우리는 하나님의 섭리들을 제대로 주목함이 없이는 자신의 처지에 합당한 기도를 하나님께 드리는 것은 불가능합니다.** 여러분이 드리는 기도들은 여러분의 처지에 합당한 것이 되어야 합니다. 하나님께서는 어떤 때에는 여러분에게 찬송하라고 하시고, 어떤 때에는 여러분 자신을 낮추라고 하십니다. 여러분은 하나님의 판단들을 기다려야 하고(사 26:8), 그 판단들 가운데서 여러분에게 다가오시는 하나님을 맞을 준비가 되어 있어야 합니다(습 2:1; 암 4:12). 어떤 때에는 여러분에게 다가오고 있는 하나님의 진노를 돌려 놓는 것이 여러분이 해야 할 일이고, 어떤 때에는 여러분이 받은 은혜들을 인하여 하나님을 찬송하는 것이 여러분이 해야 할 일입니다(사 12:1-2). 그런데 그렇게 하기 위해서는 여러분은 먼저 섭리들을 통한 하나님의 판단들을 주목해 보아야 합니다.

그래서 우리는 다윗의 시편들의 내용이 그에게 주어진 섭리들에 따라서 계속해서 달라지는 것을 발견합니다. 하지만 하나님의 섭리들을 주목하지도 않고 신경도 쓰지 않는 사람은 절대로 그때그때 자신의 처지를 깨달아서 거기에 합당한 기도를 드릴 수 없습니다. 섭리들을 주목하고 묵상하는 것이 여러분의 의무인 이유가 거기에 있습니다.

제9장

하나님의 섭리를
어떻게 묵상하여야 하는가

다음으로 우리는 계속해서 우리를 위한 섭리의 역사들을 어떤 식으로 성찰하고 묵상하여야 하는지를 살펴보고자 합니다. 여러분을 향한 하나님의 모든 섭리들을 역사적으로 냉정하게 아무런 감동도 없이 피상적으로 가볍게 훑어보았다고 해서, 하나님 앞에서 이 중요한 의무를 다 이행하였다고 말할 수 있는 것이 아님은 분명합니다. 하나님의 섭리를 묵상한다는 것은 결코 그런 것이 아니고, 대부분의 사람들이 이해하고 있는 것과는 다른 것입니다. 우리가 이 하늘에 속한 신령한 훈련을 제대로 알고 행하기만 한다면, 우리의 삶은 정말 달콤한 것으로 변하게 될 것이고, 우리가 느끼는 짐도 훨씬 가벼워질 것입니다! 여러분이 이 의무에 대하여 무지하거나 소홀히 한 채로 살아간다는 것은 그리스도인으로서의 삶의 기쁨에서 소외된 채로 살아가는 것입니다. 여러분이 이 하늘에 속한 달콤하고 유익한 일을 제대로 행하고 싶다면, 지금부터 내가 말하는 다음과 같은 지침들을 경청해 주시기를 부탁드립니다.

여러분에 대한 하나님의 섭리들을 여러분이 할 수 있는 한 최대로 하나도 빠짐없이 철저하게 처음부터 끝까지 살펴서 알려고 애쓰십시오.

여러분의 심령을 하나님과 하나님의 길들에 관한 생각들로 가득 채우십시오. 단 하나의 하나님의 섭리도 그토록 황홀하고 대단한 것이라면, 우리의 영혼이 그 많은 섭리들을 한 눈에 다 볼 수 있다면 어떠하겠습니까! 하나의 별을 보아도 그토록 아름다운데, 별들이 모여 있는 성단을 본다면 얼마나 아름답겠습니까! 그러므로 여러분을 위한 섭리의 역사들은 외적인 것이든 내적인 것이든 하나도 빠짐없이 묵상하십시오.

(1) **모든 외적인 섭리들을 낱낱이 묵상하십시오.** 여러분이 지금까지 살아 온 삶을 뒤돌아보고서 여러분에게 임하였던 섭리의 모든 역사들을 샅샅이 살피십시오. 아삽도 그렇게 하였습니다: "여호와의 일들을 기억하며 주께서 옛적에 행하신 기이한 일을 기억하리이다 또 주의 모든 일을 작은 소리로 읊조리며 주의 행사를 낮은 소리로 되뇌이리이다"(시 77:11-12). 그는 아주 오래 전에 하나님이 자기에게 베푸셨던 은혜의 섭리들을 회상하고 떠올려서 다시 음미해 봄으로써, 그 섭리들로부터 새로운 달콤한 진액을 빨아 먹고자 애썼습니다. 나는 여러분이 차분하게 앉아서 지금까지 살아 온 세월 동안 하나님이 여러분을 위해서, 그리고 여러분에게 행해 오신 일들을 처음부터 끝까지 다 기록한다면, 이 세상에서 여러분의 삶에 관한 이야기만큼 더 즐거운 이야기는 없을 것임을 단언할 수 있습니다. 여러분이 지금까지 지나온 모든 상황들 속에는 여러분을 향한 하나님의 은혜와 신실하심과 사랑이 두드러지게 나타난 무수한 일들이 점철되어 있습니다. 여러분이

이 이야기의 절반을 지나 왔는데도, 여러분의 마음이 녹아내리지 않는다면, 여러분의 마음은 딱딱하게 굳어 있는 완악한 마음일 것임에 틀림없습니다. "나의 아버지여 아버지는 나의 청년 시절의 보호자이시오니"(렘 3:4).

　(2) **모든 내적인 섭리들을 낱낱이 묵상하십시오.** 여러분의 생각이 마치 깃털이 물 속으로 들어가지 못하고 단지 물 위에서만 떠다니듯이 그렇게 피상적으로 묵상하지 마시고, 납이 밑바닥까지 내려가듯이 여러분의 내면의 깊은 바다까지 샅샅이 훑어가며 묵상하십시오. "여호와께서 행하시는 일들이 크시오니 이를 즐거워하는 자들이 다 기리는도다"(시 111:2). 시편 기자는 하나님의 섭리가 얼마나 깊은 것인지를 다음과 같은 짤막한 한 행으로 생생하게 표현합니다: "주의 길이 바다에 있었고 주의 곧은 길이 큰 물에 있었으나 주의 발자취를 알 수 없었나이다"(시 77:19). 하지만 우리가 할 수 있는 한 온 힘을 다하여 깊이 들어간 후에야, 그래도 그 밑바닥에 닿을 수 없음을 깨닫고서 섭리의 깊이를 찬양하는 것이 우리의 도리입니다.

　우리가 섭리들을 살피는 것은 엘리야가 비 오기를 기도하면서 그의 종에게 비가 올 기미가 보이는지를 살펴보게 한 것과 같습니다. 그 종이 첫 번째로 나가서 하늘을 보았을 때에 하늘에는 아무것도 보이지 않았습니다. 그러자 선지자는 그 종에게 계속해서 반복적으로 똑같이 명령하였고, 이렇게 해서 그 종은 하늘을 일곱 번이나 살폈습니다. 마침내 일곱 번째 이르러서 그 종은 선지자에게 무엇이라고 말합니까? "바다에서 사람의 손만한 작은 구름이 일어나나이다"(왕상 18:44). 그런 후에, 그 종이 계속해서 그 작은 구름을 뚫어져라 하고 바라보았을 때, 하늘 전체가 구름으로 뒤덮이는 것이 그의 눈에 보였습니다.

　마찬가지로, 여러분도 어떤 일에서 섭리를 한두 번 찾아보았을 때에는 거기에서 그런 기미를 전혀 보지 못할 수 있습니다. 하지만 "일곱 번"을 보십시오. 즉, 그 일에서 어떤 섭리가 있었는지를 숙고하고 묵상해 보십시오. 그러면, 엘리야의 종이 처음에 보았던 손바닥만했던 구름이 나중에는 하늘 전체를 뒤덮었듯이, 여러분은 그 일에서 역사한 섭리의 영광을 점점 더 뚜렷하게 보게 될 것입니다.

여러분은 어느 한 섭리 전체의 가치를 판단하기 전에, 그 하나의 섭리를 구성하고 있는 여러 가지 요소들을 각각 구별해내서 따로따로 숙고하는 과정을 거쳐야 합니다.

첫째로, 그 섭리에 의해서 주어진 은혜의 **시의적절성**을 살펴보십시오. 어떤 은혜가 적시에 주어졌다는 사실은 그 은혜의 가치를 극대화시키는 역할을 하기 때문입니다. 어떤 은혜가 여러분에게 정말 꼭 필요했던 바로 그 때에 너무나 기가 막힌 타이밍에 주어졌다면, 그 은혜는 다른 때에 주어진 것보다도 여러분에게 이루 말할 수 없이 중요한 의미를 지니게 됩니다. 따라서 우리의 곤경이 극한에까지 이르러서, 모든 눈에 보이는 소망들이 다 끊어져 버렸을 때에 주어진 은혜의 가치는 이루 말할 수 없이 클 수밖에 없습니다(사 41:17-18, "가련하고 가난한 자가 물을 구하되 물이 없어서 갈증으로 그들의 혀가 마를 때에 나 여호와가 그들에게 응답하겠고 나 이스라엘의 하나님이 그들을 버리지 아니할 것이라 내가 헐벗은 산에 강을 내며 골짜기 가운데에 샘이 나게 하며 광야가 못이 되게 하며 마른 땅이 샘 근원이 되게 할 것이며").

둘째로, 우리에게 주어진 섭리의 돌봄과 은총이 **특별한 것**이었는지를 살펴보십시오. 섭리가 특별한 것이었다면, 그 섭리로 인해 주어진 은혜는 지극히 큰 것이고 우리에게 너무나 소중한 것이 될 것입니다. 세상에 전체적으로 재앙이 임하였을 때, 우리가 섭리의 은총에 의해 그 날개 아래에서 보호를 받아 그 재앙을 피할 수 있었다거나, 하나님께서 악한 날들에 우리를 부르셔서, "내 백성아 갈지어다 네 밀실에 들어가서 네 문을 닫고 분노가 지나기까지 잠깐 숨을지어다"(사 26:20)라고 말씀하셨다거나, 하나님의 그러한 약속이 궁핍이나 기근의 때에 우리에게 이루어졌다거나(시 33:18-19), 우리보다 모든 면에서 훨씬 더 안전할 것이라고 여겨졌던 사람들은 재앙을 당하여 비참한 처지에 넘겨진 반면에, 우리는 구원을 받게 되었다면, 그것들이 바로 그런 경우들인데, 그러한 섭리들은 우리에게 얼마나 소중하고 감격스러운 것들입니까(시 91:7-8)!

셋째로, **선도적인 섭리**를 특별히 주목하여 보고 마음을 써야 하고 결코 소홀히 해서는 안 됩니다. 어떤 섭리들은 그 자체로는 미미해 보이고 별 것 아닌 것처럼 보일지라도, 일련의 다른 많은 은혜들과 일련의 복된 결과들을 줄줄이 끌어 오는 역할을 하는 선도적인 섭리들인 경우가 있는데, 그런 점에서 우리는 그런 섭리들을 특히 가장 주목해서 보고 소중히 여기는 것이 마땅합니다. 이새가 다윗에게 군대의 진영에 있던 그의 형들에게 먹을 것을 가져다주라고 심부름을 시킨 것이 바로 그런 섭리에 해당합니다(삼상 17:17). 모든 그리스도인들은 자기가 현재 처해 있는 위치와 자기가 맺고 있는 관계들에 이르게 된 과정을 곰곰이 생각해 보기만 하면, 자신의 일련의 경험들 속에서 그런 선도적인 섭리들을 발견해 낼 수 있습니다.

넷째로, 여러분을 위한 섭리에 의해서 사용된 **도구들**을 특별히 눈여겨 보십시오. 그 도구들을 깊이 묵상할 때, 우리는 거기에서 하나님의 손길을 분명하게 보게 됩니다. 왜냐하면, 큰 은혜들이 전혀 상상도 하지 못한 수단들을 통해서 우리에게 주어지고, 우리가 예상했던 수단들을 통해서는 주어지지 않는 경우가 종종 있기 때문입니다. 여러분의 가까운 혈육들은 여러분에게 꼭 필요한 것을 해 주고자 하는 마음도 없었고 그럴 힘도 없었던 반면에, 여러분과 일면식도 없는 낯선 사람이 여러분을 위해 그것을 해 줍니다. 다윗에게 요나단이 그런 사람이었습니다. 다윗은 그의 형제들에 의해서는 멸시를 받았던 반면에, 사울의 아들 요나단은 다윗에게는 낯선 사람일 뿐이었지만, 다윗을 아주 좋아해서 그에게 친절과 도움을 베풀어 주었습니다. 목회자들도 그들을 공경하고 그들에게 잘해 주어야 할 신자들에게서보다도 낯선 사람들에게서 친절과 공경을 받는 경우가 많습니다. 그래서 그리스도께서는 "선지자가 자기 고향과 자기 친척과 자기 집 외에서는 존경을 받지 못함이 없느니라"(막 6:4)고 말씀하셨습니다.

낯선 사람들에게서만이 아니라 원수들의 손으로부터 도움이 오는 경우도 종종 있습니다: "땅이 여자를 도와"(계 12:16). 하나님께서는 많은 악인들의 마음을 움직이셔서 자기 백성에게 큰 자비를 베풀게 해 오셨습니다(행 28:2). 또한, 하나님은 종종 자기 백성에게 해악을 끼치고자 한 자들을 자기 백성에게 복을 가져다주는 도구들로 사용하십니다. 요셉의 형들은 요셉을 해치고자 하였지만, 하나님은 그들의 그러한 악을 요셉에게 복을 주시는 도구로 사용하신 것이 그런 경우입니다(창 50:20).

다섯째로, 섭리의 **목적과 의도**, 즉 섭리의 목적과 목표가 무엇이었는가 하는 것이 우리의 철저한 성찰을 피해 가게 해서는 안 됩니다. 사실은 다른 모든 것보다도 바로 이것이 우리의 마음을 가장 뜨겁게 하고 녹이는 요소입니다. 모든 섭리가 전체적이고 일반적으로 무엇을 목적으로 하는지에 대해서 성경은 우리에게 이렇게 말해 줍니다: "우리가 알거니와 하나님을 사랑하는 자 곧 그의 뜻대로 부르심을 입은 자들에게는 모든 것이 합력하여 선을 이루느니라"(롬 8:28). 무수한 우호적인 손길들이 성도들을 위해 함께 일하고, 그들에게 복을 가져다주기 위하여 함께 일합니다. 이것은 우리에게 임한 가장 쓰디쓴 섭리도 달콤하게 만들기에 충분합니다. 왜냐하면, 우리는 그 지독하게 쓴 섭리도 결국에는 우리의 구원을 위하여 합력하는 것임을 알기 때문입니다(빌 1:19).

여섯째로, 어떤 섭리들이 우리의 기도들을 존중해서 베풀어진 섭리들인지, 즉 **이 기도 응답으로서의 섭리들**인지를 특히 눈여겨보십시오. 하나님께서 우리의 기도들에 응답하셔서 베풀어 주신 섭리의 역사들을 묵상하는 것은 너무나 감격스럽고 달콤한 일입니다. 기도는 섭리를 존귀하게 해 주고, 섭리는 기도를 존귀하게 해 줍니다. 성경에서도 이 점을 특히 주목해서 우리에게 보여 줍니다(창 24:45, "내가 마음속으로 말하기를 마치기도 전에 리브가가 물동이를 어깨에 메고 나와서 우물로 내려와 긷기로 내가 그에게 이르기를 청하건대 내게 마시게 하라 한즉"; 단 9:21, "곧 내가 기도할 때에 이전에 환상 중에 본 그 사람 가브리엘이 빨리 날아서 저녁 제사를 드릴 때 즈음에 내게 이르더니"; 행 12:11-12, "베드로가 정신이 들어 이르되 내가 이제야 참으로 주께서 그의 천사를 보내어 나를 헤롯의 손과 유대 백성의 모든 기대에서 벗어나게 하신 줄 알겠노라 하여 깨닫고 마가라 하는 요한의 어머니 마리아의 집에 가니 여러 사람이 거기에 모여 기도하고 있더라"). 여러분은 지금까지 하나님께 많은 기도와 간구들을 해 왔고, 기도 응답으로서의 섭리들은 하나님이 여러분의 기도들을 결재하셨다는 것을 보여 주는 서명들입니다. 그러한 은혜들은 얼마나 달콤하고 감격스러운 것입니까!

모든 섭리들을 주목할 때, 하나님의 어떤 말씀들이 그 섭리들을 통해서 여러분에게 성취되고 실현되었는지를 특별히 주목해서 보십시오.

모든 섭리들이 성경에 기록된 말씀과 결부되어 있다는 것은 분명한 사실입니다. 그래서 솔로몬은 자신의 기도 속에서 하나님의 약속들과 섭리들이 그의 아버지 다윗과 일생 동안 함께 보조를 맞추어 동행하여서, 그 섭리들 가운데서 나타난 하나님의 손길이 하나님의 입으로 하신 모든 말씀들을 다 이루셨다고 고백합니다(왕상 8:24). 또한, 여호수아도 마찬가지로 "너희의 하나님 여호와께서 너희에게 대하여 말씀하신 모든 선한 말씀이 하나도 틀리지 아니하고 다 너희에게 응하여 그 중에 하나도 어김이 없음을 너희 모든 사람은 마음과 뜻으로 아는 바라"(수 23:14)고 증언합니다. 그는 자기가 경험한 하나님의 역사들이 하나님의 말씀과 어떤 관계에 있는지를 주의 깊게 살펴보았던 것입니다. 그는 그런 식으로 이 둘을 서로 비교해 보고서는, 이 둘이 정확히 맞아떨어지는 것을 확인하였습니다. 여러분도 여호수아처럼 여러분의 삶 속에서 일어난 섭리들과 하나님의 말씀들을 비교해 본다면, 동일한 것을 확인하게 될 것입니다.

어떤 해석자들은 우리가 이 책의 주제 본문으로 선택한 말씀이 바로 그러한 취지를 말하고 있는 것이라고 생각하기 때문에, 나는 이 점을 더욱더 강조하고자 합니다. 그들은 우리가 이미 서론에서 보았듯이, 이 본문에 "그가 약속하신 것들"이라는 어구를 보충해 넣어서, 다음과 같이 이 본문을 읽습니다: "내가 지존하신 하나님께 부르짖으리니 곧 나를 위하여 그가 약속하신 모든 것을 이루시는 하나님께로다"(시 57:2).

나는 이 본문의 의미를 그런 식으로 좁게 제한할 이유가 과연 있는 것인지에 대해서는 의문이 있기는 하지만, 그러한 해석이 이 본문이 말하고자 하는 것의 일부라는 것만은 부정할 수 없습니다. 그러므로 우리는 우리에게 임한 모든 섭리들을 주목하여 살펴볼 때, 하나님의 어떤 말씀 — 그것이 경고이든 권면이든 약속이든 — 이 어떤 때에 베풀어진 각각의 섭리에 의해서 성취되었는지를 눈여겨보아야 합니다.

(1) 이것을 행하면, 우리는 성경의 진리가 사건들 속에서 아주 분명하게

성취되는 것을 보게 되기 때문에, 성경이 참되다는 사실에 대한 더욱 큰 확신을 갖게 될 것입니다. 사람들이 모든 시대에서 하나님의 역사들이 약속하신 대로 정확히 이루어진 것을 보고서는, "우리는 읽거나 들었던 그대로를 보았다"고 확신을 가지고 말할 수 있게 된다면, 설령 성경이 참되다는 것을 보여 주는 다른 인침이나 증거가 없다고 할지라도, 그것 하나만으로도 성경이 하나님으로부터 온 것임은 의심할 여지 없이 증명되고도 남을 것입니다. 우리의 눈 앞에서 펼쳐진 사건들 속에서 하나님의 말씀들이 성취되는 것을 확인하는 것만큼 더 확실한 증거가 어디 있겠습니까!

(2) 이것을 행하면, 우리는 우리에게 임한 모든 섭리들 아래에 순종해서 우리가 지금 행하여야 할 도리나 의무들에 온 힘을 다하여야 한다는 교훈을 차고 넘치게 배우게 될 것입니다. 우리는 하나님의 역사들을 해석해 주는 "말씀"에 의거해서만 우리에게 주어진 회초리의 목소리와 그 목적을 알 수 있습니다(시 94:12, "여호와여 주로부터 징벌을 받으며 주의 법으로 교훈하심을 받는 자가 복이 있나니").

우리는 우리에게 주어진 하나님의 섭리의 역사들의 의미를 잘 몰라서 헷갈려할 수 있지만, 그것들을 하나님의 말씀 앞으로 가져가면, 그 섭리의 역사들 아래에서 우리가 해야 할 일이 무엇인지가 금방 드러납니다. "내가 어쩌면 이를 알까 하여 생각한즉 그것이 내게 심한 고통이 되었더니 하나님의 성소에 들어갈 때에야 그들의 종말을 내가 깨달았나이다"(시 73:16-17). 시편 기자는 악인들의 "종말"만을 깨달은 것이 아니라, 악인들의 형통을 부러워하지 말고 자신의 환난 가운데서 묵묵히 하나님에 대한 자신의 도리와 의무를 다하여야 한다는 것도 깨달았습니다.

여러분이 겪었던(또는, 지금 겪고 있는) 섭리들을 하나님의 말씀 앞으로 가져 가십시오. 여러분은 여러분 자신이 기이한 빛에 의해 둘러싸여 있는 것을 발견하게 될 것이고, 그 섭리들 속에서 성경이 참되다는 사실을 확인하게 될 것입니다. 그러므로 나는 여기에서 여러분에게 그동안 일어났던 섭리의 사건들이 모든 면에서 하나님의 말씀과 부합하는 것이었는지를 살펴보라고 여러분의 양심에 호소하고자 합니다.

(1) 하나님의 말씀은 말씀이 여러분에게 처방해 준 규범들과 의무들을 신실하게 지키는 것이 여러분의 지혜이고 여러분의 유익이라는 것을 말해 주고, 거룩함과 순종의 길이 가장 지혜로운 길이라는 것을 말해 줍니다. "내가 나의 하나님 여호와께서 명령하신 대로 규례와 법도를 너희에게 가르쳤나니 … 너희는 지켜 행하라 이것이 여러 민족 앞에서 너희의 지혜요 너희의 지식이라 그들이 이 모든 규례를 듣고 이르기를 이 큰 나라 사람은 과연 지혜와 지식이 있는 백성이로다 하리라"(신 4:5-6).

섭리의 사건들로 하여금 과연 그것이 사실인지 아닌지를 말하게 하십시오. 우리가 날마다 우리에게 주어진 의무들을 철저하게 행함으로써 우리의 현재가 편안하고 우리의 미래가 행복하게 될 것을 예감하고 있든지, 아니면 그 반대로 그 의무들을 소홀히 함으로써 우리의 현재가 불안하고 우리의 미래에 화가 있을 것을 예감하고 있든지, 어느 쪽이든 섭리는 이 하나님의 말씀이 참되다는 것을 분명하게 보여 줄 것입니다.

죄로 인해서 자신의 몸과 영혼과 재산과 이름을 파탄시킨 술주정뱅이들이나 간음한 자들이나 하나님을 욕하고 살아온 자들에게, 그들이 자신의 정욕과 욕망을 따라 하나님이 금하신 길들로 살아온 것들이 지혜로운 일이었는지, 아니면 하나님이 명하신 것들을 지키며 그 테두리 내에서 살아 왔다면, 그것이 그들에게 훨씬 더 큰 유익과 위로를 가져다주었을 것인지를 한 번 물어보십시오. 그들은 단지 "이것이 바로 어리석은 자들의 길"(시 49:13)이라고 고백할 수 있을 뿐입니다.

사도는 "너희가 그 때에 무슨 열매를 얻었느냐 이제는 너희가 그 일을 부끄러워하나니 이는 그 마지막이 사망임이라"(롬 6:21)고 말합니다. 하나님의 섭리는 모든 시대의 하나님의 사람들이 경험을 통해서 기록해 놓은 저 경고들이 참되다는 것을 그들에게 증명해 주지 않습니까(욥 31:12; 잠 5:9-10; 23:21, 29)? 하나님의 명령들을 따라 행하는 자들은 그러한 모든 화와 재앙들을 겪지 않습니다. 여러분은 사람들이 패가망신하는 것을 도처에서 봅니다. 그러한 비참한 섭리들 속에서 성경의 진리가 얼마나 분명하게 성취되고 있는지를 보십시오.

(2) 하나님의 말씀은 여러분이 하나님께서 가르쳐 주시는 바르고 정직한 길에서 떠나서 죄악된 술수들을 사용하는 것은 여러분에게 결코 유익이 되지 않을 것이라고 말합니다(삼상 12:21, "돌아서서 유익하게도 못하며 구원하지도 못하는 헛된 것을 따르지 말라 그들은 헛되니라"; 잠 3:5, "너는 마음을 다하여 여호와를 신뢰하고 네 명철을 의지하지 말라").

섭리의 사건들로 하여금 이것도 참이라는 것을 말하게 하십시오. 여러분 자신의 경험에게 물어보십시오. 그러면 여러분의 경험은 여러분에게 이것이 참이라는 것을 온전히 확증해 줄 것입니다. 여러분은 바르고 정직한 길을 떠나서, 죄악된 술수들을 사용해서 여러분 자신의 계획들을 실행에 옮겨서 형통한 적이 있습니까? 하나님께서는 모든 죄의 길들을 저주해 오셨습니다. 다른 사람들은 죄의 길로 행하여야 형통할 수 있다고 말할지라도, 하나님의 백성은 그렇게 말할 수 없습니다.

이스라엘이 하나님을 의지하지 않고, 애굽을 의지하여 그 그늘 아래에서 보호를 받고자 했을 때, 그러한 죄악된 술수를 통해서 그들이 어떤 유익을 얻었습니까(사 30:1-5)? "여호와께서 이르시되…그들이 바로의 세력 안에서 스스로 강하려 하며 애굽의 그늘에 피하려 하여 애굽으로 내려갔으되… 바로의 세력이 너희의 수치가 되며 애굽의 그늘에 피함이 너희의 수욕이 될 것이라…그들이 다 자기를 유익하게 하지 못하는 민족으로 말미암아 수치를 당하리니 그 민족이 돕지도 못하며 유익하게도 못하고 수치가 되게 하며 수욕이 되게 할 뿐임이니라."

다윗은 자신의 악행을 덮으려고 죄악되고 흉악한 술수를 사용하였지만, 그 술수가 과연 성공하였습니까(삼하 12:9-12)? "네가 여호와의 말씀을 업신여기고 나 보기에 악을 행하였느냐 네가 칼로 헷 사람 우리아를 치되 암몬 자손의 칼로 죽이고 그의 아내를 빼앗아 네 아내로 삼았도다 이제 네가 나를 업신여기고 헷 사람 우리아의 아내를 빼앗아 네 아내로 삼았은즉 칼이 네 집에서 영원토록 떠나지 아니하리라…보라 내가 너와 네 집에 재앙을 일으키고 내가 네 눈앞에서 네 아내를 빼앗아 네 이웃들에게 주리니 그 사람들이 네 아내들과 더불어 백주에 동침하리라 너는 은밀히 행하였으나 나는 온 이스라엘 앞에서 백주에 이 일을 행하리라."

리비우스(Livy, 주전 59년 - 주후 17년, 로마의 역사가)는 이 말씀의 진리를 정확히 꿰뚫어 보고서 다음과 같은 훌륭한 말을 남겼습니다: "죄악된 술수들은 처음에 보기에는 그럴 듯해서 반드시 이루어질 것처럼 보이지만, 실행에 옮기는 과정에서 난관에 부딪치고, 결국에는 비참한 결과로 끝이 나고 만다"(Consilia callida, prima specie loeta tractata dura, eventu tristia).

어떤 사람들은 죄악된 방식으로 큰 재물을 얻어 왔지만, "불의의 재물은 무익하다"(잠 10:2)는 성경 말씀은 그들의 경험 속에서 참되다는 것이 입증

되어 왔습니다. 하나님께서 은밀한 저주를 보내셔서 그러한 재물을 날려 버리셨기 때문에, 그 재물이 그들에게 유익이 되지 못하기도 하였고, 그들의 양심에 극심한 불안을 가져다주셨기 때문에, 그들은 그 재물을 토해 내지 않을 수 없었고, 그렇게 했을 때에야 비로소 평안을 발견할 수 있었습니다 (욥 11:13-15).

다윗이 자기 아들 솔로몬에게 당부한 두 가지는 많은 사람들에 의해서 경험적으로 참되다는 것이 증명되었는데, 하나는 형통으로 가는 진정한 길은 하나님의 말씀의 규례를 철저하게 지키는 것이라는 당부였고(대상 22:12-13, "여호와께서 네게 지혜와 총명을 주사 … 네 하나님 여호와의 율법을 지키게 하시기를 더욱 원하노라 그 때에 네가 만일 여호와께서 모세를 통하여 이스라엘에게 명령하신 모든 규례와 법도를 삼가 행하면 형통하리니 강하고 담대하여 두려워하지 말고 놀라지 말지어다"), 다른 하나는 사람들이 형통하지 못하는 진정한 이유는 하나님의 말씀과 규례를 버렸기 때문이라는 것이었습니다(대하 24:20, "너희가 어찌하여 여호와의 명령을 거역하여 스스로 형통하지 못하게 하느냐 하셨나니 너희가 여호와를 버렸으므로 여호와께서도 너희를 버리셨느니라").

하나님께서 어떤 사람을 멸하고자 하실 때에는, 먼저 그로 하여금 한동안은 죄악의 길 가운데서 성공하고 형통하게 하셔서 더욱더 완악하게 하신다는 것은 사실입니다(욥 12:6). 그러나 하나님이 사랑하시는 자들에게는 그렇게 하지 않으시고, 그들의 죄악된 술수가 결코 형통하지 못하게 하십니다.

(3) 하나님의 말씀은, 어떤 사람들이 아무리 크고 강력하다고 할지라도 여러분이 사람을 의지하고 신뢰하는 것을 금하고(시 146:3), 사람이 아니라 여호와를 의지하는 것이 더 낫다고 가르치며(시 118:8), 우리와 혈연으로 묶

여겨서 아주 가까운 사람들을 의지하는 것을 금하고(미 7:5), 하나님께 드려야 마땅한 신뢰를 사람에게 드리는 자를 저주합니다(렘 17:5).

이것과 관련해서 섭리의 사건들을 잘 살펴서, 이 말씀이 과연 참된지를 확인해 보십시오. 여러분은 애굽의 갈대를 의지했다가, 그 갈대가 부러지는 바람에 속은 것은 물론이고 다치기까지 한 경험이 있지 않습니까? 우리의 경험 속에서 그런 일은 비일비재하게 일어나 왔습니다! 우리가 어떤 것들을 지나치게 사랑해서 우상화하여 의지하면, 하나님께서는 어느 때인가는 반드시 그것들을 부수셔서, 그것들이 얼마나 헛된 것들인지를 보여 주셨습니다.

이런 경험들을 통해서 우리는 우리의 위로들을 박탈당하는 가장 쉬운 길은 우리가 그 위로들에 지나치게 마음을 쏟고 무절제하게 애착을 갖는 것임을 발견하게 됩니다. 왜냐하면, 우리 하나님은 질투하시는 하나님이신 까닭에 자신이 누려야 마땅한 영광을 다른 것들과 나누고자 하지 않으시기 때문입니다. 이 세상에는 그런 이유로, 그리고 그런 식으로 자신의 위로들과 남편과 아내와 자녀와 재물을 잃어버린 사람들의 예들이 가득합니다. 요나가 박넝쿨을 지나치게 기뻐하자, 하나님께서는 즉시 벌레를 준비하셔서 박넝쿨을 갉아먹게 하셨습니다. 하나님이 그토록 많은 무덤들을 여셔서 우리의 우상들을 삼켜 버리고 우리의 눈 앞에서 사라지게 하시는 이유도 거기에 있습니다. 다윗은 "내가 형통할 때에 말하기를 영원히 흔들리지 아니하리라 하였도다"고 말한 후에, 그 다음으로 그가 듣게 된 소식은 흑암과 환난이었다고 고백합니다: "여호와여 주의 은혜로 나를 산 같이 굳게 세우셨더니 주의 얼굴을 가리시매 내가 근심하였나이다"(시 30:6-7). 우리는 하나님의 이러한 말씀들이 얼마나 참되고 신실한 것인지를 발견합니다! "아버지의 말씀은 진리니이다"(요 17:17)라는 것을 시인하지 않을 자가 누가 있겠습니까?

(4) 하나님의 말씀은 죄는 환난과 슬픔을 초래하는 원인이고, 이 둘은 떼려야 뗄 수 없이 서로 연결되어 있다고 말합니다. "너희 죄가 반드시 너희를 찾아낼 줄 알라"(민 32:23). 즉, 죄로 인한 비참한 결과들과 환난들이 죄를 지은 자들을 반드시 찾아낼 것이라는 것입니다. "만일 그의 자손이 내 법을 버리며 내 규례대로 행하지 아니하며 내 율례를 깨뜨리며 내 계명을 지키지 아니하면 내가 회초리로 그들의 죄를 다스리며 채찍으로 그들의 죄악을 벌하리로다"(시 89:30-32).

하나님의 말씀이 우리에게 가르쳐 주고 있는 것이 과연 그러한지 아닌지를 저 섭리의 입에 지금 물어보시고, 여러분 자신의 경험에 물어보십시오. 여러분은 여러분이 지금까지 걸어 온 모든 길에서 섭리가 바로 그 말씀대로 해 왔다는 것을 발견하게 될 것입니다. 여러분의 마음이 점차 안일하고 헛되며 육신적인 생각으로 바뀌어 갔을 때, 하나님께서는 여러분을 깜짝 놀라게 하여 일깨우는 어떤 섭리를 보내셔서 여러분으로 하여금 정신을 차리게 하지 않으셨습니까? 여러분이 죄악으로 여러분의 양심에 상처를 주었을 때, 하나님께서는 여러분이 사랑하고 좋아하는 것들 중에서 이런저런 것을 통해서 여러분에게 상처를 주시지 않으셨습니까? 이런 일은 하나님에게 있어서는 아주 흔하고 정상적인 것이어서, 많은 그리스도인들은 자신의 영적 상태를 살펴보고서, 자기에게 곧 환난과 괴로움이 임할 것임을 예감해 왔습니다.

나는 하나님께서 자기 백성에게 환난을 보내시는 것은 오직 그들이 죄를 지었을 때뿐이라고 말하는 것이 아닙니다. 왜냐하면, 하나님께서는 그들을 시험하시고 연단하시기 위해서도 환난들을 보내실 수 있으시기 때문입니다(벧전 4:12, "사랑하는 자들아 너희를 연단하려고 오는 불 시험을 이상한 일 당하는 것 같이 이상히 여기지 말고"). 또한, 나는 하나님께서는 자기 백성이 죄를 지을 때마다 회초리를 드신다고 말하는 것도 아닙니다. 만일 하나님이 그렇게 하신다면, 하나님 앞에 설 수 있는 자가 누가 있겠습니까(시 130:3)?

내가 말하고자 하는 것은 자기 백성의 죄를 환난의 회초리로 다스리셔서, 그들의 영혼에 은혜를 끼치시는 것이 하나님의 통상적인 방식이라는 것입니다. 이런 이유에서 우리아의 아내 밧세바와 관련해서 다윗이 크고 중한 죄를 짓고도 발뺌을 했을 때, 하나님의 회초리는 다윗 위에 머물렀고, 그의 나라와 가정은 오랜 기간 일련의 환난과 괴로움들을 겪어야 했습니다 (삼하 12:10, "이제 네가 나를 업신여기고 헷 사람 우리아의 아내를 빼앗아 네 아내로 삼았은즉 칼이 네 집에서 영원토록 떠나지 아니하리라 하셨고").

우리나 우리 가족이 어떤 불행 아래에서 신음하게 되었을 때, 그러한 불행을 초래한 원인과 그 원리를 주의 깊게 살펴보면, 우리는 그것들이 우리가 하나님을 떠난 데서 온 것임을 발견하게 됩니다(렘 2:19; 4:18). 여러분 자신의 경험을 뒤돌아보면, 하나님의 말씀의 이러한 모든 경고들이 섭리에 의해서 정확히 성취되어 온 것을 볼 수 있지 않습니까? 하나님이 경고하신 모든 것들이 섭리에 의해서 성취되는 것을 보면서, 하나님의 참되심을 시인하지 않을 자가 누가 있겠습니까! 하나님이 약속하신 것들을 섭리가 우리 가운데서 날마다 이루어 가는 것을 두 눈으로 똑똑히 보는 모든 자들에게, 하나님의 약속들이 참되다는 것은 부인할 수 없는 사실입니다.

(5) 하나님께서 하나님을 위하여 자기 자신을 부인하는 자들은 그 어떤 것도 잃지 않을 것이라고 약속하심으로써 하나님의 백성에게 얼마나 큰 위로를 주셨는지를 깊이 묵상해 보십시오. 그리스도께서는 우리에게 이렇게

말씀하셨습니다: "내가 진실로 너희에게 이르노니 나와 복음을 위하여 집이나 형제나 자매나 어머니나 아버지나 자식이나 전토를 버린 자는 현세에 있어 집과 형제와 자매와 어머니와 자식과 전토를 백 배나 받되 박해를 겸하여 받고 내세에 영생을 받지 못할 자가 없느니라"(막 10:29-30).

저 악한 배교자 율리아누스(Julian, 주후 331-363년, 로마의 마지막 비기독교인 황제)는 하나님의 그러한 약속을 비웃고 조롱하였지만, 수많은 사람들은 그 약속을 경험하여 왔고, 오늘날도 많은 사람들이 그 약속이 참되다는 것을 기꺼이 인정합니다. 하나님께서는 자기 백성에게 내적인 기쁨과 평안 같은 영적인 것들에서만이 아니라 현세적인 일들에 있어서도 그 약속을 지켜 오셨습니다. 자기를 부인하는 자들은 이전에는 그들의 혈육들의 돌봄을 받았지만, 이제는 많은 그리스도인들의 돌봄과 도움을 받게 됩니다. 따라서 그들은 그리스도를 위하여 모든 것을 버렸지만, 사도가 말한 것처럼 "아무 것도 없는 자 같으나 모든 것을 가진 자로다"(고후 6:10)라고 말할 수 있습니다.

양심을 위하여 모든 것을 버리고 그들 자신을 섭리의 직접적인 돌보심에 맡긴 자들에 대한 섭리의 돌봄과 자애로움은 경탄할 만한 것입니다! 오늘날에도 많은 사람들이 섭리에 의해서 그렇게 놀라운 돌봄을 받고 있어서, 원수들로부터 시기를 받고 그들 자신도 놀라고 경탄하고 있지 않습니까? 하나님의 약속들을 믿고 의지하는 마음을 지닌 사람들 중에서 그 약속들과 관련해서 하나님의 신실하심을 맛보지 않은 자가 누가 있습니까?

(6) 약속의 말씀은 성도들이 그 어떤 궁핍이나 곤경에 처할지라도, 하나님은 그들을 떠나거나 버리지 않으실 것이고(히 13:5), "그들이 환난 당할 때에 그와 함께"(시 91:15) 하실 것임을 우리에게 보증해 줍니다.

이 점에 있어서 여러분의 삶 속에서의 여러 가지 섭리들을 생각해 보십시오. 나는 여러분이 환난 가운데 있을 때마다 이 약속들이 참되다는 것이 확증되어 온 것을 발견하게 될 것임을 의심하지 않습니다. 언제 어디에서 하나님이 여러분을 버리셔서 여러분의 무거운 짐에 눌려 무너져서 멸망하게 내버려 두신 적이 있었는지를 여러분 자신의 마음에게 물어보십시오.

여러분 중에서 대부분은 이런저런 때에 이성의 눈으로는 그 어떤 피할 길도 찾을 수 없었던 난관이나 곤경에 빠져서, 이 약속에 대한 여러분의 믿음도 흔들린 적이 있었을 것입니다. 다윗도 그랬습니다. 그래서 그는 "내가 이제는 사울의 손에 죽게 되겠구나"(삼상 27:1, 개역개정에는 "내가 후일에는 사울의 손에 붙잡히리니")라고 말했고, "모든 사람이 거짓말쟁이고(시 116:11) 선지자 사무엘조차도 마찬가지구나"라고 말했습니다. 하지만 다윗이 이렇게 말했음에도 불구하고, 우리는 그가 그 깊은 환난의 바다에서 수면 위로 떠오르는 것을 봅니다. 하나님이 사무엘을 통해서 다윗에게 주신 모든 약속들은 일점일획까지 그에게 이루어졌습니다. 여러분이 자신의 경우를 되돌아보면 틀림없이 그 동일한 사실을 보게 될 것입니다.

여러분의 영혼에게 물어보십시오. 그러면 그렇다고 대답해 줄 것입니다. 하나님께서 환난 날에 여러분을 버리시거나 내팽개치신 적이 있습니까? 만일 여러분이 그런 적이 있다고 말한다면, 여러분은 여러분 자신의 경험을 올바르게 대변하고 있지 않은 것임에 틀림없습니다.

여러분이 어떤 난관이나 곤경에 빠진 적이 있었다는 것은 사실입니다. (a) 그 가운데서 여러분은 그 어떤 피할 길도 찾을 수 없었기 때문에, 이제는 여러분이 죽게 되겠다는 결론을 내렸습니다. (b) 그러한 난관이나 곤경 속에서 하나님의 약속들에 대한 여러분의 믿음은 흔들렸고, 하나님이 모든 풍성함의 원천이시라지만 과연 여러분을 이 곤경에서 건져내 주실 것인지는 잘 모르겠다고 그 약속들을 의심하였습니다. (c) 그러한 곤경 속에서 여러분은 인내하지 못하고 불평하였고, 그래서 하나님이 환난 가운데 있는 여러분을 버리신 것이라고 생각했지만, 이제는 그때에 하나님이 여러분을 버리지 않으셨다는 것을 압니다. 하나님께서는 어떤 때에는 여러분의 등을 든든히 받쳐 주셔서 그 곤경을 감당할 수 있게 해 주기도 하시고, 어떤 때에는 여러분의 무거운 짐을 가볍게 해 주기도 하시며, 어떤 때에는 약속대로 전혀 예기치 않은 피할 길을 열어 주기도 하심으로써(고전 10:13), 여러분이 두려워하였던 재앙이나 화가 여러분에게 임하지 않게 해 주셨습니다.

(7) 성경은 은혜 받은 영혼에게는 환난의 어두운 날에 하나님의 말씀만이 유일한 "의지"이고 "위로"라고 말해 주고(시 119:50, 92; 삼하 23:5), 하나님의 말씀이 기록된 것은 바로 그러한 목적을 위한 것이라고 말해 줍니다(롬 15:4). 도덕적으로 지혜로운 규범들이나 자연적인 치료책들은 그 어떤 것도 하나님의 말씀이 우리를 위해 해 주는 것을 우리에게 해 줄 수 없습니다.

이것은 수많은 부인할 수 없는 경험들에 의해서 증명되고 인쳐진 진리가 아닙니까? 성도들은 회초리 아래에서 기진맥진해 있을 때마다 하나님의 말씀의 샘에서 물을 마시고 힘을 차렸습니다. 환난 중에 있는 영혼에게는 한 마디의 하나님의 말씀이 사람들의 수천 마디의 말보다 더 위로가 됩니다.

어느 때든지 섭리가 여러분에게 그러한 약속들을 상기시켜 주며, 하나님이 환난 중에 있는 여러분과 함께 하신다는 것을 확신시켜 주거나(시 91:15), 여러분의 마음에 평안과 힘을 주어서 외부의 무거운 짐들을 기쁜 마음으로 감당할 수 있게 해 주거나(요 16:33), 하나님이 환난 가운데 있는 여러분을 자애로우심과 온유하심으로 대하고 계시고 결코 여러분을 버리거나 떠나지 않으셨다는 것을 확신시켜 주거나(사 27:8), 여러분이 현재의 환난으로부터 복된 열매들을 거두게 될 것임을 알게 해 주거나(롬 8:28), 여러분이 환난 가운데 있을지라도 여러분은 하나님께 속해 있고 하나님의 사랑을 받고 있는 자라는 것을 확인시켜 준다면(삼하 7:14), 여러분의 마음은 큰 위로를 받고 평안해지며, 여러분이 지고 있던 짐도 이전과는 비교할 수 없을 정도로 가벼워지게 됩니다!

(8) 하나님의 말씀은 우리의 재물을 가장 잘 사용하는 방법은 그 재물을 하나님을 위하여 기쁜 마음으로 후하게 나누어 주는 것이고, 하나님의 명령이나 우리에게 주어진 도리에 의해서 우리의 재물을 나누어 주는 것이 마땅한데도 그렇게 하지 않는 것은 우리에게 유익이 되지 않는다고 우리에게 말해 줍니다: "흩어 구제하여도 더욱 부하게 되는 일이 있나니 과도히 아껴도 가난하게 될 뿐이니라 구제를 좋아하는 자는 풍족하여질 것이요 남을 윤택하게 하는 자는 자기도 윤택하여지리라"(잠 11:24-25); "가난한 자를 불쌍히 여기는 것은 여호와께 꾸어 드리는 것이니 그의 선행을 그에게 갚아 주시리라"(잠 19:17); "후히 나누어 주는 자는 후히 나누어 줄 일을 계획하나니 그는 후히 나누어 주는 것으로 말미암아 서리라"(사 32:8, 개역개정에는 "존귀한 자는 존귀한 일을 계획하나니 그는 항상 존귀한 일에 서리라").

섭리를 살펴보십시오. 여러분은 모든 점에서 섭리가 하나님의 말씀을 따라 이루어지고 있음을 발견하게 될 것입니다. 오, 이 점에서 성경의 증언은 얼마나 참됩니까! 오늘날 살아 있는 사람들 중에도 이 두 가지가 모두 참되다는 것을 보증해 줄 수 있는 증인들이 많이 있습니다. 사람들이 한 손으로 모아 놓으면, 섭리는 사람들의 다른 손을 사용해서 그 모아 놓은 것들을 흩어 버립니다. 반면에 어떤 사람이 오직 하나님만을 바라보고서 후한 손으로 자신의 재물을 널리 흩어 나누어 주면, 섭리는 반드시 그것들을 다시 모아서 그 사람에게 되돌려 줍니다. 하나님을 위하여 자신의 재물을 흩어 나누어 준 자들 중에서 손해를 본 사람은 아무도 없습니다. 가난한 자들에게 나누어 주는 자는 하나님께 빌려 드리는 것입니다(행 1:25). 어떤 이들은 이 본문을 이렇게 해석합니다: "가난한 자들에게 나누어 주는 자는 하나님께 이자를 받고 꾸어 드리는 것이다." 어떤 사람들은 하나님을 위하여 자기가 나누어 준 모든 것의 갑절을 섭리에 의해서 예기치 않은 방식으로 받아 왔습니다.

(9) 하나님의 말씀은 사람이 사람들의 양심에 의해서 인정받고 사랑받는 가장 좋은 방법은 하나님이 기뻐하시는 길로 행하는 것이라고 단언합니다(잠 16:7, "사람의 행위가 여호와를 기쁘시게 하면 그 사람의 원수라도 그와 더불어 화목하게 하시느니라"). 그리고 섭리도 그것을 확증해 주고 있지 않습니까?

다니엘의 세 친구도 그런 경험을 하였고(단 3:28-29), 다니엘도 그런 경험을 하였습니다(단 6:20-22). 세례 요한도 하나님이 기뻐하시는 길로 행하였기 때문에, 심지어 헤롯의 양심에서 인정을 받았습니다(막 6:20, "헤롯이 요한을 의롭고 거룩한 사람으로 알고 두려워하여 보호하며 또 그의 말을 들을 때에 크게 번민을 하면서도 달갑게 들음이러라"). 콘스탄티우스(Constantius) 황제는 진정으로 충성된 자들이 누구인지를 가려내기 위해서 참 하나님을 섬기는 자들은 궁정에서 추방할 것이라는 칙령을 내렸고, 그 결과 결국 끝까지 양심과 신앙을 지켰던 자들은 요직에 등용된 반면에, 출세를 위해서 자신의 신앙을 버린 자들은 추방되었습니다. 이렇게 그 종국을 보면, 하나님께 충성함으로써 손해를 보는 자는 아무도 없습니다.

(10) 하나님의 기록된 말씀은 우리를 뒤흔드는 환난들 아래에서 내적인

평안과 고요함을 얻는 최선의 방법은 우리 자신과 우리의 일들을 하나님께 맡기는 것이라고 말해 줍니다(시 37:5-7, "네 길을 여호와께 맡기라 그를 의지하면 그가 이루시고 네 의를 빛 같이 나타내시며 네 공의를 정오의 빛 같이 하시리로다 여호와 앞에 잠잠하고 참고 기다리라 자기 길이 형통하며 악한 꾀를 이루는 자 때문에 불평하지 말지어다"; 잠 16:3, "너의 행사를 여호와께 맡기라 그리하면 네가 경영하는 것이 이루어지리라").

여러분은 하나님의 말씀 속에서 읽은 것들을 여러분 자신의 경험 속에서 발견해 왔습니다. 여러분이 여러분의 문제를 하나님께 맡겨 드릴 때, 여러분의 어깨에 짊어져 있던 무거운 짐은 벗겨지고, 섭리가 여러분의 일을 여러분을 대신해서 편안하게 해결해 줍니다. 이렇게 여러분의 마음이 하나님의 말씀을 따를 때, 난관이나 곤경은 지나가게 됩니다.

내가 앞에서 제시한 몇 안 되는 사례들 속에서 여러분은 성경이 섭리에 의해서 어떻게 성취되는지를 확인하였습니다. 이 사례들을 여기에 언급되지 않은 그 밖의 다른 모든 사례들과 비교해 보십시오. 여러분은 동일한 것을 발견하게 될 것입니다. 왜냐하면, 섭리의 모든 선들은 성경으로부터 나와서 다시 성경으로 돌아가는 까닭에, 우리는 섭리가 성경에서 시작되어서 성경에서 끝난다는 것을 너무나 확연히 보게 되기 때문입니다.

모든 섭리들을 되돌아보고 묵상하는 가운데, 하나님이 그 모든 섭리의 원천이시고 그 모든 섭리들을 안배하신 분이라는 것을 확인하십시오(잠 3:6, "너는 범사에 그를 인정하라 그리하면 네 길을 지도하시리라").

1. 여러분의 삶 속에서 주어진 모든 위로의 섭리의 원천이자 그 모든 위로들을 안배하신 분이 하나님이시라는 것을 주목하십시오. 여러분에게 주

어지는 모든 은혜가 "자비의 아버지"이신 "모든 위로의 하나님"으로부터 나온다는 사실을 기억하십시오(고후 1:3). 하나님의 지시 없이는 그 어떤 자비나 위로도 여러분의 손에 도달할 수 없습니다. 그리고 하나님으로부터 자비와 위로를 받기 위해서는, 하나님을 일반적인 방식으로 인정하는 것만으로 충분할 것이라고 생각하지 마십시오. 여러분이 은혜를 받고자 한다면, 다음과 같은 것들을 특별히 주목하십시오.

(1) 여러분을 위한 하나님의 **돌보심**을 주목하십시오. "너희 염려를 다 주께 맡기라 이는 그가 너희를 돌보심이라"(벧전 5:7). 하늘에 계신 여러분의 아버지께서는 여러분에게 무엇이 필요한지를 아십니다(마 6:32). 여러분은 그저 여러분에게 필요한 것이 무엇인지를 하나님께 고하기만 하십시오. 그러면 여러분이 필요로 하는 것들이 채워집니다. 아무것도 염려하지 마십시오(빌 4:6). 그 어떤 염려로도 여러분 자신을 괴롭게 하지 마십시오. 여러분을 돌보시는 "아버지"가 계십니다.

(2) 여러분에게 주어지는 은혜들 속에서 하나님의 **지혜**를 주목하십시오. 하나님의 은혜들은 여러분의 처지에 맞게 아주 시의적절하게 여러분에게 주어지고 안배됩니다. 하나의 위로가 끊어지고 없어지면, 또 다른 위로가 와서 그 자리를 메웁니다. 어머니가 죽고 상심해 있는 이삭에게 하나님께서는 리브가로 말미암아 위로를 받게 하셨습니다(창 24:67).

(3) 하나님께서 여러분에게 온갖 자비와 위로를 베푸실 때, 그것들이 **거저 은혜로** 주어진다는 사실을 주목하십시오. 여러분 같이 보잘것없고 무가치한 우리 인간들에게 차고 넘치는 자비와 위로를 베풀어 주시는 하나님의 풍성하신 은혜를 생각해 보십시오. 여러분이 그러한 은혜를 받을 자격이 전혀 없다는 것을 생각하십시오. 야곱은 "나는 주께서 주의 종에게 베푸신 모든 은총과 모든 진실하심을 조금도 감당할 수 없는" 그런 자라고 고백합니

다(창 32:10).

(4) 여러분 같이 보잘것없는 자들의 기도에 귀 기울여서 그러한 은혜들을 베풀어 주시는 하나님의 **겸비**를 주목하십시오(시 34:6). 사람이 자신의 기도에 대한 응답으로서 하나님이 주시는 은혜들을 누릴 수 있다는 것은 정말 감격스럽고 달콤한 일입니다. 그것은 하나님에 대한 우리 영혼의 사랑을 더욱더 활활 타오르게 만듭니다(시 116:1, "여호와께서 내 음성과 내 간구를 들으시므로 내가 그를 사랑하는도다").

(5) 하나님이 여러분에게 온갖 위로들을 베풀어 주시는 **목적과 의도**를 주목하십시오. 하나님께서 그렇게 하시는 것은 여러분의 육신적이고 감각적인 욕망들을 충족시켜 주시기 위한 것이 아니라, 여러분의 영혼을 일깨워서 여러분에게 주어진 의무를 더 기쁜 마음으로 행할 수 있게 하시기 위한 것입니다(신 28:47).

(6) 하나님이 여러분에게 은혜들을 주시는 **길과 방식**을 주목하십시오. 은혜들은 모두 그리스도와 보혈과 은혜의 언약을 통해서 여러분에게 흘러옵니다(고전 3:22-23). 은혜들의 달콤함은 그 은혜들이 우리에게 오는 길에서 통과하는 "수로"로부터 얻어집니다.

(7) 여러분으로 하여금 삶 속에서 온갖 위로들을 누리게 하신 하나님의 특별한 **선하심**을 주목하십시오. 여러분보다 훨씬 더 나은 사람들이 수없이 많았는데도, 그들은 그런 위로들을 누리지 못하고 있습니다(히 11:37)!

(8) 그 모든 위로들이 여러분이 장차 누리게 될 훨씬 더 좋고 큰 은혜들을 향하여 가는 길에서 **새 힘을 얻게 하기 위하여** 주어지는 것들이라는 것을 주목하십시오. 가장 좋은 은혜들은 마지막에 가서야 주어질 것이고, 지금 여러분에게 주어지고 있는 은혜들은 여러분으로 하여금 더 나은 은혜들을 누리게 하기 위한 것입니다.

2. 여러분에게 임한 모든 슬픔과 환난의 섭리들도 하나님이 그 원천이시고 그 모든 것을 안배하신 분이시라는 것을 주목하십시오. 그래서 하나님께서는 이렇게 말씀하십니다: "보라 내가 너희에게 재앙을 내리며 계책을 세워 너희를 치려 하노니"(렘 18:11); "여호와의 행하심이 없는데 재앙이 어찌 성읍에 임하겠느냐"(암 3:6).

(1) 하나님의 **절대주권**을 명심하십시오. 하나님은 여러분보다 무한히 높으신 존재이고, 여러분과 여러분의 모든 것이 하나님의 뜻에 달려 있다는 것을 주목하십시오(시 115:3, "오직 우리 하나님은 하늘에 계셔서 원하시는 모든 것을 행하셨나이다"). 여러분이 하나님께 순복하여야 할 가장 결정적인 이유와 근거가 거기에 있습니다(시 46:10, "너희는 가만히 있어 내가 하나님 됨을 알지어다 내가 뭇 나라 중에서 높임을 받으리라 내가 세계 중에서 높임을 받으리라"). 우리와 우리가 가진 모든 것이 하나님의 뜻으로부터 나온 것이라면, 우리가 하나님의 뜻에 순종하는 것은 지극히 합당한 것이 아니겠습니까!

우리가 존재하지 않다가, 하나님의 뜻으로 이 땅에 태어나게 된 것은 그리 오래 전의 일이 아닙니다. 우리는 이 세상에 어떤 조건들 하에서 태어나게 해 달라고 하나님께 요구하거나 협상할 수도 없었고, 하나님이 그런 조건들을 들어 주지 않으시면 우리 자신의 뜻에 따라서 태어나지 않을 자유도 가지고 있지 않았습니다. 하나님의 절대주권은 하나님이 영원 전부터 작정하신 것들과 현세에서의 섭리들 속에 영광스러운 모습으로 드러나 있습니다. 하나님께서는 여러분을 자신의 뜻을 따라 그 어떤 피조물로도 지으실 수 있으셨습니다. 따라서 하나님은 여러분을 벌레나 두꺼비 같은 가장 멸시 받는 것들로 지으실 수도 있으셨고, 사람들로 태어나게 하셨다고 해도, 가장 악하고 비천하며 비참한 자들로 지으실 수도 있으셨습니다. 여러분이 이 세상에서 온갖 불행하고 비참한 일들을 다 겪은 후에, 하나님께서는 여러분을 영원히 정죄하셔서 지옥에 던져 넣으셔서 영원토록 고통받게 하실 수도 있으시고, 그렇게 하신다고 해도 여러분에게 조금도 잘못하시는 것이 아닙니다. 그런데도 우리가 이 세상에서 사는 동안에 이런저런 평범한 환난과 괴로움들을 당한다고 해서 불평하는 것이 합당한 일이겠습니까?

(2) 여러분이 겪는 온갖 환난의 섭리들 속에는 하나님의 **은혜와 선하심**이 작용하고 있다는 것을 명심하십시오. 하나님께서 여러분의 암울하고 우울한 날에 여러분 곁을 지나시며, "여호와라 여호와라 자비롭고 은혜롭고 노하기를 더디하고 인자와 진실이 많은 하나님이라"(출 34:6)고 자신의 이름을 선포하시는 것을 보십시오.

이 세상에서 성도들이 겪는 가장 혹독한 환난에 의해서도 결코 가려지거나 희석될 수 없는 두 종류의 은혜가 있는데, 그 중 하나는 이 세상에서 그들을 **아끼시는 은혜**이고, 다른 하나는 저 세상에서 그들을 **구원하시는 은혜**입니다.

우리의 죄를 생각하면, 우리는 이 세상에서 온갖 환난을 받고 결국 멸망당하는 것이 마땅하다는 것을 생각하면, 우리가 이 세상에서 겪는 환난들은 우리가 생각하는 것만큼 그렇게 나쁜 것이 아니고, 더 나아가 우리로 하여금 저 세상에서 더 나은 은혜를 받게 하기 위한 것입니다. 교회는 이것을 알았기 때문에, 환난 가운데서도 평안할 수 있었습니다: "여호와의 인자와 긍휼이 무궁하시므로 우리가 진멸되지 아니함이니이다"(애 3:22). 하나님께서 몇몇 사람들을 데려가셨습니까? 하나님께서는 모든 사람을 데려가실 수 있으셨습니다. 우리가 환난을 당하고 있습니까? 우리가 멸망당하지 않고 진멸되지 않는 것이 은혜입니다. 우리가 이 세상에서 얼마나 많은 은혜들을 받고서 온갖 환난을 피하고 멸망당하는 것을 피할 수 있었다는 것을 생각하고, 얼마나 많은 영적인 은혜들이 우리에게 주어졌고 지금도 여전히 주어지고 있다는 것을 생각한다면, 우리는 온갖 환난 중에서 하나님이 가혹하시다고 불평하는 것이 아니라 도리어 그 은혜를 찬양할 이유를 발견하게 될 것입니다.

(3) 여러분이 겪는 모든 환난 가운데서 작용하고 있는 하나님의 **지혜**를 주목하십시오. 여러분에게 저런 환난이 아니라 이런 환난을 주신 하나님의 지혜를 보고, 다른 때가 아니라 바로 이때에 환난을 주신 것에서 하나님의 지혜를 보며, 더 큰 환난이 아니라 여러분이 감당할 만한 환난을 주신 것에서 하나님의 지혜를 보고, 여러분을 절망 속에 내버려 두지 않으시고 여러분에게 이런저런 의지할 것들과 도움들을 주시는 하나님의 지혜를 보며, 그 환난의 결과가 여러분을 멸망시키는 것이 아니라 여러분에게 유익이 되게 하시는 것 속에서 하나님의 지혜를 보십시오.

이러한 것들을 보시고, 여러분의 마음에 대고 하나님이 요나에게 물으셨던 것과 같이 "네가 성내는 것이 어찌 옳으냐"(욘 4:9)고 물어보십시오. 여러분에게는 그러한 회초리들이 필요하였다는 것, 여러분 속에 있는 부패함들을 죽이기 위해서 이 모든 환난들이 요구되었다는 것, 하나님께서 그러한 환난들을 통해서 여러분의 그러한 부패한 속성들을 없애지 않으신다면 여러분이 영원히 멸망하리라는 것을 생각한다면, 분명히 여러분은 하나님의 낮추시는 손길 아래에서 순복하고 만족하며 평안히 거할 수 있는 충분할 이유를 발견하게 될 것입니다.

(4) 가장 슬픈 섭리들 속에도 하나님의 **신실하심**이 작용하고 있음을 명심하십시오. 다윗은 그것을 알았습니다(시 119:75, "여호와여 내가 알거니와 주의 심판은 의로우시고 주께서 나를 괴롭게 하심은 성실하심 때문이니이다"). 혹독한 환난조차도 하나님이 자신의 언약에 신실하심을 보여 주는 증거입니다(시 89:31-34, "내 율례를 깨뜨리며 내 계명을 지키지 아니하면 내가 회초리로 그들의 죄를 다스리며 채찍으

로 그들의 죄악을 벌하리로다 그러나 나의 인자함을 그에게서 다 거두지는 아니하며 나의 성실함도 폐하지 아니하며 내 언약을 깨뜨리지 아니하고 내 입술에서 낸 것은 변하지 아니하리로다"). 이런 이유에서 하나님께서는 우리에게 회초리가 필요할 때에는 반드시 회초리를 드시지만(벧전 1:6), 그 회초리 아래 있는 자기 백성을 결코 버리지 않으십니다(고후 4:8-9, "우리가 사방으로 욱여쌈을 당하여도 싸이지 아니하며 답답한 일을 당하여도 낙심하지 아니하며 박해를 받아도 버린 바 되지 아니하며 거꾸러뜨림을 당하여도 망하지 아니하고").

이것은 우리에게 얼마나 큰 평안을 가져다줍니까! 하나님께서는 회초리를 사용하셔서 우리의 마음을 바로잡을 수 있는 경우에는 결코 그 기회를 놓치지 않으시고, 우리가 내세에서 절망과 고통 속에서 탄식하며 울부짖는 소리를 들으시기보다는 여기에서 잠시 환난 가운데서 괴로워하며 신음하는 소리를 들으시고자 하십니다. 하나님의 사랑은 우리의 응석을 받아 주는 사랑이 아니라, 우리를 바르게 세우는 슬기로운 사랑입니다. 하나님께서는 우리의 편안함보다는 우리의 유익을 생각하십니다.

(5) 환난 날에 여러분에게는 하나님으로 **충분하다는** 것을 명심하십시오. 여러분이 무엇을 잃어버렸다고 할지라도, 하나님 한 분만으로 충분하다는 것을 아십시오. 여기에 여전히 차고 넘치는 샘이 있습니다. 평소에 그 샘으로부터 은혜의 물들을 우리에게 날라다 주었던 이런저런 수도관이 잘려나갔다고 해도, 그 샘은 여전히 차고 넘칩니다. 그리스도인들이여, 여러분은 그 어떤 손실을 입었다고 해도 그 샘으로부터 보충할 수 있지 않습니까? 여러분은 자신이 잃어버린 이런저런 피조물들로부터의 위로들보다 더 큰 위로를 하나님 안에서 가질 수 있지 않습니까? 만일 그렇지 않다면, 여러분은 도대체 하나님을 어떤 눈으로 바라보고 있는 것입니까?

(6) 끝으로, 하나님의 **불변하심**을 주목하십시오. "만세반석"이신 하나님

을 보십시오: "온갖 좋은 은사와 온전한 선물이 다 위로부터 빛들의 아버지께로부터 내려오나니 그는 변함도 없으시고 회전하는 그림자도 없으시니라"(약 1:17). "어제나 오늘이나 영원토록 동일하신" 예수 그리스도를 보십시오(히 13:8). 하나님과 예수 그리스도를 이런 식으로 바라보기만 한다면, 여러분은 섭리의 온갖 변화들 속에서도 늘 평안하게 행하게 되지 않겠습니까! 이삼 일 사이에 여러분의 처지가 비참하게 바뀔 수도 있고, 사랑하는 혈육이 죽음으로써 모든 것이 엉망이 되어 버리고, 어제까지만 해도 그가 있었던 자리가 텅 비어 있는 것을 보게 될 수도 있습니다(욥 7:10, "그는 다시 자기 집으로 돌아가지 못하겠고 자기 처소도 다시 그를 알지 못하리이다"). 그럴지라도 하나님은 아무런 변함이 없이 이전의 모습 그대로 계시고, 이전에 계시던 곳에 그대로 계십니다. 시간이 아무리 지나도, 하나님께는 그 어떤 변화도 일어나지 않을 것입니다. "풀은 마르고 꽃은 시드나 우리 하나님의 말씀은 영원히 서리라"(사 40:6-8). 우리의 영혼이 이런 하나님을 생각한다면, 그 어떤 암울한 섭리들 아래에서도 얼마든지 너무나 평안할 수 있지 않겠습니까!

끝으로, 하나님의 구체적인 섭리들이 그때그때 여러분에게 요구하는 것이 무엇인지를 알아서 여러분의 마음과 생각과 정서를 거기에 맞추고서 행하십시오(전 7:14, "형통한 날에는 기뻐하고 곤고한 날에는 되돌아 보아라").

여러분의 심령 속에 여러 다양한 정서들이 존재하는 것과 마찬가지로, 그러한 정서들에 따라서 여러 다양한 은혜들이 존재하고, 그러한 은혜들이 나타나게 하기 위하여 여러 다양한 섭리들이 존재합니다.

1. 교회나 가정이나 개인에게 임한 하나님의 섭리가 슬프고 괴로운 것이라면, 그때는 여러분이 **겸손한 심령으로 경건하게 슬퍼해야** 할 때입니다.

왜냐하면, 하나님께서는 그 날에 그러한 섭리들을 통해서 여러분에게 그런 것을 요구하시는 것이기 때문입니다: "그 날에 주 만군의 여호와께서 명령하사 통곡하며 애곡하며 머리 털을 뜯으며 굵은 베를 띠라 하셨거늘"(사 22:12); "내가 여호와께 범죄하였으니 그의 진노를 당하려니와"(미 7:9). 그런 때에 여러분이 감각적인 즐거움이나 본성적인 기쁨을 추구하는 것은 시의 적절하지 못한 행동이 됩니다: "우리가 즐거워하겠느냐"(겔 21:10).

우리 안에 "아들"의 영이 있다면, 우리의 "아버지"께서 노하시는데도, 우리가 그것을 무시하고 즐거워한다는 것은 있을 수 없는 일입니다. 우리의 죄의 악이 하나님을 노여우시게 하였다는 것을 조금이라도 느낀다면, 하나님이 그것으로 인하여 우리를 치실 때, 우리의 마음이 무거울 것은 당연합니다. 세상이 죄로 인하여 참담한 지경에 처해 있다는 것을 우리가 조금이라도 느끼고 불쌍히 여긴다면, 우리는 다윗처럼 "주의 말씀을 지키지 아니하는 거짓된 자들을 내가 보고 슬퍼하였나이다"(시 119:158)라고 말하는 것이 마땅합니다.

하나님의 진노하심을 그치게 하여 우리의 철저한 멸망을 막고자 하는 마음이 우리 안에 조금이라도 있다면, 우리는 우리 자신을 겸손히 낮추고 경건하게 슬퍼하는 것이 그렇게 할 수 있는 방법이라는 것을 압니다: "내가 너희 중의 성읍 무너뜨리기를 하나님인 내가 소돔과 고모라를 무너뜨림 같이 하였으므로 너희가 불붙는 가운데서 빼낸 나무 조각 같이 되었으나 너희가 내게로 돌아오지 아니하였느니라 여호와의 말씀이니라 그러므로 이스라엘아 내가 이와 같이 네게 행하리라 내가 이것을 네게 행하리니 이스라엘아 네 하나님 만나기를 준비하라"(암 4:11-12).

2. 섭리의 얼굴이 아무리 슬프고 암울할지라도, 그 모든 것 아래에서도

하나님 안에서 여러분의 영적인 기쁨과 위로를 유지하십시오. "비록 무화과
나무가 무성하지 못하며 포도나무에 열매가 없으며 감람나무에 소출이 없
으며 밭에 먹을 것이 없으며 우리에 양이 없으며 외양간에 소가 없을지라
도 나는 여호와로 말미암아 즐거워하며 나의 구원의 하나님으로 말미암아
기뻐하리로다"(합 3:17-18).

두 종류의 위로가 존재합니다. 하나는 **본성적이고 육신적인** 것들이고,
다른 하나는 **하나님으로부터 온 신령한** 것들입니다. 그리스도인들이 이 두
가지를 모두 다 누리는 것이 합당한 때가 있고(에 9:22), 전자를 중단하고 옆
으로 미루어 두는 것이 합당한 때가 있습니다(시 137:2). 하지만 하나님 안에
서의 신령한 기쁨과 위로를 누려서는 안 되는 그런 때라는 것은 존재하지
않습니다(살전 5:16; 빌 4:4). 이 신령한 기쁨이나 위로는 우리가 하나님과 하
나님의 약속들에 참여하고 있다는 것을 알고서, 하나님 안에서 우리의 마
음이 즐거워하는 것입니다. 그리고 그리스도인으로 하여금 이 기쁨을 누릴
수 없게 하는 섭리라는 것은 존재하지 않는다는 것은 분명합니다.

(1) 어떤 그리스도인이 가능한 한도 내에서 가장 지독한 환난과 재앙의
상태 가운데 있다고 가정해 봅시다. 그렇다고 할지라도, 그러한 상태는 단
지 한순간이고, 하나님 안에서 그가 지니고 있는 위로들은 영원한데(고후
4:17), 그가 그 슬픈 섭리들 때문에 그 위로들을 포기할 이유가 어디 있겠습
니까?

(2) 성도들은 아무리 최악의 상황에서도 낙심하기보다는 기뻐할 이유
를 무한히 더 많이 가지고 있는데, 우리가 외적인 슬픈 섭리들로 인해서 하
나님 안에서 우리가 갖고 있는 기쁨을 포기할 이유가 어디 있겠습니까? 우
리가 겪는 모든 환난 속에 존재하는 우리를 낙심하게 하는 요인들보다도,
하나님이 우리에게 베푸시는 은혜들 중의 단 하나 속에 존재하는 우리에게

위로가 되는 요인이 더 큽니다. 여러분이 이 세상에서 모든 것들을 잃는다고 해도, 그것은 왕이 한 페니를 잃어버린 것과 같을 뿐입니다(롬 8:18).

(3) 하나님께서 우리의 모든 환난 가운데서 우리와 함께 하시는데, 우리가 슬퍼해야 할 이유가 어디 있겠습니까? 그리스도께서는 이렇게 말씀하셨습니다: "혼인집 손님들이 신랑과 함께 있을 동안에 슬퍼할 수 있느냐"(마 9:15). 그래서 나도 "하나님이 내 영혼과 함께 계시는데, 내 영혼이 슬퍼할 수 있겠습니까?"라고 말합니다. "그들이 환난 당할 때에 내가 그와 함께 하리라"(시 91:15)고 하신 약속 하나만을 가지고도, 우리는 모든 무거운 짐들을 감당할 수 있을 것이라고 나는 생각합니다. 환난 가운데서도 의지할 하나님이 없는 자들은 낙심하고 절망하겠지만, 우리는 그럴 이유가 없습니다.

(4) 외적인 섭리의 역사가 아무리 슬퍼 보여도, 그것은 하나님이 우리를 미워하시거나 원수로 생각하신다는 것을 보여 주는 증표로 해석될 수 없는데, 우리가 슬퍼할 이유가 어디 있겠습니까? "모든 사람에게 임하는 그 모든 것이 일반이라 의인과 악인, 선한 자와 깨끗한 자와 깨끗하지 아니한 자에게… 일어나는 모든 일들이… 일반이로다"(전 9:2-3). 만일 그러한 섭리가 인간에 대한 하나님의 진노하심을 보여 주는 증표라고 한다면, 우리가 낙심하는 것이 마땅할 것입니다. 그러나 그런 일은 있을 수 없습니다. 왜냐하면, 섭리가 아무리 찡그린 얼굴을 하고 있다고 할지라도, 하나님의 마음은 사랑으로 가득하기 때문입니다.

(5) 그러한 슬픈 섭리들의 손길조차도 하나님께서 우리에게 복을 주고자 하시는 것이기 때문에, 우리가 우리 자신을 하나님께 맡기기만 하면, 우리는 너무나 안전한데, 우리가 그러한 슬픈 섭리들 아래에서 낙심할 이유가 어디 있겠습니까? 모든 일들은 우리의 구원을 위한 것입니다(롬 8:28). 따라서 하나님께서 그러한 슬픈 섭리들을 통해서 하고자 하시는 것은 오직 여

러분의 정욕과 욕망들을 죽이고자 하시는 것이고, 여러분의 마음이 헛된 세상에 대한 집착에서 벗어나게 하고자 하시는 것이며, 시험을 미리 막아 주시고자 하시는 것이고, 여러분의 영혼이 천국을 소망할 수 있게 하고자 하시는 것일 뿐입니다. 그 슬픈 섭리들이 우리에게 하고자 하는 것이 그런 것들이어서, 우리가 그 섭리들로 인해서 해악을 입기는커녕 도리어 유익을 얻게 되는데, 우리가 슬퍼할 이유가 어디 있습니까?

(6) 우리의 처지가 완전히 바뀌게 될 날이 아주 가까운데, 우리가 하나님 안에서 가지고 있는 기쁨을 포기할 이유가 어디 있겠습니까? 잠시 잠깐 후면 그 날이 올 것이고, 모든 슬픔은 다 도망치게 될 것입니다. 여러분은 다시는 결코 고난을 겪지 않게 될 것입니다: "하나님께서 그들의 눈에서 모든 눈물을 씻어 주실 것임이라"(계 7:17).

그러므로 우리는 우리에게 닥친 섭리가 힘들고 괴롭다고 해서, 하나님 안에서 우리가 가지고 있는 기쁨과 위로를 포기할 이유가 전혀 없다는 것을 알게 됩니다. 그러나 여러분이 모든 섭리들 아래에서 여러분의 기쁨을 유지하고자 한다면, 다음과 같은 것들을 조심하여야 합니다.

(1) 여러분이 하나님께 속해 있고 하나님의 자녀라는 것을 확실히 하십시오. 모든 신자들이 다 반드시 위로를 얻을 수 있는 것은 아니지만, 확신을 가진 자들은 반드시 위로를 얻게 됩니다.

(2) 여러분 속에서 땅에 속한 것들을 무절제하게 사랑하는 육정을 죽이십시오. 우리 속에 그러한 육정이 있을 때, 섭리는 우리에게서 그런 육정을 죽이기 위하여, 여러 가지 위로들을 박탈해 버리고 무거운 짐들을 지워 주게 됩니다. 여러분의 생각과 육정을 죽이십시오. 그러면 여러분의 환난이 가벼워질 것입니다. 우리 속에 육정이 강할수록, 우리에게 닥치는 환난도

강해집니다(삼하 18:33).

(3) 주께서 오실 때가 가까웠다는 것을 집중적으로 묵상하십시오. 그러면 땅에 속한 모든 것들이 여러분에게 하찮은 것들로 보이게 될 것입니다. "너희 관용을 모든 사람에게 알게 하라 주께서 가까우시니라"(빌 4:5).

3. 하나님께서 이 세상에서 **여러분에게 베푸시는 모든 섭리들 아래에서 여러분은 늘 하늘의 것들을 생각하고, 여러분의 마음을 늘 하늘에 두십시오.** "노아는 의인이요… 하나님과 동행"하였지만(창 6:9), 그 시대에 살았던 여느 사람들과 마찬가지로 이 땅에서 살아가는 동안에 슬픈 섭리들을 겪었습니다.

안타깝게도 우리는 대부분의 섭리들은 우리로 하여금 하나님과 동행하게 만드는 것이 아니라, 도리어 그 동행하는 것을 중단하게 만든다는 것을 발견합니다. 우리가 위로의 섭리들 아래에 있게 되면, 우리의 마음은 점점 육신적이고 세상적이 되어서 제멋대로 방자하게 행하기 시작합니다! 그랬다가, 슬픈 섭리들을 만나게 되면, 우리는 낙심하거나 혼란스러워합니다!

이런 일은 부분적으로는 우리 심령의 **편협함**으로 인해서 생기기도 하지만, 대부분은 우리 심령의 **속임**에 의해서 일어납니다. 우리의 마음은 편협해서, 땅에 속한 것들과 하늘에 속한 것들 같이 서로 다른 본성을 지닌 두 종류의 일들을 어느 한 쪽을 손상시킴이 없이 행하는 것은 불가능합니다. 그러나 우리에게 어떤 일이 생길지라도, 우리로 하여금 계속해서 하나님과 변함없이 교제할 수 있게 해 주는 그러한 심령 상태에 도달하는 것은 분명히 가능합니다. 과거에 다른 사람들도 그런 상태에 도달하였는데, 왜 우리에게 그것이 불가능하겠습니까?

형통의 섭리들은 대체로 우리 영혼에 위험합니다. 달은 차지 않으면 결코 기울지 않습니다. 하지만 여호사밧의 경우에는 그의 외적인 상태가 온전히 찼음에도 불구하고, 그의 은혜는 조금도 기울지 않았습니다: "여호와께서 나라를 그의 손에서 견고하게 하시매 유다 무리가 여호사밧에게 예물을 드렸으므로 그가 부귀와 영광을 크게 떨쳤더라 그가 전심으로 여호와의 길을 걸어 산당들과 아세라 목상들도 유다에서 제거하였더라"(대하 17:5-6).

다윗의 삶은 대부분의 사람들과 마찬가지로 온갖 염려들과 소란들과 무거운 짐들로 가득하였습니다. 하지만 저 훌륭한 시편들이 보여 주듯이, 그의 마음의 태도는 얼마나 신령하였습니까! 그의 마음은 온갖 소란의 와중에서도 지극히 평안하였습니다. 사도들은 세상의 그 어떤 사람 못지않게 큰 궁핍 속으로 던져졌고 힘든 일들을 겪었지만, 그 모든 와중에서도 그들의 심령은 높이 들어올려져서 하늘에 속하여 신령한 상태를 유지하였습니다!

만일 그들이 그러한 혹독한 섭리 속에서 하늘에 속하여 신령한 마음을 유지하는 것이 불가능하였다면, 하나님께서는 자기 백성 중 그 누구에게도 절대로 그런 섭리들을 겪게 하지 않으셨을 것입니다. 하나님은 여러분에게 세상의 많은 것들을 주심으로써 여러분이 세상을 사랑하여 마음을 뺏기게 하지도 않으시고, 세상의 것들을 거의 주지 않으심으로써 여러분으로 하여금 세상 염려로 인해 마음이 흩어지게 하지도 않으십니다.

그러므로 우리의 성화가 좀 더 깊이 이루어지고, 하늘을 향한 우리 마음이 좀 더 뜨겁고 열렬하며, 우리가 세상의 것들에 대하여 좀 더 죽어서 그런 것들로부터 적절한 거리를 유지할 수 있다면, 우리의 외적인 환경과 여건으로 인해서 우리의 내면의 부패한 것들이 끌려 나와서 세상에 마음을 뺏앗기는 일도 없을 것이고, 우리의 몸이 이 땅에서 안락함을 누리기 위하여, 우리의 영혼에 너무나 달콤한 하나님과의 교제를 포기해 버리는 일도 없을 것입니다.

4. 하나님이 여러분에게 이 세상의 것들을 많이 주시든 적게 주시든, 모든 섭리 아래에서 하나님께서 여러분에게 할당해 주시는 것으로 만족하는 마음을 늘 유지하십시오. 즉, 섭리에 의해서 "어떠한 형편에" 처하였든지 하나님이 주시는 은혜 안에서 자족하는 마음을 갖는 것이 마땅합니다. 사도가 "나는 비천에 처할 줄도 알고 풍부에 처할 줄도 알아 모든 일 곧 배부름과 배고픔과 풍부와 궁핍에도 처할 줄 아는 일체의 비결을 배웠노라"(빌 4:11-12)고 고백한 것처럼, 모든 형편과 처지에서 만족하는 법을 배우십시오. 하나님의 백성들만이 아니라 거듭나지 않은 사람들까지 모든 사람들이 자기가 어떤 형편과 처지에 놓이든지 자족하는 데 관심을 갖고 있습니다. 그러므로 나는 두 부류의 사람들에게 각각 적절한 몇 가지 것들을 여기에서 권면하고자 합니다.

먼저, **거듭나지 않은 자들에게** 내가 권면하고자 하는 것은 괴로운 섭리들을 만났을 때에 어리석게도 그 책임을 하나님께 돌리면서 불평하지 말고 입을 다물라는 것입니다. 그런 자들은 다음과 같은 네 가지를 진지하고 심각하게 생각해 보아야 합니다:

(1) 율법과 복음은 둘 다 지옥과 영원한 멸망이 그들의 분깃이고 그들이 받게 될 잔이라고 경고합니다. 그러므로 거기에 미치지 못하는 것들은 무엇이든지 하나님이 그들을 향하여 놀라울 정도의 관용하심을 베푸셔서 오래 참으시는 것임을 깨닫고 하나님의 자비하심을 찬양하는 것이 마땅합니다. 아, 가련한 영혼들이여! 여러분은 자신이 율법의 명백한 선고에 의해서 하나님의 진노의 대상으로 정죄된 자들이라는 것을 알지 못합니까(막 16:16; 요 3:36; 살후 1:6-7)? 그렇다면, 분명히 여러분이 가장 우선적으로 생각하고 원하며 두려워하고 염려해야 할 것은 다른 것들이 아니라 바로 그것이 아니

겠습니까? 여러분이 하나님이 여러분에게 보내신 조금 힘들고 괴로운 섭리를 참지 못한다면, 저 영원한 지옥 불은 어떻게 감당하려고 합니까? 내일 참수형을 당할 사람이 오늘 저녁 식사가 형편없다거나 오늘 밤 자신의 잠자리가 불편하다고 불평하는 것이 말이 되는 일이겠습니까?

(2) 여러분은 사형선고를 받은 죄수들이어서 그 어떤 은혜도 받을 자격이 없는 자들인데도, 이 세상에서 살아가고 있는 지금 수많은 은혜들을 누리고 살아가고 있는 것임을 명심하십시오. 여러분의 형편과 처지가 조금 괴롭다고 해서, 여러분의 삶은 아무것도 아닙니까? 특히 여러분의 목숨 줄이 끊어지는 순간, 여러분이 어디로 떨어질지를 생각해 보십시오. 하나님께서 섭리에 의해서 여러분의 삶에 필요한 것들을 공급해 주고 계시는 것이 아무것도 아니란 말입니까? 여러분이 매일 같이 하나님의 섭리에 불평하면서, 여러분 자신의 자리인 지옥으로 여러분을 보내 달라고 하나님께 도발하는데도(행 1:25), 섭리가 여러분에게 그런 것들을 공급해 주고 있는 것이 아닙니까? 그러나 무엇보다도, 복음과 구원의 보배로운 방편들이 여러분에게 여전히 주어져 있어서, 여러분이 지옥의 형벌을 피할 수 있는 기회가 있는 것이 여러분에게 아무것도 아닙니까? 지금 지옥에 떨어져 있는 자들이 만일 다시 한 번 여러분의 처지가 된다면 과연 무엇이라고 말하겠습니까! 그런데도 모든 것이 여러분의 뜻대로 되지 않는다고 여러분이 하나님께 화를 내고 불평하는 것이 가당키나 한 일이겠습니까?

(3) 여러분이 지금 처해 있는 저 참담한 상태로부터 건짐을 받을 길이 있다고 한다면, 여러분이 불평하고 있는 그런 괴로운 섭리들만이 여러분을 거기에서 건져 줄 가능성이 있는 가장 유력한 수단이라는 것을 명심하십시오. 안타깝게도 형통과 성공은 구원의 길이 아니고, 오직 여러분을 멸망으로 이끄는 길일 뿐입니다(잠 1:32). 여러분의 귀가 열려서 하나님의 가르침을

들을 수 있게 되려면, 여러분은 "족쇄에 매이고 환난의 줄에 얽혀야" 합니다(욥 36:8-10). 여러분이 지금까지 걸어 온 대로 편안한 길을 계속해서 걸어가고 그 어떤 괴로움이나 환난도 만나지 않는다면, 여러분에게는 화가 있을 것입니다.

(4) 끝으로, 여러분이 불평하는 온갖 괴로움들과 환난들은 여러분이 지은 죄들이 여러분의 머리 위로 이끌어 온 것들임을 명심하십시오. 여러분은 하나님의 온갖 은혜들을 죄 짓는 데 사용하였고, 그런 후에 그 죄들이 여러분에게 괴로움을 가져다주자, 하나님을 향하여 불평하고 화를 내고 있는 것입니다. 그러한 환난과 괴로움들은 여러분이 지금까지 행해 온 길들과 죄악들로 인해서 스스로 자초한 것들입니다. 그러므로 여러분의 불평을 그치고, "살아 있는 사람은 자기 죄들 때문에 벌을 받나니 어찌 원망하랴"(애 3:39)고 여러분의 잘못을 인정하십시오.

다음으로, 나는 **하나님의 백성들을 향하여** 권면하고자 합니다. 그들은 하나님의 그 어떤 섭리에 대해서도 불만족할 이유가 조금도 없는 사람들이지만, 그런데도 아주 드물게 그런 불평하는 태도를 보입니다. 나는 그런 사람들에게 다음과 같은 것들을 생각해 보라고 권합니다:

(1) 주 예수께서 지금까지 여러분에게 주신 신령한 은혜들과 특권들을 깊이 생각해 보십시오. 그런 후에 어디 한 번 할 수 있거든 섭리가 여러분에게 정해 준 분깃에 대하여 불평해 보십시오. 주께서 여러분에게 주신 수많은 은혜들 중에서 단 한 가지만을 제대로 생각해도, 여러분이 이 세상에서 겪는 모든 환난과 괴로움은 달콤한 것으로 바뀔 것입니다. 사도는 그 은혜들을 묵상했을 때, 그의 마음은 놀라움에 압도되어서, 자신의 모든 외적인 환난들의 와중에서도 "그리스도 안에서 하늘에 속한 모든 신령한 복을 우

리에게 주신 하나님 곧 우리 주 예수 그리스도의 아버지를 찬송하리로다"라고 소리치지 않을 수 없었습니다(cf. 엡 1:3). 그리스도 안에서 그러한 유업이 우리에게 주어졌다는 것을 알게 된 신자들 중에서 자신의 입을 열어 또다시 섭리에 의한 자신의 분깃에 대하여 불평할 자가 누가 있겠습니까!

(2) 여러분의 죄들을 생각해 보십시오. 그러면 여러분은 여러분에게 주어진 분깃에 만족하게 될 것입니다. 죄와 관련해서 두 가지를 생각해 보십시오. 하나는 죄는 하나님으로부터 어떤 취급을 받아야 마땅한가 하는 것이고, 다른 하나는 여러분 속에 있는 죄를 죽여서 깨끗하게 하기 위해서는 어떻게 해야 하는가 하는 것입니다. 죄는 하나님으로부터 영원한 멸망을 받아 마땅합니다. 죄인들이 지옥에 던져지는 것은 결코 지나친 형벌이 아닙니다. 모든 죄는 여러분으로 하여금 여러분에게 주어진 모든 은혜를 잃게 만듭니다. 그러므로 여러분은 여러분에게 은혜가 없다는 것을 이상히 여길 것이 아니라, 여러분에게 주어진 은혜들이 아주 많이 있다는 것을 이상히 여기는 것이 마땅합니다. 게다가 여러분 속에 있는 부패한 것들을 죽이고 복속시키기 위해서는 여러분은 온갖 괴로움과 궁핍과 괴로움을 겪어야 하고, 그것도 아주 많이 겪어야 한다는 것은 여러분도 의심할 수 없을 것입니다. 여러분은 하나님으로부터 온 온갖 회초리들을 다 맞은 후에도, 여러분 속에는 여전히 교만한 마음과 헛되고 세상적인 마음이 있다는 것을 발견하지 않습니까? 이 집요하고 고약한 질병을 고쳐서 깨끗해지려면, 얼마나 많은 쓰디쓴 약들이 필요하겠습니까!

(3) 여러분의 처지가 완전히 바뀌게 될 그 날이 얼마 남지 않았다는 것을 생각하십시오. 조금만 인내하십시오. 그러면 모든 것이 여러분의 마음이 진정으로 원한 그대로 될 것입니다. 성도들에게는 이 세상이 그들의 영원한 삶 속에서 가장 최악의 곳이라는 사실이 큰 위로가 됩니다. 그들에게

는 하루하루 사정이 나아질 일만 남아 있습니다. 여행자가 자기가 갖고 있던 모든 돈을 다 썼다고 할지라도, 자신의 집이 몇 마일 남지 않았다는 것을 안다면, 자기가 가진 돈이 없다고 걱정하지 않습니다. 집에 양초가 다 떨어졌다고 할지라도, 동틀 때가 가까이 왔다는 것을 알고 있는 때에는, 양초가 없다고 걱정하지 않습니다. 머지않아 돈이나 양초가 필요하지 않은 때가 올 것임을 알기 때문입니다. 우리가 바로 그런 경우입니다: "너희가 이 시기를 알거니와 자다가 깰 때가 벌써 되었으니 이는 이제 우리의 구원이 처음 믿을 때보다 가까웠음이라"(롬 13:11).

나는 이 강론 중에서 가르치고 교훈하는 부분을 마쳤습니다. 그러나 나는 다른 것으로 넘어가기 전에, 마지막으로 섭리를 악용하는 것을 막기 위해서 몇 가지 주의사항들을 남겨 놓을 필요가 있다고 생각합니다.

1. 첫 번째는, **섭리가 여러분이 오랫동안 기다리며 기도해 온 은혜를 여러분에게 베풀어 줄 것을 기대한다면, 여러분은 하나님의 응답이 더디 온다는 이유로 낙심하거나 중도에 포기해서는 안 된다는 것입니다.**

흔히 하나님께서는 그런 식으로 자기 백성들을 시험하시고 연단하셔서, 그들로 하여금 "여호와여 어느 때까지니이까 나를 영원히 잊으시나이까 주의 얼굴을 나에게서 어느 때까지 숨기시겠나이까 나의 영혼이 번민하고 종일토록 마음에 근심하기를 어느 때까지…하리이까"(시 13:1-2)라고 부르짖게 하시기를 기뻐하십니다.

영적인 이유와 현세적인 이유에서 하나님께서 이렇게 응답을 더디 하시는 경우가 흔히 있습니다. 이렇게 응답이 늦어지면, 사실 전혀 그럴 이유가 없는데도, 우리는 그것을 하나님이 우리의 기도에 응답하지 않으시는 것으로 해석하고서는, 믿음을 잃고서 낙심하는 죄에 빠지기 쉽습니다: "내가 잊어버린 바 됨이 죽은 자를 마음에 두지 아니함 같고 깨진 그릇과 같으니이다"(시 31:12); "내가 부르짖어 도움을 구하나 내 기도를 물리치시며… 주께서 구름으로 자신을 가리사 기도가 상달되지 못하게 하시고"(애 3:8, 44).

우리가 하나님께 어떤 것을 구하여 기도하자마자, 하나님께서 늘 우리의 기도에 즉각적으로 응답해 주시는 것은 아니지만, 종종 그런 경우도 있습니다(사 65:24; 단 9:23). 그러나 하나님은 우리가 얻고자 하는 은혜들을 우리에게 베풀어 주고자 하시는데도 불구하고, 다음과 같은 여러 이유들로 인해서 통상적으로 우리로 하여금 기도 응답을 인내로써 오랫동안 기다리게 하심으로써 우리를 연단하시는 것이 보통입니다.

(1) 그 중 한 가지 이유는 우리가 그 은혜를 받을 적절한 때가 아직 오지 않았기 때문입니다. 어떤 은혜를 어느 때에 받는가 하는 것은 그 은혜의 가치를 결정하는 아주 중요한 요소입니다. 그리고 이 점과 관련해서 하나님의 판단은 우리의 판단과 다릅니다. 우리는 모두 조급해하고 그 은혜를 당장 받고 싶어 합니다(민 12:13). "대저 여호와는 정의의 하나님이심이라 그를 기다리는 자마다 복이 있도다"(사 30:18).

(2) 또 다른 이유는 하나님께서 우리에게 보내신 환난의 섭리들이 우리에 대하여 그 목적을 아직 다 완수하지 않았기 때문입니다. 우리는 환난을 만났을 때에 인내로써 감당하려고 하지 않고, 도리어 빨리 그 환난에서 벗어나게 되기를 간절히 원해서 기도하게 되지만, 그것은 그 환난의 목적이 아직 이루어지지 않았음을 보여 주는 증거일 뿐이기 때문에, 그때에는 하나님께서 그 회초리를 아직 거두지 않으시는 것이 당연합니다: "주께서 주의 일을 시온 산과 예루살렘에 다 행하신 후에 앗수르 왕의 완악한 마음의 열매와 높은 눈의 자랑을 벌하시리라"(사 10:12).

(3) 또한, 우리에게 필요한 것들과 하나님이 공급해 주시는 것들, 우리의 환난과 구원 사이에 우리가 더 많이 기도하고 우리 자신의 마음을 살필수록, 하나님이 공급해 주시는 것들과 베풀어 주시는 구원은 우리에게 그만큼 더 달콤하게 됩니다. "이는 우리의 하나님이시라 우리가 그를 기다렸으니 그가 우리를 구원하시리로다 이는 여호와시라 우리가 그를 기다렸으니 우리는 그의 구원을 기뻐하며 즐거워하리라"(사 25:9). 그 달콤함은 우리가 인내로써 오래 참고 기다린 모든 것을 다 보상해 주고도 남습니다.

하지만 새 힘과 위로를 얻게 하는 섭리들을 하나님이 우리에게 더디 주시는 너무나 합당하고 중요한 이유들이 있다고 할지라도, 우리는 그것을 감당할 수 없어서, 우리의 손은 축 늘어지고, 기진맥진하게 됩니다. "내가 부르짖음으로 피곤하여 나의 목이 마르며 나의 하나님을 바라서 나의 눈이 쇠하였나이다"(시 69:3). 안타깝게도 우리는 감각과 겉모습만을 보고서 판단하고, 하나님의 섭리의 손길이 우리를 **대적하는** 것처럼 보여도, 하나님의 마음은 우리를 **위하신다는** 사실을 생각하지 않습니다. 우리는 지금과 같은 상황이 지속된다면, 우리의 기도는 하나님께 열납되지 않고 있고, 하나님을 향한 우리의 소망은 이제 사라졌다고 생각합니다(애 3:18). 상황이 점점 더 악화되고, 우리에게 임한 어둠과 환난이 더 깊어지면, 그것은 통상적으로 동이 틀 때가 가까웠고 우리의 처지가 바뀔 때가 가까웠다는 것을 의미하는 것인데도, 우리는 하나님이 우리에게 노하셔서 우리의 기도를 받아 주시지 않으시는 것이라고 결론을 내려 버립니다.

기드온의 반응을 보십시오: "기드온이 그에게 대답하되 오 나의 주여 여호와께서 우리와 함께 계시면 어찌하여 이 모든 일이 우리에게 일어났나이까 또 우리 조상들이 일찍이 우리에게 이르기를 여호와께서 우리를 애굽에서 올라오게 하신 것이 아니냐 한 그 모든 이적이 어디 있나이까 이제 여호와께서 우리를 버리사 미디안의 손에 우리를 넘겨 주셨나이다 하니"(삿 6:13).
그런 상황 앞에서 모세의 믿음도 휘청거렸습니다: "모세가 여호와께 돌아
와서 아뢰되 주여 어찌하여 이 백성이 학대를 당하게 하셨나이까 어찌하여
나를 보내셨나이까 내가 바로에게 들어가서 주의 이름으로 말한 후로부터
그가 이 백성을 더 학대하며 주께서도 주의 백성을 구원하지 아니하시나이
다"(출 5:22-23).

그러한 경우에 하나님의 자녀들의 마음속에서조차도 하나님에 대한 근
거 없는 시기심과 의심이 고개를 듭니다: "가령 내가 그를 부르므로 그가 내
게 대답하셨을지라도 내 음성을 들으셨다고는 내가 믿지 아니하리라 (왜냐
하면) 그가 폭풍으로 나를 치시고 까닭 없이 내 상처를 깊게 (하고 계시기 때문
이다)"(욥 9:16-17); "주께서 영원히 버리실까, 다시는 은혜를 베풀지 아니하실
까, 그의 인자하심은 영원히 끝났는가, 그의 약속하심도 영구히 폐하였는
가"(시 77:7-8).

하지만 그렇게 행하는 것은 우리가 큰 악을 저지르는 것입니다. 나는 이
후의 환난들 가운데서 여러분이 그런 큰 악을 저지르지 않도록 하기 위해
서, 여러분으로 하여금 몇 가지를 생각해 보도록 하고자 합니다.

첫째로, 하나님이 여러분에게 그 은혜들을 더디 주시는 이유는 실제로
는 여러분의 유익을 위한 것입니다. "여호와께서 기다리시나니 이는 너희
에게 은혜를 베풀려 하심이요 일어나시리니 이는 너희를 긍휼히 여기려 하
심이라"(사 30:18). 하나님이 여러분에게 은혜를 베풀려 하시는데 왜 기다리
시는 것입니까? 그것은 오로지 여러분의 마음이 은혜를 받기에 합당하게
준비되기를 기다리시는 것이고, 오로지 여러분에게 은혜를 주셨을 때에 그
은혜로 인한 위로가 극대화될 때를 기다리시는 것입니다. 어리석은 아이는

사과가 먹고 싶은 마음에 아직 익지도 않은 사과를 따 버리지만 실제로는 시어서 먹을 수가 없습니다. 그러나 잘 익으면 저절로 떨어진 사과를 주워서 먹으면 맛있게 먹을 수 있고 건강에도 좋습니다.

둘째로, 우리가 간절히 누리고 싶어 하는 은혜를 하나님이 주실 때를 기다리지 못하고 당장에 하나님으로부터 받아서 누리려고 하는 것보다는, 모든 것을 기꺼이 하나님께 맡기고 하나님이 그 은혜를 주실 때까지 인내로써 기다리는 쪽이 더 큰 은혜입니다. 왜냐하면, 전자는 하나님이 여러분을 기쁘게 해 주시는 것인 반면에, 후자는 여러분이 하나님을 기쁘시게 해 드리는 것이기 때문이고, 어떤 은혜는 일반 섭리의 열매로서 여러분에게 주어질 수 있지만, 하나님이 주실 때를 기다리는 태도를 보이는 심령은 특별한 은혜의 열매이기 때문입니다. 하나님을 영화롭게 해 드리는 것이 우리 자신을 만족시키고 기쁘게 하는 것보다 더 낫고, 하나님께 맡기고 기다리는 심령의 태도가 그렇게 해서 받은 은혜보다 더 낫습니다.

셋째로, 하나님의 백성들의 마음과 소망이 가장 낮아져 있을 때가 그들이 바라던 은혜들이 그들에게 가장 가까운 때입니다. 그들이 애굽과 바벨론으로부터 건짐을 받을 때가 그랬고(겔 37:11, "이 뼈들은 이스라엘 온 족속이라 그들이 이르기를 우리의 뼈들이 말랐고 우리의 소망이 없어졌으니 우리는 다 멸절되었다 하느니라"), 우리 자신의 일들과 관련해서도 우리는 그렇다는 것을 보아 왔습니다: "어두워 갈 때에 빛이 있으리로다"(슥 14:7). 어둠이 짙어질 때, 빛이 생겨납니다.

넷째로, 우리가 현재로서는 은혜를 받기에 합당하지 않다는 사실이 은혜가 그토록 오랫동안 미루어지는 이유입니다. 우리는 은혜가 오는 길목을 우리 자신이 차단하고 있으면서도, 은혜가 우리에게 속히 오지 않는다고 불평합니다. "여호와의 손이 짧아 구원하지 못하심도 아니요 귀가 둔하여 듣지 못하심도 아니라 오직 너희 죄악이 너희와 너희 하나님 사이를 갈라놓았고 너희 죄가 그의 얼굴을 가리어서 너희에게서 듣지 않으시게 함이니라"(사 59:1-2).

다섯째로, 여러분이 기다리는 은혜들이 오로지 은혜의 열매들이라는 것을 생각하십시오. 여러분은 그 은혜들을 받을 자격이 전혀 없고, 그것들을 받을 자격이 있다고 주장할 수 없습니다. 그러므로 여러분은 인내로써 감사하는 마음으로 여러분에게 은혜들이 주어지기를 기다리는 것이 마땅합니다.

마지막으로, 본성적으로 여러분만큼이나 훌륭한 수많은 사람들이 은혜에 대한 모든 소망과 기대로부터 영원히 끊어져서, "오직 무서운 마음으로 심판을 기다리고"(히 10:27) 있을 뿐이라는 것을 생각하십시오. 여러분이 그렇게 되었을 수도 있습니다. 그러므로 조바심치지 말고, 하나님이 은혜를 주실 때까지 기다리십시오.

2. 두 번째는, **지나친 호기심으로 섭리의 비밀들을 엿보려고 해서도 안 되고, 여러분의 얕은 생각으로 섭리의 목적과 의도를 교만하게 판단하거나 비판해서는 안 된다는 것입니다.**

하나님의 말씀만이 아니라 하나님의 역사들에도 해석하기 어려운 난해한 본문들이 있습니다. 우리는 그러한 본문들을 겸손하게 경외하는 마음으로 대하는 것이 합당하고, 적극적으로 대담하게 해석하고자 해서는 안 됩니다. 사람이 자신의 힘에 부치는 일을 지나치게 행하면 다치기 쉽습니다.

아삽은 "내가 어쩌면 이를 알까 하여 생각한즉 그것이 내게 심한 고통이 되었더니"(시 73:16)라고 말합니다. "내가 어쩌면 이를 알까 하여 생각하였다"는 것은 그가 자신의 이성을 믿고서 섭리의 비밀들을 들여다보기 위한 교만한 시도를 하였다는 것을 의미하고, "그것이 내게 심한 고통이 되었다"는 것은 결국에는 뭐가 뭔지를 모르게 되어서, 칼빈(Calvin)이 설명한 대로 "헛수고"만 한 꼴이 되었다는 것입니다. 그는 의인들이 환난을 당하고 악인들이 형통하는 도저히 이해할 수 없는 신비를 깊이 들여다보았는데, 그렇게 해서 결국 그에게 남은 것은 악인들을 부러워하고 자기 자신에 대하여 절망하고 낙심하는 것뿐이었습니다(시 73:3, 13). 이것이 그가 섭리를 자신의 이성의 법정에 호출해서 얻은 모든 것이었습니다.

거룩한 욥도 이 악을 저질렀고, 솔직하게 그것을 고백하고 부끄러워하였습니다(욥 42:3, "무지한 말로 이치를 가리는 자가 누구니이까 나는 깨닫지도 못한 일을 말하였고 스스로 알 수도 없고 헤아리기도 어려운 일을 말하였나이다").

나는 하나님의 말씀이나 역사들 속에는 바른 이성에 어긋나는 것이 전혀 없다는 것을 알지만, 거기에는 바른 이성을 뛰어넘는 것들과 육신적인 이성과 반대되는 것들이 있습니다. 그러므로 그런 것들은 우리의 이성의 능력과 영역을 뛰어넘는 것들인데도, 우리가 그런 것들을 우리의 이성의 법정으로 호출할 때, 우리의 이성은 가장 비이성적인 것이 되고 맙니다. 우리가 그렇게 할 때, 우리는 다음과 같은 많은 해악들을 입게 됩니다:

(1) 우리가 그렇게 이성의 잣대를 들이댈 때, 우리 속에서는 하나님의 약속들과 관련해서 하나님의 신실하심에 대하여 합당하지 않은 의심과 불신이 생겨나게 됩니다. 사라는 하나님께서 아들을 주시겠다고 약속하셨을 때에 그 말씀을 듣고서는, 그런 일은 이성적으로 생각했을 때에 불가능하다고 생각했기 때문에 웃었습니다(창 18:13-14).

(2) 우리가 그렇게 이성의 잣대를 들이댈 때, 환난의 섭리들 아래에서 우리는 낙심하게 되고 의기소침하게 됩니다. 이성은 환난의 섭리들 속에서 그 어떤 선한 열매도 분별할 수 없고, 거기로부터 벗어날 수 있는 그 어떤 방법

도 찾을 수 없습니다. 그래서 우리의 손은 죄악된 낙심 가운데서 축 늘어지게 되고, 우리는 모든 것들이 우리를 대적한다고 생각하게 됩니다(삼상 27:1).

(3) 우리가 그렇게 이성의 잣대를 들이댈 때, 우리는 죄악된 수단들을 동원해서 환난에서 벗어나고자 하는 유혹에 빠지게 됩니다(사 30:15-16). 우리 자신의 이성이 우리의 마음을 섭리에 대한 불신으로 가득 채울 때, 우리는 자연스럽게 죄악된 수단들을 사용하고자 하는 마음이 들게 되고, 그렇게 해서 우리 자신이 쳐놓은 덫에 걸려들게 됩니다.

그러므로 여러분은 여러분 자신의 이성이나 생각이나 통찰력 등과 같은 것들을 지나치게 의지하지 않도록 조심해야 합니다. 우리는 그렇게 하기가 너무나 쉽고, 우리가 그렇게 하는 것보다 더 위험한 것은 없습니다.

제10장

섭리에 대하여 묵상하는 것이
주는 유익들

우리는 지금까지 섭리에 대하여 묵상하는 이 중요한 의무를 어떻게 행하는 것이 합당한지를 여러모로 살펴보았기 때문에, 이제 우리에게 남은 것은 이 의무에 우리의 마음을 두고서 일생 동안 매일 끊임없이 해 나가는 것입니다. 여러분이 내가 지금까지 권한 대로 섭리를 묵상한다면, 여러분은 큰 평안과 기쁨과 안정된 삶과 거룩한 담대함과 확신을 얻게 될 것입니다!

하지만 안타깝게도 성경은 하나님의 섭리의 음성들과 관련해서 우리에게 이렇게 말해 줍니다: "하나님은 한 번 말씀하시고 다시 말씀하시되 사람은 관심이 없도다"(욥 33:14). 섭리는 우리가 마땅히 행할 일들이 무엇인지를 가르쳐 주고, 우리의 죄악을 깨우쳐 주며, 낙심해 있는 우리에게 힘을 주려고 여러 번 우리에게 찾아 오지만, 우리는 섭리에게 눈길도 주지 않고 섭리를 주목하지도 않습니다. 우리가 이렇게 섭리를 주목하는 것을 소홀히 하기 때문에, 우리는 우리 자신이 마땅히 해야 할 일들을 알지도 못하고, 하나님이 우리에게 주시는 위로도 받지 못하게 됩니다. 그러므로 하나님의 섭리들을 날마다 제대로 살피고 묵상해서 하나님과 동행하는 삶을 사는 것이 얼마나 귀하고 아름다우며 기쁜 일인지를 여러분 앞에 펼쳐 보임으로써, 우리의 영혼이 그렇게 하는 데 온 힘을 쏟을 수 있게 할 필요가 있다고 나는 생각합니다.

1. 내가 모든 은혜 받은 영혼들에게 섭리를 묵상함으로써 얻게 될 첫 번째 유익으로 제시하고자 하는 것은 여러분은 그렇게 함으로써 **날마다 하나님과의 달콤한 인격적인 친교를 유지할 수 있게 된다**는 것입니다.

이 세상에서 인간이 바라는 것 중에서 이것보다 더 좋은 것이 무엇이 있겠습니까! "여호와여 주께서 행하신 일로 나를 기쁘게 하셨으니 주의 손이 행하신 일로 말미암아 내가 높이 외치리이다"(시 92:4). 여러분의 심령은 하나님의 입에서 나오는 말씀들을 통해서만이 아니라 하나님이 그 손으로 행하신 일들을 통해서도 새 힘과 기쁨을 얻을 수 있습니다. 시편 104편 전체는 시편 기자의 마음을 가득 채우고 있던 섭리의 역사들을 선포하는 데 바쳐졌는데, 거기에서 그는 마지막에 "나는 여호와로 말미암아 즐거워하리로다"(34절)라고 큰 소리로 외칩니다.

엄밀하게 말해서, 하나님과의 친교는 두 가지로 이루어지는데, 하나는 하나님께서 자기 자신을 우리 영혼에 나타내시는 것이고, 다른 하나는 하나님을 향한 우리 영혼의 응답들입니다. 이것이 우리가 이 땅에서 하나님과 갖는 바로 그 '코이노니아'(친교)입니다. 하나님께서는 규례들과 섭리들을 통해서 자기 백성에게 자기 자신을 나타내시고, 하나님이 섭리를 통해서 나타내시는 은혜들은 그 어떤 것도 거룩하게 된 영혼에게는 감추어져 있지 않습니다.

어떤 때에는 하나님은 자기 백성이 죄를 지었을 때에 자신이 그것을 기뻐하지 않으시고 진노하고 계신다는 것을 징계하시고 책망하시는 섭리들을 통해서 나타내십니다. 그때에 하나님이 보내신 회초리들은 책망하시고 질책하시는 하나님의 음성입니다: "너희는 매가 예비되었나니 그것을 정하신 이가 누구인지 들을지니라"(미 6:9). 하나님이 이런 식으로 진노를 나타내시면, 은혜 받은 영혼은 그 진노하심 앞에 녹아내리고, 거기로부터 두 가지 기쁜 열매가 맺어지는데, 하나는 지난날의 죄악들을 회개하는 것이고, 다른 하나는 다시는 죄를 짓지 않으려고 조심하는 것입니다.

이렇게 하나님의 징계하시는 섭리들은 죄를 범한 자들의 마음을 녹여서 회개에 이르게 합니다. 하나님의 손길이 다윗을 눌러서 괴롭게 하셨을 때, 다윗의 마음은 녹아내려서 자신의 죄를 회개하였습니다: "주의 손이 주야로 나를 누르시오니 내 진액이 빠져서 여름 가뭄에 마름 같이 되었나이다 내가 이르기를 내 허물을 여호와께 자복하리라 하고 주께 내 죄를 아뢰고 내 죄악을 숨기지 아니하였더니 곧 주께서 내 죄악을 사하셨나이다"(시 32:4-5).

포로가 된 교회가 세상의 그 어느 시대에서도 하나님의 백성에게 임한 적이 없었던 가장 서글프고 참담한 섭리를 겪게 되었을 때, 하나님의 그러한 혹독한 책망 아래에서 그들의 마음이 어떻게 녹아내려서 자신들의 죄를 회개하였는지를 보십시오: "여호와께서 이미 정하신 일을 행하시고 옛날에 명령하신 말씀을 다 이루셨음이여 긍휼히 여기지 아니하시고 무너뜨리사 원수가 너로 말미암아 즐거워하게 하며 네 대적자들의 뿔로 높이 들리게 하셨도다 그들의 마음이 주를 향하여 부르짖기를 딸 시온의 성벽아 너는 밤낮으로 눈물을 강처럼 흘릴지어다 스스로 쉬지 말고 네 눈동자를 쉬게 하지 말지어다 초저녁에 일어나 부르짖을지어다 네 마음을 주의 얼굴 앞에 물 쏟듯 할지어다 각 길 어귀에서 주려 기진한 네 어린 자녀들의 생명을 위하여 주를 향하여 손을 들지어다 하였도다"(애 2:17-19).

하나님의 징계하시는 섭리들은 그런 식으로 하나님의 백성들에게서 회개를 이끌어 낸 후에, 다음으로는 그들로 하여금 다시는 죄를 짓지 않겠다는 각오를 다지게 만듭니다. 섭리의 책망들이 은혜 받은 심령들에게 그러한 효과를 낳는다는 것은 분명합니다. "우리의 악한 행실과 큰 죄로 말미암아 이 모든 일을 당하였사오나 우리 하나님이 우리 죄악보다 형벌을 가볍게 하시고 이만큼 백성을 남겨 주셨사오니 우리가 어찌 다시 주의 계명을 거역하고 이 가증한 백성들과 통혼하오리이까 그리하면 주께서 어찌 우리를 멸하시고 남아 피할 자가 없도록 진노하시지 아니하시리이까"(스 9:13-14). "내가 하나님 여호와께서 하실 말씀을 들으리니 무릇 그의 백성, 그의 성도들에게 화평을 말씀하실 것이라 그들은 다시 어리석은 데로 돌아가지 말지로다"(시 85:8).

어떤 때에는 하나님은 공적으로든 사적으로든 웃으시고 소성시키시는 섭리들을 통해서 자기 백성들의 마음을 즐겁게 해 주시고 위로해 주십니다. 섭리의 손길에 의해서 엎드러지는 때가 있듯이 들어올려지는 때도 있습니다. 장면은 바뀌어서, 섭리의 양상들은 매우 즐겁고 고무적이 됩니다. 섭리의 겨울은 지나간 듯이 보입니다. 섭리들은 애곡의 옷을 벗고, 이제 은혜 받은 영혼들은 하나님을 향하여 기쁜 찬양으로 반응합니다(시 30:11-12, "주께서 나의 슬픔이 변하여 내게 춤이 되게 하시며 나의 베옷을 벗기고 기쁨으로 띠 띠우셨나이다 이는 잠잠하지 아니하고 내 영광으로 주를 찬송하게 하심이니 여호와 나의 하나님이여 내가 주께 영원히 감사하리이다"). 하나님께서는 그들을 형통하게 하심으로써 들어올리시고, 그들은 찬양으로 그들의 하나님을 들어올립니다: "[여호와의 종 다윗의 시, 인도자를 따라 부르는 노래, 여호와께서 다윗을 그 모든 원수들의 손에서와 사울의 손에서 건져 주신 날에 다윗이 이 노래의 말로 여호와께 아뢰어 이르되] 나의 힘이신 여호와여 내가 주를 사랑하나이다 여호와는 나의 반석이시요 나의 요새시요 나를 건지시는 이시요 나의 하나님이시요 내가 그 안에 피할 나의 바위시요 나의 방패시요 나의 구원의 뿔이시요 나의 산성이시로다 내가 찬송 받으실 여호와께 아뢰리니 내 원수들에게서 구원을 얻으리로다"(시 18:1-3).

모세 및 그와 함께 했던 이스라엘 백성들은, 하나님께서 그들을 애굽 왕 바로의 손에서 건지셨을 때(출 15장), 감사의 노래로 하나님을 높였는데, 이 노래는 그 우아함과 영성으로 인해서 성도들이 영광 중에 계신 하나님께 드리는 송영들의 전형이 되었다: "하나님의 종 모세의 노래, 어린 양의 노래를 불러 이르되 주 하나님 곧 전능하신 이시여 하시는 일이 크고 놀라우시도다 만국의 왕이시여 주의 길이 의롭고 참되시도다"(계 15:3).

우리가 하나님의 "규례들" 속에서 하나님과 친교를 나눌 때에 우리의 마음에 맺혀지는 모든 열매들은 우리가 하나님의 "섭리들" 속에서 하나님과 교제할 때에도 전체적으로 동일하게 맺힙니다.

(1) 성도들이 그 어떤 규례나 의무 속에서 하나님과 인격적인 교제를 나눌 때, 지극히 높으신 하나님이 자기 자신을 지극히 낮추시고서 우리 같은 천하고 가련한 벌레 같은 자들을 상대해 주신다는 의식으로 인해서, 그들의 심령 속에서 자신을 낮추는 마음이 자연스럽게 우러나오게 되는데, 이것이 모든 성도들이 하나님과 교제하였을 때에 통상적으로 경험하는 것입니다. 아브라함은 "나는 티끌이나 재와 같사오나 감히 주께 아뢰나이다"(창 18:27)라고 말합니다.

우리는 섭리들 속에서 하나님과 교제할 때도 동일한 경험을 하게 됩니다. 하나님께서 자신의 섭리로 야곱을 형통하게 하셨을 때, 야곱은 하나님이 자기에게 베푸신 은혜에 압도되어 하나님의 발 앞에 엎드립니다: "나는 주께서 주의 종에게 베푸신 모든 은총과 모든 진실하심을 조금도 감당할 수 없사오나 내가 내 지팡이만 가지고 이 요단을 건넜더니 지금은 두 떼나 이루었나이다"(창 32:10). 이것은 다윗의 경우에도 마찬가지였습니다: "다윗 왕이 여호와 앞에 들어가 앉아서 이르되 주 여호와여 나는 누구이오며 내 집은 무엇이기에 나를 여기까지 이르게 하셨나이까"(삼하 7:18).

나는 여러분 중에서도 이 거룩한 사람들이 여기에서 밝힌 것과 같은 그런 동일한 심정을 자신 속에서 발견하는 사람들이 있을 것임을 의심하지 않습니다. 하나님께서 섭리를 통해서 여러분을 들어올리셨을 때, 여러분은 과거 그 어느 때보다도 더 납작 하나님 앞에 엎드렸고, 여러분 자신이 여러분의 눈에 그 어느 때보다도 보잘것없고 악한 자로 보였던 것을 기억하고 계십니까? 은혜 받은 심령들이라면 누구나 다 그런 반응을 보입니다. "내가 누구이기에, 하나님께서 나를 위해서 이렇게 해 주시는 것입니까! 그토록 크고 거룩하신 하나님께서 이토록 죄악되고 형편 없는 벌레 같은 자에게 이렇게까지 관심을 가지고 돌보아 주시는 것입니까!"

(2) 하나님의 규례들 속에서 하나님과 나누는 친교가 여러분의 마음을 녹여서 하나님을 사랑하게 만들지 않았습니까(아 2:3-5)? 하나님의 섭리들을 묵상하십시오. 그러면 여러분은 동일한 것을 경험하게 될 것입니다. 하나님의 섭리의 역사들을 제대로 묵상한 사람들 중에서, 그 마음이 녹아내려서 은혜의 하나님을 사랑하게 되지 않는 사람은 아무도 없습니다. 하나님께서 다윗을 사울을 비롯한 모든 원수들의 손에서 건져내 주셨을 때(시 18

편의 표제), 다윗은 "나의 힘이신 여호와여 내가 주를 사랑하나이다"(시 18:1)라고 고백하였습니다.

사람들은 누구나 하나님이 주시는 "은혜"를 사랑하지만, 성도들은 은혜를 주시는 "하나님"을 사랑합니다. 하나님이 주시는 은혜들은 악인들에게 정욕의 연료가 되는 반면에, 성도들에게는 하나님에 대한 사랑을 유지하게 해 주는 연료가 됩니다. 성도들은 그러한 외적인 은택들에 근거해서 하나님을 사랑하는 것이 아닙니다. "오, 주님이여, 내가 원하는 것은 주께서 주시는 것들이 아니요 오직 주님 자신입니다"라는 것이 은혜 받은 영혼의 모토입니다. 하지만 하나님이 주시는 은혜들은 그들의 심령 속에 있던 하나님에 대한 사랑을 더욱더 활활 타오르게 하는 역할을 하고, 실제로 그들은 은혜를 받았을 때에 그렇게 되는 것을 발견합니다.

(3) 하나님과의 친교는 우리 영혼에 아주 시퍼렇고 날카롭게 날을 세워 주어서 죄를 짓는 것을 막아 주는 역할을 하지 않습니까? 우리는 그것을 보여 주는 대단한 예를 모세에게서 봅니다. 모세가 시내 산에 올라가서 사십 일 동안 하나님과 함께 교제를 하다가 산에서 내려왔을 때, 이스라엘 백성이 송아지 우상을 만든 것을 보고서, 어떤 반응을 보였습니까? 극심한 거룩한 열심과 분노가 그의 영혼을 집어삼켰습니다(출 32:19-20, "진에 가까이 이르러 그 송아지와 그 춤 추는 것들을 보고 크게 노하여 손에서 그 판들을 산 아래로 던져 깨뜨리니라 모세가 그들이 만든 송아지를 가져다가 불살라 부수어 가루를 만들어 물에 뿌려 이스라엘 자손에게 마시게 하니라").

우리는 섭리들 속에서 하나님과 교제한 성도들에게서도 동일한 반응을 봅니다. 다윗이 자신의 죄의 악을 깊이 느꼈을 때, 그의 마음은 찢어질 듯이 아프고 괴로웠는데, 그의 그러한 심정은 시편 51편에 아주 생생하게 표현

되어 있습니다: "하나님이여 주의 인자를 따라 내게 은혜를 베푸시며 주의
많은 긍휼을 따라 내 죄악을 지워 주소서 나의 죄악을 말갛게 씻으시며 나
의 죄를 깨끗이 제하소서 무릇 나는 내 죄과를 아오니 내 죄가 항상 내 앞에
있나이다"(시 51:1-3). 이 시편의 표제를 보면("다윗의 시, 영장으로 한 노래, 다윗이
밧세바와 동침한 후 선지자 나단이 저에게 온 때에"), 우리는 이것이 나단이 다윗 앞에
그의 죄가 무엇인지를 고발한 결과였다는 것을 알게 됩니다. 하지만 사무
엘하 12:7-10을 참조해 보면, 우리는 다윗으로 하여금 자신의 죄를 이토록
통렬하게 깨닫고 통회자복하게 만든 것은 하나님께서 앞서 그에게 여러 가
지 은혜의 섭리들 가운데서 하나님의 선하심을 보여 주셨는데도, 그가 배
은망덕하게도 하나님의 은혜를 자신의 죄로 되갚았다는 뼈저린 성찰 때문
이었다는 것을 알게 됩니다. 다윗의 마음을 갈기갈기 찢어 놓은 것은 바로
그러한 깨달음이었습니다.

　나는 우리 중에도 하나님이 우리에게 행하신 일들과 우리 자신이 행한
일들을 비교해 보고서는 다윗과 같은 그런 심정을 경험하는 이들이 있을 것
임을 의심하지 않습니다.

　(4) 하나님과의 교제는 우리의 마음을 넓혀 주어서 순종과 섬김을 살고
자 하는 결심을 더욱 불붙게 하지 않습니까? 분명히 그것은 수레바퀴에 기
름칠을 해서 더욱 빠르고 거침없이 길 위를 달려가게 만드는 것과 같습니
다. 그래서 하나님께서 특별히 이사야에게 나타나셔서 "내가 누구를 보내
며 누가 우리를 위하여 갈꼬"라고 물으셨을 때, 이사야는 거침없이 기꺼이
나서서 "내가 여기 있나이다 나를 보내소서"라고 대답합니다(사 6:8). 거룩
하게 하시는 섭리들 속에서는 이것과 동일한 반응이 뒤따르는데, 우리는 그
것을 여호사밧(대하 17:5-6, "여호와께서 나라를 그의 손에서 견고하게 하시매 유다 무리

가 여호사밧에게 예물을 드렸으므로 그가 부귀와 영광을 크게 떨쳤더라 그가 전심으로 여호와의 길을 걸어 산당들과 아세라 목상들도 유다에서 제거하였더라")과 다윗(시 116:12, "내게 주신 모든 은혜를 내가 여호와께 무엇으로 보답할까")에게서 볼 수 있습니다. 어떤 영혼이 하나님께서 자기를 위해 행하신 일들을 생각할 때에는 이렇게 말할 수밖에 없습니다: "내가 어떻게 무엇으로 보답해야 할까? 내가 하나님이 내게 해 주신 일들에 대해서 어떻게 화답해야 할까?"

이제 여러분은 어느 영혼이 섭리들 속에서 하나님과 얼마나 달콤한 친교를 나눌 수 있는지를 알게 되었을 것입니다. 나는 여러분이 하나님과 이런 식으로 동행하게 되시기를 바랍니다! 그 길에서 여러분은 이 땅에서 하늘의 것들을 많이 맛보게 될 것입니다! 하나님의 은혜들이 여러분의 심령에 그러한 열매를 맺는다면, 분명히 하나님께서는 여러분을 선대하신 것을 결코 후회하지 않으시고, 자신의 은혜들이 그렇게 선용된 것을 보시며 이렇게 말씀하실 것입니다: "내가 너희에게 은혜 베풀기를 참으로 잘하였노니 너희를 기뻐하여 영원히 선대하리라"(cf. 신 28:63).

2. 그리스도인의 삶의 즐거움과 기쁨의 상당 부분은 섭리를 묵상하는 데서 나옵니다.

"여호와께서 행하시는 일들이 크시오니 이를 즐거워하는 자들이 다 기리는도다"(시 111:2). 즉, 섭리를 찬찬히 살펴보는 것은 너무나 달콤하고 즐거운 일이기 때문에, 우리의 영혼으로 하여금 섭리 속으로 깊이 뛰어들어서 살펴보도록 이끈다는 것입니다. 섭리를 묵상하는 것은 은혜 가운데 있는 영혼에게는 너무나 즐겁고 기쁜 일입니다.

(1) 섭리의 역사들이 하나님의 속성들과 얼마나 기가 막히게 일치하고

서로 조화를 이루는지를 주목하십시오! 섭리의 역사들은 때로는 서로 부딪치고 충돌하며 잡음을 내고, 서로에게서 결별하고 서로 등지고 정반대의 길들을 가는 것처럼 보일 수 있습니다. 하지만 그것은 겉모습만 그렇게 보일 뿐입니다. 왜냐하면, 섭리들은 결국에는 한 곳에서 만나서 서로를 껴안기 때문입니다.

"인애와 진리가 같이 만나고 의와 화평이 서로 입맞추었으며"(시 85:10). 우리는 하나님께서 이스라엘을 바벨론 포로생활에서 건져 내신 저 놀라운 섭리와 그 아름다운 결과들 속에서 이 말씀이 성취된 것을 볼 수 있습니다. 이스라엘이 바벨론에서 포로생활을 하던 칠십 년 동안 하나님의 "인내와 진리"는 서로 거리가 한참이나 멀어 보였지만, 칠십 년 후에 하나님께서는 약속하신 것들을 지켜 행하심으로써 자신이 참되시고 의로우신다는 것을 나타내 보이셨을 뿐만 아니라, 그 약속들에 담겨 있던 "인애"와 "평안"도 이루어지게 하심으로써, "인애와 진리"가 서로 만나고 "의와 화평"이 서로 입맞추게 하셨습니다.

이 시편 본문은 서로 사랑하는 두 친구가 오랫동안 서로 멀리 떨어져 있어서 만나지 못하다가 마침내 만나게 되었을 때에 너무나 기쁘고 즐거워서 서로를 보고 환하게 웃으며 부둥켜안고 입맞추는 것에서 가져온 비유적인 표현입니다. "인애와 진리가 같이 만나고"라는 히브리어 본문을 아람어 역본에서는 "인애와 진리가 우리와 만나고"로 번역하는데, 그러한 번역도 일리가 있습니다. 왜냐하면, 이 복된 약속들과 그 약속들을 이루는 섭리의 역사들이 서로 만나 입맞춤을 할 때마다, 믿는 영혼들은 "인애와 진리"를 기쁨으로 부둥켜안고 입맞추기 때문입니다.

나는 이 성경 본문이 메시야와 메시야에 의한 우리의 구속을 간접적으로 암시하는 것이라고 믿습니다. 왜냐하면, 우리의 구원 역사와 관련해서 이전에는 서로 충돌하고 갈등을 빚는 것처럼 보였던 "인애와 진리" 또는 "의와 화평"이라는 하나님의 속성들은 메시야 안에서 서로 만나 입맞춤을 하게 되었기 때문입니다. 예수 그리스도 안에서 "진리와 의"는 "인애와 화평"과 복된 만남을 갖습니다. 이것은 얼마나 아름답고 보기 좋은 광경입니까!

우리가 하박국 선지자처럼 파수꾼의 망루에 올라가서(합 2:3), 하나님의 섭리를 제대로 잘 볼 수 있다면, 우리는 얼마나 기가 막힌 광경들을 볼 수 있겠습니까! 루터(Luther)는 이 시편 본문을 하나님의 말씀에 대한 것으로 이해해서, 거기에서 이렇게 말하고 있는 것으로 봅니다: "내가 말씀을 깊이 들여다보고서, 거기에서 하나님이 모든 일들을 어떻게 이루시고, 그 일들이 어떻게 일어나며, 하나님이 역사들이 어떻게 하나님의 말씀을 성취하는 것들인지를 보리라." 한편, 칼빈(Calvin)을 비롯한 다른 이들은 이 시편 본문을 사람이 골방으로 물러나서 혼자 조용히 생각하고 묵상하는 것에 대한 것으로 이해해서, 하나님께서 이 세상 전체, 또는 특히 자기에 대하여 어떤 계획과 목적을 지니고 계시는지를 주의 깊게 살펴보면, 말씀 속에 있는 하나님의 "진리와 의"는 모든 난관과 장애물들을 뚫고 역사하여, 결국에는 성도들의 "인애와 화평과 행복"으로 귀결된다는 것을 깨닫게 된다는 것을 말하고 있는 것이라고 설명합니다.

우리가 파수꾼의 망루를 무엇으로 해석하든, 각각의 신자에게는 하박국과 마찬가지로 자신만의 망루를 가지고 있습니다. 그리고 나는 하나님의 섭리의 역사들 속에서 하나님의 속성들이 서로 만나는 것, 그리고 그 속에서 하나님의 목적과 우리 자신의 행복이 이루어지는 것을 서서 보는 것은 천사의 일이라는 것을 말해 두고자 합니다. 왜냐하면, 교회에 주어지는 "인애와 화평" 속에서 하나님의 목적과 계획이 이루어지고 하나님의 성품들이 영광을 받는 것을 보는 것은 천사들과 하늘에 있는 성도들의 기쁨이기 때문입니다(계 14:1-3, 8).

(2) 하나님의 성품들이 서로 만나 포옹하는 것을 보는 것도 즐거운 일이지만, 죽은 것들과 같아 보였던 우리의 기도들과 소망들이 다시 되살아나는 모습을 보는 것은 더더욱 기쁜 일입니다. 여러분을 향한 섭리의 역사들을 주의 깊게 제대로 보기만 한다면, 여러분은 종종 그런 모습을 볼 수 있습니다.

우리는 교회나 우리 자신을 위하여 이런저런 은혜들을 구하고 소망하지만, 하나님께서는 우리의 소망을 들어주시는 것을 미루시고 우리의 기도에 대한 응답을 보류하신 채로, "이 묵시는 정한 때가 있나니 그 종말이 속히 이르겠고 결코 거짓되지 아니하리라 비록 더딜지라도 기다리라 지체되지 않고 반드시 응하리라"(합 2:3)고 말씀하시는 것처럼 보입니다. 하지만 우리에게는 약속의 때를 기다릴 인내심이 없고, 우리의 소망들은 그 때가 오기도 전에 시름시름 앓다가 죽어가서, 우리는 낙심한 교회와 더불어서 "여호와께 대한 내 소망이 끊어졌다"(애 3:18)고 말합니다. 하지만 우리가 기도 응답에 대한 모든 기대를 다 접은 후에, 우리의 그러한 기도들이 이루어지는 것을 보는 것은 얼마나 감격스럽고 기쁜 일입니까! 우리는 우리의 기도들이 "죽은 자들로부터 살아 온" 것처럼 느끼지 않겠습니까.

다윗의 경우가 그랬습니다(시 31:22, "내가 놀라서 말하기를 주의 목전에서 끊어졌다 하였사오나 내가 주께 부르짖을 때에 주께서 나의 간구하는 소리를 들으셨나이다"). 그는 하나님이 자신의 소망들과 기도들을 들어주지 않으시는 줄로 알고 포기하고 있었지만, 전혀 예기치 않게 그것들이 응답된 것을 보고서는 놀라움과 감격을 금하지 못합니다.

욥의 경우도 그랬습니다(욥 6:11, "내가 무슨 기력이 있기에 기다리겠느냐 내 마지막이 어떠하겠기에 그저 참겠느냐"). 그는 더 좋은 날들이 자기에게 올 것이라는 기대를 다 접었지만, 결국에는 자신이 이전에 누렸던 모든 좋은 것들을 이자까지 더하여 돌려받았습니다. 섭리의 이러한 예기치 않은 반전에 그의 영혼이 얼마나 감격스러워하였을지를 생각해 보십시오. 우리의 소망과 기도, 우리의 구제도 마찬가지입니다: "너는 네 떡을 물 위에 던져라 여러 날 후에 도로 찾으리라"(전 11:1).

또한, 야곱의 경우도 그랬습니다. 그는 자신의 사랑하는 아들 요셉을 다시 볼 수 있으리라는 소망을 완전히 포기하고 살았습니다. 그러나 너무나 기이하고 예기치 않은 섭리는 야곱으로 하여금 도저히 받을 수 없을 것 같았던 은혜를 다시 받게 해 주었습니다. 그것은 야곱에게 얼마나 이루 말할 수 없는 황홀한 기쁨을 가져다주었겠습니까(창 46:29-30, "요셉이 그의 수레를 갖추고 고센으로 올라가서 그의 아버지 이스라엘을 맞으며 그에게 보이고 그의 목을 어긋맞춰 안고 얼마 동안 울매 이스라엘이 요셉에게 이르되 네가 지금까지 살아 있고 내가 네 얼굴을 보았으니 지금 죽어도 족하도다").

(3) 우리에게 멸망이나 불행을 가져다줄 것으로 보였던 바로 그 일들을 통해서 섭리가 우리에게 큰 복들과 유익들을 가져다주는 것을 보았을 때, 우리의 기쁨을 어떻게 말로 표현할 수 있겠습니까! 하지만 여러분은 섭리의 길들을 제대로 주의 깊게 보기만 하면, 그러한 것을 볼 수 있고, 이루 말할 수 없는 위로와 기쁨을 맛볼 수 있습니다.

요셉은 자기가 형들에 의해서 애굽으로 팔려가게 되었을 때, 하나님이 거기에서 그를 총리에 앉히시려고 그렇게 하신 것임을 거의 생각하지 못하였습니다. 하지만 그는 살아 생전에 그러한 사실을 알고서 기뻐하였고, 감사하는 마음으로 그것을 인정하였습니다(창 45:5, "여러분들이 나를 이 곳에 팔았다고 해서 근심하지 마소서 한탄하지 마소서 하나님이 생명을 구원하시려고 나를 여러분들보다 먼저 보내셨나이다").

하나님의 약속을 마음에 담아두고서 기다리면서 예의주시하십시오. 그러면 여러분은 분명히 그 약속이 온갖 섭리들에 의해서 이루어지는 것을 반드시 보게 될 것입니다(롬 8:28, "우리가 알거니와 하나님을 사랑하는 자 곧 그의 뜻대로 부르심을 입은 자들에게는 모든 것이 합력하여 선을 이루느니라"). 여러분은 얼마나 수없이 반복해서, 다윗처럼 "고난 당한 것이 내게 유익이라"(시 119:71)고 고백해 왔습니까! 우리는 환난들이 우리에게 처음 찾아왔을 때와 우리에게서 떠나 갔을 때가 서로 얼마나 큰 차이가 있었는지를 경험해 오지 않았습니까! 우리는 한숨과 눈물로 그 환난들을 맞았지만, 그것들이 결국에는 우리의 유익을 위한 복된 수단들이었다는 것을 알고서는 하나님을 송축하면서 기쁨으로 그것들을 떠나보냈습니다. 이런 식으로 우리의 두려움과 슬픔은 찬송과 감사의 노래로 바뀝니다.

(4) 가련한 영혼이 자기 자신 속에서는 오로지 죄와 악밖에는 볼 수 없는데, 크신 하나님께서 그런 그를 지극히 높이시고 소중히 대해 주시는 것을 보는 것은 그에게 얼마나 이루 말할 수 없는 위로이겠습니까! 우리에게 임한 섭리를 제대로 잘 주목하기만 하면, 그런 일이 우리에게 일어납니다. 왜냐하면, 우리가 그렇게 할 때, "내 평생에 선하심과 인자하심이 나를 따르고" 있다는 것을 우리는 알게 되기 때문입니다(시 23:6). 다른 사람들은 복을 좇지만, 복은 그들로부터 날아가 버리고, 그들은 그 복을 결코 따라잡을 수 없습니다. 그러나 하나님의 백성에게는 평생에 하나님의 "선하심과 인자하심"이 따르고, 그들은 그러한 복을 피해 도망칠 수 없습니다. 심지어 그들이

종종 죄를 지어서 길에서 벗어날 때조차도, 그 복은 반드시 그들을 찾아내서 평생토록 그들을 따라 다닙니다. 그들에게 임한 모든 섭리 속에서 "선하심과 인자하심"이 그들을 따릅니다.

그들은 이것을 종종 묵상할 때마다 감격으로 마음이 녹아내려서 이렇게 소리칠 수밖에 없습니다: "나는 지금까지 온갖 은혜를 받고도 하나님의 선하심을 모욕하고 악용하였기 때문에, 하나님이 정이 떨어져서라도, 그 선하심을 내게서 거두실 만도 한데, 왜 하나님의 선하심은 여전히 나를 따르고 있는 것입니까? 주여, 내가 무엇이길래, 본성적으로 나보다 더 나은 사람들에게는 원수 갚으심과 진노가 따르게 하시면서도, 내게는 이렇게 주의 인자하심이 따르게 하시는 것입니까?"

하나님께서 이런 식으로 위로의 섭리이든 괴로움의 섭리이든 그에 의해 성별된 섭리들을 통해서 그의 선하심이 우리를 따르게 하신다는 것은 하나님이 우리를 크게 존중하신다는 것을 분명하게 보여 주는 증거입니다. 이것은 욥이 "사람이 무엇이기에 주께서 그를 크게 만드사 그에게 마음을 두시고 아침마다 권징하시며 순간마다 단련하시나이까"(욥 7:17-18)라고 말한 것으로부터도 분명하게 드러납니다. 분명히 하나님의 백성은 하나님의 보화입니다. 하나님께서 그들로부터 한시도 눈을 떼지 않으신다는 사실이 그것을 잘 보여 줍니다(욥 36:7).

나는 하나님께서 사람을 사랑하시고 존중하신다는 사실은 오로지 하나님의 섭리들을 통해서만 드러난다고 말하는 것이 아니라, 하나님이 성별하신 섭리들은 그러한 사실을 우리에게 아주 분명하게 보여 준다고 말하는 것입니다. 그리고 우리가 섭리들 속에서 그러한 사실을 보았을 때, 그것은 우리에게 이루 말할 수 없이 큰 기쁜 일이 됩니다.

(5) 끝으로, 한 영혼이 모든 것이 자기를 천국으로 가게 하고 그 길을 촉

진시키기 위하여 합력하여 돕고 있다는 사실을 발견하는 것보다도, 이 온 세상에서 그 영혼에게 더 큰 기쁨과 위로를 줄 수 있는 것이 무엇이 있겠습니까! 그런데 우리는 우리에게 일어나고 있는 온갖 섭리들의 결과들을 눈여겨보기만 하면, 그러한 사실을 알게 됩니다. 섭리의 바람과 조류가 아무리 우리를 거스르는 것처럼 보인다고 할지라도, 그 모든 섭리는 성별된 영혼을 하나님께로 인도하고 영광을 받기에 합당한 자로 만드는 데 서로 합력하고 있는 것이라는 사실보다 더 확실한 것은 없습니다.

사도 바울은 자신의 결박들과 거기에 덧붙여진 환난들이 궁극적으로는 그의 구원을 위한 것임을 알았습니다. 그는 그것들이 그 자체만으로는 그러한 목적에 기여하지 않겠지만, "너희의 간구와 예수 그리스도의 성령의 도우심으로" 말미암아 "나를 구원에 이르게 할 줄"을 안다고 고백합니다(빌 1:19). 외적인 수단인 "기도"와 내적인 수단인 "성령"이 환난들과 결합될 때, 환난들은 구원을 가져다주는 훌륭한 수단들이 됩니다.

우리는 지금까지 우리의 감각과 이성으로는 우리의 행복을 망칠 것 같아 보였던 것들이 결국에는 우리에게 더 큰 행복을 가져다준 지극히 복된 도구들이었다는 것을 보고 기뻐한 적이 한두 번이 아니지 않았습니까! 지금까지 하나님께서는 우리의 부패함을 죽이시기 위하여 역경들을 보내시고, 우리의 방자함을 죽이시기 위하여 우리에게 있는 것들을 빼앗으시며, 우리를 세상으로부터 떼어내시기 위하여 우리에게 많은 실망들을 안겨 주시는 복을 주셨다는 것을 주목해서 보십시오! 우리는 당시에는 우리의 감각에 괴롭고 무거운 짐이 되었던 것들이 나중에 뒤돌아보았을 때에는 우리에게 큰 위로가 될 줄을 생각이나 했겠습니까!

3. 나는 섭리를 제대로 묵상하는 것은 여러분의 마음속에 있는 본성적인

무신론을 다스리고 억누르는 가장 효과적인 수단이 된다는 것을 여러분이 잘 생각해 보시기를 부탁드립니다.

아무리 좋은 신앙을 지닌 사람들이라고 할지라도, 그들의 마음속에는 무신론의 본성적인 씨앗이 존재하고, 그 씨앗은 섭리의 역사들에 대하여 경솔하고 그릇된 판단을 내리는 것으로부터 풍족한 자양분을 흡수하여 성장해 갑니다. 우리가 악인들은 이 세상에서 형통하고 경건한 자들은 신앙을 지키며 의롭게 살아가려고 하다가 온갖 환난을 당하고 죽는 것을 볼 때, 그것은 우리로 하여금 신앙을 가져 봐야 아무 소용도 없고, 우리 자신을 부인하고 거룩하게 살아 보아야 다 헛수고일 뿐이라고 생각하도록 유혹합니다.

선한 아삽의 경우가 그랬습니다: "볼지어다 이들은 악인들이라도 항상 평안하고 재물은 더욱 불어나도다"(시 73:12). 그런 모습을 보았을 때에 우리의 육신은 거기로부터 어떤 결론을 도출해 낼까요? 그것은 당연히 거룩하게 살아 보아야 아무런 유익이 없다고 하는 결론입니다: "내가 내 마음을 깨끗하게 하며 내 손을 씻어 무죄하다 한 것이 실로 헛되도다"(13절). 육신적인 이성은 악인들을 외적으로 형통하게 하는 섭리를 보았을 때에 거기로부터 그러한 불경한 결론을 이끌어내게 되어 있습니다.

하지만 우리가 이 세상에서 다수의 악인들에게, 그리고 내세에서는 모든 악인들에게 분명하게 보응하는 섭리를 주의 깊게 살피고 주목한다면, 우리는 "여호와께서 자신이 집행하시는 심판들을 통해서 자기가 누구인지를 알게 하신다"(시 9:16, 개역개정에는 "여호와께서 자기를 알게 하사 심판을 행하셨음이여") 는 것을 온전히 믿고 확신하게 됩니다!

시편 58편은 먼저 지극히 극악무도한 죄인들의 행태를 우리에게 보여 줍니다. 그들은 죄악된 일들을 의도적으로 계획해서 자행하고(2절), 죄악을 행하는 것이 습관화되어 있고 몸에 배어 있는 자들이며(3절), 죄악을 너무나 고집스럽게 붙들고 있어서 결코 고침을 받을 수 없는 자들이어서(4-5절), 그들의 악은 더욱 가중됩니다. 그런 후에, 시편은 그런 악인들에 대한 하나님의 섭리가 어떠함을 우리에게 보여 주는데, 하나님께서는 섭리를 통해서 그들의 힘을 멸하신다는 것입니다(6절, "하나님이여 그들의 입에서 이를 꺾으소서 여호와여 젊은 사자의 어금니를 꺾어 내시며"), 그러한 섭리는 그들이 알지도 모르는 사이에 점진적으로 그들의 힘을 소진시키는 방식으로 일어나기도 하고(7-8절, "그들이 급히 흐르는 물 같이 사라지게 하시며 겨누는 화살이 꺾임 같게 하시며 소멸하여 가는 달팽이 같게 하시며 만삭 되지 못하여 출생한 아이가 햇빛을 보지 못함 같게 하소서"), 갑자기 예기치 않은 일격을 가하는 방식으로 일어나기도 합니다(9절, "가시나무 불이 가마를 뜨겁게 하기 전에 생나무든지 불 붙는 나무든지 강한 바람으로 휩쓸려가게 하소서"). 그런 다음에, 시편은 그러한 섭리의 결과들이 의인들에 대해서 무엇을 의미하는지에 대하여 우리에게 말해 줍니다. 그러한 섭리는 의인들에게 기쁨이 될 것이고(10절, "의인이 악인의 보복 당함을 보고 기뻐함이여 그의 발을 악인의 피에 씻으리로다"), 하나님에 대한 그들의 믿음을 더욱 견고하게 해 주게 될 것이라는 것입니다(11절, "그 때에 사람의 말이 진실로 의인에게 갚음이 있고 진실로 땅에서 심판하시는 하나님이 계시다 하리로다").

이러한 섭리들은 모든 위험들과 두려움들과 어려움들 가운데서 의인들을 지지하시고 지켜 주시며 건져 주시는 하나님의 지혜와 능력과 사랑과 신실하심을 얼마나 분명하게 보여 주고 있습니까! 그러한 일들 속에서 하나님께서는 자기 자신을 자기 백성에게 계시하십니다(시 94:1, "여호와여 복수하시는 하나님이여 복수하시는 하나님이여 빛을 비추어 주소서"). 사실, 태양이 자신의 빛줄기들을 통해서 자신의 존재를 분명하게 드러내듯이, 하나님께서는 섭리들 속에서 자기 자신을 드러내시는데, 영적인 눈을 지닌 자들은 그것을 분명하게 볼 수 있습니다.

"그의 광명이 햇빛 같고 광선이 그의 손에서 나오니 그의 권능이 그 속에 감추어졌도다"(합 3:4). 이 본문은 하나님께서 자기 백성을 원수들에게서 건져 내시기 위하여 나오시는 것에 대하여 말하고 있습니다. 그때에 하나님의 손에서 권능과 은혜의 광선들이 나옵니다. 여기에서 "하나님의 손"은 하나님이 베푸시는 섭리의 역사들을 가리키고, 그 손에서 나오는 "광선들"은 그러한 섭리의 역사들 속에서 하나님의 영광스러운 성품들이 드러나는 것을 가리킵니다.

하나님께서는 자기 백성을 애굽으로부터 건져 내시는 저 뚜렷한 섭리 속에서 자기 자신을 자기 백성에게 알리신 것이 아닙니까(출 6:2-3, "하나님이 모세에게 말씀하여 이르시되 나는 여호와이니라 내가 아브라함과 이삭과 야곱에게 전능의 하나님으로 나타났으나 나의 이름을 여호와로는 그들에게 알리지 아니하였고"). 그때에 하나님께서 자기가 약속하신 은혜들을 자신의 섭리들을 통해서 베풀어 주셨을 때, 이스라엘은 "여호와" 하나님을 알게 되었습니다.

그리스도께서 자기 백성을 적그리스도로부터 건져 내심으로써 저 최후의 가장 큰 구원을 베푸실 때, 그들은 그리스도의 참된 이름을 분명하게 알게 될 것입니다: "그가 피 뿌린 옷을 입었는데 그 이름은 하나님의 말씀이라 칭하더라"(계 19:13). 그리스도의 이름은 영원 전부터 "하나님의 말씀"이셨지만, 이 땅에 오셨을 때에는 하나님의 약속들과 진리들을 계시하시고 드러내시는 "말씀"이셨고, 장차 그 모든 것들을 성취하고 이루시는 "말씀"으로 다시 나타나실 것입니다. "주의 기이한 일들이 주의 이름이 가까움을 선포하나이다"(시 75:1, 개역개정에는 "주의 이름이 가까움이라 사람들이 주의 기이한 일들을 전파하나이다").

좀 더 구체적으로 우리의 마음에 이 사실이 생생하게 와 닿게 하기 위해서 우리 자신의 경험을 예로 들어 봅시다. 우리는 우리 자신이 종종 무신론적인 생각들에 의해서 공격을 당하는 것을 발견할 수 있습니다. 우리는 하나님께서는 아랫 세상의 모든 일들을 자연의 법칙과 운행에 맡겨 두셨기 때문에, 우리의 기도는 하나님께 상달되지 않고(애 3:44), 하나님은 우리에게 어떤 해악들이 임하든지 말든지 안중에도 없으시다고 생각하고자 하는 유혹을 받게 됩니다. 그러나 성도들이여, 여러분은 그러한 시험들의 입을 막기에 충분한 것들을 이미 가지고 있지 않습니까? 그러므로 여러분은 자신의 경험들을 곰곰이 생각해 보고, 여러분의 심령에게 다음과 같은 질문들을 진지하게 물어보기만 하면 됩니다:

(1) 여러분은 자신이 지금까지 걸어 온 모든 길에서 하나님이 여러분과 여러분의 가족들에게 필요한 모든 것들을 공급해 주시는 것을 경험함으로써 오직 하나님 한 분만으로 충분하다는 것을 보아 오지 않았습니까? 여러분이 곤경이나 궁핍에 처해서 어떤 것이 필요할 때마다 그것들을 여러분에게 공급해 주신 분이 누구셨습니까? 바로 하나님이 아니셨습니까? "여호와께서 자기를 경외하는 자들에게 양식을 주시며 그의 언약을 영원히 기억하시리로다"(시 111:5). 단지 하나님께서는 여러분이 기도할 때마다 그 기도에 대한 응답으로 언제나 변함없이 시의적절하게 놀라운 방법으로 여러분에게 필요한 것들을 공급해 주셨다는 사실만을 생각해 보는 것으로 충분할 것입니다. 저 위대한 진리를 보여 주는 확실한 증거에 대하여 여러분이 눈을 감을 수 있다면 한 번 눈감아 보십시오: "그의 눈을 의인에게서 떼지 아니하시고"(욥 36:7).

(2) 여러분이 지금까지 수많은 큰 위험들을 모면해서 오늘날에 이르게

된 것 속에서 여러분은 하나님이 여러분을 돌보아 주셨다는 사실을 분명하게 깨닫지 않습니까? 여러분은 수많은 죽을 위험들과 질병들과 사고들과 여러분을 죽이고자 한 원수들의 계략들을 어떻게 모면해서 지금까지 살아 있게 된 것입니까? 하나님의 돌보시는 손길이 그 모든 일들 속에 있었고, 오로지 하나님의 돌보심으로 인하여 여러분이 지금까지 살아 있을 수 있었다는 것은 의문의 여지가 없습니다. 하나님께서 너무나 분명한 섭리의 역사들을 통해서 다윗을 위험한 질병과 그를 죽이고자 한 원수들의 음모들로부터 건져내셨을 때, 그는 "내 원수가 나를 이기지 못하오니 주께서 나를 기뻐하시는 줄을 내가 알았나이다"(시 41:11)라고 고백합니다. 다윗은 그러한 은혜로우신 보호하심들에 근거해서, 하나님이 자기를 돌보아 주고 계신다는 결론을 내립니다.

(3) 여러분은 자신이 기도한 것들이 이루어진 것을 보고서 하나님의 손길을 분명하게 깨닫지 않았습니까? 주의 깊게 보는 사람들에게는 이것보다 더 분명한 것은 있을 수 없습니다. "내가 여호와께 간구하매 내게 응답하시고 내 모든 두려움에서 나를 건지셨도다 그들이 주를 앙망하고 광채를 내었으니 그들의 얼굴은 부끄럽지 아니하리로다 이 곤고한 자가 부르짖으매 여호와께서 들으시고 그의 모든 환난에서 구원하셨도다"(시 34:4-6). 오늘날에도 무수한 그리스도인들이 이 시편 기자가 말한 것을 경험하고 있습니다. 그들은 자신들이 하나님께 간구한 것들을 하나님이 응답하셨다는 것을 압니다(요일 5:15, "우리가 무엇이든지 구하는 바를 들으시는 줄을 안즉 우리가 그에게 구한 그것을 얻은 줄을 또한 아느니라"). 하나님이 우리에게 베풀어 주신 은혜들에는 우리의 기도에 대한 응답이라는 증표가 각인되어 있습니다. 그래서 우리는 "이것이 내가 하나님께 구했던 바로 그 은혜로구나"라고 말할 수 있습니다.

이러한 일들은 우리에게 얼마나 큰 만족과 확신을 가져다주는 것들입니까!

(4) 여러분은 하나님이 여러분의 길들을 인도하시고 지도하셔서 여러분이 미리 내다보지 못했던 유익을 얻게 하신 것을 보고서 거기에서 하나님의 손길을 분명하게 깨닫지 않았습니까? 여러분 자신이 결코 계획하지 않았던 일들이 여러분의 생각을 뛰어넘어서 일어났고, 그 중에서 많은 일들은 하나님으로부터 온 것들이었습니다. 성도들은 그것을 부인할 수 없을 정도로 분명하게 경험하였기 때문에, "여호와여 내가 알거니와 사람의 길이 자신에게 있지 아니하니 걸음을 지도함이 걷는 자에게 있지 아니하니이다"(렘 10:23)라고 고백하지 않을 사람은 아무도 없습니다. 여러분이 오늘날까지 받은 은혜들을 뒤돌아보면, 여러분은 세 개 중의 하나, 적어도 열 개 중의 하나는 여러분 자신이 생각하지도 못했던 것을 하나님이 여러분을 위하여 베풀어 주신 것들임을 발견하게 될 것입니다. 이러한 경험들은 자기 백성을 지극히 사랑하시는 하나님, 자기 백성을 위하여 모든 일을 행하시는 하나님이 계신다는 것을 이 세상에 존재하는 그 어떤 근거보다도 더 분명하게 보여 주는 것이 아니겠습니까(시 57:2, "내가 지존하신 하나님께 부르짖음이여 곧 나를 위하여 모든 것을 이루시는 하나님께로다")!

(5) 여러분은 자신의 삶 속에서의 온갖 시험들과 어려움들 가운데서도 하나님의 약속들이 여전히 이루어지고 신실하게 성취되어 온 것을 보면서, 여러분을 돌보시는 하나님이 계신다는 것을 온전히 확신하게 되지 않습니까? 나는 여러분이 다음과 같은 약속들이 이루어지는 것을 보아 오지 않았느냐고 여러분에게 반문하고 싶습니다: "그들이 환난 당할 때에 내가 그와 함께 하여 그를 건지고"(시 91:15); "오직 하나님은 미쁘사 너희가 감당하지

못할 시험 당함을 허락하지 아니하시고 시험 당할 즈음에 또한 피할 길을 내사 너희로 능히 감당하게 하시느니라"(고전 10:13). 이런 일들이 대낮의 해처럼 여러분의 눈 앞에서 섭리에 의해서 이루어지는 것을 여러분은 분명하게 보아 오지 않았습니까? 그런데도 아직도 여러분의 마음속에 무신론적인 생각들이 있을 공간이 남아 있습니까?

4. 섭리의 역사들을 기억하고 기록해 두면, 장차 믿음을 위태롭게 하는 상황들을 만났을 때에 믿음을 지키는 데 아주 큰 힘이 될 것입니다.

다윗이 "내가 지존하신 하나님께 부르짖음이여 곧 나를 위하여 모든 것을 이루시는 하나님께로다"(시 57:2)라고 고백하였을 때, 거기에는 섭리에 대한 기억이 지닌 이 놀라운 용도가 분명하게 드러나 있습니다. 다윗은 일생 동안 수많은 환난들을 겪었지만, 골리앗과의 싸움에서보다 더 큰 곤경에 처한 적은 없었습니다. 따라서 만일 그가 골리앗과 싸울 때에 하나님이 이전에 자기에게 베풀어 주신 섭리의 역사들을 기억하지 않았다면, 그의 믿음은 틀림없이 흔들렸을 것입니다. 믿음은 이전의 섭리의 역사에 대한 기억으로부터 대단히 결정적이고 큰 힘을 얻습니다. 많은 위기 상황에서 다윗의 믿음도 그랬습니다. 그는 블레셋에서 최고의 용사였던 골리앗과 싸우게 되었을 때에 이전의 섭리들로부터 힘을 얻었습니다(삼상 17:37, "다윗이 이르되 여호와께서 나를 사자의 발톱과 곰의 발톱에서 건져내셨은즉 나를 이 블레셋 사람의 손에서도 건져내시리이다").

사도 바울도 자신의 경험들을 그런 목적으로 사용합니다(고후 1:8-10, "형제들아 우리가 아시아에서 당한 환난을 너희가 모르기를 원하지 아니하노니 힘에 겹도록 심한 고난을 당하여 살 소망까지 끊어지고 우리는 우리 자신이 사형 선고를 받은 줄 알았으니 이는 우리로 자기를 의지하지 말고 오직 죽은 자를 다시 살리시는 하나님만 의지하게 하심이라 그가 이 같이 큰 사망에서 우리를 건지셨고 또 건지실 것이며 이 후에도 건지시기를 그에게 바라노라"). 그리고 사실 성경 전체는 그러한 것들로 가득합니다.

어떤 그리스도인이 자기가 이전에 겪었던 경험들이 어려울 때에 자신의 믿음을 지켜 주고 힘을 주는 놀라운 유익을 지니고 있다는 것을 알지 못하겠습니까? 그래서 나는 우리가 과거에 경험한 섭리들을 기록해 두는 것이 어려운 상황들 아래에서 힘들어 하는 믿음에 힘을 주는 데 어떤 식으로 크게 유익한지를 보여 주는 데 집중하고자 합니다. 이런 목적을 위해서 나는 독자들이 다음과 같은 것들을 진지하게 숙고해 주기를 바랍니다:

(1) 우리가 이미 느끼고 맛본 것들이 이전의 그 어떤 경험에 의해서 한 번도 맛보지 못한 것들에 비해서 우리 영혼에 얼마나 많은 유익을 주는지를 생각해 보십시오. 우리의 믿음의 대상들을 영적인 지각의 판단과 시험에 둘 수 있게 해 주는 것이 경험이 아니면 무엇이겠습니까? 일단 우리가 이전의 경험에 의해서 어떤 것을 맛보고 느끼며 판단한 적이 있게 되면, 그것이 또다시 일어났을 때에는, 우리는 그것을 전보다 훨씬 더 쉽게 믿고 받아들일 수 있게 됩니다. 믿음은 아직 한 번도 가보지 않아서 한 발자국 앞에 무엇이 있는지도 알 수 없는 새로운 길을 헤쳐나가는 것보다는, 이전에 가보아서 잘 알고 있는 길로 가는 것이 훨씬 더 쉽습니다. 믿음의 모든 행위들 속에는 다 어려움이 존재하지만, 믿음이 그리스도를 의지해서 최초로 발걸음을 내딛을 때가 가장 어려운 이유가 거기에 있습니다. 그리고 그 이유는 믿음이 최초로 발걸음을 내디딜 때에는 이전의 경험으로부터 그 어떤 도움도 받을 수 없고 오직 그 앞에 무엇이 있는지를 전혀 알지 못하는 가운데 그 길을 가야 하는 반면에, 이미 한 번 가본 길에서는 이전의 경험들의 도움을

받아서 그 앞에 무엇이 있는지를 아는 까닭에 힘을 얻을 수 있기 때문입니다.

그 어떤 경험도 없이 하나님을 믿고 의지하는 것은 더 고귀한 믿음의 행위이기는 하지만, 우리가 자주 하나님을 겪어 보고 경험해 본 후에 하나님을 믿고 의지하는 것이 더 쉽습니다. 어떤 환난을 만났을 때, 우리가 "내가 이러한 심연에 빠져 본 것이 이번이 처음이 아니고, 나는 그럴 때마다 거기에서 벗어난 경험이 있다"고 말할 수 있다면, 그것은 우리의 영혼에 적지 않은 유익이 됩니다.

그래서 그리스도께서는 자신의 제자들이 어려움에 처하였을 때에는, 그들이 전에 어떤 섭리를 경험하였는지를 그들에게 상기시켜 주심으로써 그들의 힘을 북돋워 주시곤 하셨습니다. "믿음이 작은 자들아 어찌 떡이 없으므로 서로 논의하느냐 너희가 아직도 깨닫지 못하느냐 떡 다섯 개로 오천 명을 먹이고 주운 것이 몇 바구니며 떡 일곱 개로 사천 명을 먹이고 주운 것이 몇 광주리였는지를 기억하지 못하느냐"(마 16:8-11). 이것은 이렇게 말씀하신 것이나 다름없습니다: "너희가 이전에는 지금처럼 떡이 부족했던 적이 없었느냐? 이것이 너희의 믿음이 처음으로 겪고 있는 어려움이냐? 아니다. 너희는 이전에도 여러 번 곤경에 처했었고, 그럴 때마다 너희에게 떡을 공급해 주시는 하나님의 권능과 돌보심을 경험해 왔다. 그러므로 나는 너희를 '믿음이 작은 자들아'라고 부를 수밖에 없다. 왜냐하면, 너희는 정말 평범하고 작은 분량의 믿음만을 지니고 있어서, 그런 경험들의 도움을 받아서 하나님을 믿고 의지하지 못하는 것이기 때문이다."

경험이 없는 채로 믿는 것과 경험을 하고 나서 믿는 것 간에는 많은 차이가 있는데, 그것은 튜브를 가지고 수영하는 것과 튜브 없이 깊은 물에 처음으로 들어가는 것 간의 차이와 같습니다.

우리가 어떤 것을 믿어야 하는데 우리의 이성으로는 믿을 수 없어서 거기에서 생겨나는 온갖 불신앙의 근거들과 반론들을 물리침에 있어서, 우리의 이전의 경험들은 우리의 믿음에 정말 큰 힘을 실어 줍니다! 불신앙은 하나님과 관련해서 두 가지를 믿지 못하는데, 하나는 하나님의 권능을 믿지 못하는 것이고, 다른 하나는 하나님이 우리를 기꺼이 도와주시고자 한다는 것을 믿지 못하는 것입니다.

(a) 불신앙은 하나님이 우리를 극심한 환난에서 건지시는 것은 불가능하다고 주장합니다. "하나님이 광야에서 식탁을 베푸실 수 있으랴 보라 그가 반석을 쳐서 물을 내시니 시내가 넘쳤으나 그가 능히 떡도 주시며 자기 백성을 위하여 고기도 예비하시랴"(시 78:19-20). 하나님의 무궁무진하신 권능을 우리 자신의 잣대로 재서 판단할 때, 하나님에 대한 이러한 악하고 무가치한 생각들이 생겨납니다! 우리는 거기에서 건짐을 받을 수 있는 길이 우리의 눈에 보이지 않기 때문에, 그 환난에서 건짐받는 것은 절대로 기대할 수 없다고 결론을 내립니다.

그러나 불신앙의 이러한 모든 추론들은 우리 자신의 경험들을 진지하게 성찰해 보는 순간 다 사라지게 됩니다. 왜냐하면, 우리의 경험들은 하나님께서 지난날에 그런 상황들 속에서 우리를 도우셨던 까닭에, 지금도 우리를 도우실 수 있다고 말해 주기 때문입니다. "여호와의 손이 짧아 구원하지 못하심도 아니요"(사 59:1). 하나님이 갖고 계시는 권능과 능력은 이전이나 지금이나 변함이 없습니다.

(b) 불신앙은 하나님의 의지에 대하여 의문을 제기하고, 하나님이 이전에는 우리를 도우셨지만 이번에는 절대로 우리에게 은혜를 베푸셔서 우리를 도우시지 않으실 것이라고 주장합니다. 하지만 하나님이 지난날에 우리가 곤경에 처할 때마다 우리를 매번 도우시는 것을 우리가 경험하였는데,

아직도 하나님의 의지를 의심할 여지가 남아 있는 것입니까?

바울은 하나님이 이전에 행하신 것에 대한 경험으로부터 하나님이 앞으로 어떻게 하실 것인지를 추론하였고(고후 1:10, "그가 이같이 큰 사망에서 우리를 건지셨고 또 건지실 것이며 이 후에도 건지시기를 그에게 바라노라"), 다윗도 그랬습니다(삼상 17:37, "여호와께서 나를 사자의 발톱과 곰의 발톱에서 건져내셨은즉 나를 이 블레셋 사람의 손에서도 건져내시리이다"). 어떤 사람이 자기를 향하신 하나님의 선하심을 한 번도 경험한 적이 없어서, 과연 하나님이 자기를 환난에서 건져 주실까 하고 의문을 품는다면, 그것은 그토록 극악무도한 죄는 아닐 것입니다. 하지만 하나님의 도우심을 이전에 수없이 경험하고 나서도, 그런 의심을 품을 여지가 남아 있는 것입니까?

(2) 하나님의 섭리들에 대한 경험을 기억하고 기록해 두는 것은 우리의 믿음의 대상으로부터 도출되는 불신앙의 반론들에 대하여 우리의 믿음이 맞서는 데 큰 힘을 줍니다. 그러한 반론들은 두 종류입니다.

(a) **우리의 무가치함으로 인한 반론들**. 불신앙은 이렇게 말합니다: "우리 같이 이렇게 지독하게 죄악되고 악한 존재가 하나님으로부터 이런저런 은혜를 입을 수 있을 것이라고 기대하는 것 자체가 잘못된 것이다. 물론, 하나님께서 아브라함이나 이삭이나 야곱이나 모세를 위해서 큰 일들을 행하셨다는 것은 사실이지만, 그들은 모두 탁월하게 거룩한 인물들로서, 하나님을 위하여 자기 자신을 부인하고 오로지 하나님께 순종하였던 사람들이고, 내가 일생 동안 하나님의 영광을 위하여 한 일들보다 더 많은 일들을 하루에 다한 사람들이었다!"

하지만 경험은 이렇게 말합니다: "그토록 무가치하고 악한 우리가 그런 훌륭한 믿음의 조상들만큼이나 하나님의 선하심을 맛보아 왔다는 사실은 우리에게 무엇을 말해 주는 것인가? 나는 무가치한 존재이지만, 그럼에도 불구하고 하나님께서는 지금까지 내게 은혜를 베풀어 오셨다. 하나님이 내게 처음으로 은혜를 베풀어 주신 것은 내가 지금보다 더 상태가 좋지 않았을 때였다. 그러므로 나는 하나님의 은혜를 받을 자격이 없음에도 불구하고, 여전히 하나님의 선하심이 내게 계속되기를 기대하고자 한다. 왜냐하면, 우리는 '우리가 원수 되었을 때에 그의 아들의 죽으심으로 말미암아 하나님과 화목하게 되었은즉 화목하게 된 자로서는 더욱 그의 살아나심으로 말미암아 구원을 받을 것'(롬 5:10)임을 믿기 때문이다."

(b) **우리가 겪고 있는 환난이 극심하다는 이유로 인해서 생겨나는 반론들**. 우리에게 닥친 환난이나 위험이 극심한 경우에는, 이성의 눈에는 우리 앞에는 오직 멸망과 죽음만이 있는 것처럼 보일 수밖에 없고, 이것은 불신앙이 우리의 영혼을 끈질기게 괴롭히는 빌미가 됩니다. 그래서 그때에 불신앙은 "너의 기도와 너의 소망이 어디 있으며, '네 하나님이 어디 있느냐'(시 42:10)"고 우리 영혼을 몰아부칩니다.

그러나 이때에 우리가 이전에 경험한 섭리들을 기억하면, 이 모든 반론들은 쉽게 제거되고 사라집니다: "내가 이런 곤경에 처하게 된 것이 이번이 처음이 아니고, 이렇게 의심하고 낙심한 것도 이번이 처음이 아니다. 하지만 하나님께서는 그때마다 나를 모든 환난에서 건져 주셨다"(시 77:7-9).

이렇게 해서 그리스도인들은 시험을 받을 때에도 자신의 모든 소망을 잃지 않게 됩니다. 이것은 섭리에 대한 경험들이 하나님의 백성에게 얼마나 유익한 것인지를 잘 보여 줍니다!

5. 이전의 섭리들을 기억해 두면, 그것들은 여러분의 영혼이 끊임없이 하나님을 찬양하고 감사할 수 있는 제목들이 됩니다.

하나님을 찬양하고 감사하는 것은 하늘에서 천사들이 하는 바로 그 일이고, 이 땅에서의 우리의 삶 중에서 가장 달콤하고 기쁜 부분입니다. 다윗을 위해 자신의 은혜를 베푸시고 자신의 진실하심을 나타내시고자 하시는 것이 하나님이 하시는 일이라면, 자신의 하나님을 위한 찬송들을 준비해서 날마다 하나님을 찬송하는 것이 다윗의 일입니다. 그는 "주께서는 나를 모태에서부터 붙들어 주셨고, 나를 나의 어머니의 태에서 꺼내 주신 분도 주이십니다"(개역개정에는 "내가 모태에서부터 주를 의지하였으며 나의 어머니의 배에서부터 주께서 나를 택하셨사오니")라고 고백함으로써, 하나님께서 그가 생겨난 때로부터 그에게 은혜들을 베풀어 주셨음을 인정한 후에, 그러한 인정의 자연스러운 결과로서 "나는 항상 주를 찬송하리이다"라고 자신의 결심을 밝힙니다.

하나님을 찬송하는 것과 관련해서 우리가 살펴보아야 할 것들이 다섯 가지인데, 이 모든 것들은 하나님이 우리에게 베푸신 섭리들과 관련되어 있습니다:

(1) 우리는 우리가 하나님으로부터 받은 은혜들을 주목해서 살펴보아야 합니다. 이것은 모든 찬송에서 근본적인 것에 해당합니다. 우리가 하나님이 우리에게 베풀어 주신 은혜들을 알지 못한다면, 하나님께 영광을 돌리는 것은 불가능하기 때문입니다. "가련하고 가난한 자가 물을 구하되 물이 없어서 갈증으로 그들의 혀가 마를 때에 나 여호와가 그들에게 응답하겠고 나 이스라엘의 하나님이 그들을 버리지 아니할 것이라 내가 헐벗은 산에 강을 내며 골짜기 가운데에 샘이 나게 하며 광야가 못이 되게 하며 마른 땅이 샘근원이 되게 할 것이며 내가 광야에는 백향목과 싯딤 나무와 화석류와 들감람나무를 심고 사막에는 잣나무와 소나무와 황양목을 함께 두리니 무리

가 보고 여호와의 손이 지으신 바요 이스라엘의 거룩한 이가 이것을 창조하신 바인 줄 알며 함께 헤아리며 깨달으리라"(사 41:17-20).

(2) 우리는 우리가 받은 은총들을 충실하게 기억하고 있어야 합니다. "내 영혼아 여호와를 송축하며 그의 모든 은택을 잊지 말지어다"(시 103:2). 그래서 하나님께서는 자기 백성이 그 은택들을 잊어버렸을 때에 그들을 배은망덕한 자들로 규정하십니다: "그들은 그가 행하신 일을 곧 잊어버리며"(시 106:13).

(3) 우리는 하나님이 우리를 선대하여 베푸신 모든 섭리를 제대로 올바르게 인식하고 평가하여야 합니다. "너희는 여호와께서 너희를 위하여 행하신 그 큰 일을 생각하여 오직 그를 경외하며 너희의 마음을 다하여 진실히 섬기라"(삼상 12:24). 하나님께서 광야에서 이스라엘 백성을 만나로 먹이신 섭리는 하나님이 자기 백성에게 베푸신 지극히 주목할 만한 섭리였습니다. 그러나 그들은 그 섭리의 가치를 제대로 인식하지 못했고 소중히 여기지 않았기 때문에, 그 섭리에 합당한 찬송을 하나님께 드리기는커녕 불평과 불만을 쏟아 놓았습니다: "우리가 애굽에 있을 때에는 값없이 생선과 오이와 참외와 부추와 파와 마늘들을 먹은 것이 생각나거늘 이제는 우리의 기력이 다하여 이 만나 외에는 보이는 것이 아무 것도 없도다"(민 11:5-6).

(4) 우리는 우리 영혼의 모든 기능들과 힘들을 다 동원해서, 하나님이 우리에게 베푸신 은혜들을 인정하고 시인하여야 합니다. 다윗은 "내 영혼아 여호와를 송축하라 내 속에 있는 것들아 다 그의 거룩한 이름을 송축하라"(시 103:1)고 말했습니다. 영혼으로 찬송하는 것이 바로 찬송의 핵심입니다. 그

것은 그 감사제의 기름진 것이고 골수입니다.

(5) 우리는 우리가 받은 은혜에 합당한 보답을 하여야 합니다. 다윗은 그렇게 하는 데 신경을 썼습니다: "여호와께서 내 음성과 내 간구를 들으시므로 내가 그를 사랑하는도다"(시 116:1). 반면에, 선한 히스기야 왕은 그렇게 하는 것을 소홀히 함으로써 하나님으로부터 책망을 들었습니다: "그 때에 히스기야가 병들어 죽게 되었으므로 여호와께 기도하매 여호와께서 그에게 대답하시고 또 이적을 보이셨으나 히스기야가 마음이 교만하여 그 받은 은혜를 보답하지 아니하므로 진노가 그와 유다와 예루살렘에 내리게 되었더니"(대하 32:24-25). 은혜에 합당한 보답은 우리가 섭리에 의해서 하나님으로부터 받은 모든 것을 온전히 진심으로 하나님의 은혜로 돌리는 것이고, 하나님께서 원하실 때에는 언제라도 하나님을 위해서 그 모든 것을 기꺼이 버리고자 하는 것입니다.

이렇게 우리는 하나님을 찬송하는 것과 관련된 모든 것들 속에는 섭리들에 대한 존중이 존재하는 것을 발견합니다. 하지만 나는 찬송과 관련된 모든 요소들 속에만 섭리들에 대한 존중이 존재하는 것이 아니라, 우리의 영혼으로 하여금 하나님을 찬송할 수밖에 없게 만드는 모든 동기들과 근거들도 섭리들에 대한 존중 안에서 발견된다는 것을 좀 더 구체적으로 여러분에게 보여 주고자 합니다. 이런 목적을 위해서, 우리는 섭리에 의해서 나타나는 하나님의 은혜와 선하심이 어떻게 하나님에 대한 우리의 감사를 불러일으키는지를 살펴보아야 합니다.

(1) 자기 백성에 대한 하나님의 선하심과 은혜는 그들과 관련된 하나님의 섭리들 안에서 나타나는데, 이것이 찬송의 뿌리가 됩니다. 은혜 받은 영

혼으로 하여금 감격하여 하나님을 찬송하게 만드는 것은 섭리가 우리에게 베풀어 주는 특정한 위로들이 아니라, 그것들을 베풀어 주시는 하나님의 선하심과 인자하심입니다. "주의 인자하심이 생명보다 나으므로 내 입술이 주를 찬양할 것이라"(시 63:3). 우리에게 생명을 주시고 유지시키시며 지켜 주시는 것은 섭리의 대단히 귀한 역사들인 것은 분명하지만, 그 모든 것들을 은혜와 사랑 가운데서 우리에게 베풀어 주시는 것이야말로 그러한 역사들 자체보다 훨씬 더 귀합니다.

그런 것이 없이 사는 삶은 죽음의 그림자일 뿐입니다. 이것은 다른 모든 은혜들에 관을 씌우는 최고의 은혜입니다(시 103:4, "네 생명을 파멸에서 속량하시고 인자와 긍휼로 관을 씌우시며"). 성별된 영혼은 하나님께서 그에게 베풀어 주시는 모든 섭리 속에서 바로 그 은혜를 나타내시기를 원합니다. "주께 피하는 자들을 그 일어나 치는 자들에게서 오른손으로 구원하시는 주여 주의 기이한 사랑을 나타내소서"(시 17:7). 찬송이 하나님께서 섭리들 가운데서 우리에게 베풀어 주신 사랑을 드러내어 높이는 것이 아니라면, 무엇이 찬송이겠습니까? "지존자여 십현금과 비파와 수금으로 여호와께 감사하며 주의 이름을 찬양하고 아침마다 주의 인자하심을 알리며 밤마다 주의 성실하심을 베풂이 좋으니이다"(시 92:1-2).

(2) 섭리 가운데서 나타난 하나님의 인애하심이 찬송의 동기인 것과 마찬가지로, 섭리의 손길에 의해서 받을 자격도 없는 자들에게 거저 베풀어 주시는 하나님의 은총들은 우리 영혼으로 하여금 하나님을 찬송하지 않을 수 없게 만듭니다. 다윗은 하나님이 섭리를 통해서 아무런 자격도 없는 자기에게 거저 값없이 은총들을 베풀어 주신 것을 생각했을 때에 마음이 녹아내려서 하나님께 감사하고 찬송하지 않을 수 없는 심령 상태가 되었습니

다. "주 여호와여 나는 누구이오며 내 집은 무엇이기에 나를 여기까지 이르게 하셨나이까"(삼하 7:18). 즉, 다윗은 하나님께서 섭리에 의해서 자기를 높이셔서, 양 떼를 따르던 미천한 신분에서 하나님의 백성을 먹이는 지극히 존귀한 신분으로 만들어 주신 것을 생각했을 때(시 78:70-71), 그의 입에서는 찬송과 감사가 흘러나올 수밖에 없었던 것입니다! 이것은 야곱의 경우도 마찬가지였습니다: "나는 주께서 주의 종에게 베푸신 모든 은총과 모든 진실하심을 조금도 감당할 수 없사오나 내가 내 지팡이만 가지고 이 요단을 건넜더니 지금은 두 떼나 이루었나이다"(창 32:10).

(3) 섭리에 의해서 거저 베풀어진 은혜들이 우리의 찬송을 불러일으키는 것과 마찬가지로, 그런 식으로 우리 위에 차곡차곡 쌓여진 수많은 은혜들은 우리의 영혼으로 하여금 하나님께 감사하지 않을 수 없게 만듭니다. 다윗은 많은 은혜들에 둘러싸여서 하나님 앞으로 나아와 찬송을 드립니다 (시 5:7, "오직 나는 주의 풍성한 사랑을 힘입어 주의 집에 들어가 주를 경외함으로 성전을 향하여 예배하리이다"). 우리는 날마다 많은 은혜들을 받습니다(시 68:19, "날마다 우리 짐을 지시는 주 곧 우리의 구원이신 하나님을 찬송할지로다"). 우리가 하루에 받은 은혜들만 한데 모아 놓아도, 그것은 풍성한 더미를 이루게 될 것입니다!

(4) 섭리에 의해서 베풀어진 많은 은혜들이 우리로 하여금 하나님을 찬송하지 않을 수 없게 하는 것과 마찬가지로, 섭리 가운데서 나타난 하나님의 자애로우심은 우리 영혼으로 하여금 하나님께 감사하지 않을 수 없게 만듭니다. 우리는 하나님께서 우리의 모든 필요들과 어려움들과 무거운 짐들을 얼마나 자애롭게 보살펴 주시는지를 알게 됩니다. "아버지가 자식을 긍휼히 여김 같이 여호와께서는 자기를 경외하는 자를 긍휼히 여기시나니"(시

103:13). 야고보서 5:11에서 "주는 가장 자비하시고 긍휼히 여기시는 이시니라"고 말하고 있는 것처럼, 하나님께서는 우리를 불쌍히 여기시고 긍휼히 여기시는 마음이 가득합니다. 우리 하나님께서는 "불쌍히 여기시는 마음"만이 가득한 것이 아니라, 어머니가 젖먹이를 갖고 있는 것 같은 "자애로우심"도 가득합니다(사 49:15, "여인이 어찌 그 젖 먹는 자식을 잊겠으며 자기 태에서 난 아들을 긍휼히 여기지 않겠느냐 그들은 혹시 잊을지라도 나는 너를 잊지 아니할 것이라").

하나님은 우리의 모든 고통을 마치 자신의 눈동자가 다친 것처럼 아파하시고(슥 2:8), 하나님의 그러한 자애로우심은 자기 백성에 대한 하나님의 섭리들을 통해서 그들에게 나타납니다: **"여호와께서 행하시는 일들이 크시오니** 이를 즐거워하는 자들이 다 기리는도다 그의 행하시는 일이 존귀하고 엄위하며 그의 의가 영원히 서 있도다 그의 기적을 사람이 기억하게 하셨으니 **여호와는 은혜로우시고 자비로우시도다"**(시 111:2-4). 하나님의 자녀들 중에서 하나님의 섭리들 가운데서 자주 하나님의 그러한 모습을 보지 못한 자들이 누가 있겠습니까? 그리고 그것을 보고도, 하나님께 감사하고자 하는 마음으로 충만해지지 않을 자가 누가 있겠습니까? 섭리가 이 모든 것들을 무수히 우리의 영혼 앞에 갖다 놓기 때문에, 우리의 영혼은 늘 찬송의 삶을 살지 않을 수 없게 됩니다. 성도들의 기도가 늘 감사로 충만한 이유가 거기에 있습니다. 하나님께서 스스로를 낮추셔서 이 가련한 벌레 같은 자들에게 은혜를 베푸신 것들에 감격하고 감사해서 기도로 하나님의 발 앞에서 낱낱이 고하는 것은 성도들에게 달콤한 일입니다.

6. 섭리를 제대로 묵상하면, 여러분의 영혼은 날이 갈수록 더욱더 예수 그리스도를 사랑하게 됩니다.

그리스도는 은혜의 자비의 통로입니다. 그리스도를 통해서 모든 은혜의 물줄기가 하나님으로부터 우리에게 흘러 들어오고, 우리가 드리는 모든 찬송이 우리에게서 하나님께로 흘러 들어갑니다. 우리가 그리스도께 속해 있다는 사실 하나만으로, 만물이 우리의 것이 됩니다(고전 3:21-22).

섭리 안에는 사람들로 하여금 주 예수 그리스도를 지극히 사랑하게 만드는 것이 여섯 가지가 있고, 이것들은 우리가 누리는 모든 것들 중에서 가장 달콤하고 즐거운 부분들입니다.

(1) 섭리가 우리에게 전해 주는 모든 은혜들은 그리스도께서 자신의 피로 사신 것입니다. 왜냐하면, 단지 신령하고 영원한 은혜들만이 아니라, 우리에게 주어지는 현세적인 은혜들조차도 그리스도께서 자신의 피로 사신 것들이기 때문입니다. 우리 인간이 죄로 인해서 모든 것을 잃었듯이, 그리스도께서는 자신의 죽음으로 그 모든 은혜들을 우리에게 회복시켜 주셨습니다. 죄는 은혜의 태를 닫아 버렸기 때문에, 만일 그리스도께서 자신의 죽음으로 대속을 하지 않으셨다면, 단 하나의 은혜도 영원토록 우리에게 결코 주어질 수 없었을 것입니다.

하나님께서 천국을 비롯해서 우리를 천국으로 데려가는 데 필요한 모든 것들을 우리에게 거저 주시는 것은 오로지 그리스도로 인한 것인데(롬 8:32, "자기 아들을 아끼지 아니하시고 우리 모든 사람을 위하여 내주신 이가 어찌 그 아들과 함께 모든 것을 우리에게 주시지 아니하겠느냐"), 그렇게 해서 우리에게 거저 주시는 것 중에서 중요한 것은 섭리로 인한 보호하심과 도우심입니다. 따라서 우리가 섭리의 손길에 의해서 온갖 좋은 것들을 다 받을 수 있게 된 것은 그리스도의 보혈 덕분이기 때문에, 우리는 은혜를 받을 때마다, 그것이 보혈의 공로이고, 그리스도의 죽으심으로부터 생겨난 은혜라고 말할 수 있습니다.

각각의 은혜는 우리에게 거저 값없이 주어지지만, 그리스도께서는 그 각각의 은혜를 우리에게 주시기 위하여 값비싼 대가를 치르셨습니다. 각각의 은혜를 받아 누리는 것은 달콤한 일이지만, 그리스도께서는 우리로 하여금 그 각각의 은혜를 누리게 하시기 위하여 값비싼 대가를 치르셨습니다. 이 귀한 사실을 생각하고 묵상하는 것은 정말 중요합니다. 그리스도께서 죽지 않으셨다면, 어떻게 수많은 은혜들이 우리 안에서 살아 움직일 수 있었겠습니까? 그리스도께서 우리가 지금 누리고 있는 이 은혜들을 사시기 위하여 자신의 이루 말할 수 없이 귀한 피를 지불하신 것이 아닙니까?

그리스도의 사랑은 지극히 크고, 거기에 비할 수 있는 사랑은 존재하지 않습니다! 여러분은 어떤 부모들이 자녀들을 위해 땅을 사기 위해서 자신의 전 재산을 내놓았다는 얘기는 들어 보았을 것이지만, 부모가 자신의 자녀를 위해서 자신의 피 전부를 흘렸다는 얘기는 들어 보지 못했을 것입니다. 만일 그리스도께서 스스로에게 너무나 고통스럽고 참담한 삶을 살지 않으셨다면, 우리가 어떻게 그토록 달콤하고 평안한 삶을 살 수 있겠습니까? 우리가 부요하게 된 것은 그리스도께서 가난해지셨기 때문입니다(고후 8:9, "우리 주 예수 그리스도의 은혜를 너희가 알거니와 부요하신 이로서 너희를 위하여 가난하게 되심은 그의 가난함으로 말미암아 너희를 부요하게 하려 하심이라"). 섭리에 의해서 날마다 태어나는 이 달콤한 은혜들은 "그의 영혼의 산고"(사 53:11, 개역개정에는 "자기 영혼의 수고한 것")의 열매들입니다.

(2) 섭리가 우리에게 전해 주는 모든 은혜들은 우리와 그리스도의 연합에 의해서 성별됩니다. 우리가 섭리의 성별된 은사들과 복들을 누릴 수 있는 것은 우리가 그리스도와 연합되어 있는 덕분입니다. 이 모든 은혜들은 저 가장 큰 은혜이신 "그리스도"에 덧붙여져 있는 은혜들입니다(마 6:33, "너희

는 먼저 그의 나라와 그의 의를 구하라 그리하면 이 모든 것을 너희에게 더하시리라"). 그것들은 그리스도와 함께 주어집니다(롬 8:32, "자기 아들을 아끼지 아니하시고 우리 모든 사람을 위하여 내주신 이가 어찌 그 아들과 함께 모든 것을 우리에게 주시지 아니하겠느냐"). 그리스도는 우리로 하여금 그 모든 은혜들을 얻게 해 주는 권리증서입니다(고전 3:21-23, "만물이 다 너희 것임이라 바울이나 아볼로나 게바나 세계나 생명이나 사망이나 지금 것이나 장래 것이나 다 너희의 것이요 너희는 그리스도의 것이요 그리스도는 하나님의 것이니라"). 우리가 아담에서 잃어버린 것들은 그리스도 안에서 이자를 붙여서 다시 회복됩니다.

아담이 타락하자마자, 아담의 모든 가련한 후손들에게는 저 저주(창 2:17, "선악을 알게 하는 나무의 열매는 먹지 말라 네가 먹는 날에는 반드시 죽으리라")가 그 즉시 임해서, 그들의 내적인 위로들은 물론이고 외적인 위로들도 다 저주를 받았고, 그러한 저주는 지금도 여전히 그들을 무겁게 짓누르고 있습니다. 그리스도가 없는 자들을 위하여 섭리가 해 주는 모든 것은, 사형 선고를 받고서 멸망 받을 날만을 기다리고 있는 저 수많은 가련한 자들에 대한 형벌이 집행될 때까지 그들을 먹여 주는 것이 전부입니다.

섭리는 그들 중 다수에게 차고 넘치게 후하셔서 땅에 속한 위로들을 마음껏 누릴 수 있게 해 주지만, 그들이 누리는 모든 것들 중에서 성별된 특별한 은혜는 단 하나도 찾아볼 수 없습니다. 섭리가 그들에게 주는 것들은 그들의 부패함으로 말미암아 오직 그들을 속이고 더럽히며 멸망시키게 될 뿐인데, 이것은 그들이 그리스도와 연합되어 있지 않기 때문입니다. "어리석은 자들의 형통은 그들을 멸망시킬 것이다"(잠 1:32, 개역개정에는 "어리석은 자의 퇴보는 자기를 죽이며").

그러나 사람이 그리스도 안에 있게 되는 순간, 모든 섭리들은 성별되어서 달콤한 것들로 변하게 됩니다. "깨끗한 자들에게는 모든 것이 깨끗하나

더럽고 믿지 아니하는 자들에게는 아무 것도 깨끗한 것이 없고 오직 그들의 마음과 양심이 더러운지라"(딛 1:15). "의인의 적은 소유가 악인의 풍부함보다 낫도다"(시 37:16). 이제 그리스도는 우리를 다스리시는 "주"이실 뿐만 아니라 몸인 우리를 돌보는 "머리"이시기 때문에, 모든 일에서 자신의 지체들에게 유익한 것을 추구하십니다(엡 1:22-23, "그를 만물 위에 교회의 머리로 삼으셨느니라 교회는 그의 몸이니 만물 안에서 만물을 충만하게 하시는 이의 충만함이니라").

(3) 섭리가 우리에게 온갖 위로들과 은혜들을 베푸는 것은 그리스도의 약속과 지시에 의한 것입니다. 섭리의 나라에서 천사들이 사용된다는 것은 사실입니다. 천사들은 바퀴들을 움직입니다. 즉, 그들은 이 아랫세상에서 일어나는 섭리에 의한 모든 변화들에서 도구로 사용됩니다. 그러나 그들은 그리스도의 지시와 명령을 받아서 그렇게 하는 것일 뿐입니다. 우리는 에스겔이 환상 속에서 섭리들이 행해지는 구조를 보고서 묘사한 것으로부터 그것을 알 수 있습니다: "그 머리 위에 있는 궁창 위에서부터 음성이 나더라 그 생물이 설 때에 그 날개를 내렸더라 그 머리 위에 있는 궁창 위에 보좌의 형상이 있는데 그 모양이 남보석 같고 그 보좌의 형상 위에 한 형상이 있어 사람의 모양 같더라"(겔 1:25-26).

그 어떤 피조물이 여러분에게 복과 유익을 가져다주는 도구로 사용된다고 할지라도, 그 피조물에게 그렇게 하도록 명령하시고 지시하시는 분은 여러분의 주이신 예수 그리스도시라는 것은 얼마나 놀랍고 감격스러운 일입니까! 예수 그리스도의 지시 없이는, 그 어떤 것도 여러분을 위하여 아무것도 할 수 없습니다. 땅에 있는 여러분의 평안과 위로를 돌보시는 이는 하늘에 계신 여러분의 "머리"이십니다. 여러분에게 주어지는 모든 은혜들과 위로들은 그리스도께서 여러분을 돌보시는 것에서 생겨나는 열매들입니다.

그리스도께서는 마귀들과 사람들의 분노에 재갈을 물려서 성도들에게 해악을 끼치지 못하게 막고 억제하십니다. 그들의 고삐를 쥐고 계시는 분은 그리스도이십니다(계 2:10). 그리스도께서는 다메섹에 있던 자신의 가련한 양 무리를 보호하시기 위하여, 분노에 사로잡혀서 그리스도인들을 잡아서 죽이려고 다메섹으로 달려가고 있던 대적의 발걸음을 멈춰 세우셨습니다(행 9장).

(4) 여러분이 온갖 내적인 또는 외적인 은혜들과 위로들을 계속해서 누릴 수 있는 것은 그리스도께서 하늘에서 여러분을 위하여 중보기도를 하고 계시는 결과입니다. 하나님의 "어린 양"께서는 처음에 자신을 여러분의 죄를 위한 희생제물로 드리셔서 은혜의 문을 여셨듯이, 지금도 여전히 죽임을 당하신 어린 양의 모습으로 하나님 앞에서 여러분을 위하여 중보기도를 하심으로써, 은혜의 문이 계속해서 활짝 열려 있게 하고 계십니다(계 5:6, "내가 또 보니 보좌와 네 생물과 장로들 사이에 한 어린 양이 서 있는데 일찍이 죽임을 당한 것 같더라"; 히 9:24, "그리스도께서는 참 것의 그림자인 손으로 만든 성소에 들어가지 아니하시고 바로 그 하늘에 들어가사 이제 우리를 위하여 하나님 앞에 나타나시고"). 그리스도의 이러한 중보기도 덕분에 우리의 평안과 위로들은 지속되고 있습니다(슥 1:12-13, "여호와의 천사가 대답하여 이르되 만군의 여호와여 여호와께서 언제까지 예루살렘과 유다 성읍들을 불쌍히 여기지 아니하시려 하나이까 이를 노하신 지 칠십 년이 되었나이다 하매 여호와께서 내게 말하는 천사에게 선한 말씀, 위로하는 말씀으로 대답하시더라").

만일 그리스도께서 중보기도를 통해서 우리를 위하여 하나님 앞에서 호소하시지 않으신다면, 우리는 죄를 지을 때마다, 우리가 이미 누리고 있던 은혜들을 그 즉시 잃게 될 것입니다. "만일 누가 죄를 범하여도 아버지 앞에서 우리에게 대언자가 있으니 곧 의로우신 예수 그리스도시라 그는 우리 죄를 위한 화목 제물이니"(요일 2:1-2). 이 중보기도는 우리에 대한 모든 고소들을 멈추게 하고, 우리가 죄를 지을 때마다 죄 사함을 얻게 해 줍니다. 그래서 성경에서는 "자기를 힘입어 하나님께 나아가는 자들을 **온전히**," 즉 마지막에 완성될 때까지 "구원하실 수 있으니 이는 그가 항상 살아 계셔서 그들을 위하여 간구하심이라"(히 7:25)고 말합니다. 그러므로 우리가 다시 죄를 지었다고 해서, 그리스도 안에서 우리에게 이미 주어져 있는 죄 사함이나 특권들은 무효가 되지 않습니다.

(5) 여러분이 자신에게 닥친 환난들에서 벗어나기 위하여, 또는 여러분에게 필요한 것들을 공급받기 위하여 하나님께 드리는 모든 기도들과 부르짖음들이 응답되고 이루어지는 것은 모두 예수 그리스도로 말미암습니다. 그리스도는 여러분이 드리는 모든 간구들이 하나님께 열납될 수 있게 해 주시는 중보자이십니다. 만일 하나님께서 그리스도를 존중하지 않으신다면, 여러분이 부르짖는 소리들도 존중하지 않으실 것이고, 여러분의 환난과 괴로움이 아무리 클지라도, 여러분에게 평안의 응답을 주지 않으실 것입니다 (계 8:3-4).

그리스도의 이름이 우리의 기도들이 하나님께 열납되게 해 줍니다(요 15:16). 왜냐하면, 아버지 하나님께서는 그리스도의 청을 들어주지 않으실 수 없으신 까닭에, 여러분의 기도들도 들어주실 수밖에 없기 때문입니다. 하나님께서 스스로를 낮추시고서 환난 날에 여러분의 부르짖는 소리를 들어주셨습니까? 여러분은 자신의 기도들이 하나님 앞에서 힘이 있고 통한다는 것을 경험으로 알고 확신하게 되었습니까? 그렇다면, 여러분의 그 놀랍고 영광스러운 특권은 모두 여러분의 사랑하는 주이신 예수 그리스도 덕분이라는 것을 아십시오!

(6) 여러분이 누리는 모든 위로들과 은혜들은 "은혜 언약" 속에 포함되어 있는 것들이고, 그 언약으로 말미암아 여러분에게 주어지고 성별되어서 여러분이 달콤하게 누릴 수 있게 된 것들인데, 하나님과 여러분 간에 맺어진 이 은혜 언약은 그리스도 안에서 이루어지고 확정되었습니다. 여러분의 칭의를 비롯한 그 밖의 신령한 은혜들만이 아니라 여러분의 일용할 양식을 포함해서 여러분에게 주어지는 모든 은혜들은 이 언약 속에 들어 있는 것들입니다(시 11:5, "여호와께서 자기를 경외하는 자들에게 양식을 주시며 그의 언약을 영원히 기억하시리로다").

여러분이 그 언약 속에서 약속한 모든 것들을 누릴 수 있는 것은 여러분이 그 언약 속에 들어와 있기 때문입니다. 이렇게 이 언약에 속한 자들은 온갖 은혜들을 누릴 수 있기 때문에, 이 언약에 대해서 하나님께서는 "내가 너희를 위하여 영원한 언약을 맺으리니 곧 다윗에게 허락한 확실한 은혜이니라"(사 55:3)고 말씀하십니다. 여러분에게 주어진 모든 은혜들은 이 언약으로 말미암아 성별되어서 "특별한 은혜"로서의 성격을 지니게 됩니다. 그런 식으로 성별된 특별한 은혜는 천 가지의 일반적인 은혜만큼 가치가 있습니다. 그 은혜들이 성별되어서 특별한 은혜들이 되었을 때, 그것들은 다른 모든 은혜들보다 이루 말할 수 없이 달콤하게 됩니다.

이런 이유에서 다윗은 자기가 많은 환난들을 겪는 와중에서도 자기가 이 언약에 속해 있는 자라는 사실을 기뻐하고 즐거워하였습니다(삼하 23:5, "하나님이 나와 더불어 영원한 언약을 세우사 만사에 구비하고 견고하게 하셨으니 나의 모든 구원과 나의 모든 소원을 어찌 이루지 아니하시랴"). 하지만 이 모든 것은 전적으로 그리스도로 말미암은 것입니다. 새 언약은 그리스도의 피로 세워진 것이기 때문에(고전 11:25, "이 잔은 내 피로 세운 새 언약이니 이것을 행하여 마실 때마다 나를 기념하라"), 여러분은 그 언약으로부터 어떤 은혜들을 거두든지 주 예수 그리스도께 감사하는 것이 마땅합니다.

이 모든 것들을 한데 모아서 묵상할 때, 여러분의 영혼 속에서 그리스도에 대한 사랑이 얼마나 뜨겁게 생겨나게 될지를 생각해 보십시오.

7. 섭리를 제대로 살펴서 묵상하면, 마음이 녹아져서 하나님 앞에 순복하게 되는 놀라운 효과가 있게 됩니다.

우리가 하나님께서 우리를 어떻게 대해 오셨는지를 종종 묵상하거나, 우리가 받은 은혜들을 우리가 자행한 죄들과 비교해 보거나, 우리에게 주신 은혜들을 다른 사람들에게는 주지 않으셨다는 것을 생각할 때, 어떻게 우리의 마음이 녹아져서 눈물을 흘리지 않을 수 있겠습니까!

섭리가 여러분에게 지금까지 행해 온 일들을 꼼꼼하고 면밀하게 생각해 보십시오. 섭리가 지금까지 여러분이 걸어 온 모든 길들에서 여러분을 어떻게 인도해 왔는지를 생각해 보십시오. 여러분 속에 은혜를 알고 감사할 줄 아는 것이 조금이라도 남아 있다면, 여러분의 마음은 그 모든 은혜 앞에서 녹아지고 뜨거워지는 다양한 기회를 얻게 될 것입니다.

(1) 하나님이 여러분과 함께하시기 시작하셨던 저 시초에 대해서, 즉 여러분이 젊었을 때에 하나님이 여러분에게 주셨던 은혜들, 즉 섭리의 모태로부터 처음으로 태어난 은혜들을 되돌아보고 진지하게 묵상해 보십시오. 그러면, 여러분은 "이 은혜들을 묵상하는 것만으로도 내 마음이 감동될 뿐만 아니라 이렇게 감당할 수 없을 정도로 벅차오르는데, 더 나아가서 그 이후에 내가 받은 은혜들을 묵상할 필요가 과연 있을까?"라고 말하게 될 것입니다. "나의 아버지여 아버지는 나의 청년 시절의 보호자이시오니"(렘 3:4-5).

젊은 시절은 아주 중요한 시기입니다! 그 시기는 한 사람의 인격이 형성되는 시기여서, 통상적으로 그 시기에 주어진 섭리들의 방향은 이후의 섭리들의 방향을 결정합니다.

경솔함과 성급함, 무지, 죄와 파멸로 강력하게 이끌리는 성향들이 그 시기를 지배해서, 청년들이 자신의 정욕과 욕망에 휘둘려서 죄악과 비참한 형편으로 빠져들었다가, 죽는 그 날까지 거기에서 헤어나오지 못한 경우가 얼마나 많습니까! 처음에 한 번 거짓말을 하면 계속해서 거짓말을 하게 되고, 그것을 바로잡는 것이 힘들어지듯이, 청년 시절에 잘못된 것들은 나중에 가서도 거의 고쳐지지 않습니다.

여러분이 아직 어릴 때, 하나님께서 섭리에 의해서 여러분을 인도해 주셨습니까? 그때에 하나님이 여러분을 온갖 어리석은 것들과 잘못된 것들로부터 지켜 주셔서, 그런 것들로 인해서 여러분의 어린 싹이 꺾여서 나중에 좋은 열매를 맺을 수 없게 되는 것을 막아 주셨습니까? 그때에 하나님께서 여러분을 선한 가족이나 친구들이나 친지들 속에 두셔서, 여러분의 영혼이 더 나은 성품으로 형성되고 성장할 수 있게 해 주셨습니까? 그때에 하나님께서 좋은 길로 인도하셔서, 여러분은 그 후에 그 길로 행하여 무수한 복된 결과들을 얻게 되었습니까? 그렇다면, 여러분은 "나의 아버지여 아버지는 나의 청년 시절의 보호자"(렘 3:4)이셨다고 고백해야 하지 않겠습니까?

(2) 청년기 이후의 섭리들을 면밀하게 살펴서, 섭리가 우리를 위해서 우리의 삶 속에서 어떤 것들을 변화시키고 어떤 것들을 제거해 주었는지를 묵상해 보십시오. 그럴 때, 우리가 결코 미리 내다보지 못했거나 의도하지 않았지만, 우리가 계획했던 것보다 우리에게 훨씬 더 좋은 것들이 섭리에 의해서 우리에게 안배되어 온 것을 발견하게 됩니다. 사람의 길은 사람 자신

에게 있지 않습니다. 하나님의 생각은 우리의 생각과 다르고, 하나님의 길은 우리의 길과 다릅니다(사 55:8). 독자들이여, 여러분의 삶 속에서 여러분에게 주어졌던 놀라운 은혜들 중에서 얼마나 많은 것들이 여러분이 생각하지도 못했던 것들이었습니까? 섭리는 여러분 자신이 계획하고 의도했던 것들을 무산시키고, 그런 것들보다 더 좋은 것들을 여러분을 위하여 안배해 왔습니다.

(3) 섭리의 봄들과 가을들, 즉 섭리들이 여러분에게서 어떤 순서로 번성하였다가 시들어 사라졌는지를 눈여겨 살펴보십시오. 그렇게만 해도, 여러분은 그 가운데서 하나님의 지혜와 선하심을 깨닫고서 경외감에 사로잡히게 될 것입니다. 여러분이 필요할 때, 섭리는 어떤 친구에게 감동을 주어 여러분을 돕게 하기도 했고, 어떤 곳을 열어서 여러분을 받아들이게 하기도 하였으며, 어떤 관계를 새롭게 생겨나게 하거나 지속되게 하여서 여러분에게 힘이 되어 주게도 하였습니다. 그러다가 그런 것들이 더 이상 여러분에게 필요없어지거나, 다른 어떤 길이 열렸을 때에는, 섭리는 그런 것들이 여러분에게서 사라지게 하였습니다. 오, 하나님의 지혜와 선하심의 깊이여! 오, 자기 백성을 향한 하나님의 비할 바 없는 자애로우심이여!

(4) 섭리가 여러분과 남들을 어떻게 대해 왔는지를 비교해 보십시오. 여기에서 여러분과 비교대상이 되는 남들은 여러분과 동일한 세대에서 태어난 사람들이 될 수도 있고, 동일한 부모로부터 태어나서 동일한 가족에 속한 사람들이 될 수도 있으며, 이 세상에서 여러분보다 더 크고 번성한 가문들에 속한 사람들이 될 수도 있습니다. 섭리에 의해서 여러분과 그들 간에 생겨난 큰 차이들을 보십시오.

내가 아는 한 그리스도인은 자기 동생과 오랜 세월 떨어져 있다가 어느 날 동생이 찾아와서 서로 만나게 되었답니다. 그는 동생을 보는 순간 너무나 반가워서, 요셉이 자기 동생인 베냐민을 보았을 때처럼, 그의 목을 끌어안고 기뻐서 눈물을 흘리지 않을 수 없었습니다. 그러나 몇 시간 동안 함께 얘기를 나누다가, 동생의 심령이 모든 신령하고 진지한 것들로부터 멀어져서 너무나 헛되고 속되게 되어 있다는 사실을 발견하게 되었고, 그러자 그는 "에서는 야곱의 형이 아니냐 그러나 내가 야곱을 사랑하였고 에서는 미워하였으며"(말 1:2)라는 말씀이 생각나서, 급히 자기 방으로 들어가서 문을 걸어잠근 후에, 하나님 앞에 무릎을 꿇고서는, 마음이 녹아내려서 흐르는 눈물을 주체하지 못한 채로, 하나님이 자기에게 주신 특별한 은혜를 감사하고 찬양하였답니다. 오, 놀라운 은혜여!

(5) 섭리가 여러분에게 행해 온 것과 여러분 자신이 하나님을 향하여 행해 온 것을 비교해 보십시오. 여러분은 자신이 그토록 많은 죄를 범했는데도 그토록 많은 은혜를 받은 것을 생각하고서는, 여러분의 마음은 녹아내릴 수밖에 없습니다. 여러분은 자신이 하나님을 크게 진노하시게 하는 일들을 수없이 자행해 온 것을 기억하지조차 못하지만, 그럼에도 불구하고 하나님께서는 여러분에게 많은 은혜들을 베풀어 주신 그런 삶을 살아오지 않았습니까?

하나님께서 무수히 "그럼에도 불구하고" 여러분을 선대하셔서 수많은 은혜들을 여러분에게 베풀어 주셨다는 증거가 도처에 있지 않습니까! 여러분은 죄로 인해서 많은 관계들을 망쳐 놓았지만, 그럴 때마다 섭리는 그 관계들이 지속되게 하시거나 새로운 관계들이 생겨나게 하셔서 여러분에게 위로와 힘이 되게 하셨습니다! 하나님께서는 자신의 선하심과 여러분의 죄악됨을 보여 주는 증표들과 흔적들을 곳곳에 남겨 놓으셨습니다. 잠시 멈춰 서서 그런 것들을 기억해 내어 생각해 보십시오. 그런데도 여러분의 마음이 녹아내리지 않는다면, 그것은 이상한 일일 것입니다.

(6) 끝으로, 여러분이 겪은 위험들과 여러분이 느낀 두려움들을 비교해 보시고, 그럴 때마다 섭리가 여러분에게 열어 준 기이한 출구들과 피할 길들을 생각해 보십시오. 그러면, 여러분은 하나님의 돌보심과 선하심을 깊이 깨닫고서 거기에 압도될 수밖에 없습니다.

검은 먹구름이 여러분 위로 일어났고, 심지어 심판이 여러분의 문 앞에 이르러서, 여러분의 삶에서 중요한 것들을 위협하였습니다. 어떤 때에는 여러분의 자유를, 어떤 때에는 여러분의 재물을, 어떤 때에는 여러분이 가장 사랑하는 혈육들을 빼앗아 가겠다고 위협하였습니다. 그 날에 여러분이 얼마나 혼비백산하였는지, 그것들이 여러분이 지은 죄들의 결과라고 생각해서 얼마나 두려워하였는지를 기억해 보십시오. 여러분은 그러한 곤경과 환난 속에서 하나님 앞에 엎드렸습니다. 그랬을 때, 하나님께서 여러분에게 피할 길을 내 주시고, 여러분을 모든 두려움으로부터 건져 주지 않으셨습니까(시 34:4)?

삶이 너무나 분주하고 미친 듯이 바쁘게 돌아가서, 그리스도인들이 혼자 조용히 앉아서 그러한 일들을 묵상하는 가운데, 하나님이 섭리 가운데서 나타내신 그 놀랍고 기이한 일들을 마음에 새길 시간조차 없는 것입니까? 하지만 그런 일들을 우리의 마음에 두고서, 낮에는 우리의 생각 속에서 그런 일들을 꺼내어 함께 대화하고, 밤에는 그런 일들을 마음에 품고 잠이 든다면, 그 일들은 우리의 마음 중심까지 깊이 내려가서 거기에 반드시 각인될 것입니다.

8. 섭리를 제대로 주목하면, 온갖 우여곡절과 변화들이 난무하는 이 불안 정하고 헛된 세상 속에서 여러분의 마음은 내적인 고요함과 평안을 유지하 며 살아갈 수 있게 됩니다.

"내가 평안히 눕고 자기도 하리니 나를 안전히 살게 하시는 이는 오직 여 호와이시니이다"(시 4:8). 시편 기자는 여러 가지 일들에 대한 죄악된 두려움 으로 인해서 자신의 내적인 평안을 빼앗기거나, 장래의 일들에 대한 걱정 으로 인해서 자신이 번민하며 괴로워하지 않겠다고 결심하고서, 지금까지 자기를 위하여 모든 일들을 역사해 오신 저 하나님 아버지의 신실하신 손 길에 자신의 모든 것을 다 맡깁니다. 그는 장래에 대한 두려움과 걱정으로 하룻밤의 편안한 안식을 망치지 않으려고 하는 것도 아니고, 또는 내일 해 도 되는 걱정을 오늘 이미 걱정하지 않으려고 하는 것이 아닙니다. 지혜롭 게도 그는 지금까지 누구의 손길이 자기를 붙들어 주셨는지를 깨닫고서, 그 분의 뜻에 모든 것을 맡김으로써 모든 두려움과 걱정에서 벗어난 복된 삶 을 누리고자 하는 것입니다.

이러한 마음의 평안과 고요함을 얻는 방법은 여러 가지가 있겠지만, 그 것은 섭리를 제대로 주목하고 묵상하는 것을 통해서도 얻어질 수 있습니다. 우리 주 예수 그리스도께서는 제자들이 먹고 사는 것에 대한 염려로 인해 서 마음이 흐트러지는 것을 고쳐 주시고자 하셨을 때, 그들로 하여금 섭리 가 공중의 새들과 들의 백합화를 돌보아 주고 있다는 사실, 즉 새들이나 백 합화는 무엇을 먹을까 무엇을 입을까 하고 걱정하지 않아도 섭리가 그것들 을 먹이고 입힌다는 사실을 잘 생각해 보라고 명하셨습니다. 왜냐하면, 그 러한 섭리들을 제대로 잘 생각하기만 한다면, 제자들은 먹고 사는 문제를 가지고 걱정하고 염려하지 않고 평안하고 고요한 마음을 가질 수 있게 될 것이었기 때문이었습니다(마 6:27-34).

우리의 삶의 평안과 고요함을 깨뜨리는 것이 두 가지가 있는데, 하나는 과거에 우리를 실망시켰던 것들을 기억해 내서 슬퍼하고 괴로워하는 것이고, 다른 하나는 장차 우리를 실망시킬 일들을 두려워하고 걱정하는 것입니다. 우리는 우리와 관련된 모든 것을 계획하는 것은 하나님의 특권이라는 것을 알아야 합니다. 그렇기 때문에, 섭리는 우리가 계획한 것들이 우리의 뜻대로 되지 않게 해서, 우리를 당혹스럽게 만드는 일이 비일비재하게 일어납니다. 즉, 우리는 우리의 생각이나 계획을 따라서 우리에게 좋은 일들이 일어나게 만들고자 하고, 그렇게 하면 실제로 좋은 일들이 우리에게 일어나게 될 것이라고 믿지만, 섭리는 우리의 그런 계획을 무산시켜 버립니다. 그래서 우리는 우리가 생각했던 좋은 일들이 우리에게 오다가 갑자기 뒷걸음질쳐서 우리에게서 도망쳐 버리거나, 우리가 충분히 방비를 했기 때문에 우리에게 결코 닥치지 않을 것이라고 생각했던 재앙이나 해악이 우리를 급습해 오는 것을 보게 됩니다. 그러므로 섭리가 날마다 하는 일이 우리가 주제넘게 계획한 것들을 무산시키고 섭리 자신이 계획한 것들을 이루어 내는 것임을 생각해서, 우리의 일들을 섭리에 맡긴다면, 그것은 우리가 평안하고 고요한 삶을 살아가는 데 크게 기여하게 될 것입니다.

그러한 관점에 서서 보게 되면, 아무리 무시무시한 얼굴을 하고 있는 역경도 무서워 보이지 않고 우호적으로 보이게 된다는 것은 중요한 진리입니다. 여러분에게 닥쳤거나 앞으로 닥칠 것 같은 일들이 어떻게 된 영문인지를 잘 알 수 없을 때에도, 섭리와 관련된 다음과 같은 몇 가지 것들을 묵상하면, 여러분은 자연스럽게 평안한 마음을 유지할 수 있게 됩니다.

(1) 첫 번째는, 섭리는 최고의 자리에 있기 때문에, 섭리의 능력과 그 역

사는 그 누구도 통제하거나 막을 수 없다는 것입니다. 이것은 섭리가 자주 우리의 마음의 생각이나 우리의 손의 수고를 뛰어넘는 방식으로 우리에게 복과 은혜를 가져다주는 것에서 드러납니다. 야곱은 요셉에게 "내가 네 얼굴을 보리라고는 생각하지 못하였더니 하나님이 내게 네 자손까지도 보게 하셨도다"(창 48:11)고 말했습니다. 여러 가지 상황이나 사정으로 보아서 전혀 미리 내다볼 수 없었던 일들이 섭리에 의해서 전혀 예상치 않은 방식으로 이루어지는 경우가 자주 있습니다. 아니, 현재의 모든 상황으로 볼 때에 도저히 불가능한 일들이 섭리에 의해서 일어납니다. 우리의 염려와 두려움이 헛되고 어리석은 것임을 이것보다 더 분명하게 우리에게 확신시켜 주는 것은 없습니다.

(2) 두 번째는, 섭리가 하나님의 백성을 위하여 행하는 모든 것은 지극히 지혜롭다는 것입니다. 에스겔의 환상 속에 등장하는 "바퀴들"은 눈들로 가득한데(겔 1:18), 이것은 지혜로운 성령이 이 세상의 일들을 주관하고 있다는 것을 보여 주는 것입니다. 이 지혜는 특히 우리가 예상하거나 기대했던 것과는 정반대로 일어나는 일들 속에서 우리에게 아주 분명하게 드러납니다.

우리의 감각들은 어떤 것들의 아름다운 외관에 끌려서 그것들을 사랑하게 되고, 어떤 것들에 대해서는 그 무서운 얼굴로 인해서 두려워하고 피합니다. 그럼에도 불구하고, 섭리에 의한 결과들은, 우리가 끌리고 사랑하는 것들은 우리에게 위험하고, 우리가 싫어서 어떻게 해서든지 피하려고 하는 것들은 우리에게 유익과 복을 가져다준다는 것을 우리에게 깨우쳐 주어 왔습니다! 그리스도인들은 자신을 멸망시키고자 위협하는 것처럼 보였던 것들이 사실은 자기에게 유익한 것들이 될 수 있다는 것을 알기 때문에, 그러한 사실은 그들의 마음에 평안과 안정을 가져다주는 달콤한 원리가 됩니다.

광야에서 많은 것들이 이스라엘에게 괴로움들이었고 곤경들이었습니다. 그러나 그 모든 것들은 하나님께서 그들을 "낮추시며 시험하사 마침내 복을 주려 하심"이었습니다(신 8:16). 이스라엘 백성을 그들의 땅에서 뽑아내어서 갈대아 사람들의 땅으로 보내 버린 섭리는 서글프고 암담한 얼굴을 하고 있었지만, 그것조차도 그들에게 복을 주시기 위한 하나님의 계획이었습니다(렘 24:5). 우리는 그러한 진리를 경험하고서는, 우리에게 닥친 환난들과 괴로운 일들을 인해서도 주의 이름을 송축하여야 한다는 것을 깨닫고, 섭리에 의해 우리에게 주어진 일들을 경솔하게 막무가내로 비난하고 불평하였던 것을 나중에 후회한 적이 얼마나 많았습니까! 우리는 그러한 환난들을 두렵고 떨리는 마음으로 맞이하였다가, 나중에는 감사와 찬송의 입맞춤으로 그 환난들을 떠나보낸 적이 얼마나 많았습니까! 우리로 하여금 어떤 영문인지를 알 수 없는 섭리들 아래에서도 평안할 수 있게 해 주는 것으로서 이것보다 더 강력한 것이 무엇이 있겠습니까?

(3) 우리가 일생에 걸쳐서 섭리의 신실함과 변함없음을 경험해 온 것은 우리에게 임한 그 어떤 환난 가운데서도 우리의 마음을 편안하고 평안하게 해 주는 데 뛰어난 힘을 발휘합니다. "여호와께서 여기까지 우리를 도우셨다"(삼상 7:12). 우리는 "여기까지," 즉 현재에 이르기까지 그 어떤 일에서도 하나님으로 부족한 것을 단 한 번도 경험하지 못했습니다. 이것은 우리가 처음 겪는 곤경도 아니고, 우리에게 소망이 전혀 보이지 않아서 우리의 마음이 이렇게 낙심된 것도 처음이 아닙니다. 그리고 지금의 환난을 주신 하나님도 현재에 이르기까지 우리에게 환난을 주셨던 바로 그 동일한 하나님

입니다. 또한, 하나님의 손이 짧아진 것도 아니고, 하나님의 신실하심이 변한 것도 아닙니다. 우리가 지금 극심한 환난 가운데 있다고 할지라도, 이전의 경험은 우리에게 낙심하지 말라고 가르칩니다!

(4) 그리스도인들은 이전에 자신이 겪은 섭리의 과정을 통해서 지금 자신에게 주어진 섭리가 어떤 식으로 진행될 것인지를 추측할 수 있고, 이것은 그들에게 지극히 평안과 위로를 가져다줍니다. 통상적으로 그리스도인들은 여러 다양한 섭리들과 관련된 상황들을 비교함으로써, 이전의 어떤 섭리에 비추어서 지금의 섭리로 인한 결과를 예측할 수 있습니다. 성도들은 섭리가 일반적으로 어떤 경로로 진행되는지를 경험을 통해서 알고 있기 때문에, 이전에 비슷한 섭리들이 어떤 결과들을 가져 왔는지를 생각해 봄으로써, 현재의 섭리가 어떤 결과를 가져오게 될지를 상당 부분 알아낼 수 있습니다.

그리스도인들이여, 여러분 자신이 어떤 심령에 있었을 때에 어떤 섭리가 여러분에게 임하였는지를 살펴보십시오. 그러면, 여러분은 통상적으로 자신의 마음이 은밀하게 하나님을 거역해 왔거나, 점점 헛되고 부주의하며 육신적이 되어 갔을 때, 또는 여러분의 행실이 점점 바른 길에서 벗어나서 죄악을 범하게 되었을 때, 하나님께서는 여러분을 바로잡으시기 위하여 고통스러운 회초리를 드셨다는 사실을 발견하게 될 것입니다(시 89:30-32). 그리고 하나님께서 그렇게 여러분의 마음을 낮추시고 깨끗하게 하시기 위하여 회초리를 드셨을 때, 머지않아 슬픈 섭리가 여러분에게 임하게 된다는 사실도 여러분은 발견하게 됩니다. 이렇게 해서 여러분을 향한 섭리의 목소리가 바뀌게 됩니다: "너는 가서 북을 향하여 이 말을 선포하여 이르라 여호와께서 이르시되 배역한 이스라엘아 돌아오라 나의 노한 얼굴을 너희에게로 향하지 아니하리라 나는 긍휼이 있는 자라 노를 한없이 품지 아니하 느니라 여호와의 말씀이니라 너는 오직 네 죄를 자복하라 이는 네 하나님 여호와를 배반하고 네 길로 달려 이방인들에게로 나아가 모든 푸른 나무 아 래로 가서 내 목소리를 듣지 아니하였음이라 여호와의 말씀이니라"(렘 3:12- 13).

그러므로 우리가 하나님이 보내신 회초리의 복된 효과가 우리 가운데 생 겨나게 된 것을 발견한다면, 즉 그 회초리의 섭리가 우리의 완악한 마음을 깨뜨리고, 우리의 교만한 마음을 끌어내리며, 우리의 잠자는 심령을 깨우 고, 우리의 나태하고 게으른 마음을 뒤흔들어서 정신을 차리게 하는 자신 의 소임을 다한 것을 발견한다면, 우리는 이제 위로의 섭리가 머지않아 나 타나게 되고, 우리의 심령이 새 힘을 얻어서 되살아나게 될 때가 가까웠다 는 것을 추측할 수 있게 됩니다.

(5) 그리스도인들은 자신의 상태가 너무나 비참하고 황량할 때, 자신이 새 힘을 얻어서 되살아날 때가 가까웠다는 것을 확신할 수 있는 것이 보통 인데, 이것은 그들이 지금까지 경험한 하나님의 여러 섭리들을 비교함으로 써 가능한 일입니다.

(a) 생명과 이성이 없는 피조물들에 대한 하나님의 섭리와 우리에 대한 하나님의 섭리를 비교해서 묵상해 보는 것은 우리로 하여금 평안과 확신을 얻을 수 있게 해 주는 강력한 수단이 됩니다. 집에서 기르는 새들은 우리가 날마다 주는 모이를 먹고 살아갑니다. 그러나 "공중의 새"는 아무도 먹을 것 을 주지 않는데도, 하나님께서 먹이시고 돌보아 주시는 것이 아닙니까? 또 한, 하나님께서는 들의 풀을 입히시고, 먹을 것을 달라고 우는 까마귀 새끼 들의 소리도 들으시는데, 그런 것들보다 훨씬 더 귀한 자기 백성을 어떻게

돌보아 주지 않으시겠습니까(마 6:26, 30)?

(b) 하나님의 원수들이 하나님을 대적하여 싸우고 있는데도, 섭리가 하나님의 은혜들로 그들을 먹이고 입히며 보호해 주고 있다는 사실을 묵상해 보는 것도 우리에게 평안과 확신을 줍니다. 왜냐하면, 자신의 원수에게까지 그런 은혜들을 베푸시고 계시는 하나님께서 자기 아들을 주시고 천국에 그들의 거처를 마련해 놓으실 정도로 사랑하고 계시는 자기 백성에게 차고 넘치는 은혜를 베풀지 않으신다면, 그것은 앞뒤가 맞지 않는 일이 될 것이기 때문입니다.

(c) 끝으로, 우리 자신이 본질상 하나님과 원수가 되어 있었을 때, 하나님께서 자신의 섭리 가운데서 우리를 위해 행하신 일들을 묵상해 본다면, 우리의 마음은 평안해질 수밖에 없습니다. 그때에 우리는 하나님을 알지 못했는데도, 하나님께서는 우리를 돌보아 주지 않으셨습니까? 그때에 우리는 하나님이 우리에게 은혜들을 베풀어 주신다는 것을 전혀 인정하지 않았는데도, 하나님께서는 우리에게 필요한 것들을 공급해 주지 않으셨습니까? 그때에 우리는 그리스도를 믿지도 않았고 하나님의 그 어떤 약속을 믿지 않았는데도, 하나님께서는 우리에게 무수한 은혜들을 베풀어 주지 않으셨습니까? 그런데 지금은 우리가 하나님과 화해를 이루어서 하나님의 자녀들이 되어 있는데도, 하나님께서 우리를 위해 은혜를 베풀어 주지 않으시겠습니까?

이러한 것들을 생각하고 묵상할 때, 우리의 영혼은 아무리 어렵고 힘든 섭리들 아래에서도 평안과 확신으로 충만할 수 있습니다.

9. 우리에 대한 섭리들 속에서 하나님의 길들을 제대로 올바르게 살피는 것은 우리의 마음과 삶 속에서의 거룩함을 진전시키는 데 대단히 유익하고

적절합니다.

(1) 하나님의 거룩하심은 섭리의 모든 역사들 가운데서 우리에게 나타납니다. "여호와께서는 그 모든 길들에서 의로우시고 그 모든 역사들에서 거룩하시도다"(시 145:17, 개역개정에는 "여호와께서는 그 모든 행위에 의로우시며 그 모든 일에 은혜로우시도다"). 섭리에 의해서 사용되는 도구들은 아주 죄악되고 악할 수 있습니다. 그 도구들은 악한 목적을 이루고자 하고, 그 목적을 이루기 위해서 악한 수단들을 사용할 수 있습니다. 그러나 분명한 것은 하나님의 목적과 의도는 지극히 순전하고, 하나님의 모든 역사들도 지극히 순전하다는 것입니다. 하나님께서는 많은 거룩하지 않은 사람들과 행위들을 허용하시고 제한하시며 안배하시고 다스리시지만, 그 모든 일에서 하나님답게 행하십니다. 햇빛들이 거름더미의 고약한 냄새에 의해서 더럽혀지거나 오염되지 않는 것과 마찬가지로, 하나님의 거룩하심도 그 불순한 사람들과 행위들에 의해서 더럽혀지거나 오염되지 않습니다.

"그는 반석이시니 그가 하신 일이 완전하고 그의 모든 길이 정의롭고 진실하고 거짓이 없으신 하나님이시니 공의로우시고 바르시도다"(신 32:4). 이렇게 하나님께서는 자신의 모든 섭리 가운데서 거룩함의 완전한 모범을 우리 앞에 제시하시기 때문에, 우리는 우리 아버지께서 자신의 모든 길에서 거룩하신 것처럼 우리의 모든 길에서 거룩할 수 있습니다(레 11:45). 그러나 이것이 전부는 아닙니다.

(2) 하나님의 섭리들은 제대로 주목해서 묵상하기만 한다면, 우리가 죄 짓는 것을 막아 주고, 우리의 거룩함을 촉진시켜 줍니다. 하나님께서 사람들이 죄 짓는 것을 막으시기 위하여 섭리들을 베풀어 주실 때, 그들이 그러

한 섭리들 속에서 하나님의 의도를 알아차리기만 한다면, 그것은 그들이 바르고 거룩하게 행하는 데 얼마나 큰 유익과 도움이 되겠습니까! 왜냐하면, 호세아 2:6("내가 가시로 그 길을 막으며 담을 쌓아 그로 그 길을 찾지 못하게 하리니")에서 말하고 있는 것처럼, 하나님께서 그토록 자주 우리의 길에 가시 울타리를 치시는 것은, 우리로 하여금 죄로 통하는 길을 찾지 못하게 하시기 위한 것이고, 하나님께서 우리 앞에 장애물을 두시는 것은, 우리가 하나님을 떠나지 못하게 막으시는 것이기 때문입니다. "여러 계시를 받은 것이 지극히 크므로 너무 자만하지 않게 하시려고 내 육체에 가시 곧 사탄의 사자를 주셨으니"(고후 12:7).

하나님의 그러한 역사들을 주의 깊게 살펴서 그 의미를 연구하는 것은 좋은 일입니다. 종종 섭리는 우리의 처지를 더 낫게 해 줄 희망적인 계획을 수포로 무산시켜 버리고, 우리의 모든 수고와 계획을 좌절시켜 버리지만, 그것은 우리로 하여금 교만하지 못하게 하기 위한 것이 아니면 무엇이겠습니까? 여러분이 이 세상에서 형통한다면, 그 형통이 여러분의 덫이 되어서, 여러분은 교만하고 육신적이며 헛된 영혼이 되어 버리고 말 것입니다. 주 예수께서는 그것을 아시고, 여러분의 부패함이 먹고 자랄 자양분과 연료를 제거해 버리시는 것입니다.

여러분은 병들고 약한 몸을 지니고 있고, 이런저런 병치레로 고생하고 있을 수 있습니다. 여러분의 영혼을 돌보시는 하나님의 지혜는 그런 것 속에서도 나타납니다. 왜냐하면, 여러분이 약하고 병든 몸으로 인해 방해를 받지 않았다면, 지금보다 훨씬 더 많은 죄를 지었을 가능성이 높기 때문입니다. 마찬가지로, 가난은 교만을 막아 주는 역할을 하고, 여러분에게 있는 약점들이나 부끄러운 것들은 야심을 품지 못하게 해 주며, 부족함은 방자하지 않게 해 주고, 약하고 병든 몸은 내면의 양심이 지나치게 죄책감으로 괴로워하고 신음하는 것을 막아 주는 데 도움이 됩니다.

(3) 하나님의 섭리들은 단지 죄 짓는 것을 막아 주어서 우리로 하여금 죄에 빠지지 않게 해 줄 뿐만 아니라, 우리가 죄악들에 빠져 있을 때에 우리의 죄들을 깨끗하게 해 주는 것을 통해서도 우리의 거룩함을 촉진시켜 줍니다. "야곱의 불의가 속함을 얻으며 그의 죄 없이함을 받을 결과는 이로 말미암나니"(사 27:9). 그러한 섭리들은 정결하고 깨끗하게 함에 있어서 불이나 물과 동일한 효능을 지니고 있습니다(단 11:33-35).

물론, 그 섭리들 자체 속에 우리를 죄로부터 깨끗하게 해 줄 수 있는 효능과 능력이 존재하는 것은 아닙니다. 만일 그렇다면, 가장 많이 환난을 겪은 사람들이 가장 많은 은혜를 받게 되어야 하지만, 실제로는 그렇지 않습니다. 그러한 섭리들이 우리를 죄로부터 정결하게 해 줄 수 있는 것은 그리스도의 보혈이 있기 때문입니다. 즉, 하나님께서는 그리스도의 보혈의 공로로 말미암아 환난의 섭리들에 복을 주심으로써, 그 섭리들은 우리를 죄로부터 깨끗하게 할 수 있는 것입니다. 그 어떤 환난이나 고난도 그리스도 없이는 그 누구에게도 유익을 줄 수 없습니다. 하나님의 환난의 섭리들 속에는 죄를 깨끗하게 해 주는 많은 요소들이 들어 있습니다.

(a) 그러한 섭리 속에 들어 있는 책망들은 하나님이 우리를 기뻐하지 않으신다는 것을 우리에게 드러내 보여 줍니다. 그러한 섭리들 속에서 하나님께서는 우리에게 눈살을 찌푸리십니다. 우리 아버지께서 화가 나셨고, 그 섭리들은 그것을 보여 주는 증표들입니다. 이것보다 더 은혜 받은 심령을 녹아내리게 하는 것은 없습니다. 아버지가 화를 내신다면, 아이의 마음이 녹아내리고 부서질 것은 분명하지 않습니까? 우리의 심령에는 아버지께서 화나셨다는 사실이 섭리에 의한 환난이 우리의 육체에 주는 온갖 고통과 괴

로움보다 더 쓰라리게 느껴지게 됩니다. "여호와여 주의 노하심으로 나를 책망하지 마시고 주의 분노하심으로 나를 징계하지 마소서 주의 화살이 나를 찌르고 주의 손이 나를 심히 누르시나이다 주의 진노로 말미암아 내 살에 성한 곳이 없사오며 나의 죄로 말미암아 내 뼈에 평안함이 없나이다"(시 38:1-3).

(b) 죄에 대한 이러한 책망들을 통해서 죄의 악이 드러나서 우리에게 더욱 분명해집니다. 우리는 섭리가 우리 앞에 던져 놓은 이러한 환난의 거울들을 통해서 이전보다 더 분명하게 죄의 악을 보게 됩니다. "네 악이 너를 징계하겠고 네 반역이 너를 책망할 것이라 그런즉 네 하나님 여호와를 버림과 네 속에 나를 경외함이 없는 것이 악이요 고통인 줄 알라 주 만군의 여호와의 말씀이니라"(렘 2:19). 우리는 우리의 죄에 대한 하나님의 책망들 아래에서 죄 속에 있는 "쑥과 담즙"을 맛봅니다(애 3:19).

(c) 그러한 섭리는 하나님의 백성들을 위하여 온갖 죄악된 계획들을 고사시키고 좌절시킵니다. 악한 모략들을 통해서 형통하고자 할지라도, 그것은 하나님의 백성들에게는 불가능합니다(사 30:1-5). 이것은 그들로 하여금 죄 안에 있는 것이 얼마나 우매한 짓인지를 깨닫게 해서, 일심으로 바른 길로 달려가게 만듭니다.

(d) 그러한 섭리는 우리의 영혼에게 앞으로 죄를 지어서는 안 된다는 경고를 해 줌으로써 거룩함에서 더 진보를 이루게 만듭니다. "내가 죄를 지었사오니 다시는 범죄하지 아니하겠나이다"(욥 34:31). 섭리들은 아무리 쓰라리고 힘든 것이라고 할지라도, 우리의 영혼으로 하여금 영원히 죄를 두려워하게 만든다는 점에서 참으로 복됩니다! 그러한 회초리들은 맞는 것이 좋다는 것은 두말할 필요가 없습니다. 하나님이 우리에게 주시는 섭리들은 그런 목적을 지니고 있어서, 우리가 환난 날에 괴롭고 슬퍼한다고 할지라도,

그것은 경건한 슬픔이기 때문에, 우리로 하여금 죄에 대하여 경각심을 갖게 하는 결과를 만들어 냅니다. "보라 하나님의 뜻대로 하게 된 이 근심이 너희로 얼마나 간절하게 하며 얼마나 변증하게 하며 얼마나 분하게 하며 얼마나 두렵게 하며 얼마나 사모하게 하며 얼마나 열심 있게 하며 얼마나 벌하게 하였는가"(고후 7:11).

어떤 사람이 성별된 회초리 아래에서 자신의 죄의 악을 분명하게 보고서 낮아진 경험이 있다면, 또다시 어떤 시험이 와서 그로 하여금 그 동일한 죄를 저지르게 유혹할 때, 그는 이렇게 생각하게 될 것입니다: '내가 이 죄를 지어서 그토록 혹독한 대가를 치렀는데, 그런데도 또다시 이 동일한 죄를 지어서 그런 값비싼 대가를 치르고자 한다면, 그것은 이미 불 속에서 전신화상을 입어 본 경험이 있는 사람이 또다시 불 속으로 뛰어들고자 하는 것과 같이 미친 짓일 것임에 틀림없다.'

(e) 끝으로, 섭리들은 우리의 영혼을 하나님의 임재 속으로 이끌어서, 하나님과 깊은 친교를 나눌 기회를 줌으로써 거룩함에 있어서 큰 진보를 이룰 수 있게 해 줍니다. 물론, 위로의 섭리들도 우리의 영혼을 녹아내리게 하여 은혜의 하나님을 더욱 사랑하게 만들어서, 우리로 하여금 하나님께 우리의 사랑하고 감사하는 마음을 마음껏 쏟아 놓을 곳을 발견할 때까지는 한시도 쉬지 않고 우리 영혼 깊은 곳에서 하나님에 대한 사랑으로 몸부림치게 만듭니다(삼하 7:18, "다윗 왕이 여호와 앞에 들어가 앉아서 이르되 주 여호와여 나는 누구이오며 내 집은 무엇이기에 나를 여기까지 이르게 하셨나이까"). 반면에, 환난의 섭리들은 우리를 하나님의 발 앞으로 몰아가서, 거기에서 우리 자신을 심판하고 단죄하게 만듭니다. 그리고 이 모든 것은 우리 영혼 속에서 죄를 멸하고 거룩함을 진보하게 하는 데 대단히 유익합니다.

10. 마지막으로, 섭리를 깊이 묵상하고 연구하는 것은 죽을 때에 우리에게 그 특별한 유익을 드러낼 것입니다.

일생 동안 우리에게 주어져 왔던 섭리들을 묵상하면, 우리는 아주 즐거운 마음으로 죽음을 맞이할 수 있고, 이 땅에서의 마지막 순간에 우리의 믿음을 견고히 하는 데 특히 큰 도움을 받을 수 있습니다. 야곱은 임종 전에 하나님께서 자신의 일생 동안 자기를 어떤 다양한 섭리들로 이끌어 오셨는지를 묵상하고 회고합니다(창 48:3, 7, 15-16). 마찬가지로, 여호수아도 죽음을 앞두고서 자기가 지금까지 보아 온 하나님의 섭리들을 기록하고, 그러한 섭리들은 그의 고별 강론의 주제였습니다(수 24장).

나는 어느 그리스도인이 죽을 때에 그런 식으로 자신의 일생에 걸친 하나님의 섭리들을 회고할 수 있어야만, 그의 죽음은 진정으로 달콤한 것이 될 수 있다고 생각합니다. 하나님께서 우리를 처음부터 끝까지 돌보아 주시고 사랑해 주셨음을 보여 주는 몇몇 주목할 만한 섭리의 역사들을 하나하나 다 회고하고, 우리가 일생을 달려서 그 종착지에 도달할 때까지 내내 하나님이 우리에게 베풀어 주신 은혜들을 회고한다면, 우리의 임종은 달콤할 수밖에 없습니다. 그리스도인들이여, 임종 때를 위하여, 즉 여러분이 하나님께서 여러분의 일평생 동안 여러분에게 베풀어 주신 "모든 선하심과 진리"를 인하여 하나님을 송축하는 가운데 이 세상을 떠나갈 수 있도록 하기 위하여 그러한 섭리로 말미암은 역사들과 은혜들을 주목해서 보고 깊이 묵상하여 여러분의 심령 속에 쌓아 두십시오. 여러분이 다음과 같은 것들을 생각한다면, 그러한 역사들과 은혜들에 대한 묵상은 그 날에 여러분에게 크게 유익할 것임에 틀림없습니다.

(1) 죽음의 때는 통상적으로 우리의 영혼이 사탄에 의해서 무시무시한 시험들과 음흉한 유혹에 의해서 가장 격렬하게 공격을 받는 때입니다. 우리는 옛 뱀에 대해서와 마찬가지로 사탄에 대해서도, "그는 최후의 일격을 가하는 데 자신의 모든 분노를 쏟아 붓는다"고 말할 수 있습니다. 사탄의 목적은 성도들로 하여금 하나님이 그들을 사랑하지 않기 때문에 그들이나 그들의 부르짖음에 아무런 관심을 가져 주지 않는다는 것을 믿게 하는 것입니다.

그래서 사탄은 이렇게 속삭입니다: "성도들은 죽을 때에 평안하게 해 달라고 기도하고 은혜를 베풀어 달라고 부르짖지만, 하나님은 그 어떤 응답도 해 주시지 않지 않느냐. 하나님께서는 그들을 여느 사람들과 마찬가지로 가혹하고 혹독하게 다루신다. 실제로 아주 극악무도하고 엉망진창으로 삶을 산 자들 중 다수는 그들보다 덜 고통을 받고 좀 더 편안하게 죽는다. 악인들은 '죽을 때에도 고통이 없고 그 힘이 강건한'(시 73:4) 반면에, 여러분은 질병의 긴 터널을 지나서 죽음에 이르는 과정에서 여러 번 죽음을 경험하는 고통을 겪어야 한다."

그러나 어떤 그리스도의 심령 속에 평생 동안 하나님이 자신의 필요들과 기도들을 자상하게 돌보아 주시고 들어주신 기억들이 차곡차곡 쌓여 있다면, 과연 그가 사탄의 그러한 감언이설에 넘어가겠습니까? 그가 처음부터 그 순간까지 하나님께서 자신의 기도들을 응답해 주셔서 많은 은혜들을 베풀어 주신 것을 주의 깊게 눈여겨보아 왔고 묵상해 왔다면, 이때에 그는 자신의 믿음을 밑받침해 주고 강화시켜 주는 수많은 경험들과 그 기억들에 의해서 강력한 도움을 받아서, 그의 영혼은 자기가 그토록 자주 느껴 왔고 맛보아 왔던 진리를 쉽게 포기하지 않을 것은 너무나 분명합니다.

그는 이렇게 말할 것입니다: "내가 하나님의 자녀가 된 이래로, 나의 아버지이신 하나님께서는 나를 자상하게 돌보아 오셨다는 것을 나는 확신한다. 하나님은 내가 이전에 어려울 때에 단 한 번도 나를 실망시키지 않으셨다. 그렇기 때문에, 나는 이제 내가 곧 죽게 될 이 때에 하나님이 나를 실망시키실 것이라고 믿을 수 없다. 나는 하나님의 사랑은 하나님 자신처럼 변함이 없으시다는 것을 안다. 성경에서도 '유월절 전에 예수께서 자기가 세상을 떠나 아버지께로 돌아가실 때가 이른 줄 아시고 세상에 있는 자기 사람들을 사랑하시되 끝까지 사랑하시니라'(요 13:1)고 말하고 있고, '이 하나님은 영원히 우리 하나님이시니 그가 우리를 죽을 때까지 인도하시리로다'(시 48:14)라고 말하고 있지 않는가. 하나님께서는 내가 아무 것도 모르던 철부지시절에도 나를 사랑하셨는데, 내가 노쇠해진 지금에 와서 나를 버리시겠는가? 다윗도 '하나님이여 나를 어려서부터 교훈하셨으므로 내가 지금까지 주의 기이한 일들을 전하였나이다 하나님이여 내가 늙어 백발이 될 때에도 나를 버리지 … 마소서'(시 71:17-18)라고 말하지 않았던가."

(2) 죽음의 때는 성도들이 저 무한히 광대한 영원 속으로 진입해 들어가고, 한순간에 우리에게 엄청난 변화를 가져다줄 저 새로운 상태 속으로 들어가는 때이기 때문에, 그들 자신을 하나님의 손에 맡겨야 하는 일생일대의 가장 중요한 마지막 믿음을 발휘해야 하는 때입니다. 이것과 관련해서 그리스도께서는 우리에게 이미 본을 보여 주셨습니다: "아버지 내 영혼을 아버지 손에 부탁하나이다 하고 이 말씀을 하신 후 숨지시니라"(눅 23:46). 또한, 스데반도 죽을 때에 "주 예수여 내 영혼을 받으시옵소서"(행 7:59)라고 말한 후에, 즉시 잠들었습니다.

우리의 모든 믿음의 행위들 중에서 가장 두드러지고 주목할 만한 것임과 동시에 지극히 어려운 것이 두 가지가 있는데, 하나는 처음으로 믿는 것이고, 다른 하나는 임종 전에 마지막으로 믿는 것입니다. 전자는 처음으로 자기 자신을 그리스도께 맡기는 중대한 모험이고, 후자는 하나님의 약속을 믿고서 저 영원의 바다 속으로 자기 자신을 던지는 중대한 모험입니다. 하지만 나는 우리의 영혼을 처음으로 그리스도께 맡기는 모험을 하는 것이 죽을 때에 마지막으로 우리의 영혼을 그리스도께 맡기는 모험을 하는 것보다 훨씬 더 어렵다는 것을 압니다. 그리고 후자가 훨씬 더 쉬운 주된 이유는 우리의 영혼이 그리스도와 정혼한 날부터 죽는 날까지 수많은 경험들을 쌓았고 그 경험들을 우리의 심령 속에 기록해 두었기 때문이라는 것도 압니다.

우리의 영혼은 이 세상에 사는 동안에 하나님의 팔에 안겨서 오랫동안 교제하고 동행해 왔습니다. 하나님은 우리 영혼을 자주 찾아 와 주셨고 달콤한 시간들을 가졌습니다. 이 세상에서 우리의 영혼은 하나님과 아주 친밀하였기 때문에, 우리의 모든 일들을 다 하나님께 맡겼었고, 하나님은 언제나 자신이 신실하신 하나님이시라는 것을 우리에게 증명해 오셨습니다. 그러므로 우리가 이제 임종을 앞두고서, 이 마지막으로 어렵고 힘들며 절박한 순간에 하나님께서 자신의 신실하심을 배신하실 것이라고 믿을 이유가 우리에게는 전혀 없기 때문에, 우리는 확신을 가지고서 하나님의 팔에 우리 자신을 내맡길 수 있습니다.

(3) 죽음의 때는 하나님의 백성들이 이 세상에서 섭리의 손길에 의해서 받게 될 마지막 은혜를 받는 때입니다. 그들은 자신들이 지금까지 하나님의 손길로부터 받아 온 모든 은혜들에 대하여 이제 머지않아 하나님과 결산을 하여야 합니다. 그러므로 죽음을 앞둔 사람이 해야 할 일들 중에서 가장 중요한 것은 자기가 이제 곧 하나님과 결산하여야 할 것, 즉 자신이 일생 동안 하나님으로부터 받아 온 수많은 은혜들을 회고하면서 하나하나 낱낱

이 헤아려 보는 것입니다.

그런데 여러분이 지금 섭리에 의한 그러한 은혜들을 제대로 주목해서 진지하게 살피고 기록해 두지 않는다면, 어떻게 임종을 앞두고서 그렇게 할 수 있겠습니까? 아무리 믿음 좋은 그리스도인들이라도 일부러 잘 살펴서 기억해 두지 않는 한, 자신이 일생 동안 받은 은혜들 중에서 상당 부분은 망각해 버리고 만다는 것을 나는 압니다. 또한, 예수 그리스도께서 우리를 대신하여 하나님과 우리를 위하여 결산하실 것이고, 그렇게 하지 않는다면 우리는 하나님의 법정에서 결코 무사할 수 없다는 것도 나는 압니다. 하지만 우리에게 주어진 은혜들을 낱낱이 다 헤아려서, 우리가 그 은혜들을 어떻게 사용하였는지를 살피는 것은 직접 우리가 마땅히 해야 할 일입니다. 왜냐하면, 우리는 청지기들이고, 따라서 우리가 수행해 온 청지기직에 대하여 결산을 하는 것이 마땅하기 때문입니다.

(4) 죽음의 때는 우리가 사람들과도 결산을 해야 하는 때입니다. 우리에게 기회가 주어지기만 한다면, 우리는 우리가 죽고 난 후에도 이 땅에서 여전히 살아가야 할 사람들에게, 우리가 이 세상에서 하나님과 관련해서 보고 발견한 것들을 알게 해 줌으로써, 사람들에게 하나님에 대한 증언을 남기고, 하나님의 길들에 관한 선한 보고를 남길 의무가 있습니다.

그래서 야곱은 요셉이 이 세상에서 그의 마지막 고별사를 듣기 위하여 그에게 왔을 때, 마지막으로 힘을 내어 침상에 앉아서, 하나님이 지금까지 자기에게 어떻게 나타나셨는가 하는 것과 그 일이 일어난 곳들을 말해 주었고(창 48:2-4, "이전에 가나안 땅 루스에서 전능하신 하나님이 내게 나타나사 복을 주시며 내게 이르시되 내가 너로 생육하고 번성하게 하여 네게서 많은 백성이 나게 하고 내가 이 땅을 네 후손에게 주어 영원한 소유가 되게 하리라 하셨느니라"), 자기가 겪은 환난도 말해

주었습니다(7절, "내게 대하여는 내가 이전에 밧단에서 올 때에 라헬이 나를 따르는 도중 가나안 땅에서 죽었는데 그 곳은 에브랏까지 길이 아직도 먼 곳이라 내가 거기서 그를 에브랏 길에 장사하였느니라").

또한, 여호수아는 이스라엘에게 마지막으로 한 고별사를 하였을 때, 하나님께서 이 날까지 섭리를 통해서 자신의 약속들을 일점일획까지 다 이루심으로써 그 약속들이 참되다는 것을 보여 주고 증명하는 것을 자신의 의무로 삼았습니다. 그는 이렇게 말했습니다: "보라 나는 오늘 온 세상이 가는 길로 가려니와 너희의 하나님 여호와께서 너희에게 대하여 말씀하신 모든 선한 말씀이 하나도 틀리지 아니하고 다 너희에게 응하여 그 중에 하나도 어김이 없음을 너희 모든 사람은 마음과 뜻으로 아는 바라"(수 23:14).

죽음을 앞둔 사람들의 경험들을 듣고 그 판단들을 이해하는 것은 세상 사람들에게 분명히 아주 중요합니다. 왜냐하면, 아직도 살 날이 많이 남아 있는 사람들보다는 죽음을 앞둔 사람들이 훨씬 더 지혜롭고 진실하다고 할 수 있기 때문입니다. 게다가, 임종을 앞둔 때는 우리가 이 세상에서 그 사람들에게서 하나님에 대하여 들을 수 있는 마지막 기회이기 때문입니다. 그러므로 죽음을 앞둔 사람들이 하나님의 길들에 대하여 증언하는 영광스러운 일을 행하는 것으로 삶을 마감할 수 있다면, 그것은 그들에게 얼마나 기쁘고 흐뭇한 일이 되겠습니까! 하나님께서 이 순간까지 우리에게 베풀어 주신 섭리의 역사들과 은혜들을 통해서 보여 주신 참되심을 인하여 하나님을 송축하면서 이 세상을 떠날 수 있다면, 그것은 얼마나 감격스러운 일이겠습니까!

(5) 죽음의 때는 우리가 하나님께 찬송하고 감사하고 살아가는 천사 같은 삶이 시작되는 때입니다. 우리는 죽는 순간 그때부터 저 달콤한 영원한

삶 속으로 들어가게 됩니다. 나는 우리가 이 세상에서 겪어 왔던 섭리들이 우리가 천국에서 부르게 될 저 노래의 일부가 될 것임을 의심하지 않는 것처럼, 우리가 이 세상에서 살아가는 동안에, 그리고 특히 우리가 저 복된 상태로 들어갈 준비가 다 되었을 때, 우리의 마음과 혀가 그 노래를 부르기에 합당한 상태로 조율되어 있지 않으면 안 된다는 것도 분명합니다. 그러므로 여러분은 여러분이 하나님의 길을 걷기 시작한 때로부터 지금까지, 하나님께서 여러분을 위하여 그리고 여러분에게 어떤 섭리의 역사들과 은혜들을 베풀어 주셨는지를 날마다 주의 깊게 하나하나 살피고 묵상하는 일을 게을리하지 않아야 합니다.

그래서 나는 여러분이 그 복된 일을 하도록 격려하기 위해서, 그렇게 하여야 하는 여러 가지 동기들을 여러분 앞에 제시했습니다. 이제 나는 모든 면에서 여러분에게 큰 기쁨과 달콤함과 유익을 가져다줄 이 복된 일을 시작하고자 하는 마음이 여러분 속에서 생겨났기를 바랄 뿐입니다. 내가 감히 장담할 수 있는 것은, 여러분이 날마다 경험하는 하나님의 은혜들을 감사한 마음으로 주의 깊게 낱낱이 다 기록해 두기만 한다면, 여러분에게는 죽는 그 날까지 새로운 은혜들이 끊임없이 주어지게 되리라는 것입니다. 사람들은 클라우디아누스(주후 370-404년경, 로마의 시인)의 뛰어난 재능을 제대로 발휘할 수 있게 해 줄 적절한 소재가 없었다고 말했습니다. 그러나 이 소재를 제대로 해내기에 적절한 머리나 가슴이 어디에 있겠습니까? "누가 능히 여호와의 권능을 다 말하며 주께서 받으실 찬양을 다 선포하랴"(시 106:2).

제3부

섭리에 대한
가르침의 적용

제11장

성도들을 위한 실천적인 함의들

섭리의 도우심으로 나는 내가 이 주제를 선택했을 때에 목표로 하였던 주된 내용들을 이미 다 말했습니다. 따라서 이제 내게 남아 있는 것은 그 내용들에 의거해서 서너 가지 실천적인 결론들을 짤막하게 살펴보고서 신속하게 이 주제를 끝마치는 것입니다. 여러분은 어떻게 섭리가 모든 일들이 합력하여 여러분에게 유익이 되게 하는지에 대해서 들어 왔습니다. 이제 우리는 그것으로부터 다음과 같은 것들을 알게 됩니다.

1. 우리가 이미 살펴본 대로, 하나님께서는 여러분을 위하여 모든 일들이 합력하여 선을 이루게 하시는 것이라면, 여러분은 이 세상에서 여러분에게 일어나는 일들이 성공과 위로이든 환난과 괴로움이든, 그 모든 일들이 하나님이 여러분의 유익을 위하여 행하시는 일들이라는 것을 시인하고 고백하여야 합니다.

하나님의 손길과 뜻을 살피는 것은 여러분이 마땅히 해야 하는 일입니다. 하나님께서 여러분에게 위로들을 주실 때, 그 위로들 속에서 하나님의 손길을 보지 못하는 것은 큰 악입니다. 하나님께서는 이스라엘을 그 일로 다음과 같이 책망하셨습니다: "곡식과 새 포도주와 기름은 내가 그에게 준 것이요 그들이 바알을 위하여 쓴 은과 금도 내가 그에게 더하여 준 것이거늘 그가 알지 못하도다"(호 2:8). 즉, 이스라엘은 하나님이 그러한 은혜들을 통해서 그들을 돌보시고 복을 주셨다는 사실을 알려고 하지도 않았고 감사할 마음도 없었다는 것입니다.

또한, 환난의 섭리들과 관련해서, 하나님께서 징계하시기 위하여 그 손을 드셨는데도, 그 손을 보지 않는 것도 마찬가지로 큰 악입니다(사 26:11). "소는 그 임자를 알고 나귀는 그 주인의 구유를 알건마는 이스라엘은 알지 못하고 나의 백성은 깨닫지 못하는도다"(사 1:3). 아무리 둔하고 우둔한 짐승들이라도 누가 자신들에게 은혜들을 베풀어 주는 은인인지를 압니다. 모든 섭리 속에서 하나님의 손길을 눈여겨보십시오. 여러분은 여러분에게 주어진 위로들이나 환난들 중 그 어느 것도 티끌에서 생겨나거나 땅에서 솟아난 것이 아니라는 것을 알아야 합니다.

2. 하나님께서 여러분을 위하여 모든 것이 합력하여 선을 이루게 하시는 것이라면, 그것은 하나님이 스스로를 지극히 낮추셔서 자기 백성을 얼마나 지극정성으로 돌보시는지를 증명해 주는 것입니다.

"사람이 무엇이기에 주께서 그를 크게 만드사 그에게 마음을 두시고 아침마다 권징하시며 순간마다 단련하시나이까"(욥 7:17-18). 하나님께서는 여러분을 그 정도로 자상하게 돌보고 계시기 때문에, 여러분에게서 한시도 눈을 떼지 않으십니다(욥 36:7). 그 누구도 여러분을 해치지 못하도록 하시기 위하여, 하나님은 밤낮으로 여러분을 지키시고 보호하십니다(사 27:3, "나 여호와는 포도원지기가 됨이여 때때로 물을 주며 밤낮으로 간수하여 아무든지 이를 해치지 못하게 하리로다"). 만일 하나님께서 여러분으로부터 단 한순간이라도 자신의 눈이나 손을 거두신다면, 그 즉시 여러분은 멸망하고 말 것입니다. 무수한 해악들이 여러분을 순식간에 덮쳐서, 여러분과 하나님이 여러분에게 주신 모든 위로들을 멸할 기회가 오기만을 눈에 불을 켜고 지켜보고 있습니다. 여러분은 하나님께 너무나 소중한 존재들이기 때문에, 하나님께서는 여러분을 다른 사람의 손에 맡기려 하지 않으시고 친히 자신의 손으로 돌보고자 하십니다. "여호와께서 백성을 사랑하시나니 모든 성도가 그의 수중에 있으며"(신 33:3).

3. 하나님께서 여러분을 위하여 모든 것이 합력하여 선을 이루게 하시는 것이라면, 여러분은 하나님을 위해 여러분이 해야 할 모든 의무들과 섬김들을 다하는 것이 마땅하다는 것을 알아야 합니다.

어떤 믿음 좋은 사람의 소원은 "내 손이 내게 해주는 것을 내가 하나님께 해드리는 것," 즉 하나님을 섬기는 데 쓸모 있는 도구가 되는 것이었습니다. 하나님께서는 여러분을 위하여 모든 것이 합력하여 선을 이루게 하시는데도, 여러분은 그런 하나님을 위해서 아무것도 안 할 작정입니까? 섭리는 매 순간마다 여러분을 위해 일하고 있는데도, 여러분은 그저 빈둥거리고 있을 것입니까? 여러분이 그렇게 한다면, 하나님께서 여러분을 위하여 행하시는 모든 것들이 다 허사가 되어 버리지 않겠습니까? 하나님께서 여러분에게 유익이 되게 하시기 위하여 그 모든 것들을 행하시는 목적과 의도는 여러분을 열매 맺는 백성으로 만드시기 위한 것이 아닙니까?

하나님께서 섭리를 통해서 포도원에 여러분을 심으시고 울타리를 치시며 물을 주신다면, 그것은 분명히 여러분이 열매를 맺기를 기대하고 계시는 것임에 틀림없습니다(사 5:1-4). 엘리사가 자기를 돌보아 준 수넴 여인에게 "네가 이같이 우리를 위하여 세심한 배려를 하는도다 내가 너를 위하여 무엇을 하랴"(왕하 4:13)고 말하였고, 다윗이 하나님께 "내게 주신 모든 은혜를 내가 여호와께 무엇으로 보답할까"(시 116:12)라고 말하였듯이, 여러분은 섭리가 여러분에게 베풀어 준 모든 은택들에 감사해서 하나님께 그렇게 말하는 것이 마땅할 것입니다.

하나님께서는 여러분을 선대하셔서 늘 풍성한 은혜를 베풀어 주고 계십니다. 여러분이 아무리 지독한 곤경과 위험에 처해 있을 때에도 하나님의 섭리는 늘 여러분 곁에 서 있습니다. 그러므로 여러분이 하나님을 섬겨 행해야 할 일들이 온갖 난관들로 둘러싸여 있을 때에도, 하나님을 섬기는 것을 포기하고 하나님께 등을 돌리지 마시고, 매 순간마다 여러분을 위하여 일하시는 저 하나님을 위해서 여러분도 있는 힘을 다해 일하십시오.

4. 하나님께서 자기 백성을 위하여 모든 것이 합력하여 선을 이루게 하시는 것이 아닙니까? 그러므로 새롭거나 큰 어려움들이 생겨날 때에도 하나님을 불신하지 마십시오.

지금까지 여러분을 위하여 그토록 많은 일들을 행해 오신 하나님이 지금 와서 느닷없이 여러분을 대적하고 계신다고 생각할 이유가 어디 있습니까? "여호와의 손이 짧아 구원하지 못하심도 아니요 귀가 둔하여 듣지 못하심도 아니라"(사 59:1). 하나님의 은혜가 여러분에게 주어지는 것을 막는 것이 있다면, 그것은 여러분이 저지른 죄악들, 즉 여러분의 불신앙과 배신입니다. "내가 그들 중에 많은 이적을 행하였으나 어느 때까지 나를 믿지 않겠느냐"(민 14:11).

여러분에게 하나님의 자애로우신 돌보심과 신실하심과 사랑이 무수히 베풀어진 것이 확인되는 경우에 여러분 속에 있는 불신앙이 고쳐질 수 있다면, 이미 그런 은혜들이 여러분에게 주어져 왔기 때문에, 여러분의 불신앙은 전혀 근거가 없는 것입니다. 여러분이 지금 겪고 있는 것과 비슷한 환난들 아래에서 하나님이 주신 예기치 않은 은혜로 인해서 번번이 여러분의 불신이 허물어진 것이 확인되는 경우에 여러분 속에 있는 불신이 고쳐질 수 있다면, 단지 여러분이 지금 살아 온 세월을 되돌아보기만 하십시오.

틀림없이 여러분은 하나님이 여러분을 돌보시지 않는다고 성급하게 불평하였다가 나중에 여러분에게 베풀어진 섭리의 은혜를 경험하고 나서 부끄러워하며 불평한 것을 후회한 적이 한두 번이 아니었잖습니까? 그런데도 또다시 그런 배신과 불신앙의 상태로 빠져 들어가고자 하는 것입니까? 나는 하나님을 믿고 조용히 기다린 사람에게 하나님의 은혜가 주어지지 않은 일은 결코 없었다는 이 위대한 진리를 여러분이 이제는 배우게 되기를 바랍니다. 여러분이 하나님을 헛되이 찾지만 않는다면, 여러분이 하나님을 찾았는데도, 그것이 헛수고가 되는 일은 결코 없었다는 것을 기억하십시오.

5. 하나님께서 여러분을 위하여 모든 것이 합력하여 선을 이루게 하시는 것이라면, 모든 일에서 기도로 하나님께 구하고, 하나님 없이는 그 어떤 계획도 세우지 마십시오.

분명한 것은 하나님께서 여러분을 위하여 역사하지 않으신다면, 여러분이 어떤 것을 원해서 그것을 얻으려고 수고하여도 결코 얻을 수 없다는 것입니다. 하지만 하나님께서 여러분에게 이런저런 은혜를 베풀어 주려고 작정하셨다고 해도, 여러분은 그 은혜를 하나님께 구하여야 하고, 그랬을 때에 하나님은 여러분을 위하여 그 은혜를 베풀어 주실 수 있습니다(겔 36:37, "주 여호와께서 이같이 말씀하셨느니라 그래도 이스라엘 족속이 이같이 자기들에게 이루어 주기를 내게 구하여야 할지라"; 요 14:14, "내 이름으로 무엇이든지 내게 구하면 내가 행하리라"). 또한, 우리는 기도로써 어떤 일을 하나님께 맡긴 후에는, 그 선한 일이 이미 우리에게 이루어졌고, 그 은혜가 이미 우리에게 주어졌으며, 그 환난이 이미 우리에게서 지나간 것으로 여겨야 합니다.

우리를 위하여 이런저런 도구를 동원하고, 우리의 목적을 위하여 이런저런 방법을 시도하면서도, 그런 도구들과 방법들이 효력을 발휘하게 해서 일을 이루시는 분은 오로지 하나님이시라는 것을 잊는다면, 우리는 얼마나 어리석은 자이겠습니까? 기도로 시작하지 않은 일이 우리에게 유익한 결과로 끝나는 일은 거의 없습니다. "사람의 길이 자기에게 있지 아니하니"(렘 10:23). 만일 사람의 길의 성패가 사람 자신에게 달려 있다면, 기도하는 것은 시간낭비만 될 뿐입니다. 여러분이 행하는 모든 일에서 모든 일이 합력하여 선을 이루게 하시는 하나님을 인정하고 시인하십시오.

6. 하나님께서 우리를 위하여 모든 일이 합력하여 선을 이루게 하시는 것이라면, 우리와 관련된 모든 일들을 좌지우지하시는 분이신 하나님을 기쁘시게 해 드리려고 애쓰는 것이야말로 우리가 모든 일에서 가장 관심을 갖고 행해야 할 일이고 우리에게 가장 큰 유익을 가져다주는 일입니다.

크리소스토모스(Chrysostom)는 하나님을 노여우시게 하는 것 외에는 그리스도인에게 심각하고 큰일날 일이라는 것은 없다고 말하였는데, 이것은 정말 아주 중요한 통찰입니다. 그것을 피하십시오. 그러면, 어떤 환난이나 괴로움도 그렇게 현명한 영혼을 짓누를 수 없습니다. 바다 속에서는 불꽃이 아무런 힘도 못쓰고 그냥 꺼져 버리듯이, 그런 영혼 속에서는 그 어떤 환난이나 괴로움도 하나님의 은총에 의해 그냥 꺼져 버릴 것입니다. 크리소스토모스는 그런 영혼은 하늘과 같다고 말합니다. 우리는 구름이 뒤덮이면 하늘이 고난을 겪는다고 생각하고, 해가 가려지면 해가 고난을 겪는다고 생각하지만, 사실은 하늘이나 해는 고난을 겪는 것처럼 보일 뿐이고 실제로 고난을 겪는 것은 아닌 것과 마찬가지로, 그런 영혼도 그렇다는 것입니다.

우리와 하나님의 사이가 좋으면, 모든 것이 다 좋고 잘됩니다. 성도들의 큰 위로는 그들과 관련된 모든 것이 그들의 아버지이신 하나님의 수중에 있다는 사실에 있습니다. 루터(Luther)는 "만일 그리스도께서 교회의 머리가 아니셨다면, 나는 완전히 절망하였을 것이다"라고 말하였습니다. 모든 것을 행하시는 분이 우리의 하나님, 곧 우리의 형통을 기뻐하시고 우리를 기뻐하셔서 선대하시는 우리의 하나님이신데, 우리가 아무리 지독한 환난과 위험 가운데 있다고 할지라도, 차고 넘치게 넉넉히 평안하지 않을 이유가 어디 있겠습니까!

어떤 사람이 보로메우스(Borromeus)에게 목숨을 노리는 자들이 있다고 말했을 때, 그의 대답은 "하나님께서 이 세상에 계시는데 아무 일도 안 하시고 그냥 계시겠느냐"는 것이었습니다. 비슷한 경우에 실렌티아리우스(Silentiarius)가 대답한 말도 인상적인 것이었습니다: "하나님께서 나를 돌보아 주시지 않으신다면, 지금 내가 어떻게 살아 있겠으며, 지금까지 어떻게 목숨을 부지하고 살아남을 수 있었겠는가?"

어떤 저명한 저술가는 "사람이 별들을 주관할 수 있는 힘을 확보해서 자신의 운명을 좋은 쪽으로 바꾸는 가장 확실한 법칙들이 성경에 나와 있다"(sapiens dominabitur astris & quomodo unusquisque faber potest esse fortunae suae)는 말이 많은 사람들에게는 소설처럼 들리겠지만, 우리는 그 말을 믿든지, 아니면 성경을 버리든지, 둘 중의 하나를 택하여야 한다고 말했습니다.

믿음이 있는 사람은 심지어 자신의 운명을 결정할 수 있습니다. 우리는 하나님의 지혜로부터 나온 공리들로 가득한 성경의 희귀한 모략을 따라 우리의 운명을 개척해 나간다면, 그것은 얼마나 좋은 일이겠습니까! 죄 외에는 아무것도 두려워하지 마십시오. 어떻게 하나님을 기쁘시게 해드릴까 하는 것 외에는 아무것도 궁리하지 마십시오. 그 어떤 시험과 유혹 아래에서도 여러분의 신앙을 온전히 지켜 내십시오. 하나님을 믿고 의뢰하는 가운데 여러분이 마땅히 해야 할 일들을 행하십시오. 이러한 것들은 인생의 온갖 부침 속에서 여러분과 여러분의 이익을 안전하게 지킬 수 있게 해 주는 확실한 법칙들입니다.

제12장

섭리와 관련된 실천적인 문제들

나의 마지막 과제는 이 주제와 관련해서 서너 가지 실천적인 문제를 다루는 것인데, 나는 이 과제를 끝으로 섭리에 관한 이 강론을 끝마치고자 합니다.

1. 그리스도인은 암울하고 그 의미를 제대로 알기 힘든 의심스러운 섭리들 아래에서 하나님의 뜻과 자신이 해야 할 일이 무엇인지를 어떻게 알 수 있습니까?

이 질문에 대답하기 위해서는, 우리는 먼저 "하나님의 뜻"이 무엇을 의미하고, 하나님의 뜻을 발견하는 것을 어렵게 하는 "의심스러운 섭리들"이라는 것이 무엇을 의미하며, 그러한 헷갈리고 난해한 섭리들 아래에서 우리를 위한 하나님의 뜻을 확인하기 위해서는 어떤 법칙들을 따라야 하는지를 살펴보지 않으면 안 됩니다.

하나님의 뜻은 두 가지로 나누어지는데, 하나는 하나님의 "은밀한" 뜻이고, 다른 하나는 하나님의 "계시된" 뜻입니다. 이러한 구별은 다음과 같은 성경 본문에서 찾아볼 수 있습니다: "감추어진 일은 우리 하나님 여호와께 속하였거니와 나타난 일은 영원히 우리와 우리 자손에게 속하였나니"(신 29:29). 전자는 하나님 자신이 행하실 때에 지키시는 법칙이고, 후자는 우리가 행할 때에 지켜야 하는 법칙입니다. 따라서 이 문제와 관련해서 우리에게는 오직 하나님의 "계시된" 뜻만이 해당됩니다.

하나님의 계시된 뜻은 하나님의 "말씀"이나 "역사들" 안에서 우리에게 계시됩니다. 하나님의 말씀은 하나님께서 우리에게 명하신 것들 속에 드러나 있는 하나님의 뜻입니다. 하나님의 역사들은 하나님께서 친히 이루시거나 허락하신 일들 속에 드러나 있는 하나님의 뜻인데, 친히 이루시는 역사는 선과 관련되어 있고, 허락하시는 역사는 악과 관련되어 있습니다. 하나님께서는 이런 식으로 자신의 뜻을 사람들에게 나타내십니다. 하지만 계시되는 것들이나 계시를 받는 사람들이나 계시되는 것의 명확성의 정도에 따라서, 하나님의 뜻은 아주 다양하게 천차만별로 계시됩니다.

(1) 계시되는 것들과 관련해서 큰 차이가 존재합니다. 신앙에 있어서 꼭 필요하고 중요한 의무들은 기록된 말씀을 통해서 우리에게 대단히 명쾌하고 분명하게 계시되고, 그런 것들에는 그 어떤 모호한 것도 있을 수 없습니다. 하지만 그런 것들보다 조금 중요성이 떨어지는 것들은 좀 더 모호하게 계시됩니다.

(2) 하나님께서 자신의 뜻을 누구에게 계시하시느냐에 따라서도 큰 차이가 존재합니다. 어떤 사람들은 믿음이 강한 장성한 자들이고, 어떤 사람들은 어린 아기 같은 신앙을 가진 자들입니다(고전 3:1). 자신의 지각을 사용해서 선악을 분별하는 사람들이 있는가 하면, 그 지각이 연약하고 둔한 사

람들도 있습니다. 사람들은 모든 것을 다 받을 수 있는 것이 아니라, 각자의 능력과 분량에 따라서 그 정도만큼만 받을 수 있다는 것을 우리는 압니다. 그런 까닭에, 어떤 사람은 자신의 길이 자신의 눈 앞에 아주 분명하게 드러나 있어서, 자기가 어떻게 해야 하는 줄을 아는 반면에, 어떤 사람은 어떻게 해야 할 줄을 몰라서 늘 갈팡질팡하고 불안해합니다.

(3) 하나님께서 사람들에게 자신의 뜻을 계시하시는 방법도 다양합니다. 어떤 사람들은 직접 특별한 방식으로 하나님의 뜻을 계시받습니다. 사무엘은 누구를 이스라엘의 왕으로 선택해야 하는지와 관련한 하나님의 뜻을 그런 식으로 계시받았습니다(삼상 9:15-16). 다윗도 마찬가지였습니다. 왜냐하면, 우리는 그가 (아마도 우림과 둠밈을 통해서) 하나님께 블레셋을 치는 문제나 그일라 사람들이 자기를 사울에게 넘겨 주게 될지를 여쭈어 보았을 때, 하나님께서는 거기에 대하여 말씀해 주시고, 그 결과가 어떤 것일지도 말씀해 주신 것을 발견하기 때문입니다(삼상 23:2, 4, 9-12).

그러나 지금은 모든 것이 우리 앞에 항상 있는 하나님의 말씀인 성경 속에 기록이 되어 있어서, 우리는 거기에서 하나님의 뜻을 발견할 수 있기 때문에, 하나님으로부터의 그러한 이례적인 계시들을 기대해서는 안 됩니다. 따라서 우리가 오늘날 어떤 어려운 문제들과 관련해서 하나님의 뜻을 알아야 한다면, 성경을 자세히 살피고 연구하여야 합니다. 그렇게 해서 이런저런 구체적인 문제에 있어서 우리를 인도해 줄 특정한 법칙을 발견할 수 없는 경우에는, 일반적인 법칙들을 적용하고 응용해서 거기에 비추어 그 문제에 관한 하나님의 구체적인 뜻을 찾아내야 합니다.

그러한 의심스러운 문제들을 만났을 때에는, 우리는 우리 자신의 생각 속에 사로잡혀서 어떻게 해야 할 줄을 모르는 경우가 종종 생겨납니다. 그런 경우에는 다윗처럼, 하나님께서 "주의 길을 내 목전에 곧게 하소서"(시

5:8)라고 기도해야 합니다. 우리는 하나님을 노여우시게 하지는 않을지를 염려하고, 우리가 이런저런 식으로 결정하고 행할 때에 혹시 그 일이 하나님을 노여우시게 하는 일이 되지는 않을지를 두려워합니다. 이런 상황이 벌어지게 되는 것은 우리에게 닥친 문제가 어렵기 때문이기도 하지만, 우리 자신의 무지와 부주의 때문이기도 합니다. 우리는 하나님께서 그 문제와 관련해서 어떤 섭리들을 통해서 우리에게 자신의 뜻이 무엇인지를 암시해 주시는 것처럼 보인다고 생각하기는 하지만, 정말 그것이 하나님의 뜻인지에 대해서는 확신하지 못하는 경우가 많습니다.

하나님께서 섭리를 통해서 자신의 뜻이 무엇인지를 은밀하게 암시해 주신다는 것은 의심의 여지가 없지만, 섭리들 그 자체는 어떤 것이 하나님의 뜻이라는 것을 확정함에 있어서 최종적이고 충분한 잣대가 될 수는 없습니다. 우리는 섭리들에 대해서 이렇게 말할 수 있습니다: "내가 앞으로 가도 그가 아니 계시고 뒤로 가도 보이지 아니하며 그가 왼쪽에서 일하시나 내가 만날 수 없고 그가 오른쪽으로 돌이키시나 뵈올 수 없구나"(욥 23:8-9).

섭리 그 자체가 우리에 대한 하나님의 뜻을 보여 주는 충분한 수단이 될 수 있다면, 우리는 하나의 동일한 섭리를 어떤 때에는 어떤 일이나 사람을 의롭다고 하는 데 사용하고 어떤 때에는 정죄하는 데 사용하지 않을 수 없는 일이 자주 벌어지게 될 것입니다. 왜냐하면, "모든 사람에게 임하는 그 모든 것이 일반이라 의인과 악인에게 … 일어나는 일들이 일반"이기 때문입니다(전 9:2). 즉, 동일한 일이 선인들에게도 일어나고 악인들에게도 일어납니다. 게다가, 섭리가 어떤 행위나 계획을 판단하는 유일한 기준이 된다면, 악한 일도 성공하기만 하면 악한 일이 아니게 되어 버릴 것입니다. 그러나 성패의 여부나 결과와는 상관없이, 죄는 여전히 죄이고, 마땅히 행해야 할 의무는 여전히 의무입니다.

그러므로 그런 경우들에 있어서 섭리들을 사용하는 가장 안전한 방법은 그 섭리들을 그 자체로만 따로 떼어서 생각하지 않고, "말씀"의 명령들이나 약속들에 비추어서 생각하는 것입니다. 의심스러운 경우에는 좌로나 우로나 치우치지 않는 선입견 없는 마음으로 성경을 살피면서, 하나님의 인도하심을 기도하고, 양심의 지시에 귀 기울이십시오. 여러분이 그 모든 것을 행하였다면, 여러분은 여러분 자신의 양심의 지시 및 말씀 속에서 여러분이 발견한 가장 선한 빛과 맞아떨어지는 하나님의 섭리들의 의미를 발견하게 될 것입니다. 그런 경우들에 있어서 여러분은 하나님의 섭리를 여러분이 마땅히 행해야 하는 것들을 행해 나가도록 격려하는 것으로 활용할 수 있습니다.

그러나 아무리 뚜렷하고 두드러진 섭리의 나타남들이 있다고 해도, 성경의 잣대와 어긋나는 것들인 경우에는, 그런 것들을 받아들여서는 안 됩니다. 그 섭리들이 아무리 좋아 보이고 여러분을 성공으로 이끌고 있다고 해도, 여러분은 자신이 마땅히 해야 할 것들을 버리고, 그 섭리들을 하나님의 뜻으로 받아들여서 그 길로 나아가서는 안 됩니다. 반대로, 여러분이 마땅히 해야 할 것들을 행하고 있다면, 그 어떤 가혹하고 힘든 섭리들이 여러분에게 쉴 새 없이 닥쳐 온다고 하여도, 여러분은 낙심할 필요가 없습니다.

거룩한 욥은 하나님의 역사들 속에서 하나님의 뜻이 무엇인지를 도저히 알 수 없었지만, 하나님의 입술에서 나온 명령들에서 떠나고자 하지 않았습니다(욥 23:12, "내가 그의 입술의 명령을 어기지 아니하고 정한 음식보다 그의 입의 말씀을 귀히 여겼도다"). 우리는 다윗에게서도 그 동일한 결심을 발견합니다. 그는 자기가 마땅히 해야 할 일들을 가로막는 섭리들이 아무리 많이 자기에게 닥치더라도, 자신은 말씀을 꼭 붙들고서 그 일들을 해 나갈 것이라고 단호하게 선언합니다. 그는 자기에게 닥친 환난들로 인해서 "내가 연기 속의 가죽

부대 같이 되었으나 주의 율례들을 잊지 아니하나이다"(시 119:83)라고 말하고, "그들이 나를 세상에서 거의 멸하였으나 나는 주의 법도들을 버리지 아니하였사오니"(87절)라고 고백합니다.

바울은 성령의 지시하심을 따라 예루살렘으로 가게 되었습니다(행 20:22). 이 문제와 관련해서 하나님의 뜻이 그에게 분명하게 계시된 후에도, 그가 예루살렘으로 가는 도중에서, 그는 많은 어렵고 낙심되는 섭리들을 만났습니다! 두로에서는 제자들이 "성령의 감동으로" 그에게 "예루살렘에 들어가지 말라"고 말하였고(행 21:4), 가이사랴에서 만난 아가보라는 선지자는 그가 예루살렘에 도착하면 그에게 무슨 일이 벌어지게 될지를 그에게 예언하였습니다(행 21:10-11, "아가보라 하는 한 선지자가 유대로부터 내려와 우리에게 와서 바울의 띠를 가져다가 자기 수족을 잡아매고 말하기를 성령이 말씀하시되 예루살렘에서 유대인들이 이같이 이 띠 임자를 결박하여 이방인의 손에 넘겨 주리라 하거늘"). 그러나 이 모든 것도 바울이 예루살렘으로 가는 것을 그만두게 하지 못하였습니다. 이 모든 일들이 있은 후에, 형제들이 바울에게 제발 이 여행을 그만두라고 얼마나 간청하였습니까(21-13절)! 하지만 바울은 자기를 향하신 하나님의 뜻을 확신하였고, 그 뜻을 신실하게 행하고자 결심하였기 때문에, 섭리에 의한 그 모든 장애물들을 다 뿌리치고서 계속해서 예루살렘을 향하여 갔습니다.

우리가 마땅히 행해야 하는 일들을 행하여 나아갈 때, 하나님의 말씀과 맞아떨어지는 섭리가 우리에게 어느 정도 힘을 줄 수 있기는 하지만, 우리는 말씀과 어긋나는 그 어떤 섭리의 증언도 받아들여서는 안 됩니다. 성경과 양심이 여러분에게 그 섭리가 보여 주는 길이 죄악된 것이라고 말해 준다면, 그 섭리가 여러분에게 아무리 많은 좋은 기회들과 선한 것들을 약속한다고 할지라도, 여러분은 그 길로 가서는 안 됩니다. 왜냐하면, 그 섭리는 단지 여러분을 "시험하는" 것일 뿐이고, 마땅히 행할 길로 행하고 있는 여러분에게 "힘을 주기" 위한 것이 아니기 때문입니다.

그러므로 그 어떤 섭리도 도덕적으로 악한 일을 합법화해 주거나 정당화해 줄 수 없다는 것을 확고한 법칙으로 받아들이십시오. 또한, 그 어떤 섭리도 하나님 앞에서 유효하고 타당한 변론의 근거가 될 수 없기 때문에, 그 누구도 하나님의 심판대 앞에 서서, "하나님의 말씀은 내게 그렇게 하는 것을 금하였지만, 하나님의 섭리가 내게 그렇게 하라고 격려하였기 때문에, 내가 그렇게 한 것입니다"라고 말해 보아야 아무 소용이 없습니다. 따라서 여러분이 어떤 의심스러운 경우에 하나님의 뜻을 발견하고자 한다면, 다음과 같은 법칙들을 따라서 하나님의 뜻을 발견하고자 하십시오:

(a) 여러분 속에 하나님을 진정으로 경외하는 마음을 품으십시오. 하나님을 노여우시게 하는 것을 진정으로 두려워하십시오. 그런 영혼에게는 하나님께서 자신의 생각과 뜻을 숨기지 않으실 것입니다. "여호와의 친밀하심이 그를 경외하는 자들에게 있음이여 그의 언약을 그들에게 보이시리로다"(시 25:14).

(b) 말씀(Word)을 더 연구하고, 세상(world)의 일들과 관심사들은 덜 연구하십시오. 말씀은 여러분의 발에 "등"입니다(시 119:105). 즉 말씀은 여러분이 행해야 할 모든 일들과 피해야 할 모든 위험들을 발견하는 데 유익합니다. 말씀은 여러분이 물어야 할 위대한 신탁입니다. 말씀의 법칙들을 여러분의 심령 속에 차곡차곡 쌓으십시오. 그러면, 여러분은 안전하게 행할 수 있게 될 것입니다. "내가 주께 범죄하지 아니하려 하여 주의 말씀을 내 마음에 두었나이다"(시 119:11).

(c) 여러분이 알고 있는 것들을 실천으로 옮기십시오. 그러면, 여러분은 지금 여러분이 마땅히 해야 할 일이 무엇인지를 알게 될 것입니다. "사람이

하나님의 뜻을 행하려 하면 이 교훈이 하나님께로부터 왔는지 내가 스스로 말함인지 알리라"(요 7:17). "그의 계명을 지키는 자는 다 훌륭한 지각을 가진 자이니"(시 111:10).

(d) 여러분이 어느 길로 가야 하는지를 조명해 주시고 지도해 주시라고 기도하십시오. 곤경 가운데서 여러분을 인도해 주시고, 죄에 빠지지 않게 해 주시라고 간구하십시오. 이것은 에스라가 행한 거룩한 실천이었습니다: "그 때에 내가 아하와 강 가에서 금식을 선포하고 우리 하나님 앞에서 스스로 겸비하여 우리와 우리 어린 아이와 모든 소유를 위하여 평탄한 길을 그에게 간구하였으니"(스 8:21).

(e) 이런 것들을 다 행하였다면, 하나님의 말씀과 부합하는 한에서 섭리를 따르고, 그 이상으로 나아가지는 마십시오. 하나님의 말씀 아래에서만 섭리를 사용하고, 말씀을 거슬러서 섭리를 사용해서는 안 됩니다. 말씀 아래에서 섭리를 사용할 때, 섭리의 뛰어난 용도가 두 가지가 있습니다.

첫 번째는, 하나님의 약속들과 여러분의 기도들에 뒤따른 섭리들은 자신의 약속과 여러분의 기도를 이루어 가시는 하나님의 신실하심을 보여 주는 증거들이라는 것입니다. 다윗이 병으로 시름시름 앓고 있을 때, 그의 원수들은 그가 곧 죽게 될 것이라고 생각해서 의기양양해하기 시작하였지만, 그는 하나님께서 자기에게 은혜를 베푸셔서 자기를 일으켜 주시라고 기도했습니다(시 41:10). 그런 후에, 다윗은 하나님의 섭리로 병을 털고 일어나서 이렇게 고백합니다: "내 원수가 나를 이기지 못하오니 주께서 나를 기뻐하시는 줄을 내가 알았나이다"(11절). 즉, 그는 이 섭리를 자기를 선대하시는 증표 또는 "표적"으로 보았던 것인데, 실제로 다른 곳에서 그것을 그렇게 부릅니다(시 86:17, "은총의 표적을 내게 보이소서 그러면 나를 미워하는 그들이 보고 부끄러워하오리니 여호와여 주는 나를 돕고 위로하시는 이시니이다").

두 번째는, 우리가 하나님의 말씀이 우리에게 명하는 바로 그 의무들을 지금 당장 행하는 것이 마땅할 때, 하나님께서는 섭리들로 하여금 우리에게 그 의무들을 행하라고 큰 소리로 외치게 하신다는 것입니다. 따라서 슬픈 섭리들이 교회나 우리에게 임했을 때, 그것은 우리에게 우리 자신을 낮추라고 부르시는 것입니다. 그 섭리들은 하나님의 발 앞에서 우리 자신을 낮추라는 명령이 지금 우리에게 내려졌다는 것을 알게 해 줍니다. "여호와께서 성읍을 향하여 외쳐 부르시나니 지혜는 주의 이름을 경외함이니라 너희는 매가 예비되었나니 그것을 정하신 이가 누구인지 들을지니라"(미 6:9). "매"는 목소리를 가지고 있습니다. 그 "매"가 여러분에게 무엇을 말합니까? 그것은 지금이 바로 하나님의 능하신 손 아래에서 여러분 자신을 낮출 때라는 것입니다. 지금은 하나님께서 여러분에게 하나님의 이름을 부르라고 명하신 환난의 날이라는 것입니다. 반대로, 위로의 섭리들이 여러분에게 임하여 새 힘을 주고 있을 때에는, 그것은 지금은 "형통한 날에는 기뻐하라"(전 7:14)는 말씀을 따라 하나님을 기뻐하고 즐거워해야 할 때라는 것을 우리에게 가르쳐 줍니다. 이러한 명령들은 늘 유효하지만, 어느 때나 적용되는 것은 아닙니다. 그러므로 때들을 잘 분별해서, 각각의 때에 맞게 우리가 어떻게 행해야 하는지를 아는 것은 우리에게 주어진 의무이고 지혜이며, 섭리는 지금이 어느 때인지를 우리에게 보여 주는 지표입니다. 이상으로 첫 번째 실천적인 문제를 마칩니다.

2. 그리스도인인 우리가 오랫동안 기도해 오고 기다려 온 은혜들을 베풀어 주는 것을 섭리가 미룰 때, 우리는 하나님이 그 은혜를 주실 때까지 어떻게 힘을 내서 기다릴 수 있겠습니까?

(1) 이것은 우리가 오랫동안 기도하면서 기다려 온 은혜들을 하나님이 섭리를 통해서 베풀어 주시는 것을 미루심으로써, 기도 응답이 미루어지면서 우리의 마음과 소망이 바닥까지 내려가서 이제 포기하려고 하는 상황을 전제하는 것입니다.

실제로 우리가 하나님께 어떤 은혜들을 주시라고 기도하며 기다려 왔는데도, 섭리에 의해서 그 은혜들이 우리에게 주어지는 것이 오랫동안 미루어지는 경우가 있습니다. 이것을 올바르게 제대로 이해하기 위해서는, 우리에게 은혜가 주어지는 것과 관련해서 두 가지 "때"가 존재한다는 것을 알아야 하는데, 하나는 모든 때와 기한을 자신의 수중에 가지고 계시는 주 우리 하나님께서 정하신 때이고(행 1:7), 다른 하나는 우리가 어떤 때에는 단지 어떤 은혜들을 간절히 받고 싶은 소원을 근거로 해서, 어떤 때에는 우리에게 주어진 여러 가지 상황과 여건들에 의한 불확실한 추측을 근거로 해서, 지금 그 은혜들이 우리에게 필요하다고 생각해서 우리 자신이 정한 때입니다.

은혜를 주시는 것과 관련해서 하나님이 정하신 때가 가장 정확하고 확실하며 좋다는 것은 두말할 필요가 없습니다. 비록 그 때가 오려면 정말 오랜 시간을 기다려야 하고, 수많은 장애물들이 그 길에 놓여 있다고 할지라도, 하나님이 정하신 때야말로 모든 것이 합력하여 선을 이룰 수 있는 때입니다. 하나님께서는 이스라엘을 애굽에서 건져 내시겠다고 약속하신 후에, 그 약속을 실행에 옮길 때를 스스로 정해 놓으셨습니다. 그것에 대하여 성경은 이렇게 말합니다: "사백삼십 년이 끝나는 그 날에 여호와의 군대가 다 애굽 땅에서 나왔은즉"(출 12:41). 이 말씀을 사도행전 7:17과 비교해 보십시오. 거기에는 이스라엘의 구원이 단 하루라도 더 연기되어서는 안 되었던 이유가 나와 있는데, 그것은 "하나님이 아브라함에게 약속하신 때"가 다 되었기 때문이었습니다. 하나님의 약속들은 임신한 여인처럼 정해진 달수를 채워야 합니다. 그 달수가 다 채워졌을 때, 섭리는 그동안에 다 자란 은혜들을 세상 속으로 나오게 하는 산파 역할을 하는데, 약속들 중의 단 하나도 유산이 되는 일은 벌어지지 않습니다.

하나님께서는 우리 자신이 정한 때에는 묶이지 않으시고, 따라서 하나님의 섭리들도 그 때에 의해서 지배받지 않는데, 여기에서 우리의 실망과 낙심이 생겨납니다. "우리가 평강을 바라나 좋은 것이 없으며 고침을 입을 때를 바라나 놀라움뿐이로다"(렘 8:15). 우리가 바라던 섭리가 오랫동안 임하지 않는 것에 대하여 낙심하고, 우리에게 은혜를 베풀어 주시는 것과 관련해서 하나님의 신실하심을 의심하게 되는 이유가 거기에 있습니다. 하지만 하나님의 생각과 우리의 생각은 다릅니다(사 55:8).

"주의 약속은 어떤 이들이 더디다고 생각하는 것 같이 더딘 것이 아니라"(벤후 3:9). 그것은 여러분이 자신의 잣대로 판단하기 때문에 더딘 것처럼 보일 뿐입니다. 여러분이 하나님의 잣대로 판단한다면, 그것은 더딘 것이 절대로 아닙니다. 하나님께서는 자신이 역사하실 때를 우리의 산술에 의거해서 계산하시지 않습니다. 여러분이 이 두 잣대를 서로 비교해 보았을 때, 성경은 여러분의 잣대가 잘못된 것임을 분명하게 보여 줍니다: "이 묵시는 정한 때가 있나니 그 종말이 속히 이르겠고 결코 거짓되지 아니하리라 비록 더딜지라도 기다리라 지체되지 않고 반드시 응하리라"(합 2:3). 하나님께서는 "때"를 정하시고, 그 때가 도래하면, 약속하신 은혜들을 반드시 이루십니다. 그러나 그 때가 오기 전까지는 기다려야 합니다. 선지자는 "비록 더딜지라도 기다리라 지체되지 않고 반드시 응하리라"고 말합니다. 즉, 한편으로는 "더디다"고 말하면서, 다른 한편으로는 "지체되지 않을" 것이라고 말합니다. 이 두 가지가 어떻게 서로 조화될 수 있습니까? 이 말의 의미는 우리가 생각하기에는 "더딘" 것 같지만, 하나님이 정하신 때에 비추어 보면 한순간도 "지체되지" 않는다는 것입니다.

(2) 섭리가 이렇게 미루어지는 동안, 하나님의 백성의 마음과 소망은 바닥까지 내려가서 많이 실망하고 낙심하게 될 수 있습니다. 이것은 성경에 기록된 여러 사람들의 예를 보거나, 우리 자신의 경험에 비추어 보아서도 너무나 분명합니다. 우리는 그러한 예들 중의 하나를 이사야서에서 보는데, 거기에는 하나님께서 자기 백성을 위로하실 것이고, "그의 고난 당한 자를 긍휼히 여기실" 것이라는 하나님의 신실하신 약속이 나옵니다(사 49:13). 여러분은 하나님의 이러한 약속은 이스라엘 백성의 마음을 고무시키고 위로하기에 충분했을 것이라고 생각할 것입니다. 그러나 문제는 하나님이 약속하신 은혜가 오랫동안 주어지지 않았다는 것입니다. 그들은 그 은혜가 주어지기를 고대하며 한 해 한 해를 보냈지만, 무거운 짐은 제거되지 않고 여전히 그들을 짓누르고 있었습니다. 그래서 이스라엘 백성들은 "여호와께서 나를 버리시며 주께서 나를 잊으셨다"(사 49:14)고 말했습니다. 그들은 이렇게 생각했습니다: '하나님께서는 우리를 안중에 두지 않고 계시고, 우리는 하나님의 마음과 생각 속에 있지도 않기 때문에, 우리가 은혜를 구해 보아야 아무 소용이 없다. 하나님은 우리를 돌보지 않으시고, 우리가 어떻게 되든 관심도 없으시다.'

다윗도 마찬가지였습니다. 하나님께서는 다윗에게 약속을 주시고서, 때가 되면 그 약속을 그대로 이루어 주시겠다고 하셨습니다. 그 약속은 "다윗에게 허락한 확실한 은혜"(사 55:3)라 불릴 정도로, 그 누구에게 주신 약속보다도 더 확실한 것이었습니다. 하지만 섭리에 의해서 그 약속이 이루어지는 것은 너무나 오랫동안 미루어졌고, 다윗은 그 사이에 많은 어려움들을 겪게 되면서, 하나님이 그 약속을 이루어 주시기를 기대하는 마음을 접고 절망에 빠졌습니다. 심지어 그는 하나님이 자기를 잊으신 것이라고 결론을 내리기까지 하였습니다: "여호와여 어느 때까지니이까 나를 영원히 잊으시나이까"(시 13:1). 그는 단지 하나님의 약속에 대하여 의문을 품는 데서 그친 것이 아니라, 한 걸음 더 나아가서 자신의 생각을 다음과 같이 적극적으로 표명합니다: "모든 사람이 거짓말쟁이라"(시 116:11); "내가 후일에는 사울의 손에 붙잡히리니"(삼상 27:1).

우리로 하여금 이렇게 낙심하고 의기소침하게 만드는 원인들은 부분적으로는 우리 자신으로부터 오고 부분적으로는 사탄으로부터 옵니다.

(1) 그것과 관련해서 우리 자신의 마음을 제대로 살펴보면, 우리가 그렇게 낙심하는 것은 불신앙의 직접적인 결과라는 것을 발견하게 될 것입니다. 즉, 우리는 신실하시고 늘 변함없으신 하나님의 무오한 말씀에 걸맞는 온전한 신뢰와 확신으로 말씀을 의지하고 있지 않는데, 우리가 낙심하는 이유가 바로 거기에 있다는 것입니다: "내가 산 자들의 땅에서 여호와의 선하심을 보게 될 줄을 믿지 않았더라면 낙심하고 말았으리라"(시 27:13, 개역개정에는 "내가 산 자들의 땅에서 여호와의 선하심을 보게 될 줄 확실히 믿었도다"). 우리 마음에 힘을 주어서 그러한 낙심과 의기소침을 막아줄 수 있는 유일한 강장제는 바로 "믿음"입니다. 따라서 믿음이 없거나 연약한 경우에는, 낙심되는 일들이 우리 앞에 있을 때, 우리의 마음이 무너져내리는 것은 이상한 일이 아닙니다.

(2) 우리 자신이 보고 느끼는 대로, 즉 우리의 지각을 따라 일들을 판단하고 헤아리는 것이 우리가 낙심하는 중요한 원인이 됩니다. 우리는 어떤

일들의 겉모습만을 보고서는, 그 결과가 어떠할 것이라고 결론을 내려 버립니다.

하나님께서 아브라함의 믿음을 시험하셨을 때, 그가 그 중요한 시험에서 자신의 지각만을 의지해서 판단하고 결론을 내렸다면, 그의 믿음은 딛고 설 발판이 전혀 없었기 때문에, 그는 분명히 믿음을 잃어버리고 말았을 것입니다. 그러나 그는 그렇게 하지 않았고, "바랄 수 없는 중에," 즉 인간의 본성적인 이성으로는 가능성이 전혀 없는데도 불구하고, "바라고 믿었으니 … 믿음이 없어 하나님의 약속을 의심하지 않고 믿음으로 견고하여져서 하나님께 영광을" 돌렸습니다(롬 4:18, 20).

만일 바울이 자신의 지각을 따라, 또는 어떤 일의 겉모습만을 보고서 판단하였다면, 그는 자신에게 닥친 온갖 시련들 속에서 절망하였을 것입니다. 하지만 그는 "우리가 주목하는 것은 보이는 것이 아니요 보이지 않는 것"이기 때문에 "낙심하지" 않는다고 말했습니다(고후 4:16, 18). 이것은 우리가 현재의 눈에 보이는 것들을 보고서 판단하는 것이 아니라, 모든 것을 또 다른 잣대, 즉 하나님은 신실하시고 능력이 있으시기 때문에 자기가 하신 약속들을 반드시 지키실 것이라는 잣대에 비추어서 판단할 때에만, 우리의 마음과 믿음을 지킬 수 있다고 말한 것과 같습니다.

(3) 이 모든 것들 속에서 사탄은 온갖 흉계를 다 짜내서 우리를 무너뜨리려고 합니다. 그런 까닭에, 그는 모든 기회를 틈타서 우리 속에 하나님에 관한 나쁜 생각들을 넣어 주고자 하고, 우리의 심령으로부터 하나님에 대한 모든 신뢰와 기대를 제거하고자 합니다. 사탄은 하나님과 성도들을 이간질시켜서 재앙을 불러일으키고자 하는데 있어서 주범입니다. 그는 우리의 길에 놓여 있는 어려움들과 두려움들에 대하여 알려 주고, 그것들을 활용해서, 우리의 손을 약하게 하고 우리의 마음을 낙담하게 해서 하나님으

로부터 오는 은혜를 기다리지 못하게 만들려고 애를 씁니다. 그리고 사탄의 그러한 속삭임들은 우리의 지각과 느낌에 의해서 확증되고 증명되기 때문에 우리로부터 더 큰 신임을 얻게 됩니다.

그러나 그 모든 것은 사탄이 겉으로 아주 그럴 듯한 말들을 내세워서 우리 영혼을 멸망시키기 위하여 온 힘을 다해서 필사적으로 꾸민 흉계입니다. 이 흉계를 이기기 위해서 우리에게 필요한 것은 정신을 바짝 차리고 깨어 있어서 하나님에 대한 우리의 믿음과 소망을 굳게 붙잡는 것입니다. 모든 것을 하나님께 맡기고서, 하나님의 구원을 조용히 기다릴 수 있는 사람은 복된 사람입니다(애 3:26).

나는 그러한 어려움 가운데 있는 심령들을 돕기 위해서, 그들에게 도움이 될 수 있는 몇 가지를 아래에서 제시하고자 합니다:

(1) 섭리가 여러분이 기다리고 있는 은혜들을 아직 베풀어 주지 않고 있다고 할지라도, 여러분은 하나님에 대하여 좋지 않은 생각들을 품을 이유가 전혀 없습니다. 왜냐하면, 하나님께서는 여러분이 하나님으로부터 그런 은혜들을 기대할 수 있는 근거를 아예 처음부터 주지 않으실 수도 있었기 때문입니다. 만일 그랬다면, 여러분은 그런 은혜들에 대한 여러분의 소망의 근거가 되는 하나님의 약속을 지금 갖고 있지 않았을 것이고, 하나님께서는 여러분이 구하는 은혜들을 베풀어 주시지 않으셨다고 해서 자신의 참되심과 신실하심을 의심받는 모욕을 당하실 이유가 없으셨을 것입니다.

우리는 우리의 외적인 관심사들이 좌절되는 것을 보고, 형통에 대한 우리의 기대가 산산조각이 나는 것을 보며, 이런저런 외적인 위로가 우리에게서 제거되는 것을 보면서, 우리의 부풀었던 기대가 무너질 때, 그 책임을 하나님께 돌립니다. 그런데 우리의 그런 일로 인해서 하나님께서 욕을 먹어야 하는 이유가 무엇입니까? 여러분은 그런 것들을 여러분 자신에게 약속하였지만, 하나님께서는 그 어디에서도 여러분에게 세상적인 형통을 약속하지도 않으셨고 이 세상에서 여러분이 편안하게 살아갈 수 있도록 외적인 것들을 계속해서 공급해 주시겠다고 약속하지도 않으셨습니다.

하나님이 그런 약속을 하셨다는 증거를 제시하십시오. 그런 후에야, 하나님께서 그 약속을 깨뜨리셨다고 주장하십시오. 성경에는 하나님께서 "좋은 것을 아끼지 아니하실" 것이라고 하는 일반적인 약속들이 나와 있는데, 하나님의 섭리는 여러분에게 많은 좋은 것들을 주지 않고 아끼고 있다고 말하는 것으로는 충분하지 않습니다. 왜냐하면, 성경에서는 "여호와께서는…정직하게 행하는 자에게 좋은 것을 아끼지 아니하실 것임이니이다"(시 84:11)라고 말함으로써, 그런 약속에 명시적으로 제한들을 두고 있기 때문입니다. 즉, 그 약속은 오직 "정직하게 행하는 자들"에게만 해당된다는 것입니다.

그러므로 여러분이 섭리가 그 약속을 지키지 않는다고 목소리를 높이며 다투기 전에, 여러분이 과연 정직하게 행해 온 자가 맞는지를 먼저 살펴보는 것이 올바른 순서일 것입니다. 교우들이여, 여러분 자신의 마음을 살펴보시고, 여러분 자신의 행실을 뒤돌아보십시오. 여러분의 믿음에 수많은 결함들이 있는 것이 보일 것이고, 여러분이 마음과 삶에서 하나님으로부터 등을 돌린 적이 무수히 많다는 것도 보일 것입니다. 그렇다면, 하나님께서 여러분이 구한 은혜들을 주지 않으실 뿐만 아니라, 여러분이 지금까지 누리고 있던 은혜들을 거두어 가신다고 해도, 여러분은 할 말이 없지 않겠습니까?

또한, 이 약속에는 (외적인 것들과 관련된 다른 모든 약속들과 마찬가지로) 하나님이 주시겠다고 하신 것들에도 제한이 있습니다. 즉, 하나님께서는 자신의 지혜와 뜻에 의해서 합당하다고 여겨지는 것들만을 여러분에게 주시겠다고 하신 것이라는 말입니다. 하나님이 이 세상에서 사람들에게 어떤 것들을 주실 것인지를 결정하는 유일한 잣대는 바로 하나님의 지혜와 뜻입니다. 즉, 하나님께서는 여러분의 유익과 복을 위하여 꼭 필요하다고 생각하시는 그런 은혜들만을 주시고, 여러분이 정한 때가 아니라 하나님 자신이 정하신 때에 그 은혜들을 주신다는 것입니다.

하나님께서는 우리 중 그 누구에게도 외적인 위로들을 반드시 주셔야 할 그 어떤 절대적이고 무제한한 의무를 지고 계시는 것이 결코 아닙니다. 우리가 실망하고 낙심한다면, 우리는 우리 자신 이외에 그 누구도 탓할 수 없습니다. 누가 우리에게 이 세상에서 평안과 편안함과 기쁨 등등을 기대하라고 말해 주었습니까? 하나님께서는 우리가 이 땅에 거하는 동안에 부요하고 건강하며 편안하게 지내게 해 주실 것이라고 우리에게 말씀하신 적이 없습니다. 그것과는 반대로, 하나님께서는 자주 우리에게 이 세상에서 환난들을 겪게 될 것이고(요 16:33), "우리가 하나님의 나라에 들어가려면 많은 환난을 겪어야 할 것이라"(행 14:22)고 말씀해 주셨습니다.

하나님께서 약속을 통해서 우리에게 묶여 계시는 것은 환난 중에 우리와 함께 하시겠다는 것(시 91:15)과 우리에게 정말 절대적으로 필요한 것들을 공급해 주시겠다는 것이고(사 41:17, "가련하고 가난한 자가 물을 구하되 물이 없어서 갈증으로 그들의 혀가 마를 때에 나 여호와가 그들에게 응답하겠고 나 이스라엘의 하나님이 그들을 버리지 아니할 것이라"), 이 모든 섭리들을 성별하셔서 결국에는 우리에게 유익과 복이 되게 하시겠다는 것입니다(롬 8:28, "우리가 알거니와 하나님을 사랑하는 자 곧 그의 뜻대로 부르심을 입은 자들에게는 모든 것이 합력하여 선을 이루느니라"). 이 약속들에 대해서는 하나님께서 일점일획까지 다 이루어 오셨고, 그 어떤 점에서도 우리를 결코 실망시키지 않으셨으며, 앞으로도 실망시키지 않으실 것입니다.

(2) 여러분은 약속을 따라 하나님이 여러분의 영혼을 위한 신령한 은혜들을 베풀어 주시기를 오랫동안 기다려 왔지만, 지금까지 주어지지 않아서, 여러분의 눈이 그 은혜들을 기다리느라 쇠약해졌다고 말한다면, 나는 여러분이 하나님께 그토록 오랫동안 "어떤 종류의" 신령한 은혜들을 베풀어 주시라고 기도하며 기다려 왔는지를 진지하게 생각해 보시기를 권합니다.

신령한 은혜들에는 두 종류가 있는데, 하나는 "새로운 피조물의 본질에 속한 것"으로서 이것이 없이는 새로운 피조물이 될 수 없는 그런 은혜들이고, 다른 하나는 "속사람이 잘되고 위로를 얻게 하기 위한 것"으로서 이것이 없이는 여러분이 원하는 대로 기쁜 마음으로 살아갈 수 없게 되는 그런 은혜들입니다.

전자에 속한 은혜들을 절대적으로 필요한 것들이기 때문에, 그 은혜들에 대해서는 하나님의 절대적인 약속이 주어져 있습니다: "내가 그들에게 복을 주기 위하여 그들을 떠나지 아니하리라 하는 영원한 언약을 그들에게 세우고 나를 경외함을 그들의 마음에 두어 나를 떠나지 않게 하고"(렘 32:40). 하지만 후자에 속한 은혜들은 하나님께서 합당하다고 여기시는 때에 합당한 분량만큼만 우리에게 나누어 주시고, 하나님의 백성 중에서 다수는 그런 은혜들 없이 오랜 세월을 살아갑니다.

하나님께서 우리에게 성령을 주시고 우리 안에서 끊임없이 역사하게 하셔서 우리를 소성하게 하고 거룩하게 하며 그리스도와 하나 되게 하시는 것은 우리에게 꼭 필요한 은혜입니다. 그러나 하나님으로부터 오는 기쁨들과 위로들은 우리에게 반드시 필요한 은혜는 아닙니다. 빛의 자녀라고 할지라도 기쁨도 주어지지 않고 위로도 주어지지 않는 "흑암 중에서" 살아가는 경우도 흔합니다. 그래서 이사야 선지자는 "너희 중에 여호와를 경외하며 그의 종의 목소리를 청종하는 자가 누구냐 흑암 중에 행하여 빛이 없는 자라도 여호와의 이름을 의뢰하며 자기 하나님께 의지할지어다"(사 50:10)라고 말합니다. 그리스도인들은 "믿음"으로 살아가고, "느낌"이나 감각으로 살아가지 않습니다.

(3) 여러분은 여러분이 오랫동안 기도하며 기다려 온 은혜들을 섭리가 여러분에게 베풀어 주지 않는다고 불평합니다. 하지만 여러분은 정말 올바른 동기와 목적으로 그러한 은혜들을 구해 온 것입니까? 여러분이 구하고도 받지 못하는 이유가 거기에 있을지도 모릅니다(약 4:3, "구하여도 받지 못함은 정욕으로 쓰려고 잘못 구하기 때문이라"). 우리가 어떤 은혜들을 구하는 목적이 선하지 않을 때, 그것은 우리의 기도가 응답되지 않는 이유가 됩니다.

우리는 형통하기를 기도하지만, 우리가 그렇게 기도하는 목적이 우리의 육신을 즐겁게 하기 위한 것일 수 있습니다. 오로지 육신을 편안하게 하고 즐겁게 하고자 하는 목적만을 가지고 기도할 수 있습니다. 우리가 겪고 있는 환난과 괴로움으로부터 건져 주시라고 하나님께 매달려 간구하고 응답을 기다리는 것이, 우리를 옭아매는 그런 것들로부터 벗어나서 더 자유롭게 하나님께 순종하고자 하는 것이 아니라, 괴롭고 힘든 것에서 벗어나서 이 세상에서 즐거움을 누리고 싶기 때문일 수 있습니다.

여러분이 은혜를 구하는 목적이 그런 것이라면, 여러분에게는 하나님의 사랑과 돌보심을 의심하고 불평하기보다는, 여러분 자신을 좀 더 깊이 들여다보고 잘 분별해서 그러한 잘못된 목적에 대하여 스스로 회개하는 것이 더 필요합니다.

(4) 여러분은 은혜를 기다리지만, 그 은혜는 오지 않습니다. 그렇다면, 여러분은 여러분 자신의 뜻을 철저하게 하나님의 뜻에 복종시킨 가운데 그 은혜를 구한 것입니까? 분명히 하나님께서는 여러분이 원하는 것들을 누리기 전에 먼저 여러분의 뜻을 하나님의 뜻에 온전히 굴복시키기를 원하십니다. 여러분이 원하는 것들을 누리는 것은 여러분을 기쁘게 하는 것인 반면에, 여러분의 뜻을 꺾고 하나님의 뜻에 복종하는 것은 하나님을 기쁘시게 하는 것입니다. 여러분의 마음이 그런 상태에 있지 않다면, 은혜들은 여러분에게 임할 수 없습니다.

다윗은 자기에게 약속된 은혜를 오랫동안 기다려야 했지만, 그 은혜를 실제로 누리기 이전에도 이미 하나님께 만족하는 삶을 살았습니다. 그는 이렇게 고백합니다: "여호와여 내 마음이 교만하지 아니하고 내 눈이 오만하지 아니하오며 내가 큰 일과 감당하지 못할 놀라운 일을 하려고 힘쓰지 아니하나이다 실로 내가 내 영혼으로 고요하고 평온하게 하기를 젖 뗀 아이가 그의 어머니 품에 있음 같게 하였나니 내 영혼이 젖 뗀 아이와 같도다"(시 131:1-2). 여러분도 그래야 합니다.

(5) 여러분보다 더 훌륭한 사람들도 하나님의 은혜를 받으려고 오랫동안 기다렸는데, 마찬가지로 여러분도 오랫동안 기다려서 은혜를 받으면 안 되는 이유가 있습니까? 다윗은 자신의 "눈이 쇠할" 때까지 기다렸습니다(시 69:3, "내가 부르짖음으로 피곤하여 나의 목이 마르며 나의 하나님을 바라서 나의 눈이 쇠하였나이다"). 교회도 "여호와여 주께서 심판하시는 길에서 우리가 주를 기다렸다"고 고백합니다(사 26:8). 여러분이 이전에 살다 간 모든 성도들보다 더 낫고 훌륭합니까? 하나님께서는 자신의 다른 모든 백성들보다 여러분을 더 특별하게 대해 주어야 할 무슨 이유가 있습니까? 그들은 잠잠히 기다렸는

데, 왜 여러분은 잠잠히 기다리지 못하는 것입니까?

(6) 여러분이 하나님의 은혜들을 인내로써 기다린다고 해서, 여러분에게 손해나는 것이 조금이라도 있습니까? 분명히 그렇지 않습니다! 실제로 하나님의 뜻에 여러분의 뜻을 굴복시키고 조용히 순종하는 마음으로 하나님이 은혜 주시기만을 기다리는 것은 여러분에게 갑절의 유익을 가져다줍니다. 왜냐하면, 여러분은 자신이 기다리고 있는 것을 아직 누리고 있지 못하다고 할지라도, 믿음으로 그것을 기다리는 동안에 은혜 가운데 연단되고, 하나님이 주시는 위로를 누리는 것보다 은혜 가운데 연단되는 것이 더 낫고 복된 일이기 때문입니다. 여러분이 은혜를 구하고 기다리는 내내, 하나님께서는 여러분의 믿음과 인내를 연단시키시고, 여러분으로 하여금 자신의 뜻을 하나님의 뜻에 굴복시키는 법을 배우게 하십니다. 그것이 여러분에게 손해가 나는 일입니까?

게다가, 그렇게 오랫동안 사모하고 기다리다가, 여러분이 기다리던 그 은혜가 주어졌을 때에는, 그 은혜는 여러분에게 훨씬 더 달콤하게 느껴질 것입니다. 여러분은 그 은혜를 얻기 위해서 얼마나 많은 믿음을 발휘하고 얼마나 무수한 기도를 드렸으며 얼마나 많이 하나님과 씨름해 왔습니까? 그러므로 그렇게 해서 마침내 그 은혜가 주어졌을 때, 그 은혜는 여러분에게 얼마나 달콤하고 감격스럽겠습니까? 그러므로 하나님께서 오랫동안 여러분의 기도를 응답해 주시지 않으신다고 하여도, 여러분은 낙심하지 마십시오.

(7) 여러분이 하나님으로부터 주어지기를 기다리고 있는 저 은혜들은 기다릴 가치가 없는 것들입니까? 만약 기다릴 가치가 없는 것들이라면, 그

것들이 없다고 해서 불평하는 것은 어리석은 짓입니다. 만약 기다릴 가치가 있는 것들이라면, 계속해서 기다리지 못할 이유가 어디 있겠습니까? 왜냐하면, 하나님께서는 여러분이 기다리기만 하면 언젠가는 그것들을 주실 것이고, 그 밖의 다른 것들을 여러분에게 요구하시는 것이 아니기 때문입니다.

또한, 여러분은 여러분이 하나님의 손으로부터 그 은혜들을 받을 만한 자격이 전혀 없다는 것을 알고 있습니다. 여러분은 여러분 자신이 한 일이나 공로에 대한 대가로서가 아니라, 거저 값없이 주어지는 은총으로서 그 은혜들을 기다리고 있는 것입니다. 그렇다면, 여러분이 할 수 있는 것은 하나님이 자신의 기쁘신 뜻을 따라 그 은혜들을 여러분에게 주실 때까지 기다리는 것입니다.

(8) 하나님의 말씀에서는 기다리는 심령들에게 얼마나 많은 약속들이 주어지고 있는지를 생각해 보십시오. 어떤 성경 본문은 "여호와께서 기다리시나니 이는 너희에게 은혜를 베풀려 하심이요 일어나시리니 이는 너희를 긍휼히 여기려 하심이라 대저 여호와는 정의의 하나님이심이라 그를 기다리는 자마다 복이 있도다"(사 30:18)라고 선언합니다. 또 어떤 성경 본문은 "주를 바라는 자들은 수치를 당하지 아니하려니와"(시 25:3)라고 말합니다. 즉, 주를 기다리는 자들은 누구든지 결국에는 실망하지 않게 될 것이고, 마침내 자신들이 소망하던 것들에 참여하게 되리라는 것입니다. 어떤 성경 본문은 "여호와를 앙망하는 자는 새 힘을 얻으리니"(사 40:31)라고 말합니다.

이것은 여러분이 지치고 힘들 때에 여러분에게 큰 힘이 되어 줄 약속인데, 이런 종류의 약속들은 하나님의 말씀에 아주 많이 나옵니다. 하나님께서는 자신의 말씀 가운데서 이러한 수많은 약속들을 주셔서 지친 우리를 일으켜 세우시고 새 힘을 주시려고 하시는데, 우리가 낙심하여 무너진다면, 그것이 말이 되는 일이겠습니까?

(9) 여러분이 하나님의 초대를 받아들여서 명령들과 약속들을 따라 살아가기로 결심할 때까지, 하나님께서는 여러분을 얼마나 오랫동안 기다려 주셨는지를 생각해 보십시오. 여러분은 여러분 자신의 삶을 고치고 순종하는 데 이르기까지 하나님을 오랫동안 기다리시게 했습니다. 그러므로 하나님께서 여러분으로 하여금 오랫동안 기다렸다가 은혜를 받게 하신다고 하여도, 여러분은 하나님이 여러분에게 너무 하신다고 생각할 이유가 전혀 없습니다.

우리는 "여호와여 어느 때까지니이까"(시 6:3)라고 무수히 외치지만, 만일 하나님께서 그런 식으로 말씀하셨다면, 우리보다도 무수히 더 많이 그렇게 외치셨을 것입니다. 우리는 이렇게 부르짖습니다: "여호와여 어느 때까지니이까 나를 영원히 잊으시나이까 주의 얼굴을 나에게서 어느 때까지 숨기시겠나이까 나의 영혼이 번민하고 종일토록 마음에 근심하기를 어느 때까지 하오며 내 원수가 나를 치며 자랑하기를 어느 때까지 하리이까"(시 13:1-2). 그러나 하나님께서 우리에 대하여 얼마나 오랫동안 인내심을 발휘하셔서 참아 주셨는지를 생각하면, 우리가 지금 기다리고 있는 것이 오래 기다리는 것이라고 생각해서는 안 됩니다.

우리는 하나님으로 하여금 "언제까지, 도대체 언제까지?"라고 말씀하시게 해 왔습니다. 우리의 불신앙은 하나님으로 하여금 "어느 때까지 나를 믿지 않겠느냐"(민 14:11)고 외치시게 해 왔습니다. 우리의 부패한 심령은 하나님으로 하여금 "네 악한 생각이 네 속에 얼마나 오래 머물겠느냐"(렘 4:14)고 외치시게 해 왔습니다. 우리의 부정한 본성과 행실은 하나님으로 하여금

"어느 때에야 무죄하겠느냐"(호 8:5)고 외치시게 해 왔습니다.

　(10) 여러분이 오랫동안 기다리기를 싫어하는 것은 여러분에게 인내함이 없고 신실함이 없다는 것을 의미하기 때문에 그 자체가 큰 악입니다. 그리고 사실은 바로 여러분의 그 악이 여러분이 기다리고 있는 은혜들을 받지 못하게 가로막고 있는 장애물일 가능성이 매우 큽니다. 만일 여러분의 심령이 하나님의 뜻을 받들고 순종하여 좀 더 차분하게 하나님이 그 은혜들을 주실 때를 기다렸다면, 여러분은 훨씬 더 빨리 그 은혜들을 받았을 것입니다.

3. 우리 그리스도인들은, 어떤 것이 성별된 섭리이고, 그 섭리가 하나님의 사랑으로부터 온 것임을 어떻게 분별할 수 있습니까?

　이 세상에서 사람들에게 임하는 섭리는 두 종류인데, 각각의 섭리가 만들어 내는 결과는 판이하게 다르고, 실제로는 서로 정반대입니다.

　첫째로, 어떤 사람들에게는 로마서 8:28에 나오는 저 복된 약속, 즉 "우리가 알거니와 하나님을 사랑하는 자 곧 그의 뜻대로 부르심을 입은 자들에게는 모든 것이 합력하여 선을 이루느니라"는 약속을 따라, 모든 섭리들은 자신들의 유익과 복을 위하여 안배되고 그런 목적에 의해서 지배됩니다. 따라서 규례들이나 은혜들이나 의무들이나 긍휼들 같이 그 자체로 선한 것들만이 아니라, 시험들이나 환난들이나 심지어 그들 자신의 죄들과 부패함들 같이 그 자체로 악한 것들도 결국에는 그들에게 유익된 것들이었다는 사실이 드러나게 됩니다. 왜냐하면, 죄는 그 본질에 있어서 내재적으로 그리고 공식적으로 악한 것이어서 사람들을 거룩하게 할 수 없지만, 하나님께서는 오직 악으로 가득한 죄까지도 자기 백성을 위하여 선을 이루는 데 사용하실 수 있으시기 때문입니다. 하나님은 죄를 우리의 유익을 위한 도구로 삼으시는 법이 결코 없으시지만, 하나님의 섭리는 죄를 하나님의 백성을 위하여 선을 이루는 기회로 삼을 수 있기 때문에, 죄가 섭리에 의해서 지혜롭게 사용될 때, 신령한 은택들이 우리에게 주어질 수 있습니다.

온갖 종류의 환난들은 가장 극심하고 가혹한 것들이라고 할지라도 섭리에 의해서 사용되는 경우에는 성도들에게 대단히 큰 유익을 가져다줄 수 있습니다. 그리고 섭리는 환난이 임한 때를 사용할 뿐만 아니라, 환난 자체를 도구로 사용하기도 합니다. 그래서 성경에서는 "야곱의 불의가 속함을 얻으며 그의 죄 없이함을 받을 결과는 이로 말미암나니"(사 27:9)라고 말합니다. 즉, 섭리가 성별된 환난을 도구로 사용해서 야곱의 불의와 죄악을 정결하게 한다는 것입니다.

둘째로, 어떤 사람들에게는 그 어떤 섭리도 신령한 은혜를 베풀기 위한 도구나 계기로서 성별되지 않습니다. 그러므로 최악의 섭리들도 성도들에게는 유익이 되는 반면에, 악인들이 누리는 최고의 섭리들조차도 악인들에게는 아무런 유익도 가져다주지 못합니다. 그들이 드리는 "기도들"은 "죄"로 변하고(시 109:7), 그들에게 선포되는 하나님의 말씀들은 "사망으로부터 사망에 이르는 냄새"가 되며(고후 2:16), "하나님의 은혜"는 그들에게서 "방탕한 것"으로 바뀌고(유 1:4), 그리스도는 그들에게 "걸려 넘어지게 하는 바위"가 되며(벧전 2:8), "그들의 밥상"은 "올무"가 되고(시 69:22), 그들의 형통은 "멸망"이 됩니다(잠 1:32). 사물들이나 일들도 어떤 사람들에게는 유익이 되고 어떤 사람에게는 해악이 됩니다. "깨끗한 자들에게는 모든 것이 깨끗하나 더럽고 믿지 아니하는 자들에게는 아무 것도 깨끗한 것이 없고"(딛 1:15).

이렇게 섭리의 결과들이 경건한 자들과 불경건한 자들에게 정반대로 나타나서, 전자에 속한 자들에게는 모든 것이 그들의 영원한 복을 촉진시키는 결과를 가져오고, 후자에 속한 자들에게는 모든 것이 그들의 영원한 멸망을 촉진시키는 결과를 가져온다는 것을 생각할 때, 모든 영혼이 가장 깊이 관심을 가져야 할 가장 중요한 문제는 섭리들이 자기에게 성별되어 있느냐 그렇지 않으냐(즉, 섭리들이 어떤 사람에게 하나님의 사랑으로부터 오는 것인가 그렇지 않은가) 하는 문제라는 것을 누가 인정하지 않을 수 있겠습니까?

나는 이것을 이해하기 위해서 꼭 필요한 두 가지를 먼저 살펴본 후에, 이 문제를 해결하는 데 유익할 법칙들을 제시하고자 합니다.

(1) 첫 번째는, 우리는 우리 앞에 놓여진 어떤 일들 자체만을 가지고서는, 그 일들이 우리에게 성별된 것인지 그렇지 않은지를 알 수 없다는 것입니다. 왜냐하면, 모든 일들이 모든 사람에게 똑같이 임하는 까닭에, 아무도 자기 앞에 놓여 있는 모든 일들을 통해서는 자기가 하나님으로부터 사랑받고 있는지, 아니면 미움 받고 있는지를 알지 못하기 때문입니다(전 9:1-2). 우리는 하나님께서 자신의 손으로 우리에게 베푸시는 일들을 통해서 우리에 대한 하나님의 마음과 생각을 깨달을 수 없습니다.

형통의 섭리들이 우리에게 임하였다고 해서, 우리는 그것이 하나님이 우리를 사랑하신다는 것을 보여 주는 확실한 증표라고 말할 수 없습니다. 사실 이 세상에서는 하나님의 진노가 그 위에 머물러 있는 자들에게 형통의 섭리들이 훨씬 더 많이 임하기 때문입니다. 악인들의 형통함이 얼마나 대단했으면, 시편 기자가 "그들은 자신들의 마음이 원할 수 있는 것보다 더 많이 갖고 있다"(시 73:7, 개역개정에는 "그들의 소득은 마음의 소원보다 많으며")고 말하겠습니까? 이 세상에서의 형통함은 천국에 속해 있음을 보여 주는 증표가 될 수 없습니다. 왜냐하면, 이 세상에 속한 대다수의 것들 속에는 천국이 아닌 지옥이 들어 있기 때문입니다. 우리는 세상에 속한 것들을 선하게 사용함으로써 하나님에 대한 우리의 사랑을 증언할 수는 있지만, 우리가 그런 것들을 차고 넘치게 누린다고 하여도, 그것은 하나님이 우리를 사랑하고 계신다는 것을 보여 주는 확실한 증표는 될 수 없습니다.

우리에게 역경이나 환난의 섭리들이 임한다고 하여도, 우리는 그것으로부터 하나님이 우리를 미워하신다고 말할 수 없습니다. 만일 환난들이나 큰 환난들, 많은 환난들과 오랫동안 지속되는 환난들이 하나님이 미워하신다는 것을 보여 주는 증표라면, 우리는 이 세상에 있는 하나님의 백성들을 하나님이 가장 미워하신다고 말해야 할 것이고, 아무런 환난도 겪지 않고 늘 즐겁고 안락한 삶을 살아가는 저 교만하고 헛되며 육신적인 자들이 하나님이 이 세상에서 가장 사랑하는 자들이라고 말해야 할 것입니다.

외적인 것들은 차별 없이 베풀어집니다. 어떤 사람이 현세에서 처한 처지와 형편을 보고서, 그 사람의 영적인 상태를 알아내는 것은 불가능합니다. 하나님이 칼을 뽑아 드실 때, 그 칼은 "의인"을 벨 수도 있고 "악인"을 벨 수도 있습니다(겔 21:3).

(2) 두 번째는, 하나님의 섭리들이 담고 있는 "내용들"은 하나님이 우리를 사랑하시는지 미워하시는지를 보여 주는 그 어떤 증거도 제공해 주지 않지만, 그 섭리들이 우리에게 임하는 "방식"과 우리 안에서 만들어 내는 "결과들과 열매들"은 그것을 아주 분명하게 보여 주기 때문에, 우리는 그것들을 통해서 섭리들이 성별된 섭리들이고 하나님의 사랑의 열매들인지, 그렇지 않은지를 분별할 수 있다는 것입니다.

이렇게 우리는 어떤 섭리의 결과들과 열매들을 통해서 그 섭리의 성격을 분별할 수 있기는 하지만, 그러한 결과들과 열매들이 늘 즉각적으로 분명하게 드러나는 것은 아니고, 우리 영혼이 그 섭리 아래에서 어느 정도 시간을 보낸 후에야 드러나기도 합니다. "무릇 징계가 당시에는 즐거워 보이지 않고 슬퍼 보이나 후에 그로 말미암아 연단 받은 자들은 의와 평강의 열매를 맺느니라"(히 12:11). 섭리로 인한 유익을 분별하는 것은 약으로 인한 유익을 분별하는 것과 같습니다. 약을 먹었을 때에는 속이 쓰리고 아프며 역겹지만, 나중에 보면 약이 우리 속에서 효능을 발휘해서 우리는 건강이 회복되어서 기뻐하게 되기 때문입니다.

하나님의 어떤 섭리들은 우리의 본성에 편안하고, 어떤 섭리들은 우리의 본성에 슬픔과 근심을 가져다줍니다. 그러한 섭리들이 우리를 거룩하게 해 주고 복을 가져다주는 것들인지를 분별하려면, 우리는 그것들이 우리의 영혼에 와서 역사하는 방식을 보아야 합니다. 지금부터 나는 이 두 종류의 섭리들을 각각 따로 고찰해서, 우리의 환난들이나 위로들의 어떤 결과들이 그 섭리들이 우리에게 성별되고 복된 것임을 말해 주는 것인지를 여러분에게 보여 드리고자 합니다.

먼저, **슬픔과 환난의 섭리들**과 관련해서, 다음과 같은 때들에 그 섭리들 중에서 어떤 종류의 섭리가 어느 정도로 우리에게 임하든, 우리는 그것들은 우리에게 복이고, 하나님의 사랑으로부터 온 것이라 안심하고 결론을 내릴 수 있습니다.

(1) 우리가 어떤 죄에 빠져드는 것을 막기 위해서, 또는 우리가 이미 빠져 있는 나태하고 태만하며 부주의한 심령 상태로부터 우리를 회복시키기 위해서 우리에게 꼭 필요한 적절한 때에, 슬픔과 환난의 섭리들이 우리에

게 임했을 때, 그 섭리들은 우리에게 복된 것들입니다. "잠깐 근심하게 되지 않을 수 없으나"(벧전 1:6). 우리에게 경각심을 불러일으킬 필요가 있을 때, 하나님께서 아주 적절하게 그러한 환난의 섭리를 우리에게 배정하시는 것은 우리에게 복을 주시고자 계획하셨음을 보여 주는 좋은 징조임이 분명합니다. 농부가 적절한 때에 어떤 나무에 대해서 가지치기를 해 준다면, 그것은 그가 그 나무로 하여금 열매를 많이 맺게 하고자 하는 목적을 지니고 있다는 것을 말해 주는 것입니다. 하지만 농부가 한여름에 어떤 나무에 대해서 가지치기를 한다면, 그것은 그 나무가 열매를 맺는 것에는 그가 아무런 관심도 없고, 그의 목적은 그 나무를 죽이는 것임을 보여 주는 것입니다.

(2) 우리에게 닥친 환난들이 그 질과 정도에 있어서 우리에게서 가장 지배적인 부패함들을 제거하는 데 적절하다면, 그것들은 우리를 거룩하게 하고자 하는 섭리들입니다. 우리는 하나님이 사용하실 회초리들을 선택하시는 것 속에서 하나님의 지혜가 뚜렷하게 드러나는 것을 봅니다. 온갖 종류의 모든 환난이 모든 죄에 역사해서 그 죄를 깨끗하게 하는 것이 아닙니다. 하나님께서 우리의 영혼이 구체적으로 앓고 있는 특정한 질병에 맞는 약으로서의 역할을 할 수 있는 그런 환난을 우리를 위하여 선택해서 우리에게 보내 주셨을 때, 그것은 우리에 대한 하나님의 돌보심과 사랑을 말해 줍니다.

따라서 우리는 우리 영혼이 하나님 대신에 어떤 것들을 지나치게 사랑하고 기뻐할 때, 통상적으로 하나님께서는 바로 그것들을 치시는 것을 볼 수 있습니다. 하나님께서는 우리에게 많은 힘과 기쁨과 위로를 줄 것이라고 잔뜩 기대했던 바로 그것들로 말미암아 우리가 괴로움과 고통을 겪게 만드십니다. 그러한 섭리들은 우리에 대한 "하나님의 질투"를 보여 주는 것이고, 우리가 더 큰 재앙과 화를 입게 되는 것을 그러한 슬프지만 꼭 필요한 환난들을 통해서 미리 막아 주시는 "하나님의 돌보심"을 보여 주는 것입니다.

환난의 정도에 관해서는, 하나님께서는 통상적으로 우리 속에 있는 은혜로 말미암은 힘과 능력으로 우리가 감당할 수 있는 정도만큼만 우리에게 환난을 허락하십니다. "주께서 백성을 적당하게 견책하사 쫓아내실 때에 동풍 부는 날에 폭풍으로 그들을 옮기셨느니라"(사 27:8). 여기에서 "주께서" 자기 "백성을 적당하게 견책하셨다"는 것은, 의사가 약을 조제할 때에 환자가 자신의 힘으로 감당할 수 있는 정도에 맞추어서 정확하게 모든 성분들을 처방하여 조제하고 그 이상으로는 하지 않는 것처럼, 하나님께서는 자기 백성에게 그 정도의 환난만을 주셨다는 의미입니다. 다음 절은 이러한 환난의 섭리의 결과를 보여 줍니다: "야곱의 불의가 속함을 얻으며 그의 죄 없이함을 받을 결과는 이로 말미암나니"(9절).

(3) 섭리들이 우리의 마음으로 하여금 하나님을 대적하는 것이 아니라 죄를 대적하게 만든다면, 그것은 우리에게 임한 섭리들이 성별된 것임을 보여 주는 좋은 증표입니다. 사람들에게 임하는 큰 환난들 중에서 사람들로 하여금 원망하고 불평하게 만들지 않는 것들은 드뭅니다. 악인들은 불만으로 가득해서 하나님을 욕하고 하나님을 상대로 싸움을 벌입니다. 그래서 성경에서는 그것을 이렇게 묘사합니다: "사람들이 크게 태움에 태워진지라 이 재앙들을 행하는 권세를 가지신 하나님의 이름을 비방하며 또 회개하지 아니하고 주께 영광을 돌리지 아니하더라"(계 16:9).

하지만 경건한 자들은 성별된 환난들을 겪으면서 하나님을 의로우시다고 하고 죄와 결별합니다. 그들은 그들 자신을 단죄하고 하나님께 영광을 돌립니다. "주여 공의는 주께로 돌아가고 수치는 우리 얼굴로 돌아옴이 오늘과 같아서"(단 9:7); "살아 있는 사람은 자기 죄들 때문에 벌을 받나니 어찌 원망하랴"(애 3:39). 복된 환난들은 우리의 영혼으로 하여금 오직 죄와 맞서서 다투게 하시고 죄로부터 떠나게 만듭니다.

(4) 섭리들이 우리의 마음을 죄로부터 깨끗하게 하고, 우리의 마음과 삶을 이전보다 더 순전하고 신령하며 낮아지고 죄로부터 죽어지게 만들었다면, 그것은 우리에게 닥친 환난의 섭리들이 성별되었음을 보여 주는 확실한 증표입니다. 성별된 환난들은 깨끗하게 하고 정결하게 만들어 줍니다. 그것들은 교만을 무너뜨리고, 세상적인 것들을 정제해 주며, 우리 영혼의 허영을 청소해 줍니다. 그래서 다니엘서 11:35에서는 환난이 그들의 영혼을 정결하게 하여 희게 해 줄 것이라고 말합니다. 다른 곳에서는 환난을 모든 찌꺼기를 제거해서 정금으로 나오게 해 주는 "풀무 불"에 비유합니다: "보라 내가 너를 연단하였으나 은처럼 하지 아니하고 너를 고난의 풀무 불에서 택하였노라"(사 48:10). 반면에, 악인들은 풀무 불에 아무리 오래 있어도 그 찌꺼기가 분리되거나 제거되지 않습니다(겔 24:6).

무수히 많은 그리스도인들이 이 진리를 증언할 수 있습니다! 어떤 혹독한 환난이 그들에게 임한 후에, 그들의 심령 속에서는 세상적인 것들이 깨끗하게 청소됩니다. 이제 그들은 달걀의 흰자위에서처럼 이 세상에서도 그 어떤 맛도 느낄 수 없고 그 어떤 아름다움도 볼 수 없습니다. 환난에 의해서 그들의 심령에 각인된 교훈이 사라져서, 그들의 속이는 정욕과 욕망들이 또다시 그들을 옭아맬 때까지는, 그들의 마음은 참으로 낮아져 있고 진지하며 신령합니다! 그리고 이것이 우리가 그토록 자주 하나님이 보내신 회초리의 징계 아래 있게 되는 이유입니다.

후대의 어떤 저술가는 그리스도인들을 두 해나 세 해 정도 아무런 환난 없이 그냥 지내게 한다면, 그들에게서 그리스도인으로서의 흔적은 거의 찾아볼 수 없게 될 것이라고 말했습니다. 그들은 늘 해 왔던 대로 기도할 수도 없고 묵상할 수도 없으며 강론할 수도 없게 되어 버립니다. 그러나 새로운 환난이 그들에게 임했을 때, 비로소 그들은 자신의 혀를 회복해서 다시 하나님 앞에 무릎을 꿇게 되고, 예전처럼 살아갈 수 있게 됩니다.

(5) 우리가 환난의 섭리들 아래에서 하나님께 가까이 나아가고, "우리를 치시는 이에게로 돌아온다면," 그것은 우리에게 임한 그 환난의 섭리들이 성별되어 있다는 것을 보여 주는 좋은 증표입니다. 악인들은 환난 아래 있게 되면 점점 더 심하게 "패역하게" 되고(사 1:5), "자기들을 치시는 이에게로 돌아오지 아니하며"(사 9:13), 이전보다 더 악화되어서 우매해지고 무감각해집니다.

그러나 하나님께서 성별된 회초리로 자기 백성에게 환난을 주시면, 그 환난은 그들을 깨워서 더 간절하게 하나님을 찾게 만들고, 이전보다 더 자주 열렬히 영적으로 기도하게 만듭니다. 바울은 사탄에게 시달렸을 때, "세 번"이나 하나님께 간구하였습니다(고후 12:8). 즉, 환난은 그로 하여금 하나님 앞에 나아가 자주 기도하게 만들었다는 것입니다.

(6) 섭리들이 우리의 마음으로 하여금 하나님으로부터 멀어지게 만드는 것이 아니라, 하나님을 향한 사랑으로 불타오르게 만들 때, 우리는 그 환난들이 성별된 것이고, 우리를 향하신 하나님의 사랑으로부터 온 것이라고 결론을 내릴 수 있습니다. 결국에는 하나님에 대한 우리의 사랑이 더 커지게 만드는 것은 무엇이든지 우리를 향하신 하나님의 사랑으로부터 온 것이

라는 것은 확실한 법칙입니다. 하나님께서 치시면, 악인들의 마음은 분노하여 하나님을 대적하지만, 은혜 받은 심령은 자기에게 환난을 보내신 하나님을 의로우시다고 할 뿐만 아니라 더 사랑하게 되기 때문에, 더욱더 하나님을 붙잡게 됩니다.

"이 모든 일이 우리에게 임하였으나 우리가 주를 잊지 아니하며 주의 언약을 어기지 아니하였나이다 우리의 마음은 위축되지 아니하고 우리 걸음도 주의 길을 떠나지 아니하였으나 주께서 우리를 승냥이의 처소에 밀어 넣으시고 우리를 사망의 그늘로 덮으셨나이다"(시 44:17-19). 이 말씀은 은혜 받은 심령이 지독한 환난 가운데서 보여 주는 태도와 마음가짐이 어떠한지를 제대로 잘 설명해 주고 있습니다. "승냥이의 처소에 밀어 넣으시고 사망의 그늘로 덮으셨다"는 것은 이 시편 기자가 얼마나 절망적인 환난의 상태에 있었는지를 보여 줍니다. 하지만 그런 때에도 은혜 받은 심령은 뒤돌아서지 않습니다. 즉, 이 모든 것에도 불구하고 하나님에 대한 그의 사랑은 조금도 줄어들지 않습니다. 그가 형통할 때이든 환난 가운데 있을 때이든, 하나님은 그에게 늘 선하신 분이고 사랑하는 분입니다.

(7) 끝으로, 섭리들로 인해서 우리의 영혼이 하나님의 가르침들을 받게 되었다면, 우리는 그 환난들을 성별된 것이라고 부를 수 있습니다. "여호와여 주로부터 징벌을 받으며 주의 법으로 교훈하심을 받는 자가 복이 있나니"(시 94:12). 성별된 환난들은 우리의 감겨진 눈을 뜨게 해 주는 "안약"입니다(계 3:18, "내가 너를 권하노니 내게서 불로 연단한 금을 사서 부요하게 하고 흰 옷을 사서 입어 벌거벗은 수치를 보이지 않게 하고 안약을 사서 눈에 발라 보게 하라"). 성령을 동반한 환난들은 우리에게 죄의 악과 피조물들의 헛됨과 요동할 수 없는 것들을 붙잡을 필요성을 효과적으로 깨우쳐 줍니다.

그리스도인들은 하나님의 회초리 아래에 있을 때에만, 자신의 부패함들이 어떠하고 자신 속에 은혜들이 얼마나 있는지가 그대로 드러나서, 자신의 상태를 제대로 알 수 있게 됩니다. 그때에서야 형통하는 동안에 오래도록 잠복되어 있던 더러움이 드러나고, 얼마나 자기가 피조물들에 대하여 집착하며 살아 왔는가 하는 것도 드러나게 됩니다. 하나님께서 우리에게 환난을 주시고서는 믿음과 인내와 맡김과 자기부인을 요구하시는데도, 우리는 우리 안에 그러한 것들이 거의 바닥이 나 있는 것을 발견합니다. 이렇게 우리에게 닥친 어떤 환난으로 인하여 우리가 밖으로 향하던 우리 자신의 마음을 거두어들여서 우리의 내면을 살피고서 하나님 앞에서 스스로 낮아진다면, 그것은 그 환난이 성별된 것임을 보여 주는 복된 증표입니다.

다음으로, 우리는 섭리의 또 다른 가지, 즉 **위로와 즐거움의 섭리들**에 대해서 살펴보고자 합니다. 섭리는 종종 우리에게 미소를 지으며, 우리가 하는 일들이 성공하고 형통하게 하고, 우리의 마음이 원하는 것들이 이루어지게 해 줍니다. 여기에서 이런 질문이 제기됩니다: 그런 경우에 그 섭리들이 성별된 것들이라는 것을 우리가 어떻게 알 수 있습니까? 이 문제를 해결함과 동시에 분명히 하기 위해서, 나는 두 종류의 법칙들, 즉 소극적인 법칙들과 적극적인 법칙들을 제시하고자 합니다.

먼저, **소극적인 법칙들**은 다음과 같은 것들입니다:

(1) 어떤 위로가 기도의 응답으로 오지 않은 것일 때, 그것은 통상적으로 그 위로가 우리를 위해 성별된 것이 아니라는 것을 보여 주는 증표입니다. "악인은 그의 마음의 욕심을 자랑하며 탐욕을 부리는 자는 여호와를 배반하여 멸시하나이다 악인은 그의 교만한 얼굴로 말하기를 여호와께서 이

를 감찰하지 아니하신다 하며 그의 모든 사상에 하나님이 없다 하나이다"(시 10:3-4). 우리는 여기에서 사람들이 자신들이 원하는 것들을 하나님께 기도해서 받으려고 하지 않아도, 섭리가 그들의 "마음의 욕심"을 이루어 주는 경우가 있을 수 있다는 것을 알게 됩니다. 하지만 그런 경우에 섭리에 의해서 주어진 것들은 단지 악인들에게 그저 주어진 것들일 뿐이고, 하나님이 그들을 사랑해서 주시는 것들은 아닙니다.

(2) 사람들이 죄악된 수단과 은밀한 거래를 통해서 얻은 성공이나 형통이나 위로는 무엇이든지 성별된 은혜들이 아닙니다. 이것은 하나님의 은혜들이 주어지는 방법이 아니기 때문입니다. "적은 소득이 공의를 겸하면 많은 소득이 불의를 겸한 것보다 나으니라"(잠 16:8). 전자가 후자보다 더 나은 이유는 전자는 죄의 길을 따라가서 얻은 것이 아니고, 하나님의 길을 따라가면서 하나님이 주시는 복에 의해서 얻어지는 것이기 때문입니다. 하나님께서는 죄의 길들을 저주하셨기 때문에, 그 어떤 복도 죄의 길을 따라서 올 수 없습니다.

(3) 어떤 형통과 성공이 사람들로 하여금 하나님을 잊게 만들고 그들이 마땅히 해야 할 일들을 내팽개치게 만든다면, 그러한 섭리는 성별된 것이 아닙니다. 사람들로 하여금 깊은 잠에 빠져서 하나님을 잊어버리게 하는 것은 성별되지 않은 형통입니다. "여호와께서 그가 땅의 높은 곳을 타고 다니게 하시며 밭의 소산을 먹게 하시며 반석에서 꿀을, 굳은 반석에서 기름을 빨게 하시며 소의 엉긴 젖과 양의 젖과 어린 양의 기름과 바산에서 난 숫양과 염소와 지극히 아름다운 밀을 먹이시며 또 포도즙의 붉은 술을 마시게 하셨도다 그런데 여수룬이 기름지매 발로 찼도다 네가 살찌고 비대하고 윤택하매 자기를 지으신 하나님을 버리고 자기를 구원하신 반석을 업신여겼도다"(신 32:13-15). "너를 낳은 반석을 네가 상관하지 아니하고 너를 내신 하

나님을 네가 잊었도다"(18절). "부자들의 제단 위에서는 희생제물의 연기가 거의 올라가지 않는다"는 말이 있습니다.

(4) 어떤 형통이 육신적인 삶을 위하여 악용되고, 단지 육체의 정욕과 욕망들을 채워 주는 연료로서의 역할만을 한다면, 그 섭리는 성별된 것이 아닙니다. "그들은 아이들을 양 떼 같이 내보내고 그들의 자녀들은 춤추는구나 그들은 소고와 수금으로 노래하고 피리 불어 즐기며 그들의 날을 행복하게 지내다가 잠깐 사이에 스올에 내려가느니라"(욥 21:11-13).

(5) 어떤 형통이 사람의 마음을 교만과 자부심으로 부풀어 오르게 한다면, 그것은 그 형통이 성별된 것이 아니라는 증거입니다. "열두 달이 지난 후에 내가 바벨론 왕궁 지붕에서 거닐새 나 왕이 말하여 이르되 이 큰 바벨론은 내가 능력과 권세로 건설하여 나의 도성으로 삼고 이것으로 내 위엄의 영광을 나타낸 것이 아니냐 하였더니"(단 4:29-30).

(6) 어떤 성공이 사람들로 하여금 자신들의 의무를 완전히 내팽개치게 만들거나 하기 싫어하게 만든다면, 그 섭리는 성별된 것이 아닙니다. "너희 이 세대여 여호와의 말을 들어 보라 내가 이스라엘에게 광야가 되었었느냐 캄캄한 땅이 되었었느냐 무슨 이유로 내 백성이 말하기를 우리는 놓였으니 다시 주께로 가지 아니하겠다 하느냐"(렘 2:31).

(7) 어떤 형통이 사람들의 영혼을 완전히 삼켜 버려서 그들 자신이 좋은 것들을 누리는 데에만 빠져서 공적인 불행들이나 죄들을 도외시하게 만든다면, 우리는 그 섭리를 성별된 것이라고 생각할 수 없습니다. "상아 상에 누우며 침상에서 기지개 켜며 양 떼에서 어린 양과 우리에서 송아지를 잡아서 먹고 비파 소리에 맞추어 노래를 지절거리며 다윗처럼 자기를 위하여 악기를 제조하며 대접으로 포도주를 마시며 귀한 기름을 몸에 바르면서 요셉의 환난에 대하여는 근심하지 아니하는 자로다"(암 6:4-6).

다음으로, **적극적인 법칙들**은 다음과 같은 것들입니다:

(1) 사람들로 하여금 자기가 얼마나 악하고 무가치한 자인지를 깨닫게 하고, 진심으로 낮아져서 하나님 앞에 엎드리게 만드는 그러한 은혜들과 위로들은 의심할 여지 없이 성별된 것들입니다. "나는 주께서 주의 종에게 베푸신 모든 은총과 모든 진실하심을 조금도 감당할 수 없사오나"(창 32:9-10).

(2) 성별된 은혜들은 일반적으로 사람들로 하여금 죄를 경계하게 만듭니다(스 9:13, "우리의 악한 행실과 큰 죄로 말미암아 이 모든 일을 당하였사오나 우리 하나님이 우리 죄악보다 형벌을 가볍게 하시고 이만큼 백성을 남겨 주셨사오니"). 그러한 섭리들은 사람들을 수많은 끈으로 묶고 결박해서 죄를 짓지 못하게 만듭니다.

(3) 성별된 은혜들은 사람의 마음으로 하여금 그 은혜들을 주신 하나님을 사랑하게 만듭니다(시 18:1, "나의 힘이신 여호와여 내가 주를 사랑하나이다"; cf. 표제, "여호와께서 다윗을 그 모든 원수와 사울의 손에서 구원하신 날에").

(4) 어떤 은혜들이 성별된 것이라면, 사람들은 그것을 자신의 분깃으로 받아들여 만족하지도 않고, 이 세상에 모든 형통을 다 가질 수 있다고 하여도, 그것을 자신의 분깃으로 여겨 만족하지도 않습니다. "그리스도를 위하여 받는 수모를 애굽의 모든 보화보다 더 큰 재물로 여겼으니 이는 상 주심을 바라봄이라"(히 11:26).

(5) 성별된 은혜들은 사람들로 하여금 공적인 죄악들이나 참상들을 도외시하게 만들지 않습니다. "아닥사스다 왕 제이십년 니산월에 왕 앞에 포도주가 있기로 내가 그 포도주를 왕에게 드렸는데 이전에는 내가 왕 앞에서 수심이 없었더니 왕이 내게 이르시되 네가 병이 없거늘 어찌하여 얼굴에 수심이 있느냐 이는 필연 네 마음에 근심이 있음이로다 하더라 그 때에 내가 크게 두려워하여 왕께 대답하되 왕은 만세수를 하옵소서 내 조상들의 묘실이 있는 성읍이 이제까지 황폐하고 성문이 불탔사오니 내가 어찌 얼굴

에 수심이 없사오리이까 하니"(느 2:1-3). "모세가 애굽 사람의 모든 지혜를 배워 그의 말과 하는 일들이 능하더라 나이가 사십이 되매 그 형제 이스라엘 자손을 돌볼 생각이 나더니"(행 7:22-23).

(6) 어떤 은혜들이 우리의 영혼으로 하여금 더욱더 하나님을 섬기는 일에 열심을 내게 만든다면, 그것은 그 은혜들이 성별되었음을 보여 주는 확실한 증표입니다. "그러므로 여호와께서 나라를 그의 손에서 견고하게 하시매 유다 무리가 여호사밧에게 예물을 드렸으므로 그가 부귀와 영광을 크게 떨쳤더라 그가 전심으로 여호와의 길을 걸어 산당들과 아세라 목상들도 유다에서 제거하였더라"(대하 17:5-6).

(7) 끝으로, 우리가 어떤 은혜를 기도에 대한 응답으로 받아서, 거기에 대하여 감사하는 마음을 하나님께 찬양으로 돌려드렸다면, 그것은 그 은혜가 하나님의 사랑으로 온 것이고, 우리 영혼에 주어진 성별된 은혜라는 것을 보여 주는 증거입니다.

4. 우리는 우리에게 임하는 온갖 다양하고 때로는 상반되기도 하는 섭리들 아래에서 어떻게 하면 평안하고 견고하며 변함 없는 심령을 지닐 수 있습니까?

우리가 이 문제와 관련해서 생각해 볼 것은 다음 세 가지입니다. 첫 번째는 하나님의 백성들에게 임하는 섭리는 다양할 뿐만 아니라 때로는 서로 상반된 성격을 지니기도 한다는 것입니다. 두 번째는 이러한 섭리들의 변화 아래에서 심령의 큰 동요를 겪는 것은 하나님의 백성들에게 흔한 일이라는 것입니다. 세 번째는 그러한 혼란은 하나님이 그러한 경우들에 우리에게 주신 법칙들과 도움이 되는 것들을 제대로 사용하고 적용했을 때에는 상당한 정도로 막을 수 있다는 것입니다.

(1) 하나님의 백성들에게 다양하고 심지어 서로 상반되는 섭리들이 임한다는 것은 너무나 자명한 일이고 우리가 다 알고 있는 것이어서, 여기에서 굳이 설명할 필요조차 없을 것입니다. 하나님의 백성들 중에 이 진리를 경험해 보지 않은 사람이 누가 있겠습니까?

섭리의 변화무쌍함은 세상사에서 그대로 드러납니다: "민족들을 커지게도 하시고 다시 멸하기도 하시며 민족들을 널리 퍼지게도 하시고 다시 끌려가게도 하시며"(욥 12:23). 이것은 사람들에 대해서도 마찬가지입니다: "주께서는 나를 들어 올리셨다가 내팽개쳐서 엎드러지게 하셨습니다"(시 102:10, 개역개정에는 "주께서 나를 들어서 던지셨나이다").

섭리가 교회에 얼마나 서글픈 변화를 가져다주었는지를 보십시오: "슬프다 이 성이여 전에는 사람들이 많더니 이제는 어찌 그리 적막하게 앉았는고 전에는 열국 중에 크던 자가 이제는 과부 같이 되었고 전에는 열방 중에 공주였던 자가 이제는 강제 노동을 하는 자가 되었도다"(애 1:1). "지나가는 모든 사람들이여 너희에게는 관계가 없는가 나의 고통과 같은 고통이 있는가 볼지어다 여호와께서 그의 진노하신 날에 나를 괴롭게 하신 것이로다"(12절).

욥의 경우는 이 진리를 너무나 분명하게 보여 주는 사례가 아니겠습니까? 욥기 29장과 30장을 비교해 보십시오. 나오미가 처지가 너무나 이상하게 변해 버린 것을 보고서, 베들레헴 사람들이 도저히 믿기지 않는다는 표정으로 "이이가 나오미냐"(룻 1:19)고 말했던 것처럼, 얼마나 많은 사람들이 자신의 그러한 처지를 한탄해 왔습니까!

(2) 이러한 섭리의 변화무쌍함 앞에서는 아무리 신앙이 좋은 사람이라고 할지라도 일반적으로 그 심령이 크게 동요하게 됩니다. 뜨거운 열기와 혹독한 추위가 우리의 몸의 체질이 얼마나 강건한지를 시험하는 것과 마찬가지로, 우리의 처지를 변화무쌍하게 바꾸어 놓는 섭리는 우리가 얼마나 은혜 가운데 있는지를 시험하는데, 그 시험을 통해서 신앙이 좋다고 하는 사람들이 얼마나 연약한 믿음을 지니고 있고 부패하고 타락해 있는지가 여실히 드러나는 경우가 비일비재합니다.

히스기야는 신앙이 좋은 사람이었지만, 섭리가 그의 처지를 바꾸어 놓자, 그의 연약함과 부패함이 드러났습니다. 섭리가 그에게 질병과 고통을 안겨 주고서 머지않아 그를 죽음으로 인도하려고 하자, 그가 얼마나 처절하게 탄식하면서 의기소침한 모습을 보였는지는 이사야서 38장에 생생하게 기록되어 있습니다! 그리고 섭리가 그를 다시 들어 올려서 형통하게 하자, 그는 또 얼마나 기고만장하며 자신의 허영심을 그대로 드러내었습니까 (사 39:2, "히스기야가 사자들로 말미암아 기뻐하여 그들에게 보물 창고 곧 은금과 향료와 보배로운 기름과 모든 무기고에 있는 것을 다 보여 주었으니 히스기야가 궁중의 소유와 전 국내의 소유를 보이지 아니한 것이 없는지라")!

다윗은 보통 사람들보다 더 깊은 은혜 가운데서 살아 왔지만, 요동치는 섭리 아래에서 그 심령이 평안을 누리기에는 충분하지 못했습니다. "내가 형통할 때에 말하기를 영원히 흔들리지 아니하리라 하였도다 여호와여 주의 은혜로 나를 산 같이 굳게 세우셨더니 주의 얼굴을 가리시매 내가 근심하였나이다"(시 30:6-7).

바울은 "나는 비천에 처할 줄도 알고 풍부에 처할 줄도 알아 모든 일 곧 배부름과 배고픔과 풍부와 궁핍에도 처할 줄 아는 일체의 비결을 배웠노라"(빌 4:12)라고 고백하였지만, 모든 사람이 그렇게 고백할 수 있는 것은 아님니다. 그는 진정으로 차고 넘치는 은혜 가운데서 살아갔기 때문에, 외적인 풍부함이나 궁핍함이 그의 속에 축적되어 있는 은혜를 빈곤하게 만들 수는 없었습니다.

(3) 아무리 신앙이 좋은 사람들이라고 할지라도 섭리의 그러한 변화들 아래에서는 그 심령이 동요할 수밖에 없기는 하지만, 그러한 경우들에 하나님이 우리에게 주신 법칙들과 도움이 되는 것들을 제대로 적용하기만 하면, 그러한 동요는 상당 부분 막을 수 있습니다.

그러한 도움이 되는 것들은 우리에게 임하는 섭리의 변화의 세 가지 양상에 따라 달라지는데, 첫 번째는 위로로의 변화이고, 두 번째는 재앙으로의 변화이며, 세 번째는 의심스러운 경우입니다. 나는 섭리의 이러한 각각의 변화에 대해서 짤막하게 말하고자 합니다.

(a) 우리에 대한 섭리가 위로로 변했을 때, 우리는 어떻게 마음의 평정심을 유지할 수 있습니까? 이런 종류의 섭리의 변화 아래에서 가장 큰 위험은 우리의 마음이 교만함과 허영심으로 부풀어 올라서 영적으로 잠자는 상태에 빠질 수 있다는 것입니다. 이것을 막기 위해서는, 다음과 같은 것들을 묵상함으로써 우리의 마음이 낮아지고 깨어 있게 해야 합니다:

(i) 섭리에 의한 이러한 선물들은 가장 극악무도한 자들에게도 똑같이 주어지는 것이고, 하나님이 우리를 특별히 사랑해서 주시는 것이 아닙니다. 아무리 악한 자들이라고 해도 그러한 것들을 마음껏 누려 왔습니다. "살찜으로 그들의 눈이 솟아나며 그들의 소득은 마음의 소원보다 많으며"(시 73:7).

(ii) 여러분이 이러한 섭리의 변화로 인해서 받은 좋은 것들이 얼마나 불안정하고 언제 사라질지 모르는 것들이라는 사실을 생각하십시오. "네가

어찌 허무한 것에 주목하겠느냐 정녕히 재물은 스스로 날개를 내어 하늘을 나는 독수리처럼 날아가리라"(잠 23:5). 새의 날개들이 새의 몸에서 생겨나는 것처럼, 이 세상에 속한 좋은 것들은 이 세상에서 생겨나는 것들이어서 피조물의 덧없는 본성을 그 안에 그대로 지니고 있습니다. 따라서 그것들은 헛된 것들이고, 그러한 헛된 것들은 날개를 단 것처럼 날아가 버립니다. 그러한 것들은 단지 시드는 꽃들에 지나지 않습니다(약 1:10).

(iii) 하나님의 백성들의 마음이 형통으로 인해서 높아져 있거나 안일함에 젖어 있다면, 그것은 형통의 섭리가 슬픔과 환난의 섭리로 바뀔 때가 아주 가까움을 보여 주는 증표입니다. 히스기야의 마음속에 자신이 나라 곳간에 가득 쌓아둔 보물들을 자랑하는 마음이 가득했을 때, 그가 선지자로부터 그 보물들이 다 약탈을 당하게 될 날이 멀지 않았다는 재앙의 소식을 들어야 했습니다(사 39:2-7, "보라 날이 이르리니 네 집에 있는 모든 소유와 네 조상들이 오늘까지 쌓아 둔 것이 모두 바벨론으로 옮긴 바 되고 남을 것이 없으리라 여호와의 말이니라"). 하나님께서는 믿지 않는 자들이 성별되지 않은 형통을 누리고 있더라도 그들을 곧 멸망시키지 않으실 수 있지만, 하나님의 백성인 여러분에게는 그렇게 하지 않으십니다.

(iv) 섭리가 변화되어서 여러분에게 형통이 찾아왔을 때, 그것은 여러분의 심령 속에 있는 육신적인 것과 부패함이 다 드러나게 되는 계기가 됩니다. 그 형통은 여러분이 하나님께는 별로 마음이 없고, 세상에 대하여 거의 죽지 않았으며, 세상에 속한 것들이 헛된 것이고 여러분에게 덫이 되는 것들이라는 것을 잘 알지 못하고 있다는 것을 드러내 줄 것입니다. 그러한 섭리가 여러분을 시험할 때까지는, 여러분의 심령이 어떠한지는 잘 드러나지 않습니다! 하지만 그러한 섭리를 통해서 여러분의 심령이 어떠한지가 드러났다면, 여러분은 자신을 한없이 낮추고 하나님 앞에 엎드리는 것이 마땅

하지 않겠습니까?

(v) 여러분이 비천한 상태에 있던 때가 이제 섭리가 변화되어서 형통하게 된 지금보다 더 낫지 않았습니까? 그때와 지금의 여러분의 심령 상태를 비교해서 깊이 숙고해 보십시오. 여러분의 처지가 바뀌면서, 여러분의 심령 상태도 바뀌었습니까? 하나님께서는 이스라엘에 대하여 이렇게 탄식하셨습니다: "내가 광야 마른 땅에서 너를 알았거늘 그들이 먹여 준 대로 배가 불렀고 배가 부르니 그들의 마음이 교만하여 이로 말미암아 나를 잊었느니라"(호 13:5-6). 이것은 이렇게 말씀하신 것과 같습니다: "전에 네가 비천한 처지에 있었을 때, 너와 나는 지금보다 더 사이가 좋았다. 내가 너를 형통하게 하자, 너의 마음은 변했고 내게서 멀어졌다." 하나님께서 우리에게 주신 은혜들이 우리로 하여금 하나님에게서 멀어지게 만든다면, 그것은 얼마나 서글픈 일이겠습니까!

(b) 재앙과 역경의 섭리 가운데서 어떻게 해야 우리의 마음이 견고하여 요동하지 않을 수 있습니까? 암울한 역경의 섭리 가운데서 우리는 또 다른 극단, 즉 낙심과 의기소침함에 빠져들 위험성이 있습니다. 그런 경우에 다음과 같은 것들을 생각하면, 우리의 마음은 힘을 얻고 견고하게 설 수 있게 됩니다:

(i) 환난의 섭리들은 하나님의 백성들에게 대단히 유익합니다. 그들은 그러한 섭리들 없이는 살아갈 수 없습니다. 땅에는 혹독한 엄동설한이 필요하듯이, 우리의 심령에는 살을 에는 듯이 추운 섭리들이 필요합니다. 아무리 좋은 신앙을 지닌 그리스도인이라고 할지라도, 그러한 혹독한 시련의 섭리가 없이 여러 해를 지나게 되면, 그는 자신에게 있던 모든 은혜들이 시들어 버리고 생기를 잃어버린 것을 발견하고서, 그런 섭리가 자기에게 꼭

필요하다는 것을 알게 됩니다.

(ii) 그 어떤 재앙의 섭리도 하나님의 백성들을 그리스도에게서 떼어놓을 수 없습니다. "누가 우리를 그리스도의 사랑에서 끊으리요 환난이나 곤고나 박해나 기근이나 적신이나 위험이나 칼이랴"(롬 8:35). 욥이 이 세상에서 환난 외에는 그 어떤 것도 자신의 것이라고 말할 수 없었던 때가 있었습니다. 그는 "내 재산, 내 명예, 내 건강, 내 자녀"라는 말을 할 수 없었는데, 그 것은 그 모든 것들이 그에게서 다 떠나갔기 때문이었습니다. 하지만 그때에도 그는 "나의 대속자"(욥 19:25)라고 말할 수는 있었습니다. 그러므로 우리가 그리스도께 속한 자라는 것이 확실하다면, 낙심할 이유는 전혀 없습니다.

(iii) 여러분에게 임한 모든 재앙은 곧 끝나게 됩니다. 성도들이 아무리 오랫동안 환난을 당한다고 하여도, 거기에는 끝이 있습니다. 그리고 그 후에는 환난이라는 것 자체가 그들에게는 영원히 존재하지 않습니다. 악인들이 겪는 환난은 영원할 것이지만, 여러분은 "잠깐 고난을 당하는" 것일 뿐입니다(벧전 5:10). 수많은 환난들이 여러분에게 정해져 있다고 할지라도, 마지막 환난이 온 후에는, 여러분에게 환난은 영원히 없을 것입니다. 사도 바울은 "우리가 잠시 받는 환난의 경한 것이 지극히 크고 영원한 영광의 중한 것을 우리에게 이루게 함이니"라고 말합니다(고후 4:17). 이것을 생각한다면, 여러분의 마음은 그 어떤 환난과 고난 아래에서도 힘을 얻을 수 있지 않겠습니까?

(c) 끝으로, 우리의 일들이 하나님의 섭리에 의해서 어느 쪽으로 결정이 될지가 확정되지 않고 어중간한 상태에서 보류되고 있을 때, 그러한 의심스러운 섭리들 아래에서 우리의 마음이 힘을 얻고 평안하려면 어떤 것들이 유익한지

를 생각해 보겠습니다. 아무리 신앙이 좋은 사람들이라고 할지라도, 그들에게 장차 어떤 일들이 생길 것인지, 그리고 자신들이 한 일들의 결과가 어떤 식으로 나오게 될지를 생각할 때, 염려와 걱정이 되고 정신이 산만해지기가 쉽습니다. 그러한 경우에 우리가 마음의 평안을 얻고 차분하게 대처하기 위해서는 다음과 같은 것들을 생각하는 것이 대단히 유익합니다:

(i) 그러한 염려와 걱정이 아무 소용이 없고 헛된 것임을 생각해 보십시오. "너희 중에 누가 염려함으로 그 키를 한 자라도 더할 수 있겠느냐"(마 6:27). 우리의 평안을 깨뜨리고 우리의 심령을 소모시켜서 염려하고 걱정해도, 우리가 바꿀 수 있는 것은 아무것도 없습니다. "그는 뜻이 일정하시니 누가 능히 돌이키랴 그의 마음에 하고자 하시는 것이면 그것을 행하시나니"(욥 23:13). 우리가 하나님과 맞서서 싸워 보아야 괴로움만 더할 뿐이고, 장차 우리에게 닥칠 환난들을 피하거나 가볍게 할 수는 없습니다.

(ii) 우리는 우리 자신이 어떤 일들을 상상하고 추측해서 염려하고 걱정하여 우리 자신을 괴롭히고 들들 볶았지만, 결국에는 아무런 근거도 없는 걱정이었고 염려였다는 것이 밝혀진 경우가 얼마나 많았습니까? "너를 멸하려고 준비하는 저 학대자의 분노를 어찌하여 항상 종일 두려워하느냐 학대자의 분노가 어디 있느냐"(사 51:13). 우리가 내일 있을 일들을 오늘 걱정하거나 염려하지 않고, 섭리의 결과들이 나타날 때까지 조용히 기다린다면, 우리가 지금 겪고 있는 불안과 괴로움 중에서 얼마나 많은 것들이 우리에게서 제거되겠습니까?

(iii) 우리와 관련된 모든 일들을 처분하시고 주관하시는 모든 것이 우리 하나님 아버지의 수중에 있다는 사실은 우리의 마음이 충분히 평안할 수 있는 근거가 되지 않습니까! 하나님의 명령이나 허락 없이는 그 어떤 것도 우리를 건드릴 수 없습니다. "예수께서 대답하시되 위에서 주지 아니하셨더

라면 나를 해할 권한이 없었으리니"(요 19:11). 사람들이든 귀신들이든 하나님의 허락 없이는 그 어떤 것도 할 수 없습니다. 그리고 하나님께서는 여러분에게 해가 되는 일들을 명하시거나 허락하실 분이 아니시라는 것을 믿으십시오.

(iv) 성경의 모든 구절과 모든 단어들이 하나님의 신실하심을 증언하고 있다는 사실은 하나님의 말씀으로서의 성경의 권위를 믿는 모든 사람에게 얼마나 큰 힘이 되겠습니까! 성경의 얼마나 많은 복된 구절들이 하나님께서 우리와 관련된 영적인 일들만이 아니라 외적인 일들과 그 모든 복된 결과들에도 관심을 갖고 계신다고 우리에게 말해 주고 있습니까! 성경이 하나님께서 우리의 외적인 일들에도 관여하셔서 거기에서 결국 복된 결과를 이끌어 내신다는 것과 하나님의 신실하심을 증언하고 있고, 이 성경은 하나님으로부터 온 것이기 때문에, 우리는 그러한 근거들 위에서 하나님이 자신의 이름을 위하여 성경에 나오는 모든 것들을 일점일획까지 다 이루실 것임을 확신할 수 있습니다.

이러한 것들은 아무리 먹구름이 가득 낀 지독한 환난의 날에도 우리의 심령이 큰 확신 속에서 지극히 평안할 수 있는 근거들이 된다고 나는 말할 수 있습니다. 여러분의 영원한 구원만이 아니라, 이 세상에서 여러분과 관련된 현세적인 일들과 관련해서도 하나님께서는 여러분을 돌보고 계십니다. 그러므로 복된 결과를 확신하는 가운데 잠잠히 기다리십시오.

(v) 성도들에게는 평안을 유지할 수 있는 가장 확실하고 중요한 수단이 주어져 있는데, 그것은 섭리에 의한 결과들이 의심스러울 때에는 그 결과는 물론이고 모든 염려도 하나님께 맡기는 것입니다. "너의 행사를 여호와께 맡기라 그리하면 네가 경영하는 것이 이루어지리라"(잠 16:3). 여기에서 "행사"는 우리가 고민하고 괴로워하는 온갖 의심스럽고 복잡하며 헷갈리

는 일들을 가리킵니다. 그 모든 것들을 믿음으로 하나님께 맡기십시오. 그렇게만 한다면, 여러분은 나중에 섭리에 의한 복된 결과들을 받게 될 뿐만 아니라, 마음의 평강과 평정심이라는 은택을 지금 당장 받아 누릴 수 있게 됩니다. 신앙을 지닌 사람들 중에서 그런 경험을 하지 않은 사람이 누가 있습니까?

5. 슬픈 섭리들이 그리스도인에게 다가오고 있고, 그것들이 큰 환난과 괴로움이 그에게 다가오고 있다는 것을 보여 주는 전조들일 때, 어떻게 하면 그는 자신의 마음을 하나님의 뜻에 복종시킬 수 있습니까? 이 중요한 문제를 제대로 이해하고 해결하기 위해서는, 우리는 이 질문 속에 포함되거나 전제되지 않은 것은 무엇이고, 포함되거나 의도된 것은 무엇이며, 이 중요하고 어려운 의무를 제대로 행하기 위해서는 어떤 도움들과 지침들이 필요한지를 알아야 합니다.

(1) 먼저, 소극적인 측면을 살펴보자면, 이 질문은 그리스도의 마음이나 뜻이 이 일과 관련해서 자기가 스스로 어떻게 할 수 있다고 전제하지 않는다는 것입니다. 즉, 우리 자신이 원할 때마다 우리 스스로의 힘으로 우리의 마음이나 뜻을 하나님의 뜻에 복종시키는 것은 불가능하다는 것입니다. 그렇게 해야 하는 것은 우리에게 주어진 의무이지만, 우리로 하여금 그렇게 할 수 있게 해 주는 힘은 오직 하나님으로부터만 오기 때문에, 우리는 성령이 우리에게 역사할 때에만 그렇게 할 수 있습니다. 우리의 마음은 태양의 힘에 의해서 우주 공간에 걸려 있는 유성들과 같습니다. 유성들은 태양의 힘의 작용이 지속되는 한 우주 공간에 매달려 있을 수 있지만, 그 힘이 제거되는 순간 지구로 떨어집니다.

우리는 우리에게 힘 주시는 그리스도로 말미암아 그것을 할 수 있고, 그것보다 훨씬 더 어려운 다른 것들도 할 수 있습니다(빌 4:13, "내게 능력 주시는 자 안에서 내가 모든 것을 할 수 있느니라"). 그러나 그리스도 없이는 우리가 아무것도 할 수 없습니다(요 15:5, "나는 포도나무요 너희는 가지라 그가 내 안에, 내가 그 안에 거하면 사람이 열매를 많이 맺나니 나를 떠나서는 너희가 아무 것도 할 수 없음이라"). 그리스도께서는 "나 없이는 너희가 단지 약간의 일들만을 할 수 있다"거나, "나 없이는 너희가 모든 일을 할 때에 큰 어려움을 겪을 것이다"라거나, "나 없이는 너희가 모든 것을 온전히 행할 수 없다"라고 말씀하신 것이 아니고, "나 없이는 너희가 아무 것도 할 수 없다"고 분명하게 말씀하셨습니다.

그리고 모든 그리스도인들은 자신의 가슴 속에 이 진리를 증언해 줄 증인을 갖고 있습니다. 왜냐하면, 그들의 모든 기도와 소원들, 그들의 모든 생각들과 노력들에도 불구하고, 모든 것을 하나님의 뜻에 맡기고 평안한 마음으로 지내려고 해도 그렇게 되지 않고, 도리어 정반대로 이것과 관련된 그들의 모든 시도들이 마치 무거운 돌을 온 힘을 다해 산 정상에 올려 놓으면 또다시 산 아래로 굴러 내려오는 것 같은 느낌을 받다가, 마침내 하나님께서 그들의 마음에 "잠잠하라"고 말씀하시고, 그들의 뜻을 향하여 "네 힘으로는 아무것도 할 수 없으니 포기하라"고 말씀하시고 나서야, 모든 것을 하나님께 맡기고 평안을 얻게 된 경험을 모든 그리스도인들은 다 경험해 보았기 때문입니다.

(2) 다음으로, 이 질문 속에 포함되어 있고 전제되어 있는 것이 무엇인지를 살펴보면, 우리는 다음과 같은 것들을 발견하게 됩니다.

(a) 이것은 하나님의 백성들은 환난과 곤경이 자신들에게 다가오고 있다는 것을 미리 안다는 것을 전제합니다. 물론, 언제나 그런 것은 아닙니다.

우리의 환난들은 위로들과 마찬가지로 그 다수가 예기치 않게 우리에게 임하기 때문입니다. 하지만 우리는 자주 공적이거나 사적인 환난이 우리에게 임하기 전에 이미 경고를 받습니다.

하늘의 표정을 보면 날씨가 어떻게 변할지를 알 수 있습니다. 우리가 아침 하늘이 붉고 흐린 것을 본다면, 그것은 날이 흐리고 비가 올 것임을 보여 주는 자연의 징조입니다. 마찬가지로, 우리는 "때"를 미리 알려 주는 모종의 징조들을 통해서 환난이 우리의 코 앞으로 다가왔다는 것을 분별할 수 있습니다(마 16:2-3, "예수께서 대답하여 이르시되 너희가 저녁에 하늘이 붉으면 날이 좋겠다 하고 아침에 하늘이 붉고 흐리면 오늘은 날이 궂겠다 하나니 너희가 날씨는 분별할 줄 알면서 시대의 표적은 분별할 수 없느냐").

하나님께서 그러한 징조나 전조들을 통해서 우리에게 미리 경고하시는 것은 우리로 하여금 깨어나서 정신을 바짝 차리고서 우리에게 주어진 의무들을 다함으로써, 환난들이 오는 것을 막거나(습 2:1-2), 환난이 임했을 때에 그것이 성별된 환난이 되어서 우리에게 유익이 되게 하시기 위한 것입니다. 우리가 환난이 머지않아 임할 것임을 보여 주는 징조들을 얻을 수 있는 방법은 두 가지인데, 하나는 하나님께서는 모든 시대에서 일반적으로 하나의 동일하고 변함없는 기조를 따라 자신의 섭리들을 베푸신다는 사실에 의거해서(고전 10:6), 성경에 기록된 기존의 비슷한 사례들과 모범들을 관찰하고 비교해 보는 것이고, 다른 하나는 우리 자신의 심령의 상태와 태도를 성찰해 보는 것인데, 이때에 우리의 심령을 깨어나게 하고 낮아지게 하며 정결하게 할 필요성이 느껴진다면, 그것은 환난이 멀지 않음을 보여 주는 징조가 될 수 있습니다.

그리스도인들이 하나님의 징계의 회초리 없이 여러 해 또는 여러 달을 지내게 되면, 그들의 신앙은 형식적이고 세상적이며 헛된 것이 되어 버리고, 그들은 영적으로 죽어 있게 됩니다! 돌들이 습기가 차면 비가 올 징조인 것과 마찬가지로, 하나님이 사랑하시는 자들의 심령이 그런 상태에 있다면, 그것은 그들에게 환난이 머지않아 임하게 될 것임을 보여 주는 징조입니다.

끝으로, 앞으로 머지않아 환난이 다가오게 될 것임을 미리 알려 주는 어떤 전조들이 있을 때, 분명히 그것은 환난이 우리에게 다가오고 있음을 경고해 주는 것입니다. 따라서 우리 자신의 육신이나, 우리의 자신의 심장 같은 아내나, 우리의 자신의 영혼 같은 자녀들에게 질병의 징후들이 나타나기 시작할 때, 그것은 섭리가 그러한 징후들을 통해서 우리에게 고통스러운 사별을 준비하라고 깨우쳐 주는 것일 수 있습니다. 또한, 우리의 원수들이 서로 힘을 합쳐서 우리의 자유나 재산이나 목숨을 뺏으려고 음모를 꾸미고 있고, 하나님께서 그들에게 씌워져 있던 족쇄를 풀어 준 것으로 보이고, 동시에 우리가 우리에게 주어진 위로들을 선용하지 않고 남용하였다는 것을 우리의 양심이 증언해 주고 있다면, 그것은 환난이 우리에게 가까웠음을 알려 주는 경고일 수밖에 없습니다.

(b) 우리 앞에 있는 질문은 환난이 다가오고 있음을 알려 주는 징조들이나 전조들을 보았을 때에 통상적으로 우리의 심령이 평안함을 잃고 크게 동요하게 된다는 것을 전제합니다. 그때에 우리의 마음은 많이 불안해하게 되고, 우리의 생각은 노심초사하게 되며, 우리의 감정은 크게 출렁이며 동요하게 됩니다.

그때에 우리는, 하나님께서 우리에게 잠시 빌려 주셔서 누려 왔던 평안을 우리에게서 거두어 가시고 대신에 환난을 보내셔서 우리를 괴롭게 하시는 섭리에 복종하기를 몹시 싫어합니다! 아무리 신앙이 좋은 사람들일지라도 환난의 사자들을 반기는 사람은 아무도 없습니다! 우리는 사르밧 과부가 엘리야에게 말했던 것처럼 그 환난의 사자들에게 말하게 됩니다: "하나님의 사람이여 당신이 나와 더불어 무슨 상관이 있기로 내 죄를 생각나게 하고 또 내 아들을 죽게 하려고 내게 오셨나이까"(왕상 17:18).

아무리 신앙이 좋은 사람들이라도 그들의 심령 속에는 여전히 부패한 것들이 남아 있는데, 이러한 반응은 그러한 그들의 부패함으로부터 생겨납니다. 왜냐하면, 모든 성별된 사람들이 자신의 동의에 의해서 천국으로 들어와서, 그리스도의 규 아래에서 통치를 받고, 그들의 마음의 모든 생각이 기본적으로는 그리스도께 복종하고 있다고 할지라도(고후 10:5, "하나님 아는 것을 대적하여 높아진 것을 다 무너뜨리고 모든 생각을 사로잡아 그리스도에게 복종하게 하니"), 은혜의 지배와 능력은 불완전하고 부분적이기 때문입니다.

본성적인 부패함은, 마치 여로보암과 그의 무익한 추종자들이 유다 왕 아비야에게 반기를 들었던 것 같이, 우리 속에 있는 은혜에 대하여 반기를 들고서 우리 영혼 안에서 많은 폭동들을 야기시킵니다. 그런데 우리 속에 있는 은혜는 어린 아비야 왕처럼 힘이 약해서 그 악한 무리를 물리칠 수 없는데, 이것은 부분적으로 사탄이 그 기회를 틈타서 우리의 부패한 것들을 부추기고 들쑤시며 돕기 때문입니다. 사탄은 이미 움직이고 있는 우리의 부패함을 조금만 부추기면 앞을 향하여 쏜살같이 달려가리라는 것을 잘 알고 있습니다.

우리가 이렇게 혼란스러운 틈을 타서, 사탄은 우리가 눈치 채지 못하는 사이에서 여러 가지 시험의 올무를 놓아서 우리로 거기에 걸려들게 만듭니다. 어떤 때에는 우리로 하여금 장차 온갖 끔찍하고 무시무시한 상황들이 벌어지게 될 것이라고 상상하게 만들어서 우리가 입게 될 해악에 대한 두려움과 공포심을 극대화시키기도 하고, 어떤 때에는 결코 일어나지 않을 일들과 해악들을 미리 생각하고 예상하게 만들기도 하며, 어떤 때에는 하나님이 다른 사람들보다 우리를 더 심하고 가혹하게 대하신다는 생각을 우리에게 심어 주어서 하나님에 대하여 불평하고 원망하게 만들기도 하고, 어떤 때에는 하나님의 약속들과 신실하심에 대하여 무익한 생각들을 우리에게 집어넣어서 그 모든 것들을 불신하게 만들기도 합니다.

이 모든 것으로 인해서 우리의 영혼은 환난이 실제로 임하기도 전에 깊은 괴로움 속으로 빠져들고, 이렇게 크게 동요해서 흔들리게 되면, 우리가 마땅히 해야 할 일들을 제대로 할 수 없게 됩니다. 또한, 이렇게 우리 영혼의 힘이 약해지면, 환난이 실제로 도래하였을 때, 그 환난을 감당할 수 없게 됩니다. 이것은 마치 어떤 사람이 내일 출발해야 하는 힘든 여정에 대해서 고민하느라고 전날 밤에 한숨도 못 자고 뜬 눈으로 밤을 새웠다면, 정작 날이 밝아서 여정을 시작했을 때, 지난밤에 제대로 자지 못해서 중도에 그 여정을 중단할 수밖에 없는 상황이 벌어지게 되는 것과 같습니다.

(c) 여기에서는 환난이 다가오고 있다는 것을 알았을 때, 자신의 뜻을 하나님의 뜻에 복종시키고, 그 환난의 결과들이 어떤 것으로 밝혀지든지, 그 모든 것을 하나님께 맡기는 것이 그리스도인들의 중요한 의무라는 것을 전제합니다.

다윗은 그 비슷한 상황에서 실제로 그렇게 하였습니다: "왕이 사독에게 이르되 보라 하나님의 궤를 성읍으로 도로 메어 가라 만일 내가 여호와 앞에서 은혜를 입으면 도로 나를 인도하사 내게 그 궤와 그 계신 데를 보이시리라 그러나 그가 이와 같이 말씀하시기를 내가 너를 기뻐하지 아니한다 하시면 종이 여기 있사오니 선히 여기시는 대로 내게 행하시옵소서 하리라"(삼하 15:25-26). 이것은 진정으로 그리스도인다운 아름다운 태도입니다! 여기에서 다윗은 이렇게 말한 것과 같습니다: "사독이여, 법궤를 원래 있던 예루살렘 성에다 다시 가져다 놓아라. 나는 하나님의 임재를 상징하는 법궤를 가지고 있지 않다고 할지라도, 이 슬픈 여정에서 하나님의 참된 임재가 나와 함께 하시기를 소망한다. 나는 이 슬프고 의심스러운 섭리의 결과가 무엇일지를 알지 못한다. 나는 예루살렘으로 다시 돌아가게 될 수도 있고, 그렇지 못할 수도 있다. 내가 돌아간다면, 다시 법궤를 보게 될 것이고, 거기에서 하나님의 규례들을 따라 하나님과 교제하게 될 것이다. 내가 돌아가지 못한다면, 법궤가 필요하지도 않고 아무 소용도 없는 곳으로 가게 될 것이다. 어느 쪽이든, 나는 상관이 없다. 나는 모든 것을 하나님의 뜻에 맡기고, 그 결과가 무엇이든지 기꺼이 받아들이고자 한다."

우리의 마음이 다윗과 동일한 결단에 이르게 될 때까지, 우리는 우리의 내면에서 평안을 누릴 수 없습니다. "너의 행사를 여호와께 맡기라 그리하면 네가 경영하는 것이 이루어지리라"(잠 16:3). 여기에서 "행사"는 우리가 행하는 모든 일들, 특히 우리가 두려워하고 걱정하는 온갖 헷갈리고 복잡하며 의심스러운 일들을 가리킵니다. 우리가 그 모든 것들을 믿음으로 하나님께 맡기고, 우리의 뜻을 하나님의 뜻에 복종시키면, 우리는 장차 좋은 결과를 얻게 될 뿐만 아니라, 지금 당장 우리의 심령이 평안하고 고요하게 되는 유익을 얻게 될 것입니다.

이렇게 모든 것을 하나님께 맡기는 것은 어려운 일이기는 하지만, 우리가 그렇게 하기만 한다면, 우리의 심령이 평안을 얻게 되리라는 것은 의심의 여지가 없습니다.

(d) 따라서 나는 그렇게 하는 데 도움이 되는 것들과 지침들을 제시해서, 여러분이 그러한 것들을 제대로 잘 활용해서 하나님의 복 주심으로 말미암아 이 어렵고 중요한 일을 행하는 데 도움을 주고자 합니다.

첫 번째는, 하나님은 무한히 지혜로우시고 여러분 자신은 어리석고 무지하다는 사실을 여러분의 마음속에 깊이 새기려고 애쓰라는 것입니다.

이것은 여러분으로 하여금 모든 것을 하나님께 맡기는 것을 쉽게 해 줄 것입니다. 하나님께서는 "모든 일을 그의 뜻의 결정대로" 행하시는데(엡 1:11), 그의 지혜는 무궁하고(시 147:5), 그의 생각은 헤아릴 수 없이 깊습니다 (시 92:5). 반면에, 인간에 대하여 말하자면, 사람들 중에서 가장 지혜로운 사람이라고 할지라도, 그의 지혜로는 섭리의 역사들과 목적들을 꿰뚫어 아는 것이 거의 불가능합니다!

우리가 우리의 경솔한 판단들을 후회하고 우리의 잘못들을 시인하는 일이 얼마나 비일비재합니까! 만일 섭리가 우리보다 더 나은 눈을 지니고서 우리보다 훨씬 더 멀리 내다보고서, 그 지혜와 돌봄으로 우리에게 닥칠 재앙들을 막아 주지 않았다면, 우리는 무수히 많은 재앙들 속으로 휘말려들어가게 되었을 것임을 인정하지 않을 수 없습니다. 섭리의 "일곱 눈"(계 5:6)이 늘 깨어 있어서 우리를 지켜 주는 것이 우리에게는 잘된 일입니다.

어떤 것을 잘 모르는 사람이 그것을 잘 아는 사람의 지도를 받거나, 환자가 실력 있는 의사의 지도를 받아야 하는 것처럼, 사람이 자기보다 더 지혜롭고 노련한 다른 사람의 지도와 다스림을 받을 수 있고, 또한 받아야 한다면, 한계가 분명한 얕은 이성과 지각을 지닌 우리가 무한하시고 전능하신 하나님께 모든 것을 맡겨야 하는 것은 너무나 마땅한 일이 아니겠습니까!

우리가 모든 것을 하나님의 뜻에 맡기는 것을 그토록 어렵게 만드는 것은 우리의 교만함과 오만함, 그리고 우리 자신의 지각이나 지혜에 대한 과대평가 외에 다른 것이 아닙니다. 육신적인 이성은 육신의 일들과 관련해서 지혜로운 것처럼 보이지만, 그런 육신적인 이성이 섭리 앞에서 낭패를 당한 적이 얼마나 비일비재하였습니까! 우리가 낮아지면 낮아질수록, 우리가 모든 것을 하나님께 맡겨드리는 것이 더 쉬워집니다.

우리는 우리에게 임할 은혜들과 위로들을 미리 내다본 적이 거의 없습니다! 우리 자신의 계획들은 수포로 돌아갔고, 우리는 우리에게 실제로 일어난 일들을 전혀 예상하지 못하였습니다. 우리가 어떤 일에서 성공했다면, 그것은 우리가 그 일과 관련된 여러 요소들을 잘 선택하고 결정했기 때문이 아니라, 눈에 보이지 않는 섭리에 의해서 성공을 위해 모든 것들이 안배되었기 때문입니다.

두 번째는, 의심스러운 섭리들의 결과를 미리 알아내기 위해서 여러분 자신의 생각을 쥐어짜는 것은 헛된 일일 뿐만 아니라 죄악된 것임을 명심하라는 것입니다.

그렇게 하는 것 속에는 많은 죄가 내포되어 있습니다. 왜냐하면, 우리가 염려하고 조바심치며 초조해하는 감정들은 교만과 불신앙의 직접적인 결과이고 열매들이기 때문입니다. 우리의 뜻을 내세워서 하나님의 뜻과 겨루는 것보다 이 세상에서 더 큰 교만의 과시는 없습니다. 그것은 "섭리"에게 명하시고 "지혜"에 지시하시는 하나님의 대권을 주제넘게 침범하는 것입니다.

그렇게 하는 것 속에는 많은 헛됨이 내포되어 있습니다. 이 세상에서 아무리 생각을 많이 하고 염려하여도, 머리카락 한 올조차 희게 하거나 검게할 수 없습니다. 우리가 아무리 불만을 품는다고 하여도, 하나님을 이겨서 그분의 말씀을 취소하거나 무효로 만드시게 할 수 없습니다(사 31:2). 하나님의 뜻과 생각은 일정하고(욥 23:13), "여호와의 계획은 영원히 서고 그의 생각은 대대에" 이릅니다(시 33:11).

세 번째는, 자기 자신을 철저하게 부인하고서 하나님의 뜻에 모든 것을 맡긴 성경 속의 뛰어난 모범들을 묵상하는 가운데, 섭리와 싸우고 있는 여러분의 모습을 부끄러워하라는 것입니다.

여러분은 섭리가 아브라함에게 어떤 지독한 시험을 하였는지를 잘 알고 있습니다. 섭리는 아브라함에게 그의 본토와 아비 집을 떠나 그가 알지 못하는 곳으로 가라고 명하였지만, 그는 종으로서 자신의 주인의 부르심에 기꺼이 순종하여 갔고, 성경은 이것에 대해서 "누가 동방에서 사람을 일깨워서 공의로 그를 불러 자기 발 앞에 이르게 하였느냐 열국을 그의 앞에 넘겨 주며 그가 왕들을 다스리게 하되 그들이 그의 칼에 티끌 같게, 그의 활에 불리는 초개 같게" 하였다고 말합니다(사 41:2).

예루살렘으로의 바울의 여정에는 좋지 않은 징후들이 잇따랐습니다. 그는 자기가 예루살렘에 가면 "결박과 환난"만이 자기를 기다리고 있다는 것을 알았고, 그렇게 말합니다(행 20:23). 여러 성도들도 나서서 바울에게 예루살렘에 가는 계획을 포기하라고 권하였지만(행 21:10-14, "아가보라 하는 한 선지자가 … 와서 바울의 띠를 가져다가 자기 수족을 잡아매고 말하기를 성령이 말씀하시되 예루살렘에서 유대인들이 이같이 이 띠 임자를 결박하여 이방인의 손에 넘겨 주리라 하거늘 우리가 그 말을 듣고 그 곳 사람들과 더불어 바울에게 예루살렘으로 올라가지 말라 권하니 바울이 대답하되…나는 주 예수의 이름을 위하여 결박 당할 뿐 아니라 예루살렘에서 죽을 것도 각오하였노라 하니 그가 권함을 받지 아니하므로 우리가 주의 뜻대로 이루어지이다 하고 그쳤노라"), 바울은 자신의 뜻을 주장하지 않고 모든 것을 하나님의 뜻에 맡기고서 예정대로 예루살렘으로 올라갑니다(행 20:22, "보라 이제 나는 성령에 매여 예루살렘으로 가는데 거기서 무슨 일을 당할는지 알지 못하노라").

성경에 나오는 이러한 모든 모범들을 훨씬 능가하는 것은 우리 주 예수께서 이 세상에서 가장 깊은 자기부인을 우리 앞에 보여 주신 모범이었습니다! 아버지 하나님께서 겟세마네 동산에서 고난의 잔을 주님의 손에 쥐어 주셨을 때, 그 잔은 진노의 잔, 크시고 두려우신 하나님의 진노의 잔, 진노 외에는 아무것도 섞여 있지 않아서 마시는 순간 경악할 만한 고통을 맛볼 수밖에 없는 그런 잔이었기 때문에, 주님은 너무나 놀라고 대경실색해서 땀방울이 핏방울이 될 정도로 온 힘을 다해 격렬하게 기도하시면서, "아빠 아버지여 아버지께는 모든 것이 가능하오니 이 잔을 내게서 옮기시옵소서"라고 부르짖으셨지만, "그러나 나의 원대로 마시옵고 아버지의 원대로 하옵소서"라고 말씀하시며 하나님의 뜻에 순복하셨습니다(막 14:36). 이것은 하나님의 뜻에 순종하여 모든 것을 맡겨 드리는 복된 모범입니다! 이것에 비해서 여러분의 경우는 어떻습니까?

네 번째는, 우리의 뜻을 버리고 모든 것을 하나님의 뜻에 맡겼을 때에 누리게 될 특별한 은택들과 유익들을 묵상해 보라는 것입니다.

그렇게 하는 심령은 그 내면에서 늘 안식일을 누리게 됩니다. 그가 생각하고 도모하는 것들은 이루어집니다(잠 16:3, "너의 행사를 여호와께 맡기라 그리하면 네가 경영하는 것이 이루어지리라"). 사실, 어떤 사람이 이렇게 될 때까지, 그의 모습은 쉴 곳을 찾아다니지만 찾을 수 없어서 늘 불안해하는 영인 마귀의 모습과 흡사합니다.

어떤 중요한 문제가 어떤 결과로 끝날지를 몰라서 안절부절못하는 어떤 사람에게 루터(Luther)가 해 준 명언이 있습니다: "주께서 당신을 위해 당신 대신에 모든 것을 행하실 것이니, 당신은 그저 그리스도의 안식일이 되는 것 외에는 아무것도 하지 않아도 됩니다"(Dominus tua omnia faciat, et tu nihil facias, sed sis sabbatum Christi).

이것이 "여호와께서 그의 사랑하시는 자에게 잠을 주시는" 방식입니다

(시 127:2). 여기에서 "잠"은 육신이 편히 잠자는 것이 아니라 영혼이 편히 쉬는 것을 의미합니다. 어떤 사람은 이 본문에 대해서 이렇게 말했습니다: "신자들은 이 땅에서 많은 환난의 와중에서 살아가지만, 마치 잠자는 것처럼 믿음의 침묵 속에서 고요하고 차분한 심령을 유지하며 살아간다."

또한, 그렇게 하는 것은 우리의 영혼이 모든 환난 가운데서 하나님과 교제하기에 적절한 상태를 유지할 수 있게 해 줍니다. 그리고 환난 가운데서 하나님과 교제하는 것은 이 세상에서 그 어떤 것보다도 그 환난을 완화시켜 주고 달콤하게 만들어 줍니다.

그리고 분명한 것은 우리의 영혼이 그렇게 순종적인 태도 가운데 있을 때, 우리는 우리가 원하는 은혜나, 우리가 기대하는 환난에서의 구원에 가장 가까이 다가가게 된다는 것입니다. 다윗은 그의 영혼이 "젖 뗀 아이" 같이 되었을 때에 그 나라에 가장 가까이 다가가 있었습니다(시 131:1-2, "여호와여 내 마음이 교만하지 아니하고 내 눈이 오만하지 아니하오며 내가 큰 일과 감당하지 못할 놀라운 일을 하려고 힘쓰지 아니하나이다 실로 내가 내 영혼으로 고요하고 평온하게 하기를 젖 뗀 아이가 그의 어머니 품에 있음 같게 하였나니 내 영혼이 젖 뗀 아이와 같도다").

끝으로, 다섯 번째는, 순종하지 않는 태도가 여러분의 기도와 하는 일에 얼마나 나쁜 영향을 끼칠 것인지를 생각해 보라는 것입니다.

여러분은 하나님의 뜻이 하늘에서와 마찬가지로 땅에서도 이루어지기를 원한다고 기도하지만, 하나님의 뜻이 여러분의 뜻이나 이익에 반대되는 것처럼 보이면, 대경실색해서 하나님의 뜻에 맞서 싸웁니다. 여러분은 자신의 영혼을 하나님의 돌보심에 맡겼고, 자신의 영원한 운명을 하나님의 손에 맡겨 드렸다고 고백하지만, 여러분의 영혼이나 영원한 운명에 비하면 정말 하찮은 것들은 하나님께 맡기지 못합니다. 여러분의 그러한 행태는 얼마나 모순된 것입니까!

여러분은 그리스도인으로서 성령의 인도하심을 받는다고 고백하지만, 여러분의 실제 행동은 여러분이 여러분 자신의 영혼의 악한 계획과 생각을 따르고 있음을 보여 줍니다. 그러므로 이제 더 이상 후회하지도 말고, 이제 더 이상 논쟁하려고 들지도 말고, 오직 여러분의 아버지이신 하나님의 발 앞에 겸손하게 엎드려서, 모든 경우와 모든 때에 "주의 뜻대로 이루어지이다"(행 21:14)라고 고백하십시오

이상으로 나는 섭리의 도우심을 받아서 시편 57:2의 본문으로부터 내가 말하고자 한 것들을 다 말하였습니다. 내가 지금까지 말해 온 것들 속에는 취약한 것들이 많이 있을 것임을 인정하지만, 섭리에 관한 것들을 올바르게 전하고자 애를 썼습니다. 이 글을 쓰는 가운데 나를 도우시고 보호해 주신 주님을 송축합니다.

섭리가 이후에 나의 삶과 자유와 수고를 어떻게 처분할지는 내가 알지 못합니다. 그러나 나는 지금까지 "나를 위하여 모든 것을 이루어 오신 하나님께" 기쁜 마음으로 모든 것을 맡겨 드립니다(시 57:2).

제13장

섭리의 경험들을 기록하는 것이
주는 유익들

섭리를 겸손하고 주의 깊게 살피는 것이 주는 크고 많은 유익들을 생각할 때, 시간이 있고 능력이 되는 그리스도인들은 그들 자신 및 다른 사람들의 유익을 위하여 그들이 겪은 섭리들에 대한 비망록이나 일지를 기록해 두면 좋을 것이라는 것이 나의 생각입니다. 우리에게 임하였던 섭리들을 주목해서 기록하여 서로 나누고 모아 놓지 않는다면, 우리 자신만이 아니라 하나님의 교회도 영적으로 크게 빈곤하게 될 수밖에 없습니다.

어떤 사람들은 인류 가운데서 의술이 발달하고 점점 더 온전하게 된 것은, 어떤 사람이든 우연히 어떤 희귀한 약초를 접해서 그 효능을 발견하게 되었을 때, 그는 그 사실을 공적인 장소에 게시해 놓아서, 의사들이 거기에 게시된 실험 결과들과 처방들을 모으고 익혀서 숙련된 의술을 갖추게 되었기 때문이라고 말합니다.

나는 그리스도인들이 자신의 경험 속에서 알게 되거나 접하게 된 모든 것을 다 공개적으로 게시해 놓는 것에는 찬성하지 않습니다. 왜냐하면, 내가 앞에서 이미 말했듯이, 신앙의 모든 것을 다 공개하는 것은 바람직하지 않기 때문입니다. 하지만 섭리와 관련된 우리의 경험들을 지혜롭고 겸손하게 적절한 때에 서로 나누는 것은 우리 자신과 우리의 형제들에게 극히 유익합니다.

그리스도인들이 성경을 읽고서 거기에서 접하게 된 섭리들을 잘 분별해서 수집하고 기록한 후에, (설령 섭리들에 관한 다른 자료들이 없다고 할지라도) 그들 자신의 경험에서와 그들의 시대에서 얻게 된 섭리들에 관한 고찰들만을 거기에 더하기만 하여도, 그것은 아주 귀한 보고가 될 것입니다! 그것은 무신론이 만연해 있는 이 시대에서 그들의 영혼에게 얼마나 귀한 해독제가 되어 주겠습니까! 그것은 다른 그 어떤 수많은 논리나 근거보다도 더 분명하고 확실하게, "여호와 그는 하나님이시로다 여호와 그는 하나님이시로다"(왕상 18:39)고 그들에게 말해 줄 것입니다.

나는 이 글을 쓰는 동안에, 평범한 눈으로 보아서는 잘 찾아낼 수 없는 성경에 나오는 수많은 섭리에 관한 구절들을 아주 선한 목적으로 사용한 어떤 익명의 저자가 쓴 경건하고 유익한 글을 읽고 기뻐하였고 도움을 받았습니다. 나는 그 글에 나오는 구절들 중에서 내게 감동을 준 것들을 일부 이 글에서 인용했습니다. 그런 글을 쓰는 그리스도인들이 도처에 많았으면 좋겠습니다! 섭리는 매순간마다 우리의 삶과 자유와 우리와 관련된 일들을 자신의 손으로 실어 나릅니다. 여러분의 양식은 섭리의 찬장에 있고, 여러분의 돈은 섭리의 지갑에 있으며, 여러분의 안전은 섭리의 팔 안에 있습니다. 여러분이 섭리의 그러한 돌봄에 감사한다면, 여러분이 최소한 해야 할 일은 여러분이 섭리의 손을 통해서 받은 은총들을 기록하는 것입니다.

(1) 여러분이 지금 겪고 있고 천국으로 가는 길 위에서 만나게 될 무수히 많은 주목할 만한 섭리들을 여러분의 빈약한 기억에만 맡겨 두지 마십시오. 우리에게 큰 영향을 미친 일들은 쉽게 잊어버리지 않는다는 것은 사실입니다. 하지만 새로운 일들이 끊임없이 생겨나면, 이전의 일들은 잊혀지고 지워지는 법입니다. 저 훌륭한 해리스(Harris) 박사는 이렇게 말했습니다: "나의 평생에 나의 기억은 나를 실망시킨 적이 단 한 번도 없었습니다. 왜냐하면, 나는 단 한 번도 나의 기억을 신뢰하는 무모한 행동을 한 적이 없었으니까요."

우리에게 일어난 일들을 기록해 두면, 기억에 의존하다가 잊어버리게 될 위험을 피할 수 있고, 게다가 우리가 죽고 난 후에도 그 기록은 다른 사람들에 의해서 유익하게 사용될 수 있습니다. 여러분은 하나님이 여러분에게 주신 보화를 짊어지고서 천국에 갈 수는 없지만, 그 최고의 유산을 여러분이 죽고 난 후에도 이 땅에서 살아가게 될 사람들에게 남겨 줄 수는 있습니다. 여러분의 금은보화나 재산이나 좋은 물건들을 잃어버리는 것은 큰 손실이 아니지만, 여러분이 이 세상에서 살아가는 동안에 하나님이 여러분에게 허락하신 경험들을 잃어버리는 것은 큰 손실입니다.

(2) 여러분이 경험해서 얻게 된 저 풍부한 보화들을 책 속에 기록한 후에 봉인해 두고서는 다시는 들추어 보지 않겠다고 생각해서는 안 됩니다. 반대로, 여러분의 경험들을 거기에 기록해 두었다가, 새로운 필요들과 두려움들과 어려움들이 생겨나서 여러분을 공격해 올 때마다, 다음과 같이 생각하고서, 거기에 기록되어 있는 경험들을 자주 참조하십시오: "내가 전에 이런 곤경을 겪은 적이 없었던가? 이번 곤경이 내게 처음으로 일어난 일인가? 아삽이 그랬듯이(시 77:5), '옛날 곧 지나간 세월을' 잘 생각해 보자."

(3) 여러분이 전에 겪었던 곤경들과 위험들을 경시하지 말고, 지금 여러분이 겪고 있는 것들과 비교해 보십시오. 배가 육지에서 멀어져 갈수록, 육지가 우리의 눈에 까마득하게 보이고 그 존재감이 점점 없어져 가는 것처럼, 시간이 흐르면 흐를수록 우리가 이전에 경험했던 은혜들이나 위험들은 우리에게서 희미해지는 반면에, 우리에게 지금 당장 닥친 일들이 언제나 우리에게 가장 크게 다가오기 마련입니다. 여러분이 이전에 겪었던 위험들과 두려움들도 지금 여러분이 겪고 있는 것들 못지않게 컸다는 것을 명심하십시오. 여러분이 이전에 경험했던 섭리들의 의미와 가치를 잘 기억해 두기 위하여 많은 힘을 기울이십시오. 여러분이 그렇게 한다면, 그것은 여러분에게 달콤한 열매로 돌아오게 될 것입니다.

편집자 해제

　1688년 2월13일에 화이트홀의 휘황찬란한 연회실에서는 한 시대의 획을 긋는 사건이 일어났다. 오렌지 왕가의 윌리엄 왕과 마리아 왕후가 영국 영지로부터 왕관을 받았다. 그들은 왕과 왕후로 선포되었다. 매콜리 경의 말에 의하면, "이렇게 해서 영국 혁명이 완성되었다." 영국 전역에서는 그 다음날을 나라가 교황권으로부터 벗어난 것을 감사하는 공적인 기념일로 지켰다. 당시에 생존해 있던 얼마 안 되는 청교도 지도자들 중 한 사람이었던 존 플라벨은 이 기념식에서 설교하면서 주목할 만한 우연의 일치를 지적할 기회를 가졌다. 1588년에 영국은 로마 가톨릭으로부터 상당한 정도로 벗어나는 경험을 했었다. 스페인의 무적함대는 개신교도였던 엘리자베스 여왕을 폐위시키고 그녀의 국민을 "옛 신앙"으로 되돌리기 위해 파견되었지만, 거센 풍랑을 만나 궤멸되었다. 플라벨은 백 년이 지난 후에 그 일을 청중들에게 상기시켰다. "하지만 이전의 88년도 못지않게 놀랍고 영광스러운 풍성한 은혜들로 관 씌워진 또 한 번의 88년도를 보십시오." 영국을 로마의 멍에에 복속시키고자 하는 또 한 번의 시도는 하나님의 섭리에 의해 이렇게 무너졌다.

스페인의 무적함대의 침공에서 시작해서 명예혁명에 이르기까지의 한 세기는 영국의 정치사에서만이 아니라 종교사에 있어서도 결정적으로 중요한 시기였다. 로마 가톨릭과 개신교는 영국에서 우위를 차지하기 위해 싸우고자 한다는 뜻을 분명하게 표명하였다. 1662년에는 교회에서 성경의 우위성이라는 종교개혁 원리를 누구보다도 옹호하였던 사람들인 청교도들이 영국 국교회에서 추방되는 사건이 발생했지만, 1688년은 영국의 국교가 되고자 한 로마 가톨릭의 주장이 오는 여러 세대 동안 배척되는 시발점이 되었다. 하지만 이것은 청교도 운동의 승리를 의미하는 것은 아니었다. 사실 청교도 운동은 1688년에 이르러서는 실질적으로 이미 끝난 것이나 마찬가지였다고 말하는 것이 옳을 것이다. 청교도 운동의 목표들은 대체로 여전히 실현되지 못하였다.

청교도 운동의 역사는 대단히 주목할 만하다. 하나님의 말씀을 토대로 한 철저한 교회 개혁을 목표로 한 운동으로서의 청교도 운동은 실제로 종교개혁만큼이나 오래되었다. 그러나 종교개혁이 말씀 선포를 부활시켰다면, 청교도들은 특정한 종류의 말씀 선포를 대변하였다. 하나님의 말씀을 능력 있고 철저하게 기름 부음을 통해 양심에 적용한 것은 청교도들이 유일하였다는 것이 제대로 된 재판관들이 청교도 운동에 대해 내내 내려 왔던 판결이었다. 하지만 그들이 다른 시대들의 설교자들과 어떻게 다른가를 자세하게 정의하기는 어렵다. 어떻게 이 운동이 생겨나서 짧은 시간 안에 수많은 놀라운 설교자들을 낳았는지도 설명하기 어렵고, 어떻게 백 년 남짓한 세월이 흐른 후에는 그러한 설교자들의 씨가 마르게 된 것인지를 설명하기도 어렵다. 청교도 운동은 영국에 있는 교회에 하나님이 성령을 물

붓듯 부어 주신 것 이외의 다른 것이 아니라는 견해를 우리가 취한다면, 그것은 우리 주님이 말씀하신 하나님의 역사의 원리를 보여 주는 주목할 만한 사례이다: "바람이 임의로 불매 네가 그 소리는 들어도 어디서 와서 어디로 가는지 알지 못하나니"(요 3:8).

청교도 운동을 전적으로 하나님이 주신 것으로 보는 이러한 견해는, 청교도들의 역량으로 볼 때에는 이 운동이 그렇게 점진적으로 사양길로 접어들 이유가 전혀 없었다는 것이 증명해 준다. 후기 청교도들 가운데서 가장 저명한 인물들 중의 한 사람이었던 다트머스의 존 플라벨은, 비록 그의 사역의 대부분이 1662년의 대추방 이후에 이루어진 것이긴 했지만, 실천적인 저술가로서 자신의 그 어느 전임자들과도 대비된다. 그의 아버지 리처드 플라벨(Richard Flavel)은 우스터셔(Worcestershire)의 브롬스그로브(Bromsgrove)의 목회자로서 모든 면에서 하나님의 신실한 종이었다. 그의 목회는 다른 많은 목회자들과 마찬가지로 1662년에 통일령에 의해 종료되었고, 그는 선동죄로 런던의 뉴게이트(Newgate) 감옥에 투옥되었다가 1665년에 전염병으로 요절하였다.

존 플라벨은 이 청교도 가정에서 장남이었고, 비슷한 처지에 있던 다른 많은 이들과 마찬가지로 지금으로서는 이른 나이라고 할 수 있는 나이에 대학에 보내져서, 옥스퍼드 대학의 기숙사에 들어갔다. 제1차 내전이 끝난 후인 1647년에 의회가 옥스퍼드 대학을 방문하고 나서, 그 결과 플라벨이 거기에 있는 동안 이 대학의 재조직이 이루어진 것이 거의 분명하다. 플라벨은 자기가 옥스퍼드 대학에 있던 시절을 회고하면서, 자신의 영혼의 유익을 너무 많이 소홀히 한 것을 후회하였다. 그럼에도 불구하고 그는 1650년에 데번(Devon)의 딥퍼드(Diptford) 교회의 목회자를 도울 전도사로 천거되어 거기에서 자신의 일생의 업을 시작하였다.

딥퍼드의 담임목사였던 월플레이트(Walplate) 목사는 건강이 나빠서 자신을 도울 사람을 구한 것이었기 때문에, 그의 젊은 전도사는 목회 사역에 굶주리지 않았다. 플라벨은 1650년 10월에 정식으로 목사 안수를 받았다. 그는 솔즈베리(Salisbury)에서 있은 안수식에 참석해서 장로회의 심사를 받고 적합하다는 인정을 받았다. 플라벨은 딥퍼드의 담임목사였던 월플레이트가 죽은 후에 그의 뒤를 이어 목회하면서 비교적 넉넉한 급여를 받았지만, 1656년에 다른 지역으로의 청빙을 수락하였다. 데번의 다트머스라는 항구는 긴 역사를 지닌 곳이었다. 그 곳은 초창기부터 드넓은 항구로 인해 유명해졌고, 1190년에는 십자군 함대가 집결하는 곳이 되기도 하였다. 17세기에 이르기까지 그 곳은 내전의 주요 거점으로서, 1643년에 모리스(Maurice) 왕자가 왕을 위해 4주간의 포위 끝에 점령해서 1646년에 페어팩스(Fairfax) 장군에게 빼앗길 때까지 왕당파가 장악하였다.

1656년에 다트머스의 목회자였던 앤서니 하트퍼드(Anthony Hartford)가 죽자, 세인트 세이비어 교회(St. Saviour' Church)와 타운스톨(Townstall) 교회는 동시에 목회자를 청빙하게 되었다. 주민들은 세인트 세이비어 교회에는 암스테르담에 있는 국교회의 목회자인 저 유명한 존 케인(John Canne)의 사위 앨런 기어(Allan Geare)를 뽑았고, 타운스톨 교회에서는 하트퍼드의 후임자로 데번셔 교회들의 노회에서 최근에 두각을 나타내고 있었던 한 젊은이를 지명하였는데, 그 젊은이가 바로 존 플라벨이었다. 이렇게 해서 그와 다트머스의 인연이 시작되었고, 이것은 그가 죽을 때까지 계속되었다.

다트머스에서 플라벨의 목회는 다른 시대에 행해졌더라면 외적으로 큰 성공과 형통을 거두었을 것이라고 말하는 것이 옳을 것이다. 실제로 그는 자신의 아버지를 포함해서 다른 많은 이들과 마찬가지로 1662년에 공포된 통일령(Act of Uniformity)에 의해 추방되었다. 이 법은 국교회를 인정하지 않은 목회자들 중 일부를 침묵시키는 데 성공을 거두었다. 하지만 다수의 목회자들은 자신들이 하나님으로부터 받은 사명이 인간에 의해 만들어진 그 어떤 법보다도 우선한다고 여겼다. 그래서 플라벨은 자기가 할 수 있는 데까지 다트머스에서 자신의 목회 사역을 계속해 나갔다. 찰스 2세 정부는 비국교회 목회자들의 추방에 만족하지 않고 완전히 말살하고자 했다. 1665년에 공포된 옥스퍼드법은 비국교회 목회자들이 교회나 국가에 그 어떤 변화도 시도하지 않겠다는 약속을 포함한 서약을 하지 않는 경우에는 도시에서 5마일 이내로 접근하는 것을 금지하였다. 데번에 있던 비국교회 목회자들 중 일부, 특히 존 하우(John Howe)는 서약을 하였다. 하지만 플라벨은 그렇게 하기를 거부하였고, 그것은 자신이 살고 있던 곳과 양 무리를 떠나야 한다는 것을 의미하였다. 그는 다트머스에서 법에 규정된 거리만큼 떨어져 있는 마을이었던 슬랩튼(Slapton)으로 옮겼다. 그의 이전의 교구민들 중 다수가 그를 찾았기 때문에, 그는 주일마다 그들을 대상으로 말씀을 전하였다. 1672년에 찰스 2세가 종교자유령(Declaration of Indulgence)을 공포함으로써 청교도들은 잠시 숨돌릴 시간을 가질 수 있었다. 이 왕은 국가와 의회가 모르게 비밀리에 영국에 로마 가톨릭을 공고히 하기 위한 협약을 프랑스의 루이 14세와 맺고서, 그 전단계로 비국교도들과 개신교도들과 로마 가톨릭교도들에게 신앙의 자유를 허용하였다. 플라벨은 이 자유를 활용해서 국가로부터 회중교회 목회자로 목회사역의 허락을 받았다. 얼마 되지 않아서 의회의 압력으로 종교자유령은 철회되었지만, 그는 다트머스에서 목회를 계속하였는데, 가정집들과 숲들에서 설교하였고, 심지어 킹스브릿지(Kingsbridge) 어귀의 얕은 물가에 있는 솔트스톤(Saltstone)이라 불리는 바위 위에서 모임을 갖기도 하였다.

플라벨은 비국교도들 가운데서 지도적이고 활동적인 인물이었기 때문에 자주 위험에 처하였고, 1682년에는 다트머스를 떠나 런던으로 가지 않을 수 없게 되었다. 그 도시에서 그는 다른 비국교회 목회자들, 특히 윌리엄 젠킨(William Jenkyn)을 만났다. 1684년 9월에 젠킨과 플라벨과 다른 동료들이 기도 모임을 갖고 있는 곳에 군인들이 난입하였다. 젠킨은 체포되었고, 플라벨은 가까스로 피하긴 했지만, 아주 가까운 곳에 몸을 숨기고 군인들이 자신의 동료들을 모욕하는 말을 들어야 했다. 그는 그 일을 겪은 후에 젠킨의 뒤를 이어 사역해 달라는 청빙을 거절하고 곧 데번으로 다시 돌아왔고, 젠킨은 1685년에 감옥에서 죽었다.

플라벨은 살아서 스튜어트 왕가의 마지막 왕인 제임스 2세에 의해 비국교도들에게 주어진 자유를 누렸고, 1688-9년의 명예혁명도 맛보았다. 명예혁명으로 인해 영국은 개신교도에게 주어졌고, 비국교도들은 지속적인 종교의 자유를 누릴 수 있게 되었다. 이 시기에 장로교인들과 회중교인들 간의 차이들을 해결하기 위한 시도들이 진행 중이었다. 플라벨은 이 일을 소중하게 여겨서, 데번에서 "행복한 하나 됨"을 촉진시키는 일에 지도적인 역할을 하였다. 그는 이 일을 하는 도중에 1691년에 엑서터(Exeter)에서 갑자기 죽었다. 그는 다트머스에 묻혔는데, 그에게 비우호적이었던 한 증인은 "많은 비국교도들이 그의 무덤까지 동행하였다"고 말한다. 이것은 그의 묘비명에 기록되었다가 1709년에 제거되었다. 반대파들이 그런 묘비명은 주교에게나 합당한 것이라고 하여 반대하였기 때문이었다.

플라벨의 이력을 잠깐만 살펴보아도 그가 얼마나 뛰어난 인물이었는지가 어느 정도 드러난다. 왕당파 역사가인 우드(Wood)는 그의 영향력에 대해서 그를 따르는 자들은 존 오웬(John Owen)이나 리처드 백스터(Richard Baxter)보다 더 많았다고 말한다. 이 저술가는 플라벨이 표절과 선동과 분파를 일삼았다고 비난한 자였다. 하지만 우드에게는 플라벨이 저지른 큰 범죄는 1662

년에 국교회에 합류하기를 거부한 것이었던 것으로 보인다.

플라벨을 친밀하게 알고 지냈던 사람인 토트네스(Totnes)의 존 갤핀 (John Galpine)은 자신의 회고록에서, 플라벨에게 두드러졌던 세 가지 성품으로 근면성실함, 영혼의 회심에 대한 열정, 사람들의 마음을 평안하게 하고 치유해 주는 심령을 들었다.

플라벨의 목회의 효과들로는 그의 글들에서 기록한 일들 외에도 몇몇 주목할 만한 예들이 있다. 루크 쇼트(Luke Short)는 미국의 뉴잉글랜드 주의 한 농부였다. 그는 하나님과의 화목을 구함이 없이도 백 살이 되어서도 아주 강건한 자였는데, 어느 날 밭에 앉아서 자신이 살아 온 긴 생애를 되돌아보다가 자기가 미국으로 배 타고 오기 전 소년이었을 때에 다트머스에서 들었던 한 설교를 떠올리게 되었다. 그는 아주 오래 전에 들었던 말씀을 묵상하게 되었고, 하나님의 저주 아래에서 죽는 것이 얼마나 끔찍한 일인지를 깨닫고서 그리스도께 회심하게 되었다. 이것은 존 플라벨의 설교를 들은 지 85년이 지난 후의 일이었다.

주목할 만한 회심을 이룬 또 다른 한 사람은 런던의 한 신사였다. 그는 서점에서 몇몇 희곡집을 사고자 했는데 재고가 없자, 경건한 사람이었던 서점 주인은 플라벨이 쓴『마음을 지키는 법』(On Keeping the Heart)이라는 책을 권하였다. 그 신사는 코웃음을 치며 불태워 버리기 위해 그 책을 가져가는 것이라고 위협하고서는 가져갔다가 한 달 뒤에 돌려주면서, 하나님이 그 책을 사용하셔서 자기 영혼을 구원하였다고 말하였다.

플라벨은 다작의 저술가였고, 그의 저작들은 저자가 살아 있을 때부터 낱권이나 전집으로 수없이 출간되어 왔다. 그의 모든 저작들을 모아 놓은 완전한 전집은 1820년에 런던에서 W. Baynes & Son에서 여섯 권으로 출간하였다. 이 저작들 중 일부는 변증적인 것이었지만, 저자는 그런 종류의 저작은 자기 마음에 들지 않는다고 고백하였다. 그가 좋아한 것은 실천신학이었고, 그 분야에서 영혼의 의사로서의 그의 솜씨가 가장 분명하게 드러난다. 이 책은 Divine Conduct or the Mystery of Providence opened라는 제목으로 1678년에 처음으로 출간되었고, 그 후에 여러 판본을 거쳐서, 가장 최근의 것은 1935년에 Sovereign Grace Union에서 출간되었다. 우리가 여기서 사용한 판본은 두 가지 점에서 원본과 다르다. 하나는 어휘들과 끊어 읽기를 약간 변경한 것인데, 이것은 플라벨이 한 말의 원래의 힘과 의미를 바꾸기 위해서가 아니라 분명하게 하기 위한 것이다. 또한 이 글의 장들을 다시 구분하고 새로운 장 제목을 달았다. 이러한 장 구분은 이 주제에 대한 저자의 글에서 자연스럽게 생겨난 것이다. 이렇게 우리는 플라벨의 작품의 내용에는 전혀 손대지 않고, 전적으로 실제적인 목적으로 오늘날의 독자들을 돕기 위해 편집 방식만을 약간 변경하였다. 이렇게 해서 이 판본의 학문적이고 역사적인 가치는 감소되었을지라도, 이 세대를 위한 영적인 유익은 크게 증대되었기를 희망한다.

하지만 저술가로서의 존 플라벨의 시간을 뛰어넘는 영적 가치를 인정한다고 하더라도, 어떤 친구들은 하필이면 하나님의 섭리에 관한 그의 저작을 통해서 그를 기독교 대중에게 소개하는 것은 지혜롭지 않은 처사라고 생각할 것이다. 옛 저술가로 하여금 자기 시대에만 국한되지 않은 주제에 대해 말하게 하는 것이 더 좋을 것임은 분명하다! 플라벨이 개인전도, 인도하심을 받는 방법, 그리스도의 삶 속에서 평안과 승리를 얻는 방법에 대해 말할 것이 있었다는 것을 누가 모르겠는가? 그런 것들이 우리 시대의 대중적인 설교자들이 주로 관심을 갖고 몰두하는 주제들이라는 것은 의심의 여지가 없다. 그런 것들은 대다수의 그리스도인들이 읽고 싶어 하는 주제들이다.

그렇다면 우리는 청교도들이 오늘날의 뜨거운 쟁점들에 대해서 진정으로 우리를 도울 수 있는지의 여부를 찾아내지 않아야 할 이유가 어디 있겠는가? 거기에 부응하여 플라벨과 그의 동료들이 그런 문제들에 대해 조언을 주었다는 것은 의심의 여지가 없다. 그러나 그들의 접근방식은 우리에게 익숙한 접근방식과 상당히 다르다. 오늘날 우리의 경건은 영적인 문제들을 다룰 때에 자기중심적이고 주관적인 경향을 띤다: "어떻게 해야 내가 평안을 발견할 수 있는가? 어떻게 해야 내가 승리하여 열매를 맺을 수 있는가? 어떻게 해야 내가 인도함을 받을 수 있는가?" 우리는 이런 질문들에 대한 대답들을 안다면, 흔히 우리에게는 더 이상 물을 것이 있을 수 없다고 느낀다. 그런 관점에서 보면, 하나님의 섭리처럼 겉보기에 이론적인 것 같은 주제에 대해 생각할 시간과 관심은 없을 수 있다. 그런 주제는 심지어 인내력의 한계를 시험하는 주제일지도 모르고, 오늘날의 삶의 요구들에 비추어 볼 때, 우선순위가 없는 주제를 길게 다룬 글을 읽는 데 시간을 들일 필요가 정말 있는 것인가 하고 반문할지도 모른다.

하지만 하나님의 섭리라는 주제에 대한 플라벨의 접근방식은 오늘날의 우리의 비판들을 여지없이 잠재워 버린다. 그는 신자들과 관련된 하나님의 섭리의 모든 일들을 살피는 것은 신자들의 의무이고, 특히 그들이 어려움에 처해 있을 때에는 더더욱 그러하다고 아예 처음부터 못을 박는다. 물론 오늘날 대다수의 복음주의적인 그리스도인들이 이러한 확신을 공유하고 있는 것은 아니다. 우리에게 일어나는 모든 일들 속에서 섭리에 의한 하나님의 역사를 발견하고 묵상하는 것은 우리에게 익숙한 일도 아니고 영적인 민감함의 증표로 여겨지지도 않는다.

이렇게 된 데에는 두 가지 요인이 작용했다고 볼 수 있다. 무엇보다도 먼저 가장 큰 요인은 청교도들은 하나님의 절대주권에 대한 생생한 의식을 지니고 있었지만, 일반적으로 말해서 오늘날 우리에게는 바로 그런 의식이 결여되어 있다는 것이다. 많은 그리스도인들은 하나님의 섭리나 절대주권을 자유의지 및 하나님의 사랑에 대한 자신들의 이해와 상반되는 것으로 생각해서 배척한다. 그들은 자신들의 개인적인 일들에 있어서나 복음의 일에 있어서나 실패를 경험하면, 그것을 전적으로 마귀의 짓으로 돌리거나, 자신들이 그 일들을 성공으로 이끌 수 있는 "조건들을 충족시키지" 못해서 실패한 것이라고 생각한다. 그들은 개인적인 좌절감을 느끼고, 심지어는 하나님이 실패했다고까지 믿는 경우도 있다. 성공에 대한 그들의 유일한 소망은 자신들의 영적 활동들을 강화하는 것뿐이다. 그러한 토대 위에서의 기도는 전적으로 전능자를 믿고 호소하는 것이라기보다는 자신의 경건의 무게를 하나님의 저울에 놓고 달아 보는 것이다. 하나님의 절대주권의 진리를 의심 없이 받아들인다고 고백하는 사람들조차도 실제로는 그것을 믿지 않는 죄를 범하는 경우가 적지 않다. "하나님을 사랑하는 자들에게는 모든 것이 합력하여 선을 이루느니라"(롬 8:28)고 입심 좋게 큰소리 치는 것은 상대적으로 쉬운 일이지만, 우리가 처한 상황이 좋지 않고 앞으로도 더 악화될 것처럼 보일 때에 그 말씀을 진정으로 믿는 것이야말로 하나님의 절대주권을 영적으로 제대로 깨닫고 있음을 보여 주는 증거이다. 하지만 우리는 하나님이 모든 일을 우리를 위해 행하신다는 것을 성경을 토대로 해서 알게 될 때까지는 하나님의 섭리의 역사들을 진정으로 인정하고 선용할 수 없다.

우리가 하나님의 섭리를 묵상하지 않는 두 번째 이유는 우리가 묵상 자체를 몹시 싫어하기 때문이다. 이것은 기질의 문제가 아니다. 골방에 들어가서 자기 자신을 살피는 것은 활동적이고 바쁜 그리스도인에게는 정말 매력 없는 일이다. 참된 묵상은 우리 모두가 본성적으로는 싫어하는 일이고,

오직 그리스도를 믿음으로 말미암아 성령이 내주하게 된 사람들이 성령의 감동을 따라 하는 일이다. 신자들은 하나님의 섭리를 묵상하는 일에 착념해야 하지만, 그렇게 하기 전에 먼저 그것이 자신들의 의무라는 것과 섭리를 묵상한다는 것이 무엇인지를 알아야 한다.

존 플라벨은 하나님의 섭리에 대해 글을 쓰면서 단순히 하나의 강연을 하고 있는 것이 아니다. 그는 하나님의 섭리에 전율하면서 온 마음을 다 바쳐서 글을 쓴다. 그는 교회사와 자신의 경험을 통해서 하나님이 자기 백성을 위해 행하시는 역사들에 대해서 알고 있다. 무엇보다도 그는 하나님의 말씀을 아주 잘 알고, 그 말씀을 어떻게 적용해야 하는지를 안다. 그는 우리가 어떻게 해야 불신앙의 회의주의는 물론이고 과장된 신비주의에 빠지지 않는 가운데, 우리의 개인적인 일들 속에서 하나님의 손길을 분별할 수 있는지를 보여 준다. 그의 글의 목적은 사람을 낮추고 하나님을 높이면서도, 하나님의 모든 자녀의 마음속에 믿음과 경배의 뜨거운 불을 점화시키는 것이다.

존 플라벨의 개인지도 하에서 하나님의 섭리를 배우는 것은 그리스도인 신자들을 그들이 전에는 한 번도 생각해 보지 못한 영역으로 데려다 줄 것이다. 또한, 그것은 오늘날의 복음주의자들이 지대한 관심을 갖고 있는 일들에 빛을 던져 주게 될 것이라는 것도 우리는 확신한다. 어떻게 하면 우리가 성별되고 승리하는 삶을 살 수 있을까? 우리는 먼저 모든 일이 우리에게 달려 있지 않다는 것을 깨달아야 한다. 우리는 하나님이 우리의 영적인 유익을 위해 무엇을 행해 오셨고 행하고 계시는지를 알아야 한다. 그렇게 함으로써, 우리는 하나님이 우리 안에서 무엇을 역사하고 계시고, 우리를 어떻게 인도하고 계시는지를 알아낼 수 있다. 우리는 궁극적인 의미에서 우리가 결코 "하나님의 뜻을 벗어나" 있는 것은 불가능하다는 것을 알아야 한다. 플라벨은 하나님의 말씀 속에서 우리를 향한 하나님의 뜻을 발견하는 것은 우리의 의무라는 것을 우리에게 가르치고자 한다. 또한, 우리는 모든 상황에 대해서, 심지어 지독한 역경에 대해서도 올바른 태도를 가져야 한다.

끝으로, 많은 사람들이 두려워하는 것과는 달리, 우리 그리스도인들의 증언은 하나님의 절대주권에 대한 올바른 인식을 통해 훼손되지 않고 도리어 힘을 얻게 될 것이다. 우리의 하나님은 정말 크신 하나님이어서, 우리가 구원을 위해 하나님을 처음 믿었던 때에 생각했던 것보다 더 크신 하나님이다! 사람들이 그런 하나님과 맞서 싸우는 것은 얼마나 헛된 일인가! 그리스도인들이 성경의 하나님에 대한 살아 있는 믿음을 가지고 있다는 것을 자신들의 행실을 통해 내내 보여 준다면, 그들은 믿지 않는 세상을 향해서 자신들의 하나님과 하나님께 있는 구원의 능력을 권할 수 있는 더 나은 위치에 서 있게 될 것이다.

● 독자 여러분들께 알립니다!

'CH북스'는 기존 '크리스천다이제스트'의 영문명 앞 2글자와
도서를 의미하는 '북스'를 결합한 출판사의 새로운 이름입니다.

세계기독교고전 52

섭리의 신비

1판 1쇄 발행 2017년 1월 5일
1판 3쇄 발행 2025년 2월 28일

지은이 존 플라벨
옮긴이 박문재
발행인 박명곤 **CEO** 박지성 **CFO** 김영은
기획편집1팀 채대광, 이정미, 백환희, 이상지
기획편집2팀 박일귀, 이은빈, 강민형, 박고은
기획편집3팀 이승미, 김윤아, 이지은
디자인팀 구경표, 유채민, 윤신혜, 임지선
마케팅팀 임우열, 김은지, 전상미, 이호, 최고은

펴낸곳 CH북스
출판등록 제406-1999-000038호
전화 070-4917-2074 **팩스** 0303-3444-2136
주소 서울시 강서구 마곡중앙6로 40, 장흥빌딩 10층
홈페이지 www.hdjisung.com **이메일** support@hdjisung.com
제작처 영신사

ⓒ CH북스 2017

"크리스천의 영적 성장을 돕는 고전"
세계기독교고전 목록

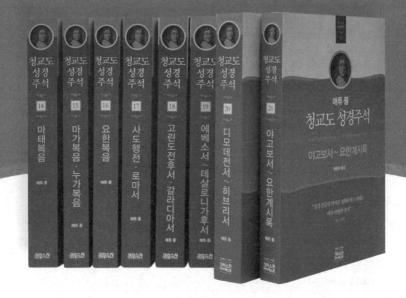

교회사의 대가 '필립 샤프'
그가 34년간 집필한 일생일대의 대작!

필립 샤프

교회사전집
세트 이벤트

(전8권)

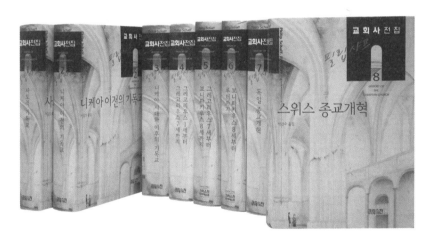

 건전성과 깊이에서 타의 추종을 불허하는
교회사 분야의 필독 고전!

낱권 구매 정가 205,000원 ⇨ **세트 재정가 150,000원**

낱권 구매 정가 대비 **55,000원 인하!**

www.cdp1984.com